城市轨道交通建设系列指南

城市轨道交通建设项目管理指南

江苏省住房和城乡建设厅
江苏省土木建筑学会城市轨道交通建设专业委员会　组织编写

中国建筑工业出版社

图书在版编目（CIP）数据

城市轨道交通建设项目管理指南/江苏省住房和城乡建设厅，江苏省土木建筑学会城市轨道交通建设专业委员会组织编写 .—北京：中国建筑工业出版社，2020.6（2022.7重印）

（城市轨道交通建设系列指南）

ISBN 978-7-112-25065-3

Ⅰ.①城… Ⅱ.①江…②江… Ⅲ.①城市铁路-铁路工程-工程项目管理-指南 Ⅳ.①U239.5-62

中国版本图书馆 CIP 数据核字（2020）第 075072 号

　　本指南以建设单位为主要视角，对城市轨道交通建设项目的"全过程"和"全要素"管理进行阐述。指南内容共包含 14 章，包括：绪论，建设管理和投融资模式，基本建设阶段划分与工程可行性研究的实施管理，项目勘察与设计管理，项目建设实施过程管理，风险管理，安全管理，质量管理，进度管理，投资管理，招标及合同管理，绿色建造与环境管理，项目验收与移交，新技术在轨道交通建设项目管理中的应用。

　　本指南具有较强的指导性、实操性和适用性，可供城市轨道交通工程参建各方、建设主管部门、大专院校、科研院所等单位的管理和技术人员参考使用。

　　责任编辑：万　李
　　责任校对：王　瑞

城市轨道交通建设系列指南
城市轨道交通建设项目管理指南
江苏省住房和城乡建设厅
江苏省土木建筑学会城市轨道交通建设专业委员会　组织编写

＊

中国建筑工业出版社出版、发行（北京海淀三里河路 9 号）
各地新华书店、建筑书店经销
北京红光制版公司制版
北京建筑工业印刷厂印刷

＊

开本：787×1092 毫米　1/16　印张：16　字数：385 千字
2020 年 3 月第一版　　2022 年 7 月第三次印刷
定价：**49.00** 元
ISBN 978-7-112-25065-3
（35820）

《城市轨道交通建设项目管理指南》

主编单位：

江苏省土木建筑学会城市轨道交通建设专业委员会

苏州市轨道交通集团有限公司

参编单位：

苏州科技大学

南京地铁建设有限责任公司

无锡地铁集团有限公司

常州市轨道交通发展有限公司

南通城市轨道交通有限公司

徐州市城市轨道交通有限责任公司

序 一

自 20 世纪 90 年代至现在是中国城市轨道交通快速发展的新阶段。随着经济的快速发展，城市综合规模的迅速扩大，中国城镇化进程的加快，我国的轨道交通也进入了大发展时期。规划建设城市轨道交通的城市迅速增多，大中城市轨道交通正逐步形成网络化，中国正初步形成了以地铁为主体，轻轨、单轨、有轨电车、磁浮、APM 和市域快轨等其他制式为补充的多元化发展格局，城市轨道交通正在高位稳定发展。中国城市轨道交通用不到 30 年的时间，走过了国外发达国家 150 年的发展历程。

实践证明，城市轨道交通在优化城市地下空间结构，促进新型城镇化发展，缓解城市交通拥堵和保护环境等方面显示出无比优越的作用。在大规模、高速度、跨越式发展的阶段，我们必须清醒地认识到，当前我国城市轨道交通建设正面临着一些严峻的问题和挑战。轨道交通建设的前期线网规划、线路、可行性研究、方案设计、比较研究和优化工作不够；在大建设时期还未来得及形成一套系统、完善的管理、勘察、设计、施工、监理、运营等在内的技术与管理标准体系；强调快速建设而压缩工期，强调最低价中标而造成材料设备和施工竞相压价，导致建设投入不足；建设管理薄弱，管理信息化水平不高，风险管理意识薄弱，工程事故时有发生；由于建设项目多、规模大、专业性强，造成目前轨道交通行业技术和管理力量稀释，专业技术人员、管理人员和熟练岗位技术工人严重匮乏，特别是一线操作工人来源短缺，技术水平较低，难以适应需求；工程建设中常见质量问题仍较普遍，质量水平不容乐观。

可喜的是，江苏省土木建筑学会城市轨道交通建设专业委员会在江苏省住房和城乡建设厅、江苏省科协的大力支持下，从 2014 年 10 月成立以来，一直以"建设一批优质工程、带动一批骨干企业、培养一批优秀人才、研究一批急需成果"为己任，先后开展了城市轨道交通工程"835"、"926"科技创新计划，经过 5 年多的努力，终于完成了两轮科技创新任务。两轮科技创新计划涵盖了城市轨道交通科研项目、地方标准和建设指南。其中编写的一套《城市轨道交通建设系列指南》，始于城轨需求，源自城轨实践；有理论，更有经验的提炼；有系统性，更重操作性，可喜可贺！本套丛书的问世，顺应了"聚焦高质量发展"新时代的要求，将对我国城市轨道交通建设水平的提升起到积极和重要的促进作用。

中国工程院院士、国家最高科学技术奖获得者：钱七虎

2019 年 12 月 9 日

序 二

从 1863 年英国伦敦第一条地铁线到 1965 年我国北京地铁一号线建设以来，因快捷准点、运输量大、节能环保等优点，城市轨道交通已成为百姓出行首选的交通工具。截至 2019 年 9 月底，我国已有 43 个城市运营突破 6300 公里；在建里程达 6600 公里。截至 2019 年 12 月，江苏省城市轨道交通已有 7 个地级市运营或在建，其中运营地铁 18 条线 704.5 公里、有轨电车 5 条线 83.8 公里；在建地铁 19 条线 539.4 公里。

城市轨道交通工程建设涉及土木工程、机电工程和管理工程等近 40 个专业。随着我国城市轨道交通进入高速发展阶段，该领域的管理、勘察设计、监理、施工、检测、监测等专业人员紧缺，安全与质量管理面临着严峻的问题和挑战。因此，项目管理、安全与质量风险管控，技术与管理人员管理水平等亟待提升。

为此，江苏省土木建筑学会城市轨道交通建设专业委员会（以下简称江苏城轨专委会）自 2014 年成立以来，一直把科技创新工作放在首位。先后联合了省内外城市轨道交通建设 110 余家勘察设计、施工、监理、检测、监测、科研院所、监管等单位和部门，共同开展了两轮科技创新活动，取得了一批可喜的成果。已出版了第一批《城市轨道交通建设系列指南》7 本、省级地方标准 6 本和 10 余项重要科研成果，第二批《城市轨道交通建设系列指南》将有 10 余本陆续出版，相关成果对推动城市轨道交通建设高质量发展起到了很好的引领作用。

组织《城市轨道交通建设系列指南》的编写，反映了江苏城轨专委会想城轨建设所想，急城轨建设所急，具有前瞻眼光和强烈的责任感。组织编写这样一套系列丛书，工程浩大，需要组织协调和筹集大量人财物。从选题、立项、确定主参编单位和人员、每本书的大纲和定位，到编写过程中邀请国内相关专家的数轮指导审核把关，付出了艰辛的努力；他们坚持不流于形式、不急于求成，坚持实用、创新、引领和指导等原则，体现了编审委员会严谨、求实和负责的态度和精神。

系列指南涵盖了我国城市轨道交通建设的多个领域，涉及面广。它的陆续出版，是我国城市轨道交通建设的一件盛事和喜事。编写者在城轨一线边工作边写作，边调研边提炼总结，对现行标准规范融会贯通，集思广益，倾注了大量的心血。他们紧扣该领域建设的实际需要，突出问题导向，突出经验总结和梳理，突出实用性和操作性，奉献出了一本本图文并茂、可读性强，集指导性、实用性、专业性为一体的指南，可喜可贺！系列指南的问世将对我国城市轨道交通工程建设水平的提高和高质量发展具有重要的促进作用。

陈湘生，博士，教授，中国工程院院士

深圳大学土木与交通工程学院院长

深圳市地铁集团有限公司技术委员会主任

2019 年 12 月 9 日

序   三

随着城市建设的快速发展，城市轨道交通作为百姓出行的首选方式，其工程建设也进入迅猛发展时期。针对如此大规模的城市轨道交通建设任务，为提高工程整体建设水平，急需在施工质量控制、新材料研究及应用、安全管理标准化、检测监测技术研究、建设项目管理等多方面编写一系列指南来指导工程建设。

江苏省土木建筑学会城市轨道交通建设专业委员会（以下简称江苏城轨专委会）作为科技社团，2014年10月成立以来，紧紧围绕城市轨道交通建设"四大目标"和"六项任务"开展工作。"四大目标"即：建设一批优质工程、带动一批骨干企业、培养一批优秀人才、研究一批急需成果；"六项任务"即：搭建交流平台、开展标准（课题）研究、提供咨询服务、组织人才培训、指导工程创优、发挥助手作用。

通过5年多的努力，江苏城轨专委会充分发挥专家团队的技术优势，积极开展系列科技创新活动。先后牵头组织省内外110余家单位，近800人共同开展城市轨道交通"835"和"926"计划，参加的单位有城市轨道交通参建单位、高等院校、科研院所以及政府主管部门等，目前已基本完成全部科技创新计划任务。

系列指南的编写立足于城市轨道交通建设，内容丰富，书中大量的观点、做法、数据和案例都来自各编写单位一线工程实践经验，具有鲜明的工程特色，同时还引用了国内大量最新发布的标准和规范性文件，在写法上做到了图文并茂，整体具有较好的先进性、创新性和实用性。

本轮系列指南在编写过程中凝聚了全体主参编、审定人员的智慧和辛勤汗水，对推动城市轨道交通工程高质量发展具有非常重要的指导价值。

中国工程院院士：

2019 年 12 月 18 日

序　　四

　　近年来，江苏省城市轨道交通工程建设进入大规模、高速度、跨越式发展阶段。自2000年南京地铁1号线开工建设以来，先后有苏州、无锡、常州、徐州、南通、淮安及昆山等地陆续开工建设，截至2019年12月，江苏省城市轨道交通在建和投入运营的线路（含有轨电车）共42条，共1327.7公里；预计到"十三五"末将达到1400公里左右。

　　城市轨道交通工程建设周期长、施工环境复杂、风险大，涉及专业众多。多年来，我省各级建设主管部门和奋战在我省城市轨道交通建设战线的广大管理和技术人员，在轨道交通工程建设和管理方面十分重视向北京、上海、广州、深圳等兄弟城市学习，同时结合江苏省的实际和特点进行探索，并注重实践经验的积累和总结。2014年7月25日，江苏省住房和城乡建设厅下发了"关于开展江苏省城市轨道交通工程建设系列指南（标准）编写工作的通知"，并委托江苏省土木建筑学会城市轨道交通建设专业委员会具体实施。通过110余家单位、近800人的攻关，首批系列指南已正式出版发行。第二批指南也列入江苏省住房和城乡建设厅科技创新工作计划，计划到"十三五"末，基本建立和健全江苏省城市轨道交通建设标准体系。目前，已出版了第一批《城市轨道交通建设系列指南》7本、省级地方标准6本和10余项重要科研成果，第二批《城市轨道交通建设系列指南》有10余本也陆续出版，相关成果对推动城市轨道交通建设高质量发展起到了很好的引领作用。

　　组织编写《城市轨道交通建设系列指南》，是我省城市轨道交通建设史上的一件大事，是全面总结和提高我省城市轨道交通建设水平的重要工作。江苏省土木建筑学会城市轨道交通建设专业委员会在组织编写系列指南过程中，积极协调各方资源，严密组织编写过程，坚持每本指南召开编写大纲、中间成果、修改后成果三次评审会和最终成果专家审定会，每次会议均邀请国内城市轨道交通建设专家学者严格把关，经过多次反复沟通修编，较好地保证了指南编写的质量。

　　由于江苏省城市轨道交通建设起步较晚，建设经验与兄弟省市相比还有较大的差距，系列指南（标准）的编写还存在许多不足，希望编委会和广大编写人员继续向兄弟省市学习，向实践学习，不断改进、总结和完善，为城市轨道交通建设作出积极的贡献。

江苏省住房和城乡建设厅党组书记：

2019年12月16日

前　言

　　城市轨道交通工程具有规模大、投资高、建设周期长、技术要求严、参与单位多、社会关注度高等特点，其项目管理工作也面临着更高的要求、更多的挑战。随着我国轨道交通建设的蓬勃发展，各城市轨道交通的建设管理工作正日益完善，但目前仍有不少问题亟待解决，迫切需要更先进的理念和更优的方法。在城市轨道交通工程各建设主体中，建设单位起核心、引领作用，为帮助城市轨道交通工程建设单位进一步提升项目管理水平，促进轨道交通工程建设安全、优质、高效，江苏省住房和城乡建设厅、江苏省土木建筑学会城市轨道交通建设专业委员会组织苏州市轨道交通集团有限公司等单位，共同编写了本指南。

　　本指南以建设单位为主要视角，对城市轨道交通建设项目的"全过程"和"全要素"管理进行阐述，编写内容依据我国城市轨道交通工程建设最新的法律法规、标准规范及相关政策文件，调研并总结了江苏省相关城市以及北京、上海、广州、深圳等城市的项目管理实践经验，提炼总结形成指导性强、适应性广、图文并茂的管理指南。

　　本指南共包括 14 章内容。第 1 章绪论，介绍城市轨道交通的特殊性、发展历程，并阐述轨道交通项目管理的重要性及当前存在的问题；第 2 章建设管理和投融资模式，论述城市轨道交通项目的建设主体与建设管理模式，同时对政府投融资和市场化投融资进行阐述；第 3 章至第 5 章，以建设时序为主线，阐述工程可行性研究、项目勘察、项目设计、前期工程、施工准备、工程施工、系统联调、试运行、初期运营前等阶段的管理工作内容、方法和重点；第 6 章至第 11 章，分别从风险、安全、质量、进度、投资、合同等方面，系统阐述建设单位应如何对城市轨道交通项目进行管理，并配有相关实践案例经验；第 12 章为绿色建造与环境管理；第 13 章项目验收与移交，论述工程质量验收、专项验收、项目工程验收、竣工验收、工程移交、竣工档案移交等方面的建设管理工作；第 14 章为新技术在轨道交通建设项目管理中的应用。

　　本指南在编写过程中得到了江苏省内外城市轨道交通建设相关主管部门、质量安全监督部门、建设单位及相关单位各级领导的大力支持和帮助，同时参考了国内外专家、学者的著述和文献，在此一并表示衷心的感谢和敬意！由于城市轨道交通工程建设与项目管理的快速发展以及编者水平有限，本指南难免存在不足与疏漏，恳请专家、读者提出宝贵意见，并反馈至江苏省土木建筑学会城市轨道交通建设专业委员会，以便于指南进一步修订和完善。

本书编审委员会

2020 年 2 月

目　　录

第1章 绪 论

城市轨道交通作为一种绿色环保的交通"工具",其具有安全、便捷、准点、大运量等特征,是城市综合交通基础设施建设的重要组成部分。城市轨道交通建设工程项目是指为完成依法立项的新建、扩建、改建工程而进行的,有起止日期的,达到规定要求的一组相互关联的受控活动,包括规划、勘察、设计、采购、施工、联调联试、试运行、竣工验收和初期运营前安全评估等阶段。由于城市轨道交通工程项目具有规模大、投资成本高、建设周期长、不可预见性因素多、参与单位多、接口环节多、技术要求高、人员结构复杂、环境影响大、社会关注度高等特点,其项目管理工作也面临着更高的要求、更多的挑战。随着我国城市轨道交通建设的蓬勃发展,各城市轨道交通建设单位的项目管理工作日益完善,同时,也积累了丰硕的经验,实践了许多理论研究成果。但目前,我国城市轨道交通建设在项目管理上仍有不少问题亟待解决,迫切需要更先进的理念和更优的方法,为城市轨道交通工程建设实现安全、高效、优质提供保障。在城市轨道交通工程各方参建主体中,建设单位起核心、引领作用。本指南以建设单位为主要视角,旨在为进一步提高我国城市轨道交通工程建设单位的项目管理水平贡献一份力量。

1.1 城市轨道交通建设项目的特殊性

1. 项目规模大,建设成本高

城市轨道交通工程项目的规模庞大,主要体现在投资规模和建设里程方面。从投资额来看,一条线路的投资规模少则过百亿、多则几百亿元。根据我国一些城市的实际情况来看,城市轨道交通平均每公里的综合造价:地面段为0.5~1.5亿元,高架段为1~2.5亿元,地下段为5~8亿元。另外,一个城市的轨道交通线网规划里程数往往高达数百公里、站点几百个,例如,截至2019年底,北京市轨道交通路网已建成线路达23条、总里程699km、车站405座,广州地铁已建成线路14条、总里程513km、车站271座。

2. 项目建设周期长,不可预见性因素多

城市轨道交通工程的征地拆迁、交通组织、管线迁改等前期工作,既复杂又耗时;工程开工后,车站和地下隧道掘进等土建工程施工一般需要2年左右;土建工程完成后进行的设备安装、车站装修、铺轨等工程也需1年左右;全线贯通限界检查、系统联调等工作也至少需10个月。因此,城市轨道交通项目的单线建设周期一般为4~5年。由于建设时间周期长,不可预见性因素多,项目面临的风险大,可能遇到材料大幅度涨价、政府政策变化、卫生防疫要求等风险,这都给轨道交通的建设管理者带来诸多挑战。

3. 项目参与单位多,接口环节复杂

城市轨道交通工程各管理部门之间,各专业之间,各系统之间及各参建单位所承担的设计、施工、制造、安装、第三方检测和监测、调试任务之间,以及与运营单位的衔接,各单位的相互关联和相互影响及在时间和空间上的交互关系，构成了轨道交通工程错综复杂的接口交互关系。例如，某轨道交通线路，规划、勘察、设计单位共22家，土建、机电安装、装修、铺轨等方面的施工单位61家，工程材料供货单位26家，系统设备供货及安装单位63家，除此之外，还有与政府、第三方检测单位、运营管理单位及线路沿线相关群体等。项目管理对众多的参与单位之间的接口协调管理提出了相当高的要求，如果工作中接口管理出现矛盾冲突、接口之间的协调不通畅，都可能导致施工不能正常进行，进而延误建设的宝贵时间，在投资成本上造成经济损失，在人力上造成浪费。因此，整个项目建设过程中，需要所有参与单位发扬协作精神，攻克项目建设过程中出现的每个难题，才能实现项目的安全可靠建设，顺利地完成与运营管理单位的交接。

4. 项目技术要求高，人员结构复杂

城市轨道交通建设项目对各方面的专业技术的要求较高，其车站建设、隧道挖掘、轨道铺设、车辆制造、信息管理等几乎涵盖了工程领域的所有高新技术。高精尖技术无不涵盖从站前工程到站后工程的每一个环节。无论是前期配套工程的管线迁改和障碍物清理，还是区间施工的掘进管理和施工组织管理，都需要项目参与者和管理者熟练掌握运用相关专业技术，才能确保项目建设的顺利完工。与此同时，迅速发展的城市轨道交通，也摊薄了项目上人才的占有率，年轻化成为项目管理尤为显著的特点之一。工程管理经验不足、一知半解是项目管理队伍的"软肋"，也给工程建设带来较大的风险。同时，参与工程建设的人员结构复杂，队伍不稳定，也给项目管理带来一定的难度。

5. 项目环境影响大

城市轨道交通项目贯穿城市各种复杂的工程水文地质条件，以及文物保护、商业、文化、娱乐、金融、工业、居民区等，必须慎重考虑工程建设对周边环境的影响。一般而言，城市地下工程往往滞后于城市建设，而城市轨道交通工程，尤其是地下线路大部分都建在建筑物高度集中的区域，施工往往引起地层变形和地表沉降，甚至会造成建筑物的开裂倾斜。深基坑施工时，降水过程引起的土体沉降，也会在一定程度上影响周边管线的运行。此外，建设过程中所产生的灰尘、噪声、建筑垃圾等对周围环境都会产生大量污染。因此，考虑到城市轨道交通工程项目对环境的多方面影响，建设单位必须预估项目建设对沿线地区振动、噪声、大气、水等环境要素的影响程度和范围，并提出应采取的环保对策和措施。

6. 项目社会关注度高

城市轨道交通工程是每个城市巨大的基础设施投资项目，以及作为客运骨干系统所带来的促进就业、刺激区域经济发展、解决居民住房、节约土地资源等间接社会效益，使得人们对轨道交通项目的建设有了更多的期待。此外，它也是城市公共交通基础设施建设的重要组成部分，与居民的生活密切相关，因此，城市轨道交通建设过程中所受的社会关注度高，如果工程建设不能获得当地民众的支持和理解，容易引发公众事件，影响项目的顺利实施。

1.2 我国城市轨道交通建设的发展历程

我国城市轨道交通的工程建设经历了起步、发展、调控整顿与蓬勃发展四个阶段。

1. 起步阶段

20 世纪 50 年代，我国开始筹备北京地铁网络的建设，1965～1976 年建成了北京地铁 1 号线一期工程（54km），随后建设了天津地铁、哈尔滨人防隧道等工程。该阶段地铁建设主要以人防功能为指导思想。

2. 发展阶段

该阶段从 20 世纪 80 年代末到 20 世纪 90 年代中期，以上海地铁一号线（21km）、北京地铁复八线（13.6km）、北京地铁一号线改造、广州地铁一号线（18.5km）建设为标志，我国真正以轨道交通为目的的地铁项目开始建设。

3. 调控整顿阶段

该阶段是 1996～1998 年。由于出现地铁建设的盲目性，并且工程造价高，大约 1 亿美元/km，且存在大量引进设备等问题，1995 年，国务院办公厅 60 号文件通知，除上海地铁二号线以外，所有地铁项目一律暂停审批，并要求做好发展规划和国产化工作。在这近三年的时间里国家没有审批城市轨道交通项目。1997 年底开始，国家计委研究城市轨道交通设备国产化实施方案，提出深圳地铁一号线（19.5km）、上海明珠线（24.5km）、广州地铁二号线（23km）作为国产化依托项目，并于 1998 年批复 3 个项目立项，城市轨道交通项目又开始启动。

4. 蓬勃发展阶段

1999 年以后，国家的政策逐步鼓励大中城市发展城市轨道交通。一是随着国家积极财政政策的实施，国家从建设资金方面给予强有力的支持；二是通过技术引进、国际先进制造企业与国内企业合作，实现了城市轨道交通车辆设备的本地化，使城市轨道交通建设的造价大幅度降低。国家先后批准了深圳、上海、广州、重庆、武汉、南京、杭州、成都、哈尔滨等 10 多个城市轨道交通项目开工建设，从此我国城市轨道交通建设进入高速发展期。

根据中国城市轨道交通协会统计，截至 2019 年 12 月 31 日，我国累计有 43 个城市开通城轨交通运营线路，累计 6730km。2019 年当年，共新增温州、济南、常州、徐州、呼和浩特 5 个城轨交通运营城市；另有 27 个城市有新增线路投运，新增运营线路 26 条，新开延伸段或后通段 24 段，新增运营线路长度共计 968km，再创历史新高。

1.3 城市轨道交通建设项目管理的现状

1.3.1 轨道交通项目管理的重要性

建设工程项目管理是运用系统的理论和方法，对建设工程项目进行的计划、组织、指挥、协调和控制等专业化活动，简称为项目管理。优质高效的项目管理工作不仅可以降低建设项目安全风险、提高工程质量、节约建设成本、保障计划工期，还能培养人才队伍、提升企业形象等。对于精品工程的打造，更需要从全过程、全要素把项目管理工作做到极致。

相比于一般建筑工程，城市轨道交通建设工程项目管理的重要性在于：

（1）城市轨道交通是百年工程，在项目管理（质量管理、试运行管理、验收管理等）

上对工程实体质量耐久性以及设备系统的可靠性、稳定性有着更高要求。

（2）城市轨道交通是民生工程，社会关注度高，对照既定的初期运营开通时间，在项目管理（进度、工期管理）过程中须严格控制好各个里程碑节点工期。

（3）城市轨道交通是大型工程，建设规模庞大，建设成本高昂，参建单位主体众多，现场人员结构复杂，建设单位和参建单位都必须针对这些特点建立相应的项目管理（安全管理、招标管理、投资管理、合同管理等）组织架构和制度体系。

（4）城市轨道交通存在危大工程，对于深大基坑施工、盾构始发接收和掘进穿越建（构）筑物、联络通道开挖等重大风险，在项目管理（风险管理）上必须严格管控好工程自身风险和周边环境风险，坚决遏制重特大事故的发生。

（5）城市轨道交通存在隐蔽工程，一旦发生质量问题，后续难以整改，因此，在项目管理（质量管理、验收管理）上需注意做好隐蔽工程的质量管控、隐患排查、验收工作。

（6）城市轨道交通属于集成工程，涉及车辆、通信、信号、BAS、FAS、综合监控等各个专业，项目管理（系统联调管理）工作应从整体上保障各个子系统之间匹配协同。

（7）城市轨道交通属于名片工程，体现着城市的综合实力，在项目管理上应不断通过技术创新和管理创新将轨道交通打造成绿色、环保、高科技的闪亮名片。

1.3.2 已取得的成果经验

应该说，无论是像北京、上海、广州、深圳等我国较早起步修建轨道交通的一线城市，还是近几年新开工修建轨道交通的二、三线城市，在遵循国家法律法规、政策文件和标准规范的前提下，均始终在不断探索城市轨道交通建设项目管理的更优解，不断积累适合自身城市特点的建设经验。目前，我国城市轨道交通工程建设及其项目管理方面存在较多的可喜之处：①各城市按照现代项目管理理念和模式，建立了适合城市自身特点和当前建设阶段的组织架构和管理制度体系；②投资主体多元化，融资渠道多样化，项目建设资金压力有所减小；③"百年大计、质量第一"质量管理理念深入人心，各地建设单位均重视将轨道交通工程打造成百年工程、民生工程、精品工程；④对安全管理一贯持续重视，对风险管理越来越重视，不断完善构建安全风险分级管控和隐患排查治理双重预防机制；⑤愈加相信创新驱动、引领城市轨道交通发展，科技创新气氛浓厚，四新技术层出不穷。

1.3.3 当前存在的问题

总体而言，当前我国城市轨道交通工程建设及其项目管理方面存在的突出问题为：①在全国大规模、高速度、跨越式发展轨道交通的背景下，建设单位和参建单位的管理力量均有所摊薄稀释，年轻人挑大梁可能管理经验不足；②低价中标现象在经济并不十分发达的城市仍较普遍存在，承包商合理利润遭到压缩，导致在安全质量方面的投入不足；③不少城市存在献礼工程、政治工程，明显压缩计划工期，导致施工单位工期紧张，影响工程精雕细琢；④复杂敏感地段的征地拆迁、管线迁改越来越难，前期工作的滞后再加上环保停工等因素，往往导致土建工程施工、站后工程施工不得不抢工期；⑤近年来，轨道交通工程建设的安全事故、重大风险事故仍不断发生，工程实体质量仍存在较多通病缺陷。

下面具体从项目管理的若干要素方面，简要阐述部分城市轨道交通工程的建设单位可能存在的问题。

（1）安全管理方面

部分建设单位在安全管理方面可能存在如下问题：未树立人本安全观，未把人的因素放在安全管理首位，未树立预防安全观，未从"安全金字塔"最底层消除人的不安全行为和不安全状态；虽有"四全"安全管理口号，但实际过程中未能有效坚持全员、全过程、全方位、全天候的动态安全管理；虽开展了安全隐患排查工作，但未形成责权明晰的整改闭环控制，未能完全将安全隐患消灭在萌芽状态；轨道交通项目工期长，在工程建设后期，建设单位和参建单位可能产生松懈麻痹思想，安全意识变薄，安全氛围下降。

（2）质量管理方面

部分建设单位在质量管理方面可能存在如下问题：质量评价体系不够完善，对创优工作不积极，未能有效激励各方参建单位增强质量意识；未站在全寿命期管理的角度，在轨道交通工程建设全过程的各阶段各环节综合统筹考虑质量、安全、进度、投资、环境等各要素；对质量管理人员的培训教育不够重视，未能充分发挥人的积极性和创造性；在样板引路、质量标准化方面，未能足够重视、大力推行。

（3）风险管理方面

部分建设单位在风险管理方面可能存在如下问题：未建立包含各方参建主体的风险管理体系，或管理体系较为混乱、层次不清，各方职责不够明确；未健全风险分级管控和隐患排查治理双重管控机制，未能从源头上系统辨识风险，未能将隐患消灭在事故发生之前；施工期风险管理工作未做到"预控"、关口前移，对风险处理措施是否落实到位监督不力；部分施工单位项目部按一般的安全管理对风险管理进行理解，无配套组织架构及管理制度，建设单位未及时纠正此类问题。

（4）进度、工期管理方面

部分建设单位在进度、工期管理方面可能存在如下问题：计划工期不合理，或建设过程中盲目压缩工期，易造成安全质量事故，最终反而延误工期；在总包单位存在"以包代管"，而分包单位往往参差不齐的情况下，对分包单位缺失足够的监督管理，易出现因分包单位"闯祸"而带来质量不良、进度滞后问题；虽制订了明确的进度计划，但缺乏对参建单位的计划考核工作，当实际进度与预期计划出现偏差时，未及时开展计划的纠偏工作。

（5）招标、合同管理方面

部分建设单位在招标、合同管理方面可能存在如下问题：未能充分认识招标、合同管理对保障工程建设质量安全的重要性，招标程序和制度建设可能存在不完善的地方；对招标工作人员的职业道德、廉政教育开展不足，对招标过程中可能存在的不正当竞争行为未做到严厉打击；缺乏"按合同施工"理念，合同文件签订后，往往将其锁在文件柜"束之高阁"，对参建单位的合同交底工作不够重视。

第2章 建设管理和投融资模式

2.1 城市轨道交通项目的建设主体

2.1.1 建设方

1. 业主

业主是城市轨道交通项目出资人组成的项目法人，在建设项目全过程中履行出资义务、行使出资人权力。业主一般是城市轨道交通建设所在地的政府，而当采用PPP建设模式时，建设和特许经营时期内，PPP的项目公司为业主。由于当前轨道交通建设项目的投融资模式多样，业主并非固定不变而是相对变化的，在不同的时期可能是不同的主体。

2. 建设单位

建设单位是城市轨道交通建设项目管理的具体承担单位，负责建设项目全过程的项目管理工作。建设单位作为城市轨道交通建设项目管理的实施主体，全面负责工程建设，履行建设项目法人的全部职责。在代建模式中，代建单位为建设单位。

2.1.2 主要参建方

1. 勘察单位

指通过建设行政主管部门资质审查，受建设单位委托，根据建设工程要求，对建设项目场地的地质地理环境特征和岩土工程条件进行查明、分析、评价的单位。城市轨道交通工程的勘察工作一般包括初勘、详勘及沿线综合管线探测及地下建（构）物物探调查等工作。

2. 设计单位

指经过建设行政主管部门的资质审查，受建设单位委托，根据建设工程要求，对建设工程项目所需的技术、经济、资源、环境等条件进行综合分析论证并编制设计图纸文件的单位。轨道交通项目的设计单位一般包括总体设计单位、工点设计单位两类。

3. 施工单位

指经过建筑行政主管部门的资质审查，从事土建工程、设备安装、装修工程、铺轨工程等施工承包的单位。施工单位应根据建设单位的委托，按合同规定的工作范围、设计要求及进场后经批准的施工组织设计，负责组织现场施工，在合同工期内完成承担的任务。

4. 监理单位

指经过建筑行政主管部门的资质审查，受建设单位委托，依照国家法律法规要求和建设单位要求，在建设单位委托的范围内对建设工程进行监督管理的单位。监理单位应根据监理合同中建设单位授予的权力行使职责，在项目实施全过程公正、独立地开展监理工作。

5. 第三方监测、检测单位

指在项目建设单位和承包商之间对质量安全进行控制的第三方独立机构，一般由建设单位通过招标程序对具备相应资质的单位进行委托。第三方监测、检测单位必须遵守各项法律法规、规章和标准，应按照合同约定客观、公正、及时、准确地提供监测、检测服务。

2.2 城市轨道交通的建设管理模式

城市轨道交通的建设管理模式是指城市轨道交通投资、建设和运营等管理职能的组织模式，其确定了城市轨道交通工程建设单位各个（子）分公司、职能部门等的定位、权责关系。以上海轨道交通为例，其多年的建设管理主要采用了三种模式。

1. 地铁总公司模式

1990 年至 1995 年期间，这种模式应用于上海轨道交通的建设。基于该模式，市政府设立了地铁指挥部，负责建设总体目标制定与综合协调。上海久事公司与上海市城市建设投资开发总公司根据市政府决议负责资金筹措，上海市地铁总公司作为建设管理常设机构并负责建成线路的运营。在此时期，完成了上海地铁 1 号线和 2 号线的建设。但是，地铁总公司的管理机构庞大（约 2000 人），也承担了大量超出其能力范围的协调任务。同时，参与投资建设的各方职责也不是十分明确。

2. 指挥部模式

1997 年至 2000 年 7 月期间，该模式应用于上海轨道交通的建设，其主要特征是从政府机关以及相关单位抽调人员成立地铁建设指挥部，作为城市轨道交通投资建设的常设管理机构，负责总体协调与建设管理。该时期仍然由上海久事公司与上海市城市建设投资开发总公司负责资金筹措，上海市地铁总公司负责地铁的运营管理。此时期采用这种模式完成了 3 号线的建设。但是指挥部成员行政关系仍然隶属于原单位，人员更换情况比较严重，项目管理组织机构的管理经验不能得到有效积累。

3. 专业化模式

专业化模式主要经历了两个时期：2000 年 7 月至 2004 年 6 月，以及 2004 年 7 月至今。

在第一个时期，经过之前两个时期的探索与总结，上海地铁将轨道交通的投资、建设、运营、监管四项职责进行了明确的界定，并提出建设管理、运营管理适度竞争的想法。组建了申通（集团）有限公司作为政府出资人代表负责资金筹措，组建上海地铁建设有限公司、上海港铁建设管理有限公司、上海久创建设管理有限公司三个建设单位负责建设管理，组建上海地铁运营有限公司、上海现代轻轨经营发展股份有限公司两个运营单位负责运营管理，明确市城交局负责运营监管。市政府依托市发展改革委（原称为计委）、市建委牵头投资、建设、监管、总体设计等单位参加的"两委会"负责总体协调。采用这种模式完成了上海 4 号线、5 号线以及 1 号线北延伸的建设。但是，"两委会"特殊的成员构成有时无法形成一致的决定，也不能有效减轻市政府的协调工作。同时，该模式四个职责分离、机构分家，轨道交通责任主体有时不够明确，建设管理也不能形成足够的合力。

在第二个时期，上海将轨道交通的投资、建设、运营等单位合并为申通地铁集团（简称申通集团）。申通集团内部按照不同线路成立项目公司负责各线的投资、建设的日常管理，成立四个运营公司，其与运营维保中心共同负责轨道交通的运营管理。申通集团本部负责统筹管理与综合协调，运营监管仍然由上海市城交局负责。同时，市政府依托上海轨道交通建设指挥部制定网络建设发展目标并开展协调工作。指挥部成员包括发展改革委、建委、交通委、交警、各区政府等委办局以及申通集团、各大施工集团等单位。采用这种模式完成了上海地铁 6 号线至 12 号线，13 号线一期，16 号线，以及 1 号线、2 号线、4 号线延伸线的建设，当前上海地铁正在建设的部分延伸线、13 号线二期、三期、14 号线、15 号线、18 号线的建设也采用了这种模式。此时期，深化和完善了投资、建设、运营的职责，分工不分家，强化了主体责任的建设，建设管理能力明显增强。

国内城市的轨道交通建设大多以采用第三种模式为主，部分城市综合借鉴了三种模式，形成了自己城市轨道交通的特殊模式。城市轨道交通建设管理模式的选择可根据管理特点和地区可利用管理资源，选择适合自己的建设管理模式。在同时建设多条城市轨道交通线路时，可根据地区实际情况，委托一家或多家单位承担建设管理任务。考虑线网的一致性，委托多家建设单位时，应明确建设分工和工作接口等事项，保证线网建设总体受控。

从江苏省各城市轨道交通建设单位的管理模式来看，均采用的是专业化、职能分离的建设管理模式，建设单位所共设的组织机构为建设（分）公司、运营（分）公司和资源开发（分）公司，由这三个独立的分支机构分别承担轨道交通建设项目的三大板块工作内容（建设、运营、资源开发）。某市轨道交通集团有限公司的组织机构如图 2-1 所示。

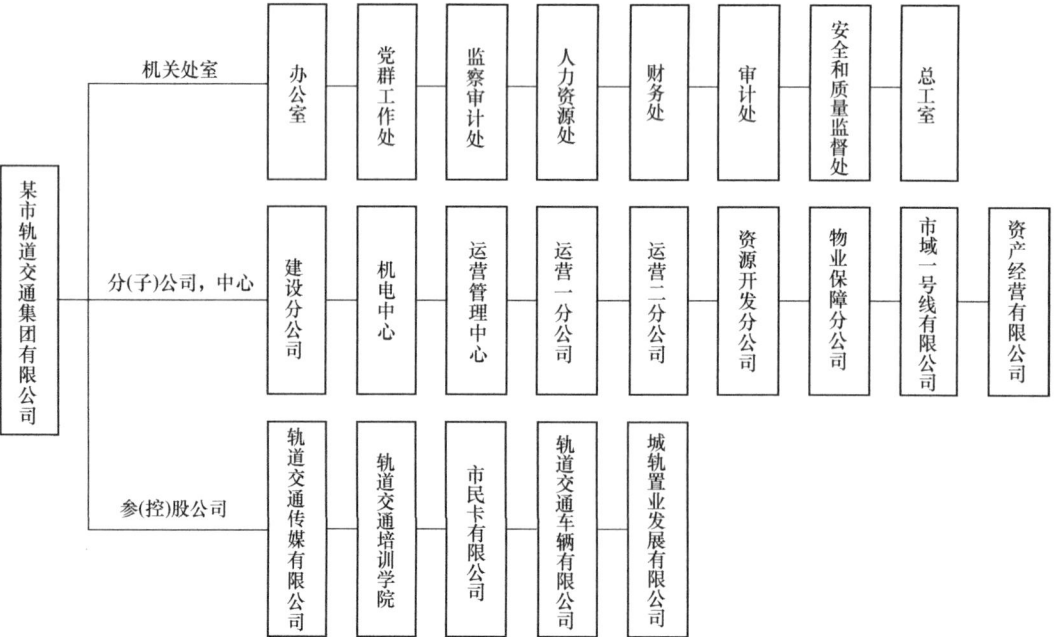

图 2-1 某市轨道交通集团有限公司的组织机构

2.3 城市轨道交通的投融资模式

2.3.1 城市轨道交通投融资模式的基本类型

城市轨道交通工程建设的投融资模式主要可以归类为政府主导的负债型投融资模式和政府主导的市场化投融资模式两类，其共同点都是由政府主导。从经济学的视角看，城市轨道交通项目同时具有公共产品和私人产品的特性，即其运输服务具有消费的非竞争性和一定的排他性，属于准公共产品。从理论层面而言，公共产品由政府提供，私人产品应由社会资本通过市场提供。而准公共产品既可以由政府直接提供，也可以在政府给予补助的条件下，由社会资本通过市场提供。所以，城市轨道交通工程建设的投融资模式应该以政府为依托。这两种模式见表2-1。

城市轨道交通的投融资模式　　　　　　　　　　　　　　　　　　　　表2-1

政府投融资	财政出资	政府财政提供资金
	债务融资	国债资金、政策性贷款、境内外债券、国外政府或国际金融组织贷款等
市场化投融资	信用融资	股权融资、商业银行贷款、企业债券等
	项目融资	PPP、BOT、BT等

（1）政府投融资模式

政府投融资是指政府为实现调控经济的目标，依据政府信用为基础筹集资金并加以运用的金融活动，政府的投融资活动要通过特定的政府投融资主体展开。政府投融资模式的资金来源渠道主要有两类，一是政府财政出资，二是政府债务融资，包括国债资金、政策性贷款、境内外债券、国外政府或国际金融组织贷款等。

政府投融资模式的优点是依托政府财政和良好的信用，快速筹措到资金，操作简单，成本低，融资速度快，可靠性大。但是，该模式的缺点是对政府财政产生较大的压力，受到政府财力和信用程度的限制，融资能力有限。

（2）市场化投融资模式

市场化投融资，又称为商业化投融资，是指企业以盈利为目的，以企业信用或项目收益为基础，以商业贷款、发行股票等商业化融资为手段，筹集资金并加以运用的金融活动。市场化投融资模式的优点主要是可以吸引其他投资者参与项目建设，减轻政府财政的压力。而缺点主要是融资速度比较慢，融资量大，同时运作环节多，成本高，过程复杂。

以市场化投融资为主体的融资具体分为企业信用融资和项目融资。企业信用融资以企业信用为基础进行的各种融资活动，具体包括股权融资、商业银行贷款、企业债券等。项目融资是与传统的公司融资相对应的概念，广义的项目融资指为了特定项目的建设、收购及债务重组进行的融资活动，即为"项目融资"。而狭义的项目融资是指"通过项目来融资"，即通过项目的期望收益或现金流量、资产和合同权益来融资的活动，债权人对抵押资产以外的资产无追索权或有限的追索权。PPP、BOT、BT等均属于狭义的项目融资模式。

2.3.2 城市轨道交通建设项目的 PPP 模式

1. PPP 模式的内涵

PPP（Public-Private Partnership）是指公私主体为了提供特定的服务或设施而建立的、基于伙伴合作关系的项目采购方式。由于基础设施的投资巨大，因此，在很多发展中国家，PPP 成为政府优先考虑的项目建设模式。而即使在发达国家，由于 PPP 模式能够提高项目实施的效率和绩效水平、改善公共服务的质量、节约成本、加快进度、与私营主体分担风险，其在公共服务领域、基础设施建设领域的应用也越来越广泛。

PPP 其本质是政府与社会资本合作的模式，即政府与社会资本通过合作来提供公共产品或服务的一种方式，主要包括服务合同、管理合同、租赁合同及特许经营权合同四大合同类型，其中特许经营合同是合同的主要形式。PPP 模式中，将原有的由地方政府融资平台投资基础设施建设的模式转变为由企业和社会资本的合营平台投资建设，政府采购服务，将政府债务转化为企业债务。政府部门或地方政府通过政府采购的形式与中标单位组建公司并签订特许合同，由特许公司负责筹资、建设及经营。PPP 模式的基本结构如图 2-2 所示。

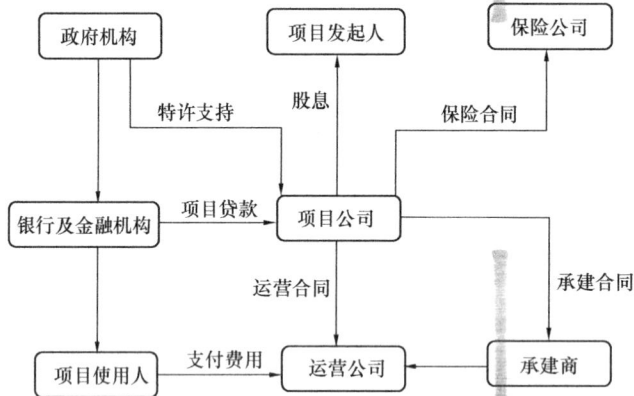

图 2-2 PPP 模式的基本结构

在城市轨道交通项目中，应用 PPP 模式的主要缺点是：

（1）由于城市轨道交通的建设周期长、投资规模大、技术复杂、受到外界干扰的因素多，因此，这类项目的风险比较高。而由于 PPP 项目的特许经营时间很长，更增加了这类项目的风险。因此，对于采用 PPP 模式实施的城市轨道交通项目而言，其风险识别难、风险分担机制要求高。而在 PPP 的发展历史中，有很多由于风险分担不合理而导致项目失败的案例。

（2）采用 PPP 模式建设城市基础设施项目，所形成的组织结构非常复杂。而不同的项目，由于业主的组织机构不同、采购程序不同、要求不同，也形成了千变万化的项目组织机构形式，所以，没有一个标准的应用流程可以参考，如果不能全面地考虑 PPP 项目的所有问题，并制定相应的措施，容易在项目实施过程中产生纠纷。

2018 年，国家对 PPP 项目的应用进一步进行了规范，根据《国务院办公厅关于进一步加强城市轨道交通规划建设管理的意见》（国办发〔2018〕52 号）的要求：城市轨道交通项目应该强化项目风险管控，严控地方政府债务风险。应该进一步加大财政约束力度，按照严控债务增量、有序化解债务存量的要求，严格防范城市政府因城市轨道交通建设新增地方政府债务风险，严禁通过融资平台公司或以 PPP 等名义违规变相举债。对举债融资不符合法律法规或未落实偿债资金来源的城市轨道交通项目，发展改革部门不得审批（核准）；对列入地方政府债务风险预警范围的城市，应暂缓审批（核准）其新项目。城市政府要合理控制城市轨道交通企业负债率，对企业负债率过高的应采取有效措施降低债务，并暂停开工建设新项目。

此外，城市政府应建立透明规范的资本金及运营维护资金投入长效机制，确保城市轨道交通项目建设资金及时足额到位。除城市轨道交通建设规划中明确采用特许经营模式的项目外，项目总投资中财政资金投入不得低于 40%，严禁以各类债务资金作为项目资本金。强化城市政府对城市轨道交通项目全生命周期的支出责任，保障必要的运营维护资金。支持各地区依法依规深化投融资体制改革，积极吸引民间投资参与城市轨道交通项目，鼓励开展多元化经营，加大站场综合开发力度。规范开展城市轨道交通领域政府和社会资本合作（PPP），通过多种方式盘活存量资产。研究利用可计入权益的可续期债券、项目收益债券等创新形式推进城市轨道交通项目市场化融资，开展符合条件的运营期项目资产证券化可行性研究。

2. PPP 模式在我国城市轨道交通中的应用

目前我国采用 PPP 模式建设的轨道交通项目有北京地铁 4 号线、杭州地铁 1 号线、徐州地铁 2 号线、南京地铁 1 号线南延线 PPP 项目等。下面以××地铁×号线为例进行介绍。

（1）××地铁×号线建设概况

1）项目概况

××地铁×号线路全长 28.2km，工程概算总投资 153 亿元，于 2004 年 8 月正式开工，2009 年 9 月通车初期运营。该线路由××市基础设施投资有限公司具体实施。

2）项目融资模式

××地铁×号线 PPP 项目将全部建设内容划分为 A、B 两部分。

A 部分车站等土建工程，投资额约为 107 亿元，约占项目总投资的 70%，建设资金由××市基础设施投资有限公司按传统模式筹资。B 部分为车辆、信号等设备部分，投资额约为 46 亿元，约占项目总投资的 30%，由 PPP 项目公司负责。××地铁×号线 PPP 项目模式如图 2-3 所示。

3）项目建设

A 部分由××市基础设施投资有限公司负责融资、设计和建设。B 部分由 PPP 项目公司融资、设计和建设。为了保证 A、B 两部分在设计、建设、初期运营和验收方面的整体性和协同性，两部分均委托××市基础设施投资有限公司代建。在建设期间，PPP 项目公司和××市基础设施投资有限公司共同成立建设期协调委员会，协商解决争议。建设期协调委员会实行一票否决机制，即任何决定必须经全体委员的一致同意方具有执行力。

4）项目运营

A、B 两部分竣工验收后，PPP 项目公司通过《资产租赁协议》取得 A 部分的使用权，负责×号线项目设施（包括 A 和 B 部分项目设施）的运营和维护以及项目设施的更

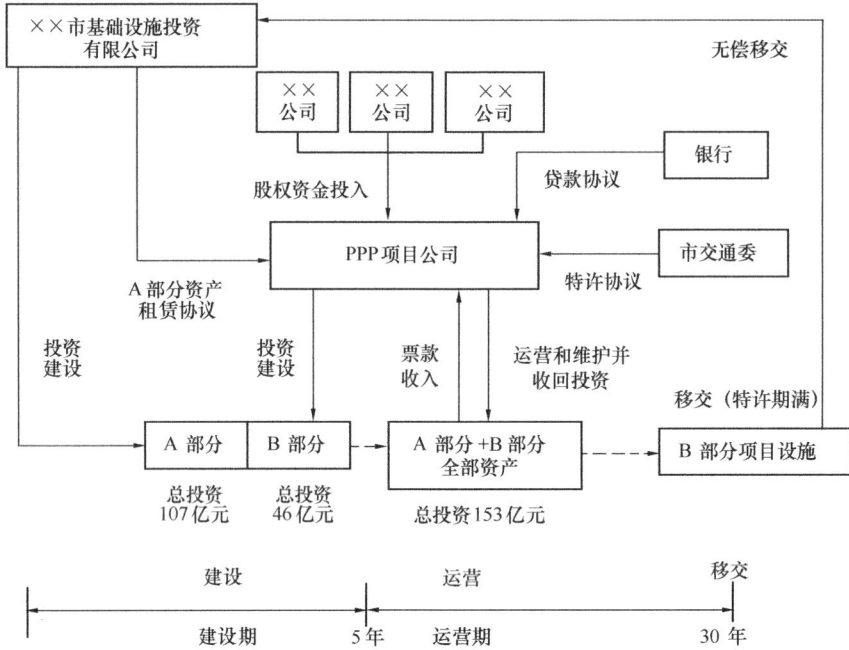

图 2-3　××地铁×号线的 PPP 模式

新改造，执行政府制定的运营票价，按协议约定的运营标准提供客运服务，获取票款和其他收益。

5）资产移交

30 年特许经营期结束后，PPP 项目公司将 B 部分项目设施完好、无偿地移交给××市政府指定部门，将 A 部分项目设施归还给××市基础设施投资有限公司。移交范围包括系统及系统设备、知识产权、土地使用权、运营手册等与管理有关的文件资料以及各类证书、报告和凭证等。

6）回报机制

在特许经营期内，PPP 项目公司负责提供运营服务、设施维护和站内商业开发并取得票款收入和商业经营收入。××市政府依据法律、法规及同网、同价的运营票价政策，对地铁×号线票价实行计程票制和定价调价管理，对于政府定价与核算的影子票价之间的差额则由财政部门予以补贴。

（2）建设单位应用 PPP 模式应该注意的问题

在城市轨道交通建设中运用 PPP 模式，有利于解决建设资金短缺的问题，具有良好的应用前景。但是，由于 PPP 模式在我国还属于一种新兴的融资模式，即使在全世界的城市轨道交通项目中实施 PPP 模式的案例也不多，还需要在实践中不断完善。对于建设单位而言，应用 PPP 模式应注意以下三个方面。

1）PPP 项目及其合作伙伴的选择。PPP 项目周期较长，选择项目时应考虑当地政府的财力情况以及居民的整体收入水平。项目一旦确立，政府或建设单位进行招标投标工作时，不仅要考虑投资方的资金投入量，还要考虑项目施工以及运营过程的实施情况，鼓励国内外有实力的企业积极参与合作，向最有效投资、最利于实现高质量服务水平的方向进行磋商谈判。

2）政府/建设单位角色的转换。实施 PPP 模式，政府/建设单位不再是直接的经营者，政府/建设单位的角色要转向合作、监督和管理，要划清政府监管职能与市场主体之间的责权关系。

3）合理的风险分担结构。在设计风险分担结构时要考虑项目方案的吸引力，一个合理的风险分担结构是一个项目方案是否具有吸引力的关键。通常可以根据各方获利多少的原则考虑相应承担的风险，使项目参与的各方包括政府/建设单位、民营公司、贷款银行及其他投资人等都能够接受。

2.3.3 城市轨道交通建设项目的 BT 模式

1. BT 模式的内涵

BT（即建设－移交）是由业主通过公开招标确定工程建设期的项目法人和施工总承包方，由中标人负责项目资金筹措和工程建设，项目建成竣工验收合格后由业主回购，并由业主向中标人支付回购款的一种工程融资建设模式。BT 模式的一般参与方结构如图 2-4 所示。

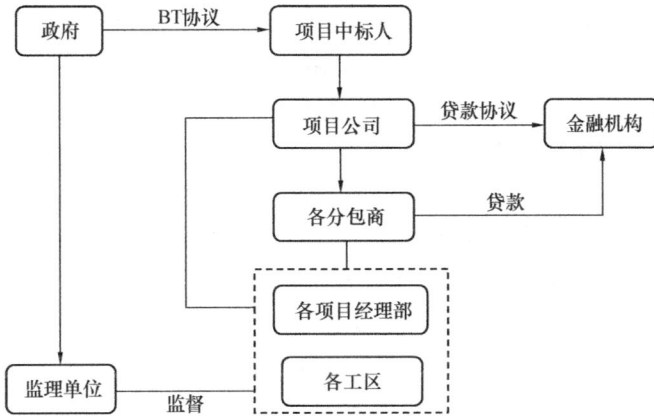

图 2-4 BT 模式的一般参与方结构

BT 工程项目模式适用于以下城市轨道交通项目的新建及扩建工程：

（1）外部条件落实，工程规模及标准确定，设计方案稳定；

（2）工程规模适当，投资额度在潜在投标人可承受的范围内；

（3）工程建设的难度适中，建设风险可以接受。

建设方应建立 BT 工程项目监督管理机制，对 BT 承包人的质量、进度、投资等主要履约情况进行动态监管。BT 项目应根据有关法律法规的规定进行公开招标，确定 BT 工程项目的承包人。承包人应按照招标约定成立项目公司。

城市轨道交通项目涉及前期征地拆迁、工程施工、系统联调等多个环节，涉及 30 多个专业，协调工作量和协调难度较大，项目建设任务艰巨。我国开展 BT 项目的企业基本为工程总承包企业，难以独立完成轨道交通项目建设的全部工作。我国城市轨道交通采取的 BT 项目范围也主要以土建工程为主，而前期工作、机车车辆采购、机电设备采购、安装和调试等工作，仍以地铁公司等具有政府背景的建设单位完成。

2. BT 模式在我国城市轨道交通中的应用

BT 模式在我国城市轨道交通中的应用包括：北京地铁奥运支线 BT 项目、深圳地铁 5 号线 BT 项目、南京地铁机场线 BT 项目等。下面以××地铁×支线为例进行介绍。

（1）项目简介

××地铁×支线全长 4.5km，共设 4 座车站。2004 年，××市发展与改革委员会批准同意采用 BT 模式建设×支线。BT 招标工作由××市基础设施投资公司代表政府负责组织。××地铁×支线工程分为 BT 工程部分和非 BT 工程部分。其中，BT 工程部分包括土建工程、轨道和车站机电设备等，总投资约 15.6 亿元，通过招标选择投资与建设单位；非 BT 部分包括信号、通信、AFC、屏蔽门等机电设备系统、车辆及工程设计、监理等，总投资约 8.6 亿元，由××市基础设施投资公司负责非 BT 工程的投融资业务，并委托建设管理公司负责建设。

（2）项目实施过程

BT 招标工作由××市基础设施投资公司代表政府负责组织，通过公开招标的方式确定中标人，由中标人负责组建×支线项目公司；项目公司根据确定的建设范围筹措相应的建设资金，并按确定的建设计划和技术标准建设×支线工程，工程施工由中标的投资者中具有总承包资质的单位以工程总承包的方式承担。招标人委托建设管理公司，对项目的投资、安全、质量、工期进行全过程监管；工程竣工、验收合格后，招标人以股权收购的形式接收项目公司，并向中标人支付合同价款。

2005 年 4 月，中国××总公司、××局和××局联合体以 10.95 亿元价格中标，较初步设计概算降低了 3.4 亿元，节省投资 23.7%。2005 年 5 月，联合体注册成立了 BT 项目公司，以 BT 特许权合同为核心，组织项目的 BT 融资结构。××市基础设施投资公司代表政府负责项目的组织，是地铁×支线 BT 工程项目的发起人和特许权合同结束后项目的拥有者。通过提供为期 3 年的投融资建设特许权合同，使得该项目的财政资金紧张得到缓解，使×支线提前动工建设，确保 2008 年投入使用。××地铁×支线 BT 模式的结构如图 2-5 所示。

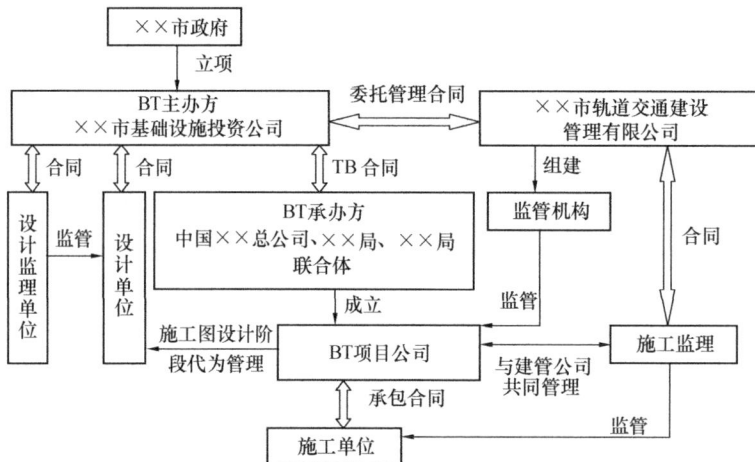

图 2-5 ××地铁×支线的 BT 模式结构

该项目 BT 合同的内容主要包括：

1）BT 项目公司负责该工程的投融资、建设和施工，在合同期内是项目的拥有者；

2）政府承诺为项目公司的银行贷款提供担保支持，为便于项目公司融资，出具回购承诺函及第三方回购担保；

3）特许权合同为期 3 年，合同到期时，BT 项目公司将×支线项目的所有权有偿移交给××市政府；

4）工程竣工验收后或签署完工证明后，办理股权转让变更登记手续后 7 天内，招标人向中标人支付总价款的 60%；第二次支付为第一次支付日后 180 天，支付总价款的 30%；第三次支付为第一次支付日后 1 年，支付余款。

××地铁×支线工程项目，是一次 BT 项目建设的重要实践。该项目创造了许多地铁建设之"最"：在所有××市地铁项目同期工程中，开工最晚、工期最短、进度最快、质量标准最高，管理机构简化精干，人员最少等，取得这些成绩的原因是项目运行机制的优化。项目运行机制的创新之处在于，以 BT 投资建设合同为核心，以全过程控制为手段，以成本控制和风险降低为目标，内外监督相辅相成，在项目运行的每一阶段实行规范化、专业化管理。

2.3.4 城市轨道交通建设项目的 BOT 模式

1. BOT 模式的内涵

BOT（建造—运营—移交）是作为私营机构参与国家基础设施建设的一种重要形式。我国政府将其含义界定为：政府部门通过特许权协议，在规定的时间内，将项目授予为特许权项目成立的项目公司，由项目公司负责该项目的投融资、建设、运营和维护。特许期满，项目公司将特许权项目无偿交给政府部门。

BOT 实质是基础设施融资的一种方式，BOT 项目的实施流程是：政府部门通过特许经营权协议，在规定的时间内（即特许经营期内）将项目（一般为基础设施项目）授予私营机构（即项目发起人）专门成立的项目公司。项目公司以总承包的方式自行融资、建设该项目，在特许经营期内经营项目以偿还贷款并获取收益，即项目公司负责该项目的筹资、建设、经营和维护。政府部门则拥有对这一项目的监督权和调控权。特许经营期限届满后，项目公司将良好运转的项目设施移交给政府。BOT 投资的特许运营期一般为 15～30 年。BOT 的一般运作模式如图 2-6 所示。

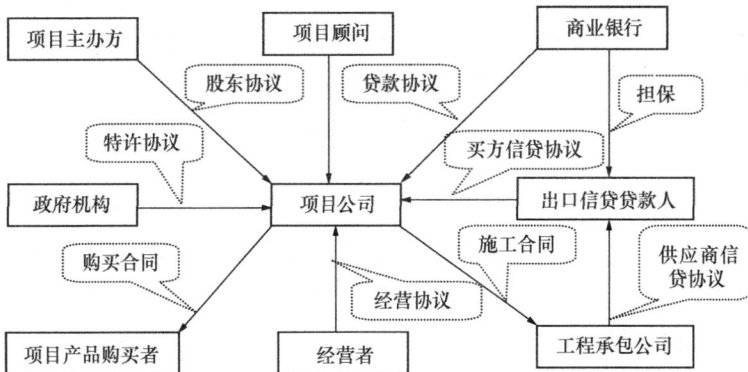

图 2-6　BOT 的一般运作模式

在其他基础设施建设领域，我国已有不少采用 BOT 模式的成功案例，但是，由于城市轨道交通具有的特殊属性，使得 BOT 模式在我国轨道交通项目中成功的案例还非常少。

2. BOT 模式在我国城市轨道交通中的应用

(1) ××轨道交通×号线 BOT 项目概况

××轨道交通×号线是由××市政府通过特许权协议，在规定的 30 年时间内，将轨道交通×号线授予 G 地铁公司为特许权项目成立的 BOT 项目公司，由 BOT 项目公司负责×号线的投融资、建设、运营和维护。30 年特许期满，项目公司将×号线的设施无偿移交给××市政府。××轨道交通×号线运作模式如图 2-7 所示。

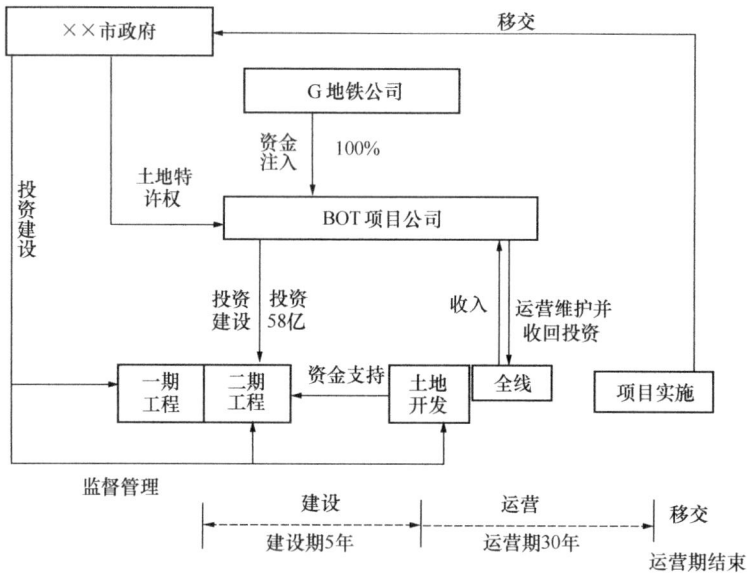

图 2-7　××轨道交通×号线的运作模式

2002 年下半年，××市发展改革局与境内外投资者进行了一系列投资意向洽谈，并重点确定 G 地铁公司作为战略投资者。2003 年 3 月，市委常委会同意市政府开展引入 G 地铁公司投资×号线的工作，同年 5 月，××市政府三届 87 次会议同意 G 地铁公司主要以 BOT 的方式投资建设×号线，××市政府和 G 地铁公司签署了合作备忘录。经过一年多的艰苦谈判，双方于 2003 年底就 BOT 相关内容达成了一致，于 2004 年 1 月签订了《关于××市轨道交通×号线投资建设运营的原则性协议》，并于 2005 年 5 月草签了《××市轨道交通×号线特许经营协议》及其他相关协议。

在××轨道交通×号线项目中，2004 年初到 2005 年初为准备阶段，主要工作为原则性协议和特许经营权协议的签订；2005 年到 2011 年为建设阶段，主要工作为轨道交通×号线的技术研究、设计、招标、施工及项目竣工和初期运营工作，由 G 地铁公司投资的独资项目公司组织实施；2005 年到 2040 年，配合轨道交通×号线的建设和运营，由××市政府划拨土地，G 地铁公司进行土地开发；2011 年到 2040 年为运营阶段，由 G 地铁公司负责组织运营；2040 年，项目移交给政府。

（2）项目的实施及参与方的主要义务

根据××市公用事业特许经营的有关规定，××市政府通过资质审查和意向谈判，确定由最终控股方为 G 地铁公司的 BOT 项目公司从事轨道交通×号线的续建投资、建设和全线运营。

BOT 项目公司将按照法律的规定开展×号线二期的设计、施工、监理，××市政府依法对工程项目进行监管。

为了实现统一运营整个轨道交通×号线的目的，BOT 项目公司将向××市按约定的租金租用轨道交通×号线一期设施。××市按约定的移交标准向 BOT 项目公司移交一期设施。在整个特许经营期内，BOT 项目公司须自负费用对一期设施进行必要的维修、改造、建设、添附、更新、重置等，并将相关情况报××市备案或征得其同意后进行。BOT 项目公司还须为一期设施购买可获得的保险赔偿金不低于人民币 5 亿元的保险。

在特许经营期内，BOT 项目公司将开展轨道交通×号线的运营，并在商务部批准的经营范围内从事相关的其他业务。为实现优质运营的目的，BOT 项目公司将在正式运营期的各阶段制定并实施不低于协议基本运营标准的运营标准，并定期检讨，努力提高运营标准。

××市政府及其相关职能部门将依据相关法律和《特许经营协议》等有关协议的约定对 BOT 项目公司运营轨道交通×号线、对外担保、关联交易、沿线地块分红、一期设施的使用以及项目公司的经营状况等，进行全方位的监管和监督。

BOT 项目公司以划拨方式取得并使用续建工程建设用地，无需支付地价，但是应缴纳土地使用费并承担 2.8 亿元人民币的征地拆迁费。××市按照约定的交付时间和要求交付建设用地，负责及时完成建设所需土地的征用、拆迁、居民安置及管线迁移。BOT 项目公司租用一期设施和二期设施的经营性空间。在特许经营期内，××市政府及其有关职能部门应确保 BOT 项目公司行使该等权利。BOT 项目公司以协议出让方式取得总可售建筑面积为 290 万 m^2 的沿线若干地块，并支付地价。××市按照约定的土地交付标准与期限向 BOT 项目公司提供开发地块，但是，可以根据情况调整土地的供应。

一个城市的轨道交通建设主要可以分为三个阶段，即修建初期、快速发展期、成熟期。修建初期，由于城市轨道交通刚刚起步，一系列配套措施及相应政策法规的不完善，市场化运作手段欠缺，应当以政府投资为主。在快速发展期，城市轨道交通步入大规模网络化建设时期，应逐步拓宽融资思路，探索以资本市场为平台的多元化融资渠道，如采用 PPP、BT、BOT 融资模式，以及股票、债券、信托等筹集资金的方式，创新融资模式。在成熟期，城市轨道交通表现为对现有线网设施的更新完善、维护和优化，投资主要用于改造和维护现有线网，政府投资退居次要地位。随着城市轨道交通政策法规的不断完善，应进一步突出投融资模式的创新和市场化运作。

2.3.5 江苏省城市轨道交通的建设管理模式

城市轨道交通建设具有规模大、资金需求量大、回报率低等特点。近年来，江苏各地在城市轨道交通建设中引入一些融资和管理模式，作了一些有益的探索，归纳起来有 5 种模式。

1. 政府独立投融资的自建自管模式

这是江苏城市轨道交通建设采用的最为普遍的一种模式。如南京 1～4 号线、7 号线、

10 号线、宁溧线、苏州 1～8 号线、无锡 1～4 号线、常州 1～2 号线均采用该建设模式，投融资的资金由政府出资 30%～40% 作为项目资本金，然后由各地铁公司或政府投资平台向银行贷款。

2. 混合模式

南京宁和城际一期工程和宁高城际二期，建设全过程分别包含了代建、PPP、自建等不同的建设模式。该项目建设根据需要，划分为几个部分，如土建部分、机电设备和系统安装部分、其他一些配套工程（如轨道工程、主变电所工程、车站公共区装修工程以及车辆、公交配套及绿化工程），根据需要采用不同的建设模式。该模式参与单位多，交接过程责任界定相对复杂。

3. BT 模式

南京地铁机场线由 BT 方上海隧道工程有限公司出资组建项目实体管理公司南京元平建设发展有限公司，负责整个项目的投融资和建设管理工作。竣工通车后，由南京地铁集团有限公司代表市政府分 5 年共计 5 次进行股权回购，直至产权全部移交南京地铁集团有限公司。

4. PPP 模式

对于南京地铁 5 号线，南京地铁集团有限公司及中标联合体绿地控股集团股份有限公司、上海绿地建设（集团）有限公司与上海隧道工程有限公司共同组建项目公司南京绿地地铁五号线项目投资发展有限公司，作为 PPP 项目的实体管理机构。

5. 徐州特色的 PPP 模式

这种模式在徐州地铁在建的 1～3 号线中应用，徐州市结合实际情况，对传统 PPP 模式进行了创新，基于"轨道建设运营分段运作，区域物业分层反哺"的模块组合框架，形成设计建设、运营维护、土地开发和上盖物业 4 个相对独立运作的模块。建设和运营两个模块，采取网运分离模式分别引入专业的社会资本合作，实现基础设施对公益事业的永续承载和经营。

第 3 章　基本建设阶段划分与工程可行性研究的实施管理

3.1　基本建设阶段划分

3.1.1　基本建设阶段的划分

按照国家的基本建设程序，城市轨道交通建设项目按照工作顺序可以划分为线网规划、建设规划、可行性研究、勘察设计、施工、系统联调、初期运营等阶段。各个阶段均应取得政府相关授权部门的许可、审批。城市轨道交通建设项目的阶段划分如图 3-1 所示。

对于建设单位而言，清楚地了解城市轨道交通建设项目各阶段的工作流程与工作内

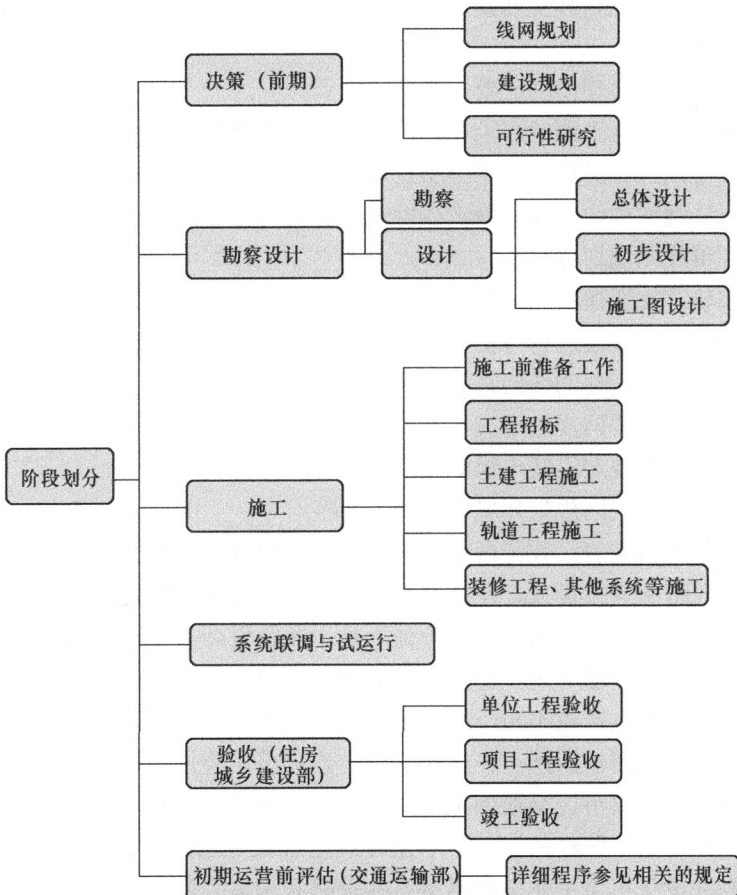

图 3-1　城市轨道交通建设项目的阶段划分

容，对顺利开展和组织建设工作具有重要意义。本指南按照图 3-1 城市轨道交通建设项目的阶段划分编写相关内容，有助于建设单位、其他参与方熟悉城市轨道交通建设项目各阶段的工作流程与工作内容。

3.1.2 决策阶段的工作内容

城市轨道交通决策阶段的主要内容包括线网规划、建设规划和工程可行性研究，各环节的主要工作内容如下。

1. 城市轨道交通工程线网规划的工作内容

城市轨道交通线网规划是城市总体规划和城市综合交通规划的重要组成部分，是城市发展轨道交通的纲领和蓝图，对一个城市的规划和发展都具有重要的影响。

根据《住房城乡建设部关于加强城市轨道交通线网规划编制的通知》（建城〔2014〕169 号）要求，编制线网规划应当依照城市总体规划和综合交通规划等上位规划的相关内容，同时与区域规划、城市交通相关专项规划以及重大的交通基础设施规划等衔接起来，经过政府部门批复的线网规划可以将成果纳入城市总体规划中，城市总体规划获得国务院批复之后，城市轨道交通线网规划也就具有了法定效力。

城市轨道交通线网规划的主要工作内容包括：

（1）根据城市总体规划和交通发展规划，对城市以及交通情况进行分析，对城市客运交通需求进行预测；

（2）对城市轨道交通建设的必要性进行论证；

（3）对城市轨道交通发展的要求和目标进行详细的分析；

（4）对线网规模进行匡算，得出一个比较合理的线网规模；

（5）通过对线网结构的研究，确定线网规划方案；

（6）综合评价线网规划方案；

（7）对城市轨道交通建设用地提出要求进行控制；

（8）对车辆基地的规模进行分析，得出车辆基地的布局规划。

为了进行城市轨道交通的线网规划，需要进行的相关配套专题研究通常包括：

（1）城市轨道交通线网规划客流预测；

（2）轨道交通线网规划沿线土地利用规划；

（3）城市轨道交通线网规划环境影响评价。

从现有的工程实践来看，我国城市轨道交通的线网规划与设计还有一些方面需要进行改进。由于城市轨道交通投资大、建成后将长期运营，对城市的发展影响很大。从国内已完成的城市轨道交通规划看，由于规划论证不足，线路设计与实际运营效果产生偏差的案例较多。有的站点设计不够合理，造成换乘拥堵；有的线路设计客流与实际相差较大，特别是郊区轻轨线路客流量严重不足，运营亏损较大，有的局部停运或减少运行班次，形成恶性循环，造成投资浪费。因此，在这个阶段，建设单位应加强科学论证，规划实施上将有限的资金主要用于解决市区交通拥堵上，进而适度超前，以充分发挥投资效益。

陈湘生院士以深圳实践经验提出了"建设效能最大化的城市轨道交通"，为我国城市轨道交通的规划和设计提供了非常值得借鉴的思路和理念。特别是他提出："要将城市轨道交通与城市其他所有地下设施以及与地面空间统一规划于城市上位规划中，使珍贵的城市土地资源实现立体高效利用，各类地下设施之间有机协调设置。既使土地资源高效集约利用，让城市环境与城市轨道交通两者都能可持续发展，又能创造出温馨宜人的城市空间，满足广大人民群众工作、学习、生活、休闲等的需求。"该理念应在我国城市轨道交通的规划和设计中广泛推广，将轨道交通建设与城市土地的集约化开发与利用有效结合起来，引导和改善城市空间结构，既解决城市交通拥挤问题，又促进经济繁荣和城市可持续协调发展。

2. 城市轨道交通工程建设规划的工作内容

城市轨道交通的建设规划要结合城市经济发展、交通需求和近期建设目标，以线网规划为指导，对该项目的建设必要性、建设时序和建设规模等提出项目实施规划，这是开展工作的依据。城市轨道交通的建设规划是审批级别最高、部门最多、层次最多的项目之一，是城市轨道交通建设的开端和遵循的基本原则纲领。对于首轮申报城市轨道交通建设规划的城市建设规划应该获得国务院批复，而后期建设规划的申报由国家发展改革委批复、报国务院备案。

城市轨道交通建设规划的主要工作内容包括：

（1）通过对城市总体规划、线网规划及客流预测的研究来确定近期建设项目，尽快组成基本骨架网络；

（2）对近期建设项目的建设范围、建设时序、建设时机、建设规模和工程筹划进行深入研究；

（3）根据建设规划提出的建设标准和工程方案估算出工程造价，对资本金筹集方式进行确定、对债务资金筹集落实，对资金平衡方案、工程投资计划等进行深入研究分析，得出结论；

（4）对建设用地进行落实，制定好拆迁安置和运营补亏方案，对建设管理体制进行明确。

为进行城市轨道交通的建设规划，需要进行的相关配套专题研究一般包括：

（1）城市轨道交通建设规划客流预测；

（2）近期轨道交通沿线土地利用规划；

（3）社会稳定风险分析；

（4）城市轨道交通建设规划环境影响评价；

（5）文物保护专题研究；

（6）城市综合交通一体化研究；

（7）近期轨道交通建设资金筹措方案。

3. 工程可行性研究的工作内容

工程可行性研究是在建设规划的指导下，深入落实各层面的城市发展条件和建设的内外部环境，对工程建设标准和工程技术方案进行深入落实。工程可行性研究是前期工作的收尾阶段，是开启建设项目设计工作的起始阶段，在城市轨道交通项目整个规划建设过程中起重要的衔接作用。一般而言，城市轨道交通项目可行性研究的审批流程如图 3-2 所示。

建设单位应该按照《国家发展改革委关于加强城市轨道交通规划建设管理的通知》（发改基础〔2015〕49 号）对工程可行性研究的要求，组织进行研究报告的编制和相关评

地形测绘
管线调查

线、站位、
场段方案

客流预测（初稿）
环评报告（初稿）
地勘报告（初稿）
地质灾害评估（初稿）
矿产压覆报告（初稿）
水土保持报告（初稿）
供电专题（初稿）
防洪评价专题（初稿）

可研报告
（中间稿）

16项专题报告终稿
客流预测专家评审会
安全预评价专家评审会
地质灾害评估专家评审会
矿产压覆评估专家评审会
地震安评专家评审会
水土保持专家评审会
社稳报告专家评审会
供电专题专家评审会
防洪专题专家评审会
地勘报告专家评审会

可研报告
（送审稿）

省发展改革委组
织专家评审可研

可研报告（报批稿）
安全预评价获得批复
环评报告获得批复
规划选址报告获得批复
用地预审获得批复
地质灾害评估获得批复
矿产压覆评估获得批复
地震安评获得批复
水土保持获得批复
社稳报告获得批复
供电报告获得批复
防洪专题获得批复
节能评估获得批复

可研报告批复

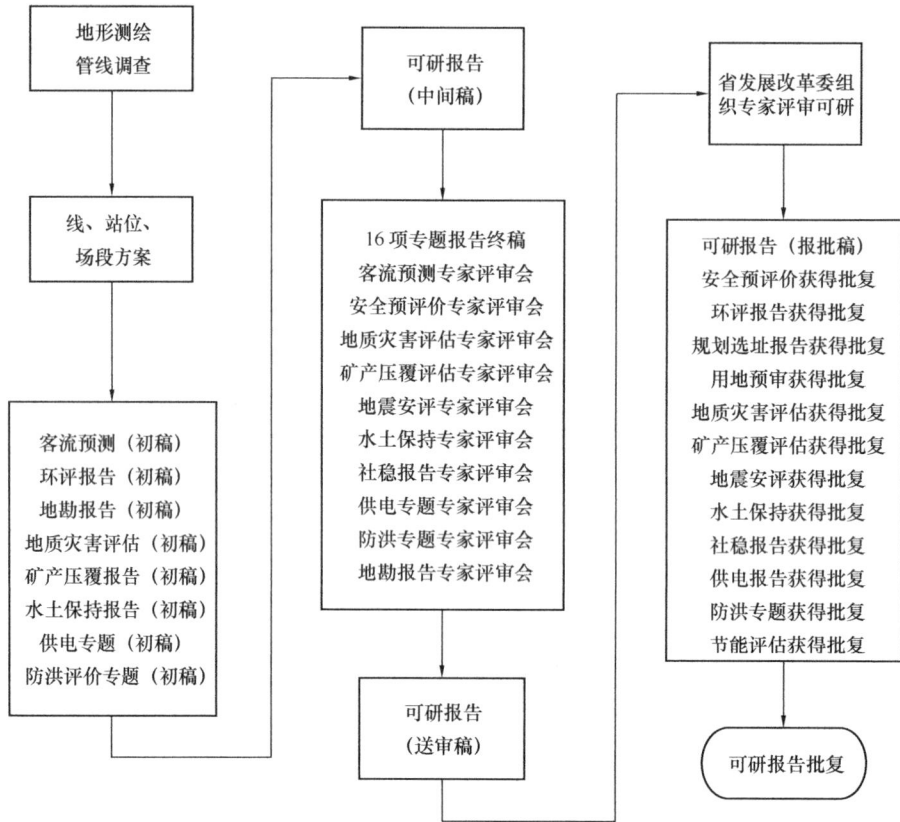

图 3-2 城市轨道交通项目可行性研究的审批流程

估工作。工程可行性研究重点研究项目建设的必要性，客流预测和行车组织、运营管理；限界及轨道；线站位方案和车站建筑、区间结构；机电设备系统和控制中心；车辆段及停车场；车辆及机电设备国产化；环保与节能、文物保护及影响分析；防灾与人防工程；工程筹划、投资估算、资金筹措和经济评价等内容。

根据《国务院办公厅关于保障城市轨道交通安全运行的意见》（国办发〔2018〕13号）、《城市轨道交通运营管理规定》（中华人民共和国交通运输部令 2018 年第 8 号），工程可行性研究报告及初步设计文件的编制还应补充运营服务专篇与公共安全专篇。

3.1.3 设计阶段的工作内容

城市轨道交通设计阶段的主要内容包括总体设计、初步设计和施工图设计，每个环节的工作内容均有不同。

1. 总体设计的工作内容

总体设计并不是国家有关规定中的必须设计阶段，但是，在城市轨道交通项目中，建设单位通过总体设计可以有效地实现前期工作和初步设计的衔接，更好地稳定边界条件，保证初步设计工作顺利开展。总体设计在工程评审意见基础上，进一步统一和确定工程主要技术标准、设计原则，确定工程建设方案和规模，明确专业接口关系，理清外部条件、优化线路站位；明确横向接口、理顺纵向系统；控制投资总额、合理筹划工期，形成最终的设计文件，为下阶段进行初步设计提供依据。

2. 初步设计的工作内容

初步设计应当稳定线站位走向、设计原则和技术标准、建设规模、主要工程和材料数量、设计方案、施工组织并编制总概算。经过修改审查后，初步设计文件可以作为控制建设规模和投资的依据，能够满足业主采购设备、征地拆迁以及进行各种施工准备的需要。初步设计文件由四个部分组成，分别为说明书、图纸、设备及材料表以及概算书。初步设计的编制深度要满足住房城乡建设部《城市轨道交通工程设计文件编制深度规定》（建质〔2013〕160号）中的相关要求。

3. 施工图设计的工作内容

在城市轨道交通建设项目的施工图设计过程中，各专业对工程的实施进行具体的量化，确定出总平面施工图、建筑施工图、结构施工图、设备基础详图、工艺管道详细布置施工图、施工图的概预算等。

3.1.4 施工阶段的工作内容

城市轨道交通施工阶段的主要内容包括：工程招标、施工前准备工作、土建工程施工、轨道工程施工、各系统和机电系统施工以及装修工程施工。

1. 工程招标

由于城市轨道交通项目的建设涉及土建工程、机电设备、弱电系统、设备安装及装修等大量的工作内容，在工程招标过程中，建设单位首先需要进行合同策划，即决定采用的融资模式、划分不同的线路区间与站点标段、不同专业内容的组合等问题；根据合同策划的成果，编写招标文件，选择合格的投标单位投标，进行评标并选择中标单位。研究成果表明，中标单位的竞争力是决定项目成功的关键要素，而由于城市轨道交通项目的投资规模大、专业要求高等特点，能够承担该类项目建设的单位相对较少，一般为国内大型的轨道交通施工专业公司。

2. 施工前准备工作

在施工前，城市轨道交通的建设单位应重点关注完成以下工作：

（1）从主管部门获得工程项目的施工许可。

（2）征地拆迁工作要符合工程进度的要求。

（3）与监理单位一起，审查并确定施工组织设计。

（4）落实施工单位的现场管理人员到位，机具、施工人员、主要工程材料符合施工要求。

城市轨道交通建设单位还需要重点督促施工单位完成以下施工准备工作，主要包括：

（1）"三通一平"：取得"建设工程规划许可证"后，工程进行场地接管，组织临建搭设，为工程正式开工做好现场准备。

（2）提前做好现场雨水、污水、自来水接口位置的调查和确定，根据现场雨水、污水、自来水接口位置合理安排施工临建的雨水、污水排放，施工用水和生活用水接口位置，规划好现场地下管线位置和临时设施位置。

（3）熟悉项目的有关情况，包括工程地质情况、图纸、项目的进度、质量要求等、其他急需解决的问题。

（4）要求施工单位落实进场施工道路、水、电、通信等，达到符合开工要求。

3. 土建工程施工

土建工程施工是城市轨道交通项目建设的重要内容，也是其他相关专业实施的重要基础。该阶段的主要工作内容包括车站主体、车站附属、区间土建、控制中心、控制中心土建、±0.000 以下工程、±0.000 以上工程以及洞通工作的完成。

4. 轨道工程施工

轨道工程施工是城市轨道交通项目的核心环节，该阶段的主要工作内容是铺轨和轨通。轨道铺设能否按期完成，直接影响轨道交通交付运营的期限，而轨通工作的顺利开展，也是后续其他专业系统进行施工的基础。

5. 各系统、机电系统施工

城市轨道交通工程的系统和机电工程内容很多，包括信号、通信、消防、电梯、自动扶梯、通风、空调、节能、供电、控制中心等。该阶段的主要任务是确保各系统、机电设备安装与单机调试，全线电通、车辆段电通，各系统、机电设备安装验收、全线联调联试等工作的完成。

6. 装修工程施工

城市轨道交通的装修工程主要是车站的装修，其装修的内容主要包括三个部分。

（1）车站站厅层、站台层公共区的装修。主要有：站厅层、站台层公共区的装修；吊顶、墙面、柱面、地面（含站台层两侧沿屏蔽门方向 2m 宽的绝缘层的施工）、楼梯踏步、分隔栏、墙地面导视牌（含疏散指示牌）、照明灯具的安装。

（2）车站站厅层、站台层设备区的二次结构的砌筑及装饰。主要有：设备房墙体砌筑、抹灰；吊顶（局部房间）、墙面、地面（含防静电地板安装）；卫生间吊顶、墙面、地面、洁具安装等。

（3）风井、风道的装修及出入口和出入口小广场（室外）与市政道路的衔接。主要有：风井、风道的装修；室外风井装饰施工；设备的孔洞封盖及扶栏制作安装；出入口及出入口小广场（室外）地面与市政道路的衔接施工。

3.1.5 验收阶段的工作内容

城市轨道交通建设项目验收阶段的主要内容包括单位工程验收、项目工程验收和竣工验收，以下进行简单介绍。

1. 单位工程验收

单位工程验收是指在单位工程完工后，检查工程设计文件和合同约定内容的执行情况，评价单位工程是否符合有关法律法规和工程技术标准、设计文件及合同要求，对各参建单位的质量管理进行评价的验收。单位工程划分应符合国家、行业等现行有关规定和标准。单位工程验收由建设单位组织，勘察、设计、施工、监理等各参建单位的项目负责人参加，组成验收小组。

2. 项目工程验收

项目工程验收是指各项单位工程验收后、试运行之前，确认建设项目工程是否达到设计文件及标准要求，是否满足城市轨道交通试运行要求的验收。城市轨道交通建设的项目工程验收工作由建设单位组织，各参建单位项目负责人以及运营单位、负责专项验收的城市政府有关部门代表参加，组成验收组。

3. 竣工验收

竣工验收是指项目工程验收合格后、初期运营之前，结合试运行效果，确认建设项目是否达到设计目标及标准要求的验收。城市轨道交通建设项目的竣工验收由建设单位组织，各参建单位项目负责人以及运营单位、负责规划条件核实和专项验收的城市政府有关部门代表参加，组成验收委员会。

3.1.6 初期运营阶段的工作内容

初期运营是指在城市轨道交通建设项目的所有设施设备验收合格，整体系统可用性、安全性和可靠性经过试运行检验合格后，在正式运营前所从事的载客运营活动。进行初期运营的工程必须满足工程初步验收合格、影响运营安全的遗留问题整改完成等条件。在初期运营阶段，建设单位需取得主管部门批准文件，做好工程移交，并保证满足规范规定的限界基本条件、土建工程基本条件、车辆和车辆基地基本条件、运营设备系统基本条件、人员基本条件、运营组织基本条件，并做好应急与演练，以及系统测试检验等工作。

3.2 工程可行性研究的实施管理

3.2.1 概述

工程可行性研究是以建设规划和相关法律法规为依据，对项目有关的技术、经济等进行具体调查、研究、分析，对各种方案进行研究论证，以选择技术先进实用、建设方案合理可行、财务经济和社会效益可行、投资风险较低的工程建设方案，为项目审批提供可靠依据。

城市轨道交通项目因为投资大、建设周期长，且涉及规划、交通、环境等多个方面，较一般城建项目更复杂，对立项文件的深度和广度要求更高，因此城市轨道交通项目便采取了编制建设规划报告（代替项目建议书）的立项方式。

2013年之前，城市轨道交通项目的可行性研究报告均由国家发展改革委审批，国家发展改革委收到各地的上报文件后，委托评估单位对可行性研究报告进行评估，评估完后3~6个月后批复。2013年，审批权限下放后可行性研究报告改由省发展改革委（直辖市为市发展改革委）审批。《国务院办公厅关于进一步加强城市轨道交通规划建设管理的意见》（国办发〔2018〕52号）要求：已经国家批准的城市轨道交通建设规划应严格执行，原则上不得变更，规划实施期限不得随意压缩。在规划实施过程中，因城市规划、工程条件、交通枢纽布局变化等因素影响，城市轨道交通线路功能定位、基本走向、系统制式等发生重大变化的，或线路里程、地下线路长度、直接工程投资（扣除物价上涨因素）等较建设规划增幅超过20%的，应按相关规定履行建设规划调整程序。建设规划调整应在完成规划实施中期评估后予以统筹考虑，原则上不得新增项目。原则上本轮建设规划实施最后一年或规划项目总投资完成70%以上的，方可开展新一轮建设规划报批工作。

3.2.2　开展工程可行性研究的基本工作

《国家发展改革委关于加强城市轨道交通规划建设管理的通知》（发改基础〔2015〕49号）及其附件对工程可行性研究报告编制和评估大纲作了详细的说明，以指导各地做好工程可行性研究报告编制和评估工作。工程可行性研究报告的编制大纲具体见表3-1。

工程可行性研究报告的编制大纲　　　　　　　　表 3-1

项目	内容	项目	内容
项目建设背景	项目概述	项目适应性分析	交通衔接
	上位规划研究		社会稳定
	建设必要性		节约能源
	工程建设条件		环境保护
项目技术条件	客流预测	项目综合分析	投资估算与资金筹措
	总体技术标准		效益分析
项目建设方案	总体方案		社会分析
	土建工程方案		风险分析
	设备系统方案		
	组织实施方案		结论与建议

工程可行性研究报告编制工作分为资料收集、深入研究编制、完成报告提请报批三阶段，编制时间宜为6～8个月。一般是由前期规划部门组织工程可行性研究报告编制单位制定编制计划及各支撑性专题编制计划。

1. 资料收集阶段

建设单位应委托具备地形修测、工程地质勘察、建（构）筑物及地下管线调查资质的单位完成基础资料调查工作，负责联系规划等部门，配合编制单位收集整理沿线相关基础资料，包括城市总体规划、综合交通规划、轨道交通线网规划、沿线分区规划和控制性规划等资料。

2. 深入研究编制阶段

建设单位根据工程可行性研究报告编制计划适时启动各专题报告编制，主要包括：地形修测、工程勘察及物探、工程场地地震安全性评价、安全预评价、地质灾害危险性评估、环境影响评价、工程沿线文物保护方案及评估、压覆矿产资源查询、节能评估报告、换乘一体化规划（若有需要）、水土保持方案（若有需要）、风景名胜区保护方案（若有需要）、穿越铁路（若有需要）、弃土方案（若有需要）等。工程可行性研究报告还应包括工程社会稳定风险分析及评估、客流预测两个专题。

工程可行性研究报告编制单位根据建设规划以及线路预工程可行性研究成果进行工程可行性研究工作，初步研究后针对线站位设置、运营组织形式、车站总图布置等组织开展专家咨询会，按照专家意见修改完善后形成工程可行性研究报告初稿；初稿完成后，对接沿线各区及相关部门（如发展改革委、国土、住房城乡建设、规划、交通、水利、环保、园林、文物、消防、人防等），根据对接意见，进一步修改完善报告；同时重点研究征地、管线迁改和拆迁的可实施性；确定线路运营组织工作以及用户需求方案比选的研究；确定车辆、通信、信号、综合监控、供电等系统设备的选型；完善配线上方地下大空间商业开发及沿线地块物业开发的研究。涉及重大技术方案的提请公司技术委员会（指挥部）研究，将合理的技术需求落实到工程可行性研究报告中；工程可行性研究报告初稿收集各区及相关部门、公司内部相关部门意见后，随后组织集团公司层面的内部评审，内部评审后，修改完善报告，形成工程可行性研究报告定稿。

3. 完成报告提请报批阶段

工程可行性研究报告完成定稿通过审查后应及时上报指挥部，经审查同意后向市发展改革委提出报批申请。在正式向所在市发展改革委提出报批情况后，建设单位应该积极配合省发展改革委委托市发展改革委对工程可行性报告进行的技术评估，并及时跟踪省发展改革委审批的进程，积极做好相关协调工作。

城市轨道交通建设项目可行性研究阶段应依据国家相关法律法规，委托具备相应专业资质的单位完成相应专题报告，作为可行性研究审查的必要支撑性文件。除城市轨道交通项目需共性完成的环境影响评价、地质灾害评估、地震安全性评价、用地预审、安全预评价、节能评估、卫生评价外，根据项目的工程地质与水文地质等具体情况，如果需要还应完成水资源保护、防洪评价、矿产压覆等专题研究报告。工程可行性研究的成果参考表 3-2。

工程可行性研究的成果目录　　　　　　　　　　　　表 3-2

项目类别	序号	项目名称	批复单位	备注	完成阶段
主报告	1	工程可行性研究报告	省发展改革委		纳入建设规划线路后可开展
配套文件	2	建设规划	首轮国务院批复，非首轮国家发展改革委批复	上位规划	
	3	客流预测报告	专家评审	必备专题	工程可行性研究方案稳定后2个月完成报告编制及审查
	4	环评报告书	市生态环境局、市行政审批局		工程可行性研究报告省发展改革委批复前完成审批
	5	安全预评价报告	专家评审		取得建设规划批复后2个月内完成
	6	工程可行性研究勘察及物探			工程可行性研究编制阶段完成
	7	地形修测			工程可行性研究编制阶段完成
	8	文物保护方案及评估	各级文物主管部门		工程可行性研究方案稳定后2个月完成保护方案；保护方案编制完成后1个月完成评估报告
	9	地质灾害	专家评审		工程可行性研究方案稳定后2个月完成

项目类别	序号	项目名称	批复单位	备注	完成阶段
配套文件	10	水土保持	市水务局	非必备专题	开工前完成审批
	11	换乘规划	专家评审		工程可行性研究方案稳定后1个半月内完成工程可行性研究阶段审查
	12	地震安评	第三方技术审查		初步设计前提供抗震设防依据
	13	选址意见书	各区规划部门	审批前置	工程可行性研究方案稳定后的1个月内
	14	用地预审	省自然资源厅或国家自然资源部		工程可行性研究方案稳定后3个月内完成审批
	15	压覆矿产证明	省自然资源厅		选址意见书获批后1个月内出具未压覆矿产资源批复
	16	节地评价	省自然资源厅		工程可行性研究方案稳定后2个月内完成审批
	17	社会稳定风险分析与评估	市维稳办		工程可行性研究方案稳定后3个月内完成备案
	18	节能评估	省发展改革委		工程可行性研究报告上报省发展改革委前完成审批
	19	资本金承诺函	人民政府出具		工程可行性研究报告上报省发展改革委前完成审批
	20	贷款意向书	贷款银行出具		工程可行性研究报告上报省发展改革委前完成审批

3.2.3 各专题研究工作的实施管理

1. 客流预测专题研究

工程可行性研究的客流预测应委托具有相关资质的客流预测单位或机构进行预测。

客流预测单位或机构应根据相对稳定的线站位方案，在收集城市社会和经济发展计划、城市发展总体规划、城市综合交通规划、地区性详细建设规划等前提资料的基础上，开展客流预测工作。

客流预测应在以人口、土地利用及其他经济指标预测和相关交通调查的成果的基础上，应用建立的模型对以下内容（包括但不限于）进行研究：全网客流预测、线路客流预测、车站客流预测、OD客流预测、换乘客流预测、出入口分向客流预测、客流特征分析等，形成中间成果稿。

建设单位应对中间成果稿中客流指标的合理性进行分析咨询，进一步修改完善客流预测报告。

根据有关规定，客流预测为工程可行性研究报告编制的基础专题之一，专家评审修改后作为工程可行性研究报告的编制依据。为保证工程可行性研究报告进度，应对客流预测专题的进度进行控制，工程可行性研究线站位方案相对稳定后即开展客流预测的研究工作。

建设单位应当组织针对客流预测中间成果稿的专家咨询会，客流预测单位或机构应及时根据专家咨询意见修改完善中间成果稿形成送审稿。

建设单位应当组织专家对修改后形成的送审稿进行评审，并形成评审书面意见。客流预测单位或机构应当根据专家组意见补充、修改并完善客流预测报告，作为工程可行性研究报告的编制依据。

2. 地震安评专题研究

工程可行性研究过程中，地震安评专题研究应委托具备相关资质的单位或机构进行。

工程可行性研究线站位方案相对稳定后，建设单位应当及时组织承担地震安全性评价的单位或机构制定工作大纲，按照《工程场地地震安全性评价》GB 17741 及工作大纲以及合同规定的计划及时开展工作，外业工作可与工程可行性研究勘察同步开展，外业工作主要包括但不限于：近场地震地质调查、沿线控制点测试钻孔的钻探、土层横波波速测试及原状土取样、土样标贯试验及三轴试验、浅层人工地震探测等。

承担地震安全性评价单位或机构应在相关资料收集及外业工作数据处理的基础上进行地震安全性评价报告的编写，主要内容包括但不限于：工程概况和技术要求、地震活动环境评价、地震构造评价、场地地震工程地质条件评价、设计地震参数技术分析、地震地质灾害评价、评价结论等。

根据有关规定，地震安全性评价为工程可行性研究的支撑性材料，应对地震安全性评价的进度进行控制，工程可行性研究线站位方案相对稳定后即开展地震安全性评价专题等研究工作。

专题研究成果应发给建设单位进行审查，并及时修改完善。

在地震安全性评价报告编制完成后，建设单位应当将地震安全性评价成果交由第三方技术审查机构进行技术审查。地震安全性评价报告通过技术审查后方可使用。地震安全性评价报告通过技术审查的，技术审查机构应当向建设单位出具审查通过书面意见。未通过技术审查的，评价单位或机构应当按照审查专家组的意见，对报告进行修改或补充，重新提交技术审查机构组织技术审查。

3. 用地预审办理工作

工程可行性研究过程中，应委托具备相关资质的用地预审咨询单位或机构开展咨询及跟踪工作。

用地预审材料的编制应当包括：建设项目用地预审申请表、建设项目用地预审申请报告（内容包括拟建项目基本情况、拟选址占地情况、拟用地是否符合土地利用总体规划、拟用地是否符合供地政策等）、审批项目建议书批复文件、节地评价报告（内容包括：拟建项目基本情况、拟选址用地总规模和功能分区规模、体现集约节约用地情况等）。

根据有关规定，用地预审意见是省发展改革委审批项目可行性研究报告的前置条件。为保证工程可行性研究报告的进度，应对用地预审进度进行控制，工程可行性研究线站位方案相对稳定后即开展用地预审咨询及跟踪工作。同时，负责初审的国土资源主管部门应当在 20 个工作日内完成初审工作，并提出初审意见，负责预审的国土资源主管部门应自收到转报材料之日起 20 个工作日内完成审查工作并出具用地预审意见。

省国土资源主管部门负责城市轨道交通建设项目可行性研究报告的用地预审工作。报批工作首先由建设项目所在地各区国土资源主管部门提出初审意见，经市级国土资源主管部门审核并出具市级初审意见后转报省级国土资源主管部门，取得市级初审意见后将节地报告上报至省国土厅，由省国土资源主管部门组织开展节地报告专家评审会，取得节地专家评审意见后由省级国土资源主管部门出具用地预审意见。

国内某城市用地预审办理工作流程如图3-3所示。

4. 选址意见书办理

工程可行性研究过程中，由设计单位配合建设单位办理建设项目选址意见书。

根据相对稳定的线站位方案，建设单位组织设计单位与各区规划部门对接，明确选址报审方案，并将换乘规划相关用地选址纳入至选址红线范围内，按各区规划部门相关要求准备好相关材料。

根据有关规定，选址意见书作为办理压覆矿产查询的前置条件，且为工程可行性研究报告上报的前置条件，为保证工程可行性研究报告报批的进度，应对选址意见书办理的进度进行控制，在取得建设规划批复且线站位方案稳定后即可开展选址意见书的办理工作。

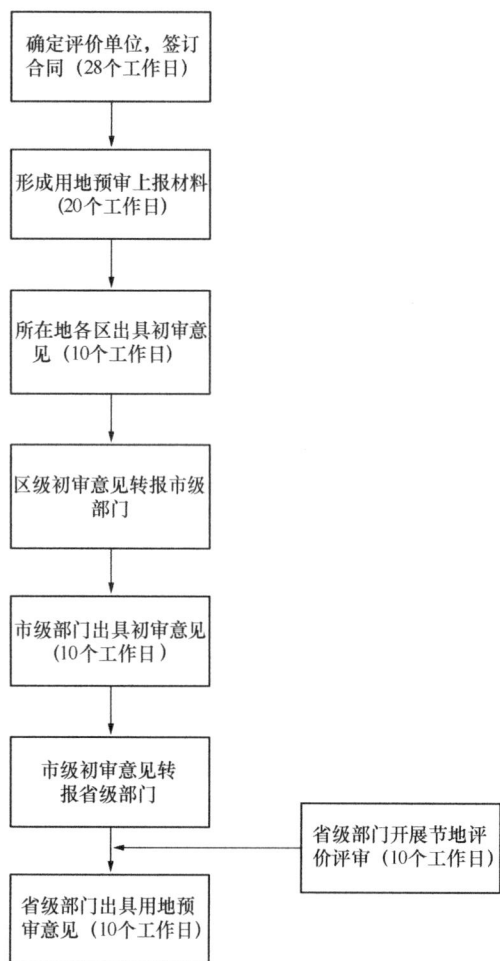

图 3-3 用地预审办理的工作流程

选址意见书办理的准备材料应发给建设单位进行审查，同时，提前征求各区规划部门的意见，并及时修改完善。

待建设规划批复后，启动办理工程的相关工作。根据城市轨道交通线路所经过的区域划分，分区办理轨道交通线路选址意见书，取得选址意见书批复后，提交建设单位的动迁部门办理压覆矿产查询等工作。

5. 换乘规划专题研究

工程可行性研究过程中，建设单位应委托具备资质的单位进行换乘规划研究工作。

建设单位的相关部门及时组织换乘规划编制单位结合轨道交通工程可行性研究报告的编制进度制定编制计划，定期召开碰头会了解进度情况。换乘规划的编制贯穿于轨道交通建设的各个阶段。编制工作分为调研、初步成果编制（达到工程可行性研究支撑性文件深度）、中间成果编制、最终成果编制四个阶段。

换乘规划编制单位完成规划线路沿线的站点现场踏勘，并对相关城市的成功案例进行现场调研，完成经验借鉴，调研时间约1个月。

结合现场踏勘和案例的借鉴，以工程可行性研究初步方案为基础完成换乘规划初步方案，稳定换乘设施用地红线，并纳入线路选址红线中，达到工程可行性研究支撑性文件深度，约 2 个月。

结合初步设计相对稳定的建筑总图方案，完成与各个片区的沟通协调、换乘规划的中间成果编制；配合市规划主管部门召开中期成果专家咨询会，车站方案稳定后约 2 个月完成。

结合专家咨询意见修改完善规划成果，并结合各站点道路恢复方案，继续与各区详细对接，及时且进一步完善换乘规划方案；配合规划主管部门召开终期成果专家评审会，站点道路恢复方案稳定后约 3 个月完成。

换乘规划成果应发给工程可行性研究报告编制单位、建设单位、市规划主管部门、市交通主管部门等相关单位人员进行审查，并及时组织专家审查，修改完善换乘规划报告。

结合终期成果专家评审意见修改完善，形成报批稿；准备相关报审材料，并协助市规划主管部门完成报批工作，报批时间约 2 个月。获得市政府批复后，配合市规划主管部门将批复文件下发至各区政府等相关实施主体，确保规划的顺利实施。

国内某城市换乘规划专题研究的工作流程如图 3-4 所示。

6. 文物保护专题研究及评估

工程可行性研究过程中，涉及文物保护范围及建设控制地带的轨道交通项目应编制文物保护方案和文物影响评估报告。文物保护专题由设计单位编制，文物评估应委托具备相关资质的文物评估单位进行评估。

设计单位根据相对稳定的工程可行性研究线站位方案，线站位进入文物保护范围或者建设控制地带的，编制相应的文物保护方案，并征求市文物主管部门的意见。文物保护专题方案获得文物主管部门认可后，由文物评估单位编制文物评价报告，并征求市文物主管部门意见，编制时间约 2 个月。

根据有关规定，文物影响评估报告应在轨道交通线路开工前获得相应级别文物行政部门的批准，为保证及时取得审批，应对文物专题的进度进行控制，工程可行性研究线站位方案相对稳定后，即开展文物保护专题及文物保护评估专题等研究工作。

专题研究成果应发给建设单位进行审查，同时提前征求市文物主管部门意见，并及时修改完善。

文物保护方案以及文物影响评估报告获

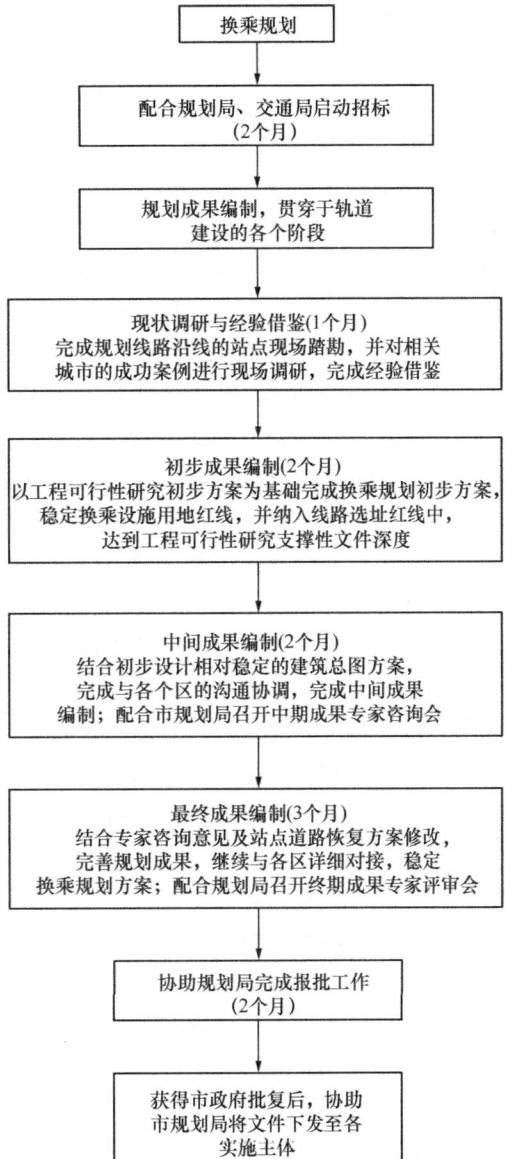

图 3-4　换乘规划专题研究的工作流程

得文物主管部门认可后，以建设单位的名义将文物保护方案及文物影响评估报告上报市文物主管部门，由市文物主管部门逐级上报审批，根据文物保护单位的级别报相应的文物行政部门批准。涉及全国重点文物保护单位的，需上报至国家文物局，取得国家文物局的批复后，结合批复意见修改完善后再上报至所在市人民政府，市人民政府再呈报至省人民政府批准实施。整个文物保护专题报告的报批时间约6个月。

7. 环境影响评价专题研究

项目立项（或规划启动）后，建设单位应进行环评单位公开招标，并签订委托合同。

设计单位应向环境影响评价单位及时提供工程可行性研究报告等必需的资料，主要包括带地形的工程平面图、纵面图、牵引力计算图、车站和场段的平面图等必要图件和基本的文字材料等。

根据有关规定，环评批复是工程可行性研究报告批复前置条件，因此，应对本专题研究进行进度控制。

环评单位接受委托后，开展第一次环评公示，公示时间为10个工作日，主要公示内容为本项目的基本信息。环评单位进行现场踏勘（步勘），调查沿线敏感目标情况。根据资料和现场踏勘情况，环评单位制定监测方案，并委托监测单位进行监测。监测时间一般为45日左右。环评单位协助建设单位与相关局（委）沟通汇报，征求意见并取得回函。由设计单位提供工程可行性研究或者初步设计报告文本，环评单位进行环评报告编制，完成全部报告编制约3个月。环评单位协助建设单位组织相关局（委）征询会，并按照意见修改报告。环评报告编制完成后，进行第二次环评公示（项目环评需以建设规划批复为前置条件），公示时间为10个工作日。第二次环评公示开始后，开展现场公众参与工作。在沿线敏感点发放表格，组织个人及相关单位参与调查（需街道的配合），时间约50日。表格回收后，进行统计整理，对反对意见进行回访、解释，并形成公众参与专题报告，时间约15日。根据公众参与专题完善环评报告，形成送审稿。研究文件提交建设单位之前，专题研究单位必须进行内部评审，保证研究内容满足合同规定的要求。

在环评工作的适当阶段，专题研究单位组织开展环评报告专家及相关部门征询会，参加者可包括与环评内容有关的职能部门代表及其他专家，并形成记录文件予以保存。

专题研究单位研究过程中，应及时与建设单位和设计单位沟通环保措施要求，以确保环保措施的落实。完成环评报告送审稿后，组织环评审查会，根据意见补充相关材料，并修改形成报批稿。报批稿报市行政审批局进行审批，受理公示10个工作日，同时，报沿线各区办理预审意见，市行政审批局与市生态环境局内部流转约12日。环评报告全本公示，约5个工作日。

此外，有的地方例如江苏省《关于加强建设项目环评管理的通知》（苏环办〔2015〕256）要求，建设项目存在重大变动的，应当按照现有审批权限重新报批环评文件；存在变动但不属于重大变动的，纳入竣工环保验收管理。

国内某城市环境影响评价专题研究的工作流程如图3-5所示。

8. 社会稳定风险分析与评估专题研究

工程可行性研究过程中，建设单位应委托具有资质、业绩并符合主管部门要求的编制单位完成。

建设单位应向稳评编制单位及时提供工程可行性研究报告等必需的资料，主要包括社

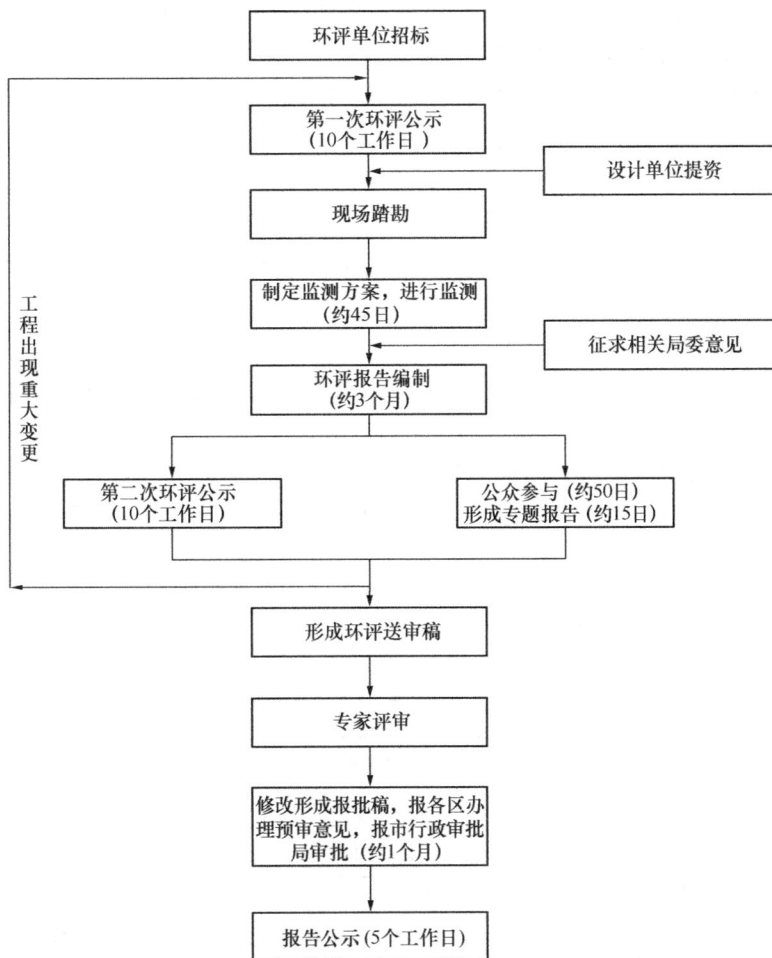

图 3-5 环境影响评价专题研究的工作流程

会稳定风险分析报告、工程平面图等必要图件及基本的文字材料等。

根据有关规定，报送轨道交通工程可行性研究报告（或建设规划）的申报文件中，应当包含对该项目社会稳定风险评估报告的意见（稳评评审表，须有市维稳办备案章）。

（1）制定评估方案。由建设单位牵头，组织有关部门和单位（沿线各区指挥部及街道），成立专门评估领导小组，根据评估的要求、原则和评估事项的特点，由稳评单位编制评估方案，明确评估具体内容、方法步骤和时限要求，保证工作的有效开展。

（2）沿线调查。稳评单位根据稳定性分析报告开展沿线调查。根据实际情况，可采取召开座谈会、重点走访、问卷调查、民意测评、公告公示、听证会等多种方法，广泛听取利益各方和广大群众的意见和建议。

1）稳评单位开展沿线民意调查，约为 6 个月；

2）所在市指挥部、稳评单位进行现场稳评公示（需以建设规划批复为前置）10 个工作日；

3）稳评单位进行沿线重点走访；

4）所在市指挥部组织市维稳办、沿线各区指挥部、区维稳办及各相关街道、设计单位、稳评单位召开稳评工作座谈会，布置相关任务；

5）所在市指挥部组织沿线各区指挥部及各相关街道、设计单位、稳评单位召开稳评群众座谈会，听取利益各方意见建议。

（3）编制评估报告。社会稳定风险评估报告的主要内容是为项目建设实施的合法性、合理性、可行性、可控性，可能引发的社会稳定风险，各方面意见及其采纳情况，风险评估结论和对策建议，风险防范和化解措施以及应急处置预案等，约15日。

专题研究成果应按发给建设单位进行审查，并及时修改完善。

评估报告完成后，所在市指挥部组织召开稳评联合评审会，邀请业内专家进行论证，市维稳办、沿线各区指挥部及区维稳办、总体总包设计单位和稳评单位参会，出具专家意见，各参会部门填写意见表。

评审会议后，稳评单位配合市指挥部办理沿线各区指挥部、区维稳办及各相关街道在评审表上盖章。

（4）备案。稳评单位配合市指挥部报市维稳办备案。

国内某城市社会稳定风险评估专题研究的工作流程如图3-6所示。

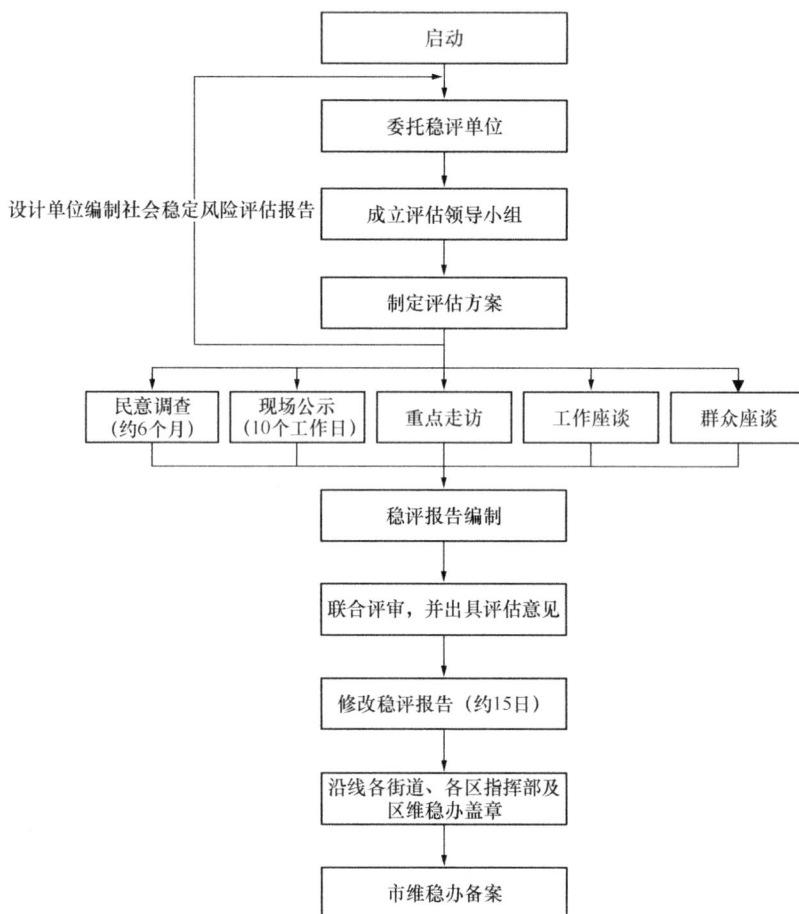

图3-6 社会稳定风险评估专题研究的工作流程

9. 水土保持方案专题研究

工程可行性研究过程中，建设单位应委托具有资质、业绩并符合主管部门要求的编制单位完成。

建设单位应向水土保持方案编制单位及时提供工程可行性研究报告、环评报告等必需的资料。

工程可行性研究线站位方案相对稳定后，建设单位应当及时组织承担水土保持方案编制单位制定工作大纲，按照《生产建设项目水土保持技术标准》GB 50433、《生产建设项目水土流失防治标准》GB/T 50434 和工作大纲以及合同规定的计划及时开展工作。

水土保持方案的编制单位应当在相关资料收集的基础上进行水土保持方案报告的编写，主要内容包括但不限于：①综合说明；②水土保持方案编制总则；③项目概况；④水土保持分析与评价；⑤防治责任范围及防治分区；⑥水土流失预测；⑦防治目标及防治措施布设；⑧水土保持监测；⑨投资估算及效益分析；⑩实施保障措施；⑪结论及建议；⑫附件、附图、附表等。

根据 2018 年修订的《中华人民共和国环境影响评价法》，不再将水行政主管部门对水土保持方案的审批作为环境影响评价的前置条件，但是，仍须在工程开工前获得水行政主管部门批复，应对水土保持方案的进度进行控制。在工程可行性研究线站位方案相对稳定后即开展水土保持方案专题研究工作。

建设单位应审查专题研究成果，并及时修改完善。

在水土保持方案报告编制完成后，建设单位应当组织水土保持方案技术审查会，并按照审查专家组的意见，修改报告或补充工作。报告修改后，报市水利主管部门进行审批，取得行政许可批复。

国内某城市水土保持方案专题研究的工作流程如图 3-7 所示。

10. 节能评估专题研究

工程可行性研究阶段，节能评估专题委托具有资质、业绩并符合主管部门要求的编制单位完成。

建设单位应向节能报告编制单位及时提供工程可行性研究报告等必需的资料。

工程可行性研究线站位方案相对稳定后，建设单位应当及时组织承担节能报告编制单位制定工作大纲，按照《固定资产投资项目节能审查系列工作指南》等和工作大纲以及合同规定的计划及时开展工作。

节能报告编制单位应在相关政策解读、现场调研、资料收集的基础上进行节能报告的编写，主要内容包括但不限于：①分析评价依据；②项目基本情况；③项目建设方案的节能分析和比选；④节能技术和管理措施；⑤项目能源消费量、能源消费结构、能源效率等方面的分析；⑥对所在地完成能源消费总量和强度目标、煤炭消费减量替代目标的影响等方面的分析评价等。

根据有关规定，报送轨道交通工程可行性研究报告的申报文件中，应当包含节能审查机关出具的节能审查意见。

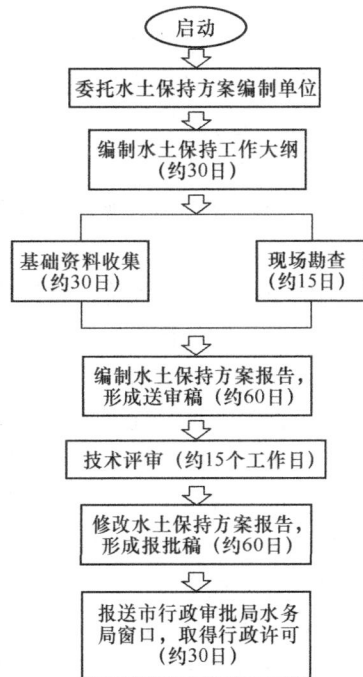

图 3-7　水土保持方案专题
研究的工作流程

```
        ┌─────────┐
        │  启动   │
        └────┬────┘
             ↓
    ┌──────────────┐
    │ 委托节能报告 │
    │  编制单位    │
    └──────┬───────┘
           ↓
    ┌──────────────┐
    │ 编制工作大纲 │
    │  (约15日)    │
    └──────┬───────┘
```

专题研究成果应发给建设单位进行审查，并及时修改完善。

在节能报告编制完成后，建设单位应进行审核，经修改完善后报市发展改革委。由市发展改革委出具转报请示，省发展改革委收到请示后委托第三方机构进行评审。节能报告编制单位应按照专家组的意见修改报告或补充工作，并取得第三方出具的评审意见，报省发展改革委进行审批。

国内某城市节能评估专题研究的工作流程如图3-8所示。

```
┌────────┐ ┌────────┐ ┌────────┐
│政策解读│ │资料收集│ │现场调研│
│(约15日)│ │(约15日)│ │(约15日)│
└───┬────┘ └───┬────┘ └───┬────┘
            ↓
┌───────────────────────────────────┐
│ 编制节能报告，形成送审稿（约45日，一 │
│ 般在工程可行性研究报告评审后7日完成）│
└────────────────┬──────────────────┘
                 ↓
┌───────────────────────────────────┐
│     建设单位审核（约7日）          │
└────────────────┬──────────────────┘
                 ↓
┌───────────────────────────────────┐
│ 市发展改革委出具转报请示（约7个工作日）│
└────────────────┬──────────────────┘
                 ↓
┌───────────────────────────────────┐
│ 省发展改革委委托第三方评审（约15个工作日）│
└────────────────┬──────────────────┘
                 ↓
┌───────────────────────────────────┐
│  修改报告，取得评审意见，          │
│  形成报批稿（约10个工作日）        │
└────────────────┬──────────────────┘
                 ↓
┌───────────────────────────────────┐
│ 报省发展改革委，取得评审           │
│  意见（约15个工作日）             │
└───────────────────────────────────┘
```

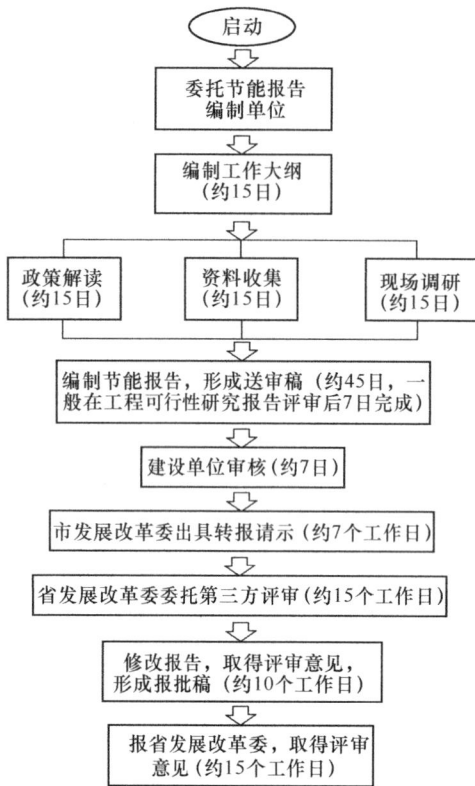

图3-8　节能评估专题研究的工作流程

11. 防洪评价专题研究

防洪评价专题由建设单位委托具有资质、业绩并符合主管部门要求的编制单位完成。

承担防洪评价报告编制的单位或机构应根据相对稳定的线站位方案，在收集城市水系规划、城市防洪规划、现状水系、防洪工程及其他水利工程与设施的基础上，按照《河道管理范围内建设项目防洪评价报告编制导则》编写，主要内容包括但不限于：①概述，包括项目背景、编制依据、技术路线及工作内容、评价范围等；②基本情况，包括项目建设概况、工程所在流域或区域基本情况、现有水利工程及其他设施、水利规划及实施安排等；③河道演变分析，包括河道演变概述、河道演变趋势分析等；④防洪评价水利计算，包括设计水位和流量、河道过流面积核算、壅水分析计算、水环境计算、排涝计算等；⑤防洪综合评价，包括与现有水利规划的关系与影响分析，与现有防洪标准、有关技术要求和管理要求的适应性分析，对行洪安全的影响分析，对河道稳定的影响分析，对现有防洪工程及其他水利工程与设施影响分析，对防汛抢险影响评价，建设项目防洪防涝的设防标准与措施是否适当，对第三人合法水事权益的影响分析等；⑥工程影响防治与补救措施，包括对行洪引排水影响的补偿措施、岸坡防护的补救措施、施工期保护措施、运行期保护措施等；⑦结论与建议；⑧征求各有关方面的意见及处理情况。

建设单位应向专题研究编制单位及时提供工程可行性研究报告等必需的资料，主要包括工程概况、线站位、规划资料等必要的图文资料等。

依据《中华人民共和国水法》、《中华人民共和国防洪法》及《河道管理范围内建设项目管理的有关规定》等，在江河、湖泊水域建设涉水建筑物需开展防洪评价工作。《中华人民共和国防洪法》第33条：在洪泛区、蓄滞洪区内建设非防洪建设项目，应当就洪水对建设项目可能产生的影响和建设项目对防洪可能产生的影响作出评价，编制洪水影响评价报告，提出防御措施。洪水影响评价报告未经有关水行政主管部门审查批准的，建设单位不得开工建设。《中华人民共和国河道管理条例》第11条：修建开发水利、防治水害、整治河道的各类工程和跨河、穿河、穿堤、临河的桥梁、码头、道路、渡口、管道、缆线等建筑物及设施，建设单位必须按照河道管理权限，将工程建设方案报送河道主管机关审查同意。未经河道主管机关审查同意的，建设单位不得开工建设。

专题研究成果应发给建设单位进行审查，并及时修改完善。

在初步设计阶段完成防洪评价报告后，建设单位应向审核部门提出防洪评价报告审核申请。审核部门完成审核并出具防洪报告审核意见，若审核未通过，建设单位应根据审核意见对建设方案等进行调整，重新编制防洪报告，并报送审核部门审核。开工建设前，建设单位应向负责水利或河道管理的机构报送建设项目施工图设计中涉及水系防洪内容的资料。与水系防洪有关的建设内容完工后，建设单位应向负责水利或河道管理的机构报送建设项目审核意见执行情况、施工临时设施及残留物的清除情况等资料。

国内某城市防洪评价专题研究的工作流程如图 3-9 所示。

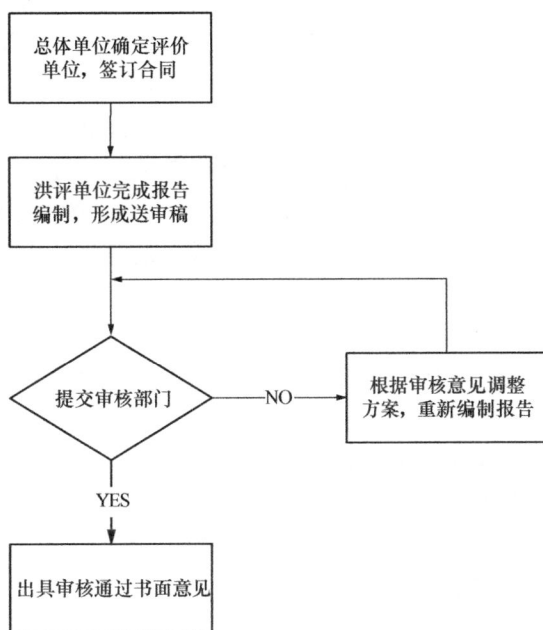

图 3-9　防洪评价专题研究的工作流程

12. 航评专题研究

在工程可行性研究中，建设单位应委托具有资质、业绩并符合主管部门要求的编制单位完成航道通航条件影响评价专题。

承担航道通航条件影响评价的单位或机构应根据相对稳定的线站位方案，在收集当地港口航道规划、防洪城市规划、工程水文地形专题报告以及工程周边涉水工程资料等材料的基础上，按照 2019 年修订的《航道通航条件影响评价审核管理办法》（交通运输部令 2017 年第 1 号）和合同规定进行航道通航条件影响评价报告的编写，主要内容包括但不限于：①建设项目概况，包括项目名称、地点、规模、建设单位等；②建设项目所在河段、湖区、海域的通航环境，包括自然条件、水上水下有关设施、航道及通航安全状况等；③建设项目的选址评价；④建设项目与通航有关的技术参数和技术要求的分析论证；

⑤建设项目对航道条件、通航安全、港口及航运发展的影响分析；⑥减小或者消除对航道通航条件影响的措施；⑦航道条件与通航安全的保障措施；⑧征求各有关方面的意见及处理情况。

建设单位应向专题研究编制单位及时提供工程可行性研究报告等必需的资料，主要包括工程平面图等必要的图文资料等。

根据《中华人民共和国航道法》的规定，建设与航道有关的工程，建设单位应在工程可行性研究阶段对建设项目对航道通航条件的影响作出评价，并报送有审核权的交通运输主管部门或者航道管理机构审核。

专题研究成果应发给建设单位进行审查，并及时修改完善。

在工程可行性研究阶段完成航评报告后，建设单位应向审核部门提出航道通航条件影响评价审核申请。审核部门完成审核并出具航道通航条件影响评价审核意见，若审核未通过，建设单位应根据审核意见对工程选址或者建设方案等进行调整，重新编制航评报告，并报送审核部门审核。开工建设前，建设单位应向负责航道现场管理的机构报送建设项目施工图设计中涉及航道、通航内容的资料。与航道、通航有关的建设内容完工后，建设单位应向负责航道现场管理的机构报送建设项目审核意见执行情况、施工临时设施及残留物的清除情况等资料。审核部门出具审核意见后，建设单位、项目名称和涉及航道、通航的事项发生变化的，建设单位应向原审核部门申请办理变更手续。建设单位取得审核意见后，未在审核意见签发之日起三年内开工建设的，或者建设项目开工建设前因重大自然灾害、极端水文条件等引起航道通航条件发生重大变化的，建设单位应重新申请办理审核手续。

国内某城市航道通航条件影响评价专题研究的工作流程如图3-10所示。

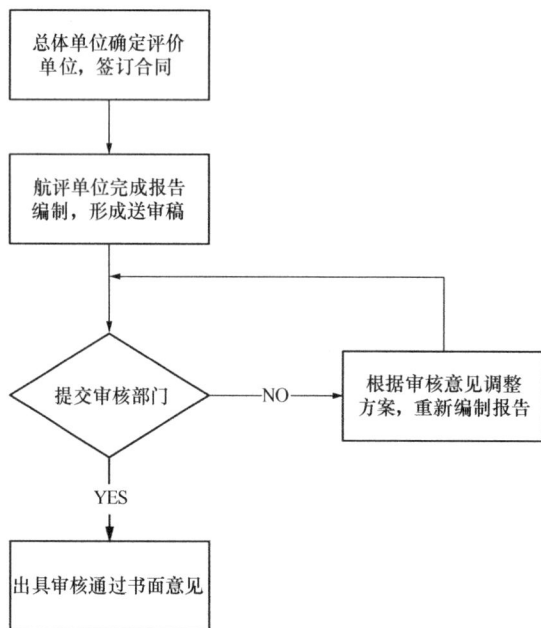

图 3-10　航道通航条件影响评价专题研究的工作流程

第4章 项目勘察与设计管理

4.1 概　　述

城市轨道交通建设项目勘察设计对整个轨道交通工程的安全质量、经济效益等方面意义重大，例如线站位选择与敷设方式的选择，对客流吸引、工程实施的难易程度、征地拆迁、运营成本等均有较大影响。如站位选择是否合适，直接影响对客流的吸引和轨道交通在城市公共交通中发挥的作用。线站位的选择也直接决定了工程拆迁规模，对工程实施难度、工程工期和工程成本均有重要影响。因此在各阶段中应首要管控线站位选择，从方案阶段着手控制，满足城市轨道交通建设安全可靠、质量保障、经济高效、保护环境和服务运营的原则。由于设计文件在工程项目实施过程中的法律权威性极大，它是签订合同、组织施工、竣工验收、结算付款、交付使用等各个环节的实际依据，因此，设计文件的质量与提供时间实际上决定了工程项目实施与使用的经济效益。

勘察设计管理还要在综合、长久效益方面统筹考虑，根据城市轨道交通规划编制的重要性，坚持科学发展观，提高规划编制管理水平，建立健全管理机制，保持轨道交通建设的稳定性，避免人为或主观因素对线网规划调整的不利影响，确保轨道交通建设网络资源共享的合理筹划，达到项目的预期效果。如对地下空间如何开发利用，对出入口周边土地如何综合开发，对场段上盖物业如何利用，对轨道交通线路及重要节点如何整体开发利用等，不能由于设计简单影响长远经济、社会效益，更不能造成重复设计与建设。

在城市轨道交通项目中，设计专业主要分为 8 个类别，具体的专业划分及名称见表 4-1。

在城市轨道交通工程中，设计管理可以采用设计总体管理模式，即设计总体单位受建设单位委托，对城市轨道交通建设项目的总体设计负责并对参与项目各分项设计单位的设计成果实施技术层面的管理与协调。其中，各有关单位的设计管理职责应包括下列内容：

（1）建设单位的设计管理职责主要有：

1）建设单位可以根据自身管理情况，自行或委托具有城市轨道交通相应设计管理经验和资质的专业设计咨询机构形式设计管理权，对委托范围内设计方案的形成过程和成果文件进行咨询审查，对设计接口进行协调管理。

2）建设单位进行项目的设计招标，选择总体设计、工点设计等设计单位。

3）建设单位应对工程设计过程实行全面管理，督促设计与咨询工作的开展，对设计全过程进行有效控制。

4）必须委托具有施工图审查资质的单位对施工图文件进行审查。

5）在初步设计阶段或工程开工之前，建设单位应委托具有相应资质的单位，编制项目的市政管线综合和交通导改方案，并通过相关评审。

城市轨道交通工程设计的具体专业划分及名称　　　　　　　　表 4-1

分类	一级专业	二级专业	分类	一级专业	二级专业
1	规划	总图	6	车辆段及车站设备	自动扶梯
		规划			站场
	交通	交通			售检票
	线路	线路			站场管线综合
	客流分析	客流分析		轨道及限界	轨道
	建设管理	建设管理			限界
2	建筑	建筑			轨旁设备
		车站管线综合			路基
		导向标识		行车组织	行车组织
		装饰			运营管理
3	结构	地面结构			站场
		地下结构			站场管线综合
	防水	防水	7	经济	概预算
	工程筹划	工程筹划			投融资
	桥梁	上部结构			经济分析
		下部结构	8	通信	通信
4	供电	供电系统及变电所			旅客信息
		牵引网		信号	信号
		杂散电流		自动化与系统集成	系统综合
		电力监控			火灾报警
		电源整合			设备监控
	动照	动力照明（含消防控制）			综合监控
		景观照明			办公自动化
	给水排水	灭火系统			门禁
		给水排水与消防			智能交通
	暖通	暖通空调			
		声屏障工艺			
5	车辆	车辆			
6	车辆段及车站设备	工艺			
		车辆			
		屏蔽门			

　　6）建设单位应在项目建设各阶段组织相关设计单位、设备供应商、系统集成商、施工单位、运营人员等定期进行设计联络，确认系统功能和技术参数、技术方案、接口方案、监测标准及各种计划安排，实现系统内外部协调。

　　7）设计变更应该按照项目变更管理制度严格控制。建立设计变更的规章制度。设计变更成果文件应该满足项目批准的初步设计方案和功能目标要求，不得降低项目的整体功能、质量和服务水平。

（2）城市轨道交通运营单位应参与规划、设计工作，从线路服务功能定位和运营需求出发，提出设计要求和方案改进建议。

（3）设计总体单位应负责统一全线工程技术标准和专业及系统名称，审查工点设计单位方案及成果文件，建立接口管理规章制度，明确相应的责任单位、责任人员与设计工作程序。

（4）工点设计单位应服从建设单位和设计总体单位的管理和协调，对本单位提交的设计成果文件负责。

（5）设计咨询单位负责对委托范围内设计方案的过程和成果文件进行咨询。

4.2 项目勘察管理

4.2.1 勘察与物探的内涵

城市轨道交通工程需要进行勘察和物探两项工作，一般包括初勘、详勘及沿线综合管线探测和地下建（构）筑物调查等工作。

1. 城市轨道交通工程勘察的内涵

城市轨道交通建设项目的勘察是根据建设工程的要求，查明、分析、评价建设场地的地质、地理环境特征和岩土工程条件并提出合理基础建议，编制建设工程勘察文件的活动。城市轨道交通建设项目的勘察设计必须贯彻安全可靠、节能环保、防灾减灾的建设理念，使用先进、成熟、经济、适用、可靠的技术、工艺、设备和材料。城市轨道交通工程勘察应实行综合勘察，采用多种地质勘探方法，采取相互验证和综合分析方法，提高和保证工程勘察质量。详勘的成果必须由建设单位送审查机构审查。未经审查通过，不得作为施工图设计文件依据。

2. 城市轨道交通工程物探的内涵

物探指工程范围内的管线探测及地下障碍物调查工作，城市轨道交通的物探是为了工程沿线车站、地铁隧道施工和地面道路改扩建施工，以及跨越、避开地下建（构）筑物的设计工作提供详细的管线资料和相关工程设计、施工依据，以满足城市轨道交通工程规划、设计、施工的需要。

物探一般包括以下要求和内容：

（1）所有物探工作应按照《城市轨道交通工程测量规范》GB/T 50308 中的要求进行。

（2）准确勘探沿线重要建筑物（含高层建筑、河道驳岸、高压线铁塔、沿线桥梁、广告牌、人行天桥、栈桥、架空管线等）的基础类型、上部结构和使用状态等，对桩基应详细调查桩基深度、桩径、类型、桩顶及桩底标高、平面分布位置等，并注明资料来源。

（3）准确勘探地下建筑物、人防工程等建筑物的基础类型、埋置深度等，对有地下室的，还应调查基坑的围护结构、有无锚索等永久结构，并注明资料来源。对沿线河流应查明河床断面、历史及现状水位、河底标高、冲刷趋势、规划河道深度、有无护岸等基础资料。

（4）准确勘探车站及出入口、主变电所、车辆段及出入段线附近管线资料，对管线的种类、点号、材质、管径、埋深、管线点坐标、压力或电压、电缆根数或总孔数、走向、高程等进行详细调查及探明。此外，还应该对区间的重大管线进行探测。

（5）物探单位应对标段内所有车站〔含附属建（构）筑物〕、区间、车辆段、停车场、出入段线及主变电所（含进变电缆通道）的地下障碍物及管线进行探测。一般情况下，应从线路中线向两侧分别按下面要求扩展宽度进行探测：线路直线段不少于50m，车站及弯道不少于100m，主变电所进变电缆通道不少于5m。线路及车站有比较方案的加大调查范围。

4.2.2 各阶段勘察内容

城市轨道交通工程的勘察包括初步勘察阶段工程勘察、详细勘察阶段工程勘察，以及必要时增补的水文专题勘察、地球物理勘探和施工阶段工程勘察等。

1. 初步勘察

在初步勘察阶段，应在工程可行性勘察的基础上，进一步查明线路方案的工程地质、水文地质条件。初步勘察阶段的勘察内容如下：

（1）初步查明勘察范围的地形地貌特征、构造特征、地层分布、地层层序、地质年代、岩层产状、岩层接触关系。

（2）初步查明岩土特征、岩土分布、岩土界面，划分和描述岩土层，提出隧道围岩分级和土石可挖性分级，尤其应注意划分和描述同一时代的岩层但工程特征差别大的岩性；查明基岩面的埋深与起伏。

（3）初步查明勘察范围内及其附近不良地质现象的特征和分布；初步预测地质灾害的发生、发展趋势，以及对线路危害程度和影响。

（4）初步查明地下水的类型、埋藏情况、渗透性、腐蚀性、涌水量、补给来源、变化幅度；地表水（河流）与地下水的水力联系（必要时）。

（5）初步查明软土的分布范围、厚度、固结状态、富水性和震陷特征，地下硬土层的埋深与起伏；查明砂层（包括软土中对固结排水和强度改善有作用的砂土层）的分布与厚度，透水性和液化特征等。

（6）初步查明暗河、暗浜的分布特征。

（7）初步查明岩土物理力学性质；确定地基承载力，并提出基础埋深建议。

（8）初步判定场地和地基的地震效应。

（9）了解、收集勘察范围及其附近区域是否存在有毒物质（含有毒气体）的资料。

2. 详细勘察

详细勘察应根据初步设计方案进行勘察。在初步勘察基础上，详细查明沿线工程地质、水文地质条件，提供编制施工图设计所需的工程地质资料。详细勘察的主要内容如下：

（1）详细查明各工点岩土层分布范围及厚度、成因类型、埋藏条件及其物理、力学性质，必要时尚需查明土层的应力历史。查明溶洞、土洞、人工洞穴、暗河、暗浜、采空区、断裂等不良地质现象，预测地质灾害的发生、发展趋势及其对施工和运营的影响。查明地基中的有毒物质（含有毒气体）。

（2）详细查明基岩面的埋深与起伏；查明可供选择的持力层和下卧层的埋藏深度、厚度及其变化规律，若有软弱下卧层必须查明其抗剪强度和压缩性。

（3）详细查明沿线水文地质条件，进行水文地质试验，确定施工图设计所需的水文地质参数，对于暗挖法和盾构法应进行隧道涌水量预测；提出控制地下水措施，判定地下水及地表水对混凝土和金属材料的腐蚀性。

（4）对于特大桥应收集300年一遇洪水（潮水）位、河床冲刷、通航标准等资料。

（5）详细查明岩土物理力学性质，提供可靠的基础设计参数。对基础的稳定性作出评价，提出基础处理措施。

（6）当抗震设防烈度大于等于7度时，应判别地基土液化势，判定场地和地基的地震效应；按照抗震设防烈度提供液化地层资料；对基础设防提出建议。

（7）根据上部结构形式和荷载条件结合地基条件，提出基础建议。对于高架结构，提出桩基的类型、规格、入土深度的建议，提出桩周各土层摩阻力、桩端阻力，估算单桩承载力，必要时提出试桩方案和建议。

（8）提供沉降计算参数和指标。对于高架结构，有条件时进行桩基沉降估算。

（9）对于高架结构，提出沉桩可能性分析意见及钻孔灌注桩注意事项和措施。

（10）详细查明基础的施工条件及其对周围环境的影响，并提出预防措施和监测方案。

（11）对于高架结构，当遇欠固结软土或大面积填土引起地面大面积沉降时，应适当考虑负摩擦力。

3. 施工阶段勘察与专题勘察

施工阶段岩土工程勘察应针对施工过程中的问题，查明施工所需的特定地质现象，为采取工程措施或设计变更进一步提供某一方面的岩土依据。

专题勘察应查明设计、施工所需的特定（特殊）地质现象，为设计、施工提供依据。

4.2.3 各方单位的勘察管理职责

1. 建设单位

（1）建设单位应委托具有资质的单位分阶段提供相应精度的地形、沿线构筑物及管线资料。对工期跨度长、现场发生较大变化的情况应及时补充资料。建设单位应保证勘察设计工作具有合理的工作周期。

（2）建设单位可以委托具有相应勘察资质和经验的独立第三方单位，对勘察过程实施监督管理，统一勘察报告的编制细则，协助建设单位对勘察工作进行监督、检查，对勘察资料进行验收，对实际完成的工作量进行审核。

（3）建设单位应在初步设计前，委托相关单位对项目沿线进行周边环境调查，并对沿线的构筑物、管线、铁路、桥涵等开展详查工作。

（4）受到场地环境制约难以实施勘察的地段，建设单位应加强施工阶段的勘察组织工作。对特殊复杂的地质条件应进行专项勘察，施工配合过程中应加强设计变更的地质补充勘察工作。

（5）建设单位负责对勘察单位、勘察监理单位进行全面监督管理、检查计划的落实、组织阶段性验收、统筹相关单位接口管理；负责对勘察工作的安全、质量、工期、文明施工、人员、设备、仪器进行监督检查，对不符合勘察技术要求的工作，有权要求责任方必须自费进行返工，并追究有关单位责任。

（6）建设单位应该确保遵守勘察工作的原则和程序，严格执行国家、行业的有关规程、规范、工程建设强制性条文、强制性标准和审查通过的《勘察监理大纲》、《勘察大纲》；勘察成果文件的内容和深度应符合有关规定，满足各设计阶段设计要求。在进度方面，建设单位对勘察进度管理的目标是确保工程筹划中工期目标的实现。

2. 设计总体单位

（1）提出对勘察的基本要求。设计总体单位根据工程进展情况和线路稳定情况适时制定并提交初步勘察技术要求，适时、详细地审查各工点勘察技术要求、补充勘察技术要求、施工勘察技术要求，并提交建设单位审查。设计总体单位编制或审查技术要求时，应明确线路稳定情况、钻孔间距、终孔深度、原位测试项目及数量、管线及地下障碍物调查要求、设计要求工期等；参与勘察成果的验收，出具勘察成果验收意见（用户意见）。

（2）设计总体单位应定期组织工点设计单位至现场了解地质现状，及时调整勘察技术要求。设计总体单位可会同勘察监理，根据勘察现场情况，对钻孔位置进行调整；但涉及工程量发生、增加或减少的（以建设单位批准的技术要求为参照）必须经过建设单位同意。

3. 勘察单位

（1）勘察单位应接受监理单位的监督和管理，并在总体单位的技术指导下开展工作。勘察设计单位应建立健全质量保证体系，落实执业人员质量责任制，实行勘察设计文件的逐级校审制度，对其成果质量负责。勘察单位应编制勘察大纲，建设单位应对勘察大纲及勘察成果组织审查。

（2）勘察单位应严格按照批准后的勘察进度计划组织开展勘察工作，接受建设单位和勘察监理单位的跟踪检查和协调。勘察单位应该根据建设单位对工程总筹划的要求，保质、保量、按期完成各阶段勘察任务，及时提供设计、施工所需的勘察文件。勘察单位根据工程总策划编制勘察"综合进度计划"、"阶段性勘察计划"，经勘察监理单位审查并报建设单位备案后实施。

（3）根据建设单位的要求，对工程设计和施工进行配合，及时提供必要的技术服务，包括：勘察、物探成果的解释，对设计、施工进行勘察、物探交底，现场实际问题的处理，基坑验收，施工过程的回访等。

4. 勘察监理单位

勘察监理单位负责对勘察单位进行人员、设备、安全生产与文明施工、进度、质量、服务等进行管理；负责编制勘察监理大纲、监理细则、勘察任务及计划，协助建设单位审查设计单位下发的勘察技术要求，指导勘察单位编写勘察报告；负责现场监督、检查勘察单位是否按规定开展工作，发现问题时，应以书面的形式要求勘察单位整改，并报业主；负责审核勘察单位实际工作量，对勘察单位完成的工作量进行签证。

勘察监理单位根据确定的工程总策划，编制全线工程勘察监理"综合进度计划"、"阶段性勘察计划"，上报建设单位批准后组织实施。勘察监理单位应跟踪检查勘察单位的工作进度是否按计划推进、关键点控制是否按期完成。每次检查后形成简报，及时解决、落实检查中出现的问题，确保勘察进度控制目标的实现，并将检查结果报建设单位。

4.3 项目设计管理

4.3.1 总体设计管理

对于城市轨道交通建设项目而言，总体设计的主要目的是在可行性研究报告及专家评审意见的基础上，进一步确定和统一工程的设计原则、主要技术标准，确定工程建设规模和建设方案，明确各专业接口关系，作为初步设计的基础。主要包括以下具体目标：

（1）根据工程可行性研究报告的评审意见，提出工程设计的总体思路、设计目标和投资控制目标，制定项目分解方案、图纸与设计文件的统一要求，建立设计信息传输平台，报建设单位批准后实施。

（2）对投标的技术方案进行分析、归纳整理。进一步优化线路的平纵断面、行车运营组织设计、各系统设计方案，以及运行系统的土建工程设计等内容，制定满足运营需求的功能要求，明确各专业的设计原则。

（3）稳定设计周边条件，包括线位、站位、车辆段、主变电站选址，协助建设单位落实规划、文物、交通、环保、市政、给水排水、供电、征地拆迁、管线迁改等工程外部边界条件。

（4）分项、分系统分解工程投资，控制投资额度；提出全线施工组织设计的基本原则及工期要求，进一步开展工程筹划研究。

（5）根据设计目标建立设计成果评价指标体系。

（6）完成全线技术标准、功能要求、设计原则、文件组成与内容、文件编制统一规定、接口清单等设计指导文件。

1. 总体设计的基本要求

对于城市轨道交通建设项目而言，总体设计是开展设计之前的准备工作阶段；是工程建设中重大技术方案、设计原则、技术标准的论证、比选、落实阶段；是在可行性研究报告的基础上，对城市轨道交通项目全线控制性方案进行全面研究型设计。总体设计的基本要求包括：

（1）落实外部条件、稳定线路站位；

（2）明确功能定位，确定运营规模；

（3）理顺纵向系统，明确横向接口；

（4）统一技术标准，分割工程单元；

（5）筹划合理工期，控制投资总额；

（6）形成总体设计文件，作为指导城市轨道交通建设项目开展初步设计的依据。

2. 总体设计阶段的工作内容

城市轨道交通建设项目的总体设计，是根据远期的客流和运营管理功能需要，以城市规划和发展为先导，按照现行设计规范规程和国家、省、市有关方针政策的要求，提出项目建设的设计原则和技术标准、建设规模及最终目标；统筹考虑城市规划、道路、交通、市政、地下建筑、电力、通信、地下管线、环保等各方面的条件约束，对项目建设不同阶段的建设目标和设计方案与工作内容，进行全面的规划与安排，并对拟定的各项设计方案进行管理与控制。其具体工作内容如图 4-1 所示。

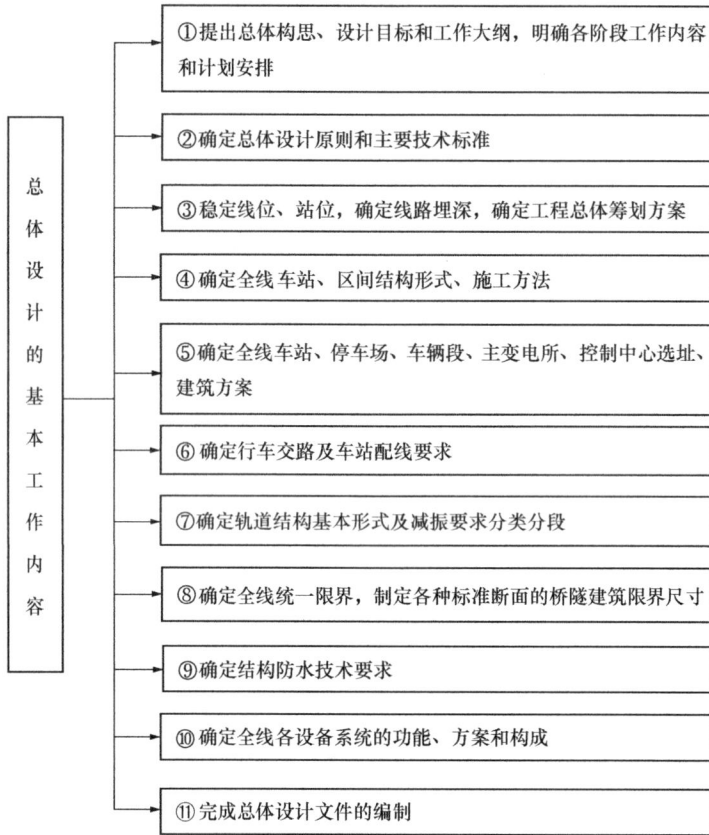

图 4-1　总体设计阶段的基本工作内容

3. 对设计单位的管理

在总体设计阶段，建设单位对设计单位的管理工作主要包括以下内容：

（1）组织总体设计单位制定总体设计工作筹划，分解单元总体设计工作，安排人力配置，开展总体设计工作。

（2）组织开展总体设计阶段的问题定义，需求分析，限定条件整理以及其他一些总体性要求和规定。

（3）组织总体设计单位进行方案、指标、设计原则、设计标准评审，满足总体设计的深度要求。

（4）组织总体总包单位制定投资控制限额指标，为初步设计投资控制管理提供依据。

（5）组织总体设计文件专家评审，保证总体设计质量。

（6）检查总体设计单位的人员到位情况，中间成果和过程评审等工作。

4.3.2　初步设计管理

初步设计的主要目的是在相关基础资料陆续齐备的前提下，细化局部线位方案、稳定工法、明确施工周期并完成工程概算。它是施工图设计之前的重要环节，是以图纸的方式，对整个城市轨道交通工程作出定性和定量的规定。

1. 初步设计的基本要求

对于城市轨道交通建设项目而言，初步设计阶段的基本要求是稳定线路走向和车站位置方案、建设规模、主要技术标准和设计原则、主要设备类型和数量、主要工程数量和材料数量、施工组织、设计方案并编制总概算。根据设计需要和建设工期要求等实际情况，在初步设计审查后，根据审查意见针对初步设计存在问题进行研究和设计修改，或是由于招标投标、设备采购等前提条件改变而进行设计变更。

（1）制定初步设计实施细则、技术管理细则及技术审查制度。统一全线的技术标准、设计原则、管线布置原则、设计标准化要求。

（2）编写或汇总工程（含管线）测量、地质勘察技术要求；负责对轨道交通沿线有影响的各种管线、市政设施、商业、房屋、交通、道路及绿化的拆迁方案组织审查。

（3）协调设计的接口关系；编制各专业互提资料计划；审查各设计单位提交的资料文件是否齐全，内容是否完整，接口能否衔接，标准是否统一，是否考虑了工程实施条件以及设计方案的可操作性、方案合理性、技术成熟度等。

（4）组织开展多方案设计比较，对涉及总体性的重大技术问题，提出合理对策供建设单位决策。

（5）组织开展标准化、模块化设计。建设单位组织总体单位编制通用图、统一全线标准化设计和接口衔接的标准和原则，同时对相关标准化、模块化的设计执行情况进行考核。

2. 初步设计阶段的工作内容

初步设计是对总体设计内容的细化，时间为 5～9 个月，其具体工作内容如图 4-2 所示。

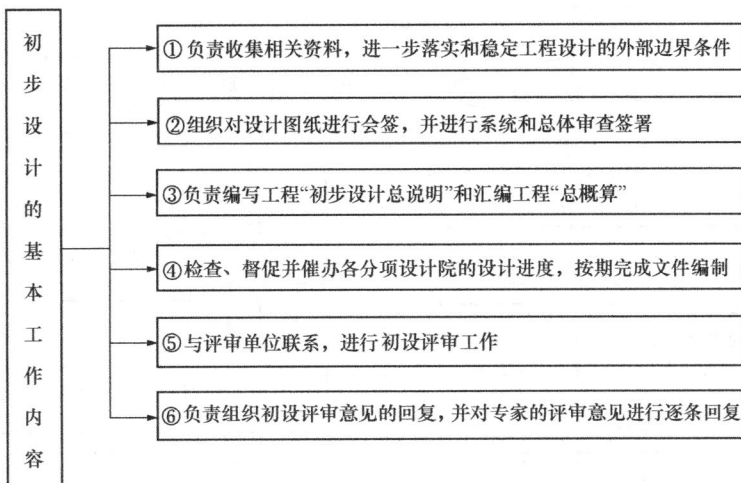

图 4-2　初步设计阶段的基本工作内容

建设单位在初步设计阶段应抓好几项关键工作，主要包括：方案评审、风险评估、投资控制以及初步设计文件及概算编制。

（1）方案评审

在初步设计阶段，建设单位应委托具有相应资质的单位，编制项目的市政管线综合和交通导改等方案，并通过相关评审。

（2）风险评估

在初步设计阶段，应进行工程项目的初步设计安全风险评估，等设计文件形成后进行工程项目初步设计图纸安全风险评估，具体工作程序如图4-3所示。

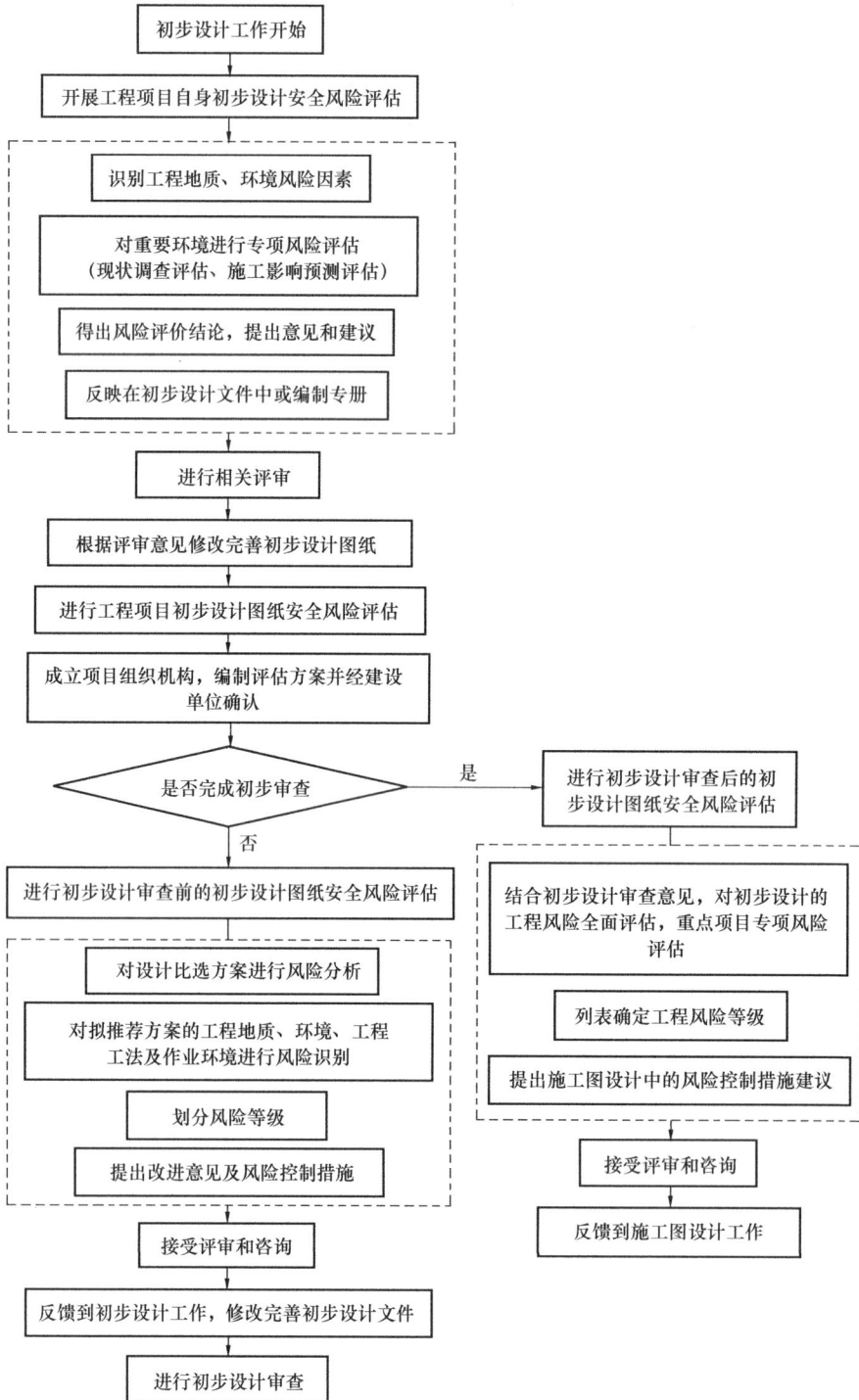

图4-3 初步设计阶段的安全风险评估工作程序

在初步设计阶段开展安全风险评估的方式主要有三种：

1）初步设计图纸已经完成审批，随后开展风险评估工作，经专家评审后用来指导施工图设计。

2）初步设计图纸成稿后，紧接着就开展风险评估工作，初步设计图纸根据风险评估报告修改完善后，两份成果一起进行审批。

3）在初步设计过程中进行风险识别分析，根据工程特点建立风险分级标准、编制风险清单并申报，制定风险控制方案和风险控制措施，编制专项初步设计文件等。

基于对各个城市轨道交通建设项目的初步设计阶段安全风险评估工作探索的经验及实施效果的对比，建议在初步设计工作中，针对项目开展风险分析、选择合理的设计方案和参数，进行专项分析或安全风险专项设计；针对项目初步设计文件，开展工程项目风险分析、设计后续阶段的风险预测、划定风险等级，并提供相关的风险控制建议。

（3）投资控制

在城市轨道交通建设项目中，初步设计阶段应控制工程投资，初步设计文件的重要组成部分即为工程投资概算，它是全面反映建设项目从筹建、设计、施工直至交付运营全部投资费用的文件。设计概算的编制必须严格执行有关方针、政策，以审核批准的项目可行性研究报告投资估算作为控制项目的投资额度依据。设计方面应重视多方案技术、经济比选以降低造价；可运用 BIM 技术模拟、对比、优化各阶段设计方案，降低造价；运用价值工程严格审查、优化设计方案，通过技术比较、经济分析和效果评价，选取最优方案，力求经济合理且技术先进。

3. 对设计单位的管理

在初步设计阶段，建设单位对设计单位的管理工作主要包括以下内容：

（1）组织总体设计单位制定初步设计进度计划，组织各工点设计单位在规定时间内，开展初步设计工作。

（2）组织下发总体设计及总体管理文件以及其他一些总体性要求和规定。

（3）组织总体设计单位控制设计进度、质量与投资，满足初步设计的深度要求。

（4）组织各设计单位方案报批，并落实政府相关部门的意见和相关批复、评审意见。

（5）组织总体总包单位制定投资控制的管理办法、投资控制的考核制度，制定有效的限额指标并推行限额设计管理。

（6）组织设计文件会审，协调管理专业技术接口，保障设计质量。

（7）组织总体总包单位开展初步设计的评审工作。

（8）组织专家对通用图、标准图及相关专题进行审查。

（9）组织总体总包单位对设计图纸、技术文档等相关设计资料以及合同台账进行建立和管理。

（10）组织制定设计质量控制措施和程序。

（11）对参与初步设计工作的单位进行合同和付费管理。

（12）组织总体总包单位对制定设计单位的人员考核制度，检查考核单项设计单位人员，形成考核报告，并保证考核报告的公正客观。

4.3.3 施工图设计管理

对于城市轨道交通建设项目而言，施工图设计是对初步设计方案的进一步深化和修正，更全面地表达设计意图，施工图设计的成果是指导现场施工、进行设备采购的重要依据。

1. 施工图设计的基本要求

在轨道交通建设项目中，施工图设计是项目具体付诸实施的依据，应根据初步设计审查意见，采用定测资料编制。在施工图编制过程中，线路设计宜集中力量按时完成，亦可根据工程实际进展需要分期分批完成，但是必须注意其完整性和统一性，确保与工程现场实际相符合，为施工提供需要的图表和必要的设计说明。如果有局部方案的调整，应及时提供相关专业编制投资检算或修正概算。明确线路施工图设计文件的组成与内容。

施工图设计作为工程实施验收的依据，要根据初步设计评审意见为施工提供必要的设计说明和图表，依据施工图工程数量编制投资检算。文件中应当详细说明施工过程中的各项要求以及相关的注意事项，运营管理中的注意事项及安全措施等。

《房屋建筑和市政基础设施工程施工图设计文件审查管理办法》（建设部令第 134 号）第九条规定："建设单位应当将施工图送审查机构审查"。住房城乡建设部印发的《城市轨道交通工程安全质量管理暂行办法》（建质〔2010〕5 号）第二章第九条规定："建设单位应当依法将施工图设计文件（含勘察设计）报送经认定具有资格的施工图审查机构进行审查。施工图设计文件未经审查或审查不合格的，不得使用。"

2. 施工图设计阶段的工作内容

在城市轨道交通建设项目的施工图设计过程中，各专业对工程的实施进行具体的量化，确定出总平面施工图、建筑施工图、结构施工图、设备基础详图、工艺管道详细布置施工图、施工图的概预算等。其具体工作内容如图 4-4 所示。

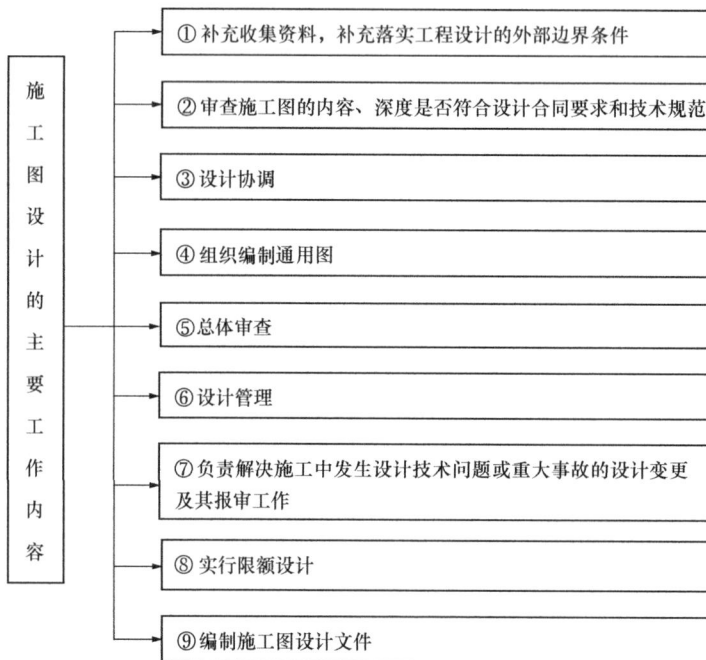

施工图设计的主要工作内容

① 补充收集资料，补充落实工程设计的外部边界条件
② 审查施工图的内容、深度是否符合设计合同要求和技术规范
③ 设计协调
④ 组织编制通用图
⑤ 总体审查
⑥ 设计管理
⑦ 负责解决施工中发生设计技术问题或重大事故的设计变更及其报审工作
⑧ 实行限额设计
⑨ 编制施工图设计文件

图 4-4 施工图设计阶段的主要工作内容

（1）设计管理

施工图设计阶段是实现总体设计阶段构想、方案以及验证初步设计阶段工艺参数的实现阶段，因此，施工图设计阶段的设计管理工作是不可取代、不可或缺的。

1）设计文件管理

在设计文件管理方面需要注意以下几个方面：第一，不能忽略电子文件的管理，设计初期就要统一文件的格式以及相关标准，一些常用的图形文件应实行规范化管理；第二，所有文件均要详细、严格地规定归档范围、程序、人员职责、具体的内容与形式等，且各相关人员要认真执行，真正实现规范化管理；如果同时需要纸质文件与电子文件，则要保证两者内容的一致性；第三，明确规定出文件的借阅手续与方式，尤其是可复制、修改的电子文件；最后，由于设计过程中不可避免地会出现修改的现象，因此，要严格控制文件的修改程序与修改方式，以保证文件管理的完整性、准确性以及系统性。

2）设计接口管理

设计接口管理是设计管理最敏感部位，主要包括以下几个方面：首先是设计单位与建设单位间的设计接口，建设单位所提供的城市轨道交通建设项目要求、条件以及相关资料是重要的设计输入，设计单位与其他合作伙伴之间的接口交互关系是设计输入的一个重要部分，而设计单位向建设单位提供的设计输出包括设计准则、设计说明书、各类图表、工程图纸、方案图、规范书、规格书、计算书以及安全分析报告等基本工程文件，如果有必要还要附带研究开发报告。其次是设计单位与供应商间的设计接口中，如果设计单位承担了供应商的责任，则这一关系就属于设计单位的内部接口。最后是设计单位与其他协调单位之间设计接口，包括土建、安装等。

3）设计文件审查

为保证设计输出文件的质量，应当对设计文件进行审查，设计文件审查首先是审查其格式、内容及深度是否符合设计合同、设计任务书的要求，其次是审查其技术上的正确性、准确性及合理性。

（2）工程投资控制

在城市轨道交通建设项目中，在开展施工图设计前进行设计工作策划，合理确定设计投资控制的总目标。凡未采用建设单位确认的经济指标时，应提出所采用经济分析的单项指标，综合指标及相应的依据、理由；对主要设备、材料的选用，应经过询价、分析、积累技术经济资料，推荐选用的设备、材料，应注明规格、型号、技术指标等，确保投资控制在初步设计的概算范围内。

（3）风险控制及分析

施工图设计应结合风险分析报告提出控制措施，通过由建设单位组织的评审后，在施工图设计过程中予以实施。

（4）施工图设计文件编制

施工图设计文件一般以专业独立编册，包括设计说明书、设计图纸、详细工程量、开项与招标工程量清单是否一致、材料设备表、修正概算或施工图预算，与招标设计变化对比表。在文件中应当详细说明施工过程中的各项要求以及相关的注意事项，运营管理中的注意事项及安全措施。

施工图设计文件的编制深度应达到能据以编制施工图预算、安排材料和设备订货、非标准设备的制作、进行施工和安装、进行工程验收的程度。

（5）对设计单位的管理

施工图设计要求进行详细计算和详细制图，达到能准确实现工程总体的要求，提出准确的工程材料数量和设备品种规格数量，并能够据以编制准确的施工图预算的程度。施工图设计阶段，建设单位对设计单位的管理工作主要包括以下内容：

1）组织总体总包单位协助完成工程设计的质量、进度、投资控制和设计管理、项目协调、项目安全工作、项目信息工作、合同（单项设计）管理、人员组织管理、范围分析管理等内容。

2）组织设计单位提供土建施工招标、设备系统采购及安装施工招标的相关技术文件、图纸、工程量清单等，审查并汇总供货商提供的功能规格书。

3）组织各工点设计单位、设备系统设计单位运用价值工程理论，对工程设计进行全面评估，评估范围主要在轨道交通工程设计、系统设备选型等方面。评估完成后，总体总包单位应向建设单位提交书面评估成果和建议。

4）组织设计单位对影响设计稳定的重大问题进行方案的技术、经济比选和风险评估，全面分析设计不稳定因素，并考虑备选方案。

5）组织设计单位收集资料，补充落实工程设计的外部边界条件。

6）对总体总包单位编制的通用图、施工图设计技术要求、文件组成与内容、文件编制统一规定等文件进行审查。

7）组织总体总包单位制定施工图设计进度计划，监督设计进度的落实。

8）施工图正式提交前，组织审查施工图与招标图差异。

9）组织总体总包单位编制设计月报及设计相关信息的汇总整理，编制阶段项目报告。

10）根据变更管理相关办法，制定相应的奖惩措施，进行变更管理工作，控制施工图设计阶段的投资规模。由总体总包负责组织变更审查和会议，整理并存档相关资料。

11）根据设计考核管理办法，由总体总包单位对工点设计单位的进行考核，形成考核报告。

12）组织设计单位进行报规报建报审等相关工作。

第 5 章　项目建设实施过程管理

5.1　前　期　工　程　管　理

城市轨道交通项目的前期工程包括管线迁改、交通疏解、绿化迁移及市政设施搬迁等内容。作为高效缓解城市交通压力的交通工具，轨道交通往往沿城市主要道路布置在人流、交通密集的区域。在此区域，地面分布着道路交通设施、市政绿化景观以及各种城市功能性基础设施，地下则分布着密集的管线系统。对于采用明挖法施工的车站、区间或竖井，一般会占用城市道路及地下空间。为保障轨道交通施工期间城市道路畅通，需要进行交通疏解和绿化迁移，另外，车站主体结构范围内的地下管线需进行临时改迁，而车站附属结构（出入口、风亭等）范围的地下管线则需进行永久改迁。管线和绿植的临时改迁在车站主体工程完成后将进行恢复。管线迁改期间若引起临时停电、停水、停气等，会对周边居民及企事业单位造成不同程度的影响，交通疏解或多或少会改变原有交通组织方式，影响原有的道路通行能力，因而，一方面，轨道交通建设对城市的交通、环境及管线影响较大，另一方面，前期工程的实施进度直接影响整个轨道交通工程建设的进度。

轨道交通建设施工过程中，建设单位应尽可能在降低对城市运转影响的前提下，根据工程施工需要，采用系统方法对市政绿化道路和地下管线等城市基础设施在时间和空间上进行合理有效的置换，同时保障轨道交通工程建设和周边区域城市功能正常运转的双重需要。

5.1.1　管线迁改

1. 管线迁改难点

城市中错综复杂的管线系统给轨道交通建设形成了不小障碍，车站建成后市政管线的恢复工作亦比较繁琐，如何实现市政管线迁改、恢复与城市轨道交通工程建设之间的有效衔接，是城市轨道交通建设单位所面临的共同难题。对于城市轨道交通工程，管线迁改的难点主要包括以下几个方面：

（1）城市轨道交通工程线路长、站点多，每个车站基本都涉及管线迁改。

（2）管线迁改周期长，尤其是 110kV 以上高压供电管线，迁改周期甚至达 1 年以上，而轨道交通的通车时间往往早已确定，管线迁改的时间对整体工期影响重大。

（3）涉及单位多，协调难度大。车站往往设置在人流密集区域，而人流密集区域通常管线种类繁多，涉及的管线权属单位众多，各家管线单位管理体制不一，协调工作繁重。

（4）对于年代久远的管线，管线权属单位可能难以找到原始资料，物探也可能难以探明，给后期土建工程施工带来安全隐患。

（5）部分站点的市政管线可能需向周边业主地块内部迁移，有些埋深较深的重力管线甚至需要永久迁移，协调难度更大。

（6）管线迁改方案受车站施工工筹及周边环境变化的影响大，变更工作量大。

（7）管线迁改过程中一旦由于施工或其他原因而遭受破坏，容易造成严重的社会影响，产生重大的经济损失。

2. 管线迁改的主要工作

城市轨道交通建设的管线迁改是项系统性工程，全过程涉及单位众多，需要各部门紧密配合，才能保证迁改工程顺利实施。

（1）管线物探成果核对

城市轨道交通物探项目包含管线物探和周边建构筑物调查，管线物探成果通常在初步设计之前完成。在物探成果初步完成之后，由城市轨道交通的建设单位组织物探单位向各管线权属单位进行管线物探成果交底，各家管线权属单位对管线物探成果特别是重要管线进行核对，如发现遗漏、错误，经现场核实后及时修正。此项工作非常重要，根据实践经验，几乎每条城市轨道交通线路的施工过程中均会发现迁改遗漏管线，管线迁改设计前产权单位对物探成果进行复核，可以有效降低施工风险。

（2）迁改方案设计

管线迁改设计分为管线迁改综合规划图设计和专业施工图设计。

综合规划图设计阶段，市政设计单位与车站设计单位需紧密配合，原则上管线迁改设计在车站设计基础上进行配套，同时也要兼顾交通组织方案，如车站范围有特殊管线难以迁改，周边无迁改路由的，则需采取原地保护措施。也可以采用调整车站站位、建筑方案或结构方案的方法，避开特殊管线。

管线专业设计单位根据市政设计单位提供的综合规划图，进行各自管线的施工图设计，并将施工图设计过程中发现的问题，反馈给市政设计单位以及车站设计单位，最终形成相对稳定的设计图纸。

（3）管线迁改工程实施

管线迁改方案通过审查后，通常由各管线权属单位负责各自管线迁改的实施，建设单位负责协调管线单位先后进场顺序以及管线迁改的作业面。

3. 各类管线迁改要点

城市轨道交通工程管线迁改原则上是配合车站的分期施工，应尽可能从车站周边绕行。当绕行缺少路由时，车站施工中应采取措施保障管线能够跨越基坑。车站方案设计时，也要考虑周边管线的影响因素，尽量避开重大管线，例如超高压电缆、西气东输干线等。为满足重力管在标高上的需要，车站顶板或附属结构顶板应留出足够的空间。对于横跨基坑的管线，需注意衔接车站提供的管线通道与管线连通切割的关系。

（1）重力管线

重力管一般包括雨污水管及雨污合流管，以重力流排水为主，受地面坡度以及下游管底标高影响较大，在设计及迁改过程中，应严格控制标高。重力管一般采用绕开基坑的方式进行迁改，如果场地空间有限，难以提供迁改空间，可以选择跨基坑的方式进行迁改，但是，管道材质必须选择钢管。

（2）给水管线

给水管一般为压力管，在标高上可以控制，一般可多次迁改，临时迁改管线一般采用钢管。大口径（DN1000 及以上）给水管道应考虑停水割接时的停水范围、停水时间等因素，夏季停水难度一般较大，停水割接时间应尽量避开夏季。特别须注意大口径给水管最终恢复时与车站顶板、上翻梁及道路标高之间的关系。对无迁改路由的给水管也可进行原位保护、跨基坑或明敷方式进行保护。

（3）通信管线

通信类管线一般采用先铺设管道，后穿线缆的顺序进行。管道大多为塑料管，外壁用混凝土浇筑。同一车站往往会遇到多家通信类管线单位的管线需要迁改，为节约空间和成本，建议同一车站由一家单位统一进行管道施工，其余单位只进行线缆的铺设。迁改地下空间受到限制时，也可以采用立杆方式或悬吊保护方式进行迁改。

（4）电力管线

供电管线迁改费用大、周期长，在车站设计阶段原则上，尽量避开超高压供电管线。如果需要进行迁改，尽量一次性绕行，无绕行条件，可以采用电缆沟形式进行解决，电缆沟内不设置电缆接头或者设置特殊电缆接头，在跨结构的两侧留有余长，以便今后车站围护结构施工时可以适当拨移。对于 35kV、110kV 架空线可以考虑供电塔升高，调整供电塔升高间距，以满足车站施工的需求。110kV 及以下高压电缆在横跨基坑时也可以采用悬吊保护的方式（地下连续墙拼幅施工），电缆数量过多时不建议采用电缆保护措施。迁改后的电缆通道需做好电缆桩标识。

（5）燃气管线

燃气管属于压力管，在迁改时平面及标高上可以调整，但是由于具有易燃易爆的属性，在敷设时应尽量做到平直，同时，要与供电缆线保持 1m 以上的距离，这也是《城镇燃气设计规范》GB 50028 的规定。无迁改路由时，可以采用原位保护的措施，采用混凝土板或钢架桥进行支撑。如果涉及西气东输等重要天然气主干网，车站原则上必须进行避让，区间穿越必须经过行政主管部门审批后方可实施。

4. 管线迁改的注意事项

（1）重视设计交底工作

设计交底工作分为两个阶段进行：

1）管线综合规划图设计完成后，及时与管线权属单位进行设计交底。管线权属单位一方面要对原有管线物探资料进行仔细核对，另一方面也要对临时管线迁改方案进行可行性分析，以便下一步专业施工图设计。

2）管线施工单位确定后，管线施工单位在进场施工前，应该进行所有管线的现场排查工作，详细了解各类管线的位置、走向等，特别是对于老旧管线，更应该进行详细的勘察。在此基础上，及时组织设计单位与管线施工单位进行设计交底。尤其是对作业面狭窄、管线密集的区域，要进行现场交底。

（2）协调各专业管线施工单位的进场顺序及作业区域划分

按照"先深后浅"顺序，组织各专业施工单位进场施工。部分施工作业面狭窄区域，在现场设计交底时，要仔细测量管位，做好地面标记，督促施工单位严格按图施工，避免现行施工的管线占用其他管线通道的现象发生。

（3）注重管线临时迁改阶段的测绘

管线临时迁改时，要求土建单位负责对各管线迁改位置（管位，标高）进行测绘，并形成测绘成果报告，测绘成果对以后土建单位、管线单位现场快速确认管位有帮助。因为站点施工前，各管线的迁改位置有市政设施作为参照，待站点土建施工后，各市政设施都进行了拆除，管线的迁改位置无参照物可循，往往就无法快速找道管线迁改的位置，给土建施工及管线以后的迁改造成麻烦。

（4）注意对施工最大影响范围内的各类检查井的加固

轨道站点交通疏解基本都需要占用慢车道、人行道以及道路红线以外地块，这些范围内的既有各类管线的检查井要么等级较低、要么是年代久远的砖砌井，调整到交通疏解范围内后，很容易被车辆压坏，而交通疏解道路一般比较窄，翻修对交通影响巨大。因此对在各站点施工最大影响范围内的所有井都须进行加固，井的加固和井的材质、样式按最新的标准及材质。尽可能避免以后在交通疏解范围内因为井的原因导致的路面破坏。

5.1.2 交通疏解

1. 交通疏解基本原则

（1）以人为本原则

轨道交通施工阶段应最大限度地避免因施工造成交通中断，实施的交通疏解措施应保证大多数人出行需求，在道路资源有限情况下，保证公交优先，方便广大市民群众的出行。

（2）交通安全原则

在受施工影响的复杂路段，应安排警力或交通协管员；施工围挡应紧凑、安全、平面布置合理，既能方便施工，又能满足车流及行人交通安全要求；在施工围挡及邻近区域设置交通引导、交通警示标志。

（3）保障轨道交通建设原则

轨道交通施工阶段对城市交通的影响是不可避免的，任何交通疏解和改善措施只能将其影响程度降低，而不能根本消除。因此社会各单位及个人都应支持城市基础设施的建设，因施工对其造成的影响应能作出谅解，保障地铁工程建设顺利进行。

（4）适应性原则

轨道交通施工期间交通组织实施方案并不是一成不变的，应根据实际情况、实际实施效果及时调整方案，以适应工程建设以及市民生产生活的需要。

（5）综合协调原则

综合考虑车站地区和周边地区的关系及其他交通设施的关系，系统规划，合理安排，使其衔接顺畅，配合密切。

（6）经济性原则

应根据施工影响范围内的交通现状、地铁施工工程规模、工程工期、施工时序综合考虑，尽量减少对道路、绿化、沿线管线、建筑的拆迁，充分考虑工程成本与社会成本问题。

2. 交通疏解总体策略

（1）交叉口围挡施工交通组织策略

最大限度确保路口通行效率，尽可能保证施工路口进口车道数，争取不恶化现有道路服务水平。尽量不对交叉口进行整体围挡，确保车流通过。交叉口空间较大时，采取分期施工；交叉口空间较小时，采用盖板施工，以免影响车流通过。

（2）路段围挡施工交通组织策略

原则上"占一还一"，条件困难时"占三还二"；城区主干道至少保证双向4条机动车道。道路空间较大时，在道路中部对施工区域进行围挡，车流围绕施工区域外侧通行方式确保交通；道路空间不足时，采用分期围挡半幅路面，车流由施工区域一侧双向通行方式确保交通。

（3）行人、非机动车交通组织策略

充分保证行人路权，确保人行道宽度不低于2m。对行人通行量较大的路段增设贝雷桥等立体过街设施，保证行人过街。非机动车道被占用时，通过压缩车道或修建临时便道等方式确保非机动车通行，非机动车道宽度最小不低于1.5m，且非机动车道要和机动车道在同一平面。双向4条机动车道及以上路段增设机非隔离护栏，确保非机动车通行安全。

3. 不同工法下的交通疏解方法

（1）明挖法

采用明挖法施工的车站，交通疏解一般分两期施工，一期施工车站主体部分，利用主体上方剩余市政道路以及既有非机动车道、绿化带改造后进行交通导改；二期施工附属部分，利用主体上方已恢复路面进行交通导改，待车站施工完毕，则可恢复路面，满足交通运行，施工期间大部分车站可以做到"借一还一"原则。

（2）盖挖顺作法

盖挖顺作法亦称作铺盖法，该施工工法在临时路面系统保护下近似于明挖法施工，施工条件好，防水效果好，工程质量易于保证，因此，在地面交通没有疏导路线的情况下，主体施工宜优先选用盖挖顺作法。

盖挖顺作法临时路面体系目前有两种形式：军用梁体系和装配式铺盖法。军用梁体系应用成熟，安全可靠，增加临时结构措施不多，不破坏结构的整体性。但军用梁为预制构件，每榀军用梁有固定的高度，对于覆土较浅的车站，在采用半幅盖挖施工的情况下，将会造成改造后路面大面积高于既有路面现象，因此对此类情况无法选用军用梁体系进行盖挖。装配式铺盖法采用临时组合型钢梁柱体系支撑，路面铺设轻便铺盖板，中间设临时立柱，此种方法，大大减少路面体系的高度，增大盖挖法主体结构的操作空间，对于覆土较浅的主体结构施工，是一个较好的选择。

（3）盖挖逆作法

盖挖逆作法与盖挖顺作法最大的区别在于是否采用结构顶板兼作临时路面，与盖挖顺作法相比较，盖挖逆作法不需要进行二次路面拆除以及交通再次导改，车站顶板施工完毕后将兼作永久路面支撑体系。但逆作法缺点在于施工难度较高、施工工期长、施工风险较大、结构立柱一般采用钢管混凝土，且梁柱连接节点、防水处理较为困难，除非交通疏解特别困难且道路在施工期间必须使用，一般不推荐采用盖挖逆作法。

4. 交通疏解管理要点

（1）不同的施工方法对城市交通的影响不同，其中以明挖法对城市交通的影响最为严重。设计单位或施工单位提出的施工方法往往从工程投资、工期、安全质量等角度出发，而对城市交通的影响因素考虑不足。但当施工方案对城市交通影响较大、交通疏解代价较高时，建设单位应进行综合比选，根据交通疏解的需求，改变施工方案。在优化方案中应充分利用建设、设计、施工、监理各方的技术优势，对施工工序及方案进行修改并统筹安排，减少打围次数，缩小打围面积，降低对交通影响。

（2）建设单位应与市公安局交警支队及各辖区大队、市政公用局等道路行政主管部门对交通疏解设计方案进行沟通协调，听取各方意见及时合理地修改设计方案，并取得行政审批部门批准的占道开挖许可证，这是保证交通疏解工程顺利实施的先决条件。

（3）在对单个站点进行交通组织方案研究时，必须充分考虑前后站点及区域交通疏解问题，从总体路网上疏解交通。

（4）前期准备阶段应对所有站点进行详细现场勘查，"一点一案"确定交通疏解方案。正式围挡前应与交警部门联系，通过试围挡方式预判正式围挡后交通的变化，发现并及时解决问题。

（5）轨道交通施工大部分位于交通繁忙路段，而占道施工必然影响道路通行能力，为保证道路的服务水平，交管部门、城市管理部门应加大道路交通整治力度，禁止机动车在围挡门口乱停乱放，禁止在人行道摆摊叫卖，避免影响行人通行，确保道路安全、畅通。

（6）制定应急预案，突出问题快速处置，避免长时间、大面积交通拥堵的现象出现。

5.2 施工准备阶段的建设管理

5.2.1 施工许可等手续的办理

（1）工程质量监督手续办理。施工图设计文件已批复，施工单位已进场，项目开工各项准备工作已完成后，建设单位应按标准流程申请办理工程质量监督手续。

（2）工程安全监督手续办理。施工图设计文件已批复，参建单位管理机构、管理体系、相关管理制度及开工各项准备工作已完成，建设单位应根据建设安全监督部门的要求，按流程申请办理工程安全监督手续。

（3）工程施工许可手续办理。施工图设计文件已批复，施工和监理单位已确定，建设用地已批复，工程质量、安全监督手续已办理，项目建设资金已落实及项目管理制度已制定后，建设单位应按流程向行业主管部门申请办理工程施工许可手续。

（4）其他相关许可手续办理。根据项目实际，建设单位应根据有关规定到相关行业部门办理夜间施工、涉河涉堤、港口岸线、临跨航道建筑物、跨越铁路线、高压线、燃气管道施工等许可手续。

5.2.2 首次建设管理会议及交底

（1）组织首次建设管理会议。在参建单位进场后，首次工地会议前，建设单位按有关规定组织召开第一次建设管理会议。

（2）参加首次施工会议。建设单位派代表参加首次施工会议。

（3）设计技术交底：

在工程施工前，建设单位应组织召开设计技术交底会议。参加人员包括设计单位项目负责人、设计代表，监理单位总监及各专业监理工程师，施工单位项目经理、技术负责人、各专业工程师等。由项目设计负责人对项目设计意图、结构设计特点、工艺要求、施工中注意事项等进行交底，对施工图设计文件的问题或疑点进行解答，并书面整理形成会议记录印发参会各方。

（4）工程监督交底：

在办理完成工程质量监督和安全监督手续后、工程施工前，由工程质量安全监督管理机构进行监督交底。交底会由建设单位组织，建设单位负责人及职能部门相关人员、设计负责人及现场设计代表、监理人员以及施工单位的项目经理、技术负责人、各分项专业负责人等应参加会议。

5.2.3 监理单位进场管理

（1）人员进场

督促监理单位按照监理合同要求成立现场监理机构，明确现场机构的主要管理人员组成，按照合同约定提供监理人员的身份证明、资格证书、职称证书和工作经历等证明材料，并提出进场申请。

建设单位按照合同约定组织人员核查监理单位进场人员的申请材料和原件，对不符合合同规定的人员应要求监理单位予以更换。核查通过后，建设单位批复同意进场。

（2）办公条件

审查监理单位是否按合同规定和工作需要配备足够的办公设备、车辆和通信设备等。督促监理单位按照合同要求建立监理工地标养室。

（3）监理工作体系

检查现场监理机构的管理组织框架、岗位职责、管理制度是否齐全，是否满足合同和规范要求，是否满足工程实际需求。检查通过后应及时批复监理工作大纲。

5.2.4 施工单位进场管理

（1）人员进场

督促施工单位按照施工合同要求成立现场项目管理机构，明确现场机构的主要管理人员组成，按照合同约定提供主要技术人员的身份证明、资格证书、职称证书和工作经历等证明材料，并提出进场申请。

建设单位应按照合同约定组织人员核查施工单位进场人员的申请材料和原件，对不符合合同规定的人员应要求施工单位予以更换。核查通过后，建设单位批复同意进场。

（2）施工机具设备

督促施工单位按照合同约定的主要机具设备提出进出场计划，并进行审批。建设单位应按照进出场计划督促监理单位对进场设备进行验收，对施工主要机具设备的数量、规格、型号进行核查，对其使用完好率进行监督。督促施工单位按照合同要求建立工地标养室，督促施工单位按照相关要求进行日常管理。

（3）施工场地

要求施工单位按照集中加工集中预制的原则编制施工场地标准化建设的实施方案。实施方案经监理工程师审查后，由建设单位批复。场地建设完成后，建设单位应会同监理单位成立验收小组，进行专项验收。不同工序的场地建设，可一次规划，分阶段完成并验收。

5.3 施工阶段的建设管理

5.3.1 工程施工主要内容

城市轨道交通工程的施工内容主要由土建工程、设备安装工程、装饰装修工程、车辆段及综合基地工程、轨道工程、声屏障工程、室外工程等组成。不同的城市轨道交通建设项目可能会有不同的划分方法，但是，总体而言其所包括的施工内容是相似的。

1. 土建工程

土建工程主要包括车站、区间、桥梁、路基、轨道、车辆段和综合基地等内容。城市轨道交通土建工程施工主要是指城市轨道交通工程的各种建（构）筑物土建结构及装修、机电安装、轨道铺设施工。一般城市轨道交通工程车站施工主要包括围护结构施工、土方开挖、支撑架设和降排水、主体结构及附属结构施工、土方回填等工序。车站结构的施工方法主要包括明挖顺作法、盖挖、半盖挖法及暗挖法。区间的施工方法主要包括盾构法、浅埋暗挖法等。车辆段等建筑工程基本采取常规建筑工程的施工工艺，主要包括地基与基础、结构、装饰与装修、机电设备安装等施工。

（1）车站

车站是城市轨道交通路网中一种重要的建筑物，城市轨道交通工程车站是城市轨道交通工程运行系统中的重要组成部分。车站是供旅客乘降、换乘和候车的场所，还集中了部分运营管理设备和系统，有的车站还配套有商业开发，供乘客休闲购物等。车站是城市建筑艺术整体的一个有机部分。

车站可以按照所处位置、埋深、运营性质、断面和站台形式、换乘方式的不同进行分类。按照车站与地面的相对位置可以分为：地下车站、地面车站、高架车站；按照运营性质可以分为：中间站、区域站（及折返站）、换乘站、枢纽站、联运站和终点站。

按车站站台形式分为：岛式站台、侧式站台及岛侧式混合站台等。地下车站由车站主体（站台、站厅、辅助用房）、出入口与通道、通风道和地面风亭三大部分组成。高架站一般由列车形式的轨道梁结构和车站其他建筑结构组成。

以地下车站和高架车站为例，其工程内容如图 5-1 和图 5-2 所示。

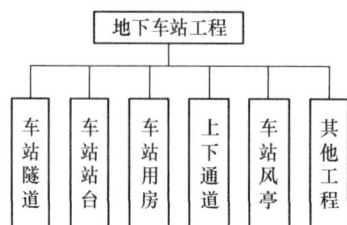

图 5-1　地下车站工程内容　　图 5-2　高架车站工程内容

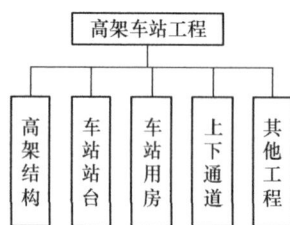

（2）区间

区间是连接两个相邻车站的行车通道，主要包括区间隧道和高架区间。区间隧道包括行车隧道、独线、折返线、地下停车线、联络隧道、水泵房及其他附属构筑物。超长区间隧道需要在中部建造通风井。

2. 设备安装工程

城市轨道交通工程设备安装工程主要包括建筑设备（常规设备）和轨道交通系统设备。建筑设备包括建筑电气、给水排水系统、环控系统、电梯和扶梯系统、防灾报警系统（FAS）、消防系统、人防系统、环境与设备监控系统（BAS）等。轨道交通系统设备是指车辆、通信系统、信号系统、供电系统、电力监控系统（SCADA）、屏蔽门/安全门系统、自动售检票系统（AFC）、旅客信息系统（PIS）以及车辆系统和控制（OCC）与城市轨道交通工程网络指挥协调中心（TCC）。

城市轨道交通全线设备安装工程可以划分为若干单位工程，每个单位工程包括建筑给水排水及采暖、通风与空调、低压配电、人防系统等分部工程。

3. 装饰装修工程

城市轨道交通的装饰装修工程主要是在车站内，全线装饰装修工程可以划分为若干个单位工程。若建筑装饰装修、建筑设备安装工程分别单独招标，并且标段划分较大，则每个车站的建筑装饰装修、建筑设备安装工程可分别划分为分部工程；若建筑装饰装修与建筑设备安装工程整体招标，并且标段划分较大，则每个车站可划分为子单位工程，其中的建筑装饰装修、建筑设备安装工程可分别划分为分部工程。

4. 车辆段及综合基地工程

车辆段及综合基地是城市轨道交通系统中对车辆进行运营管理、停放及维修、保养的场所。综合基地是为了保证城市轨道交通正常运营而设立，也是车辆段工作人员的办公场所，主要包括综合维修中心、物资总库、培训中心和必要的生产或设施场所、临时住宿等设施等。车辆段及综合基地可以划分为两个单位工程，即土石方、挡护、桥梁进场道路工程与房建、道路工程、室外建筑环境、室外安装两个单位工程，具体再根据发包情况进一步确定。

车辆段和综合基地工程的一般施工内容如图 5-3 所示。

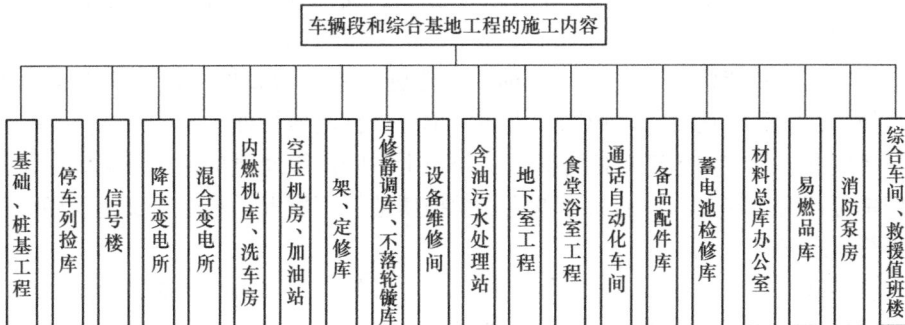

图 5-3　车辆段和综合基地工程的施工内容

5. 轨道工程

轨道工程是指路基或结构面以上的线路部分，由钢轨、轨枕、连接零件、道床、道岔和其他附属设备组成的构筑物。一般城市轨道交通工程正线及辅助线钢轨均采用 60kg/m

的 U75V 热轧轨。根据轨道交通全线工程发包情况可以划分为一个单位工程，包括正线轨道和站场轨道两个子单位工程，子单位工程按下列原则确定：

（1）正线轨道：一个区间（以站中心为界，含正线道岔）；当线路为双线时，一个区间的左、右线应合并为一个子单位工程；当区间内含有不同类型轨道时，也可按轨道类型划分。

（2）站场轨道：一个站或大型枢纽的一个场（以最外方咽喉道岔为界，含站线道岔）。

5.3.2 属地管理

本节起至 5.3.4 节，主要从属地管理、接口管理、变更管理等方面对工程施工阶段的建设管理工作进行阐述，有关风险、安全、质量、进度、投资、合同等方面的内容详见第6～12 章，本章不再赘述。

1. 概述

施工现场属地管理是指由建设单位制定的属地管理办法确定的属地管理单位对同一区域内多个单位、多个工序在时间、空间上的交叉作业进行计划统筹、协调管理。属地管理内容包括且不限于：制定落实属地管理工作方案，履行人员配置、场地分配移交、安全协议、治安门卫、视频监控、起重吊装、临水临电、高处作业、临边及洞口防护、场内照明、通风除湿、扬尘控制、场地保洁、成品及半成品保护、防火防盗等属地管理方面的具体工作，以及各专业之间资源配置、接口界面的计划统筹、协调管理等。

2. 属地管理单位

属地管理单位是指在施工现场按照划清的场地交接范围，办理场地移交手续后，负责接管并履行属地管理职责的单位（以下简称属地单位）。实行联合体总承包的，按照招标投标文件和合同约定，由联合体牵头单位承担属地管理责任。其他单位是指除属地单位以外的其他各施工单位的统称。属地监理单位是指对属地单位行使监理职责的监理单位。其他监理单位是指对其他单位行使监理职责的监理单位。

依据合同约定，在不同施工阶段，属地单位分别为土建施工单位、机电安装及装修施工单位、轨道铺设施工单位和供电、信号总承包单位或机电中心指定的其他相应单位。具体按照下列规定实施：

（1）机电安装及装修施工单位进场前，土建施工单位为属地单位，承担属地管理职责，对其他单位如管线迁改、接地网、人防等单位进行属地管理。

（2）机电安装及装修施工单位进场后，经与上一阶段属地单位现场交接确认，机电安装及装修单位即为所移交场地的属地单位，承担属地管理职责，对进入属地现场作业的其他单位进行属地管理。

（3）轨道铺设单位进场后，经现场交接确认，铺轨单位即为所移交场地属地单位，承担轨行区属地管理职责，对进入轨行区作业的其他单位（含原车站或区间土建施工单位）进行属地管理。

（4）轨行区触网通电后及电客车动调期间，经现场交接确认，由联调联度单位为轨行区属地单位，承担属地管理职责，对进入轨行区作业的其他单位进行属地管理。

（5）车辆段、停车场（含试车线）的属地单位按照上列"谁施工，谁接收；谁接收，谁负责"原则执行。土建施工单位与供电、信号、设备等相关单位完成交接的区域由相关单位承担属地管理职责；与轨道铺设施工单位完成交接的轨行区由轨道铺设单位承担属地管理职责。

（6）区间旁通道的属地单位依据旁通道融沉注浆结束的时间节点为区分。融沉注浆结束前，土建施工单位为旁通道属地单位；融沉注浆结束，土建施工单位将垃圾、积水清理完毕并设置好集水井盖板或洞口防护，与机电安装及装修单位完成交接后，机电安装及装修单位即为旁通道属地单位。

3. 属地管理范围

（1）车站属地单位的管辖范围

车站属地单位管辖范围包括：车站站台层［含站台板下风道、轨顶风道、电缆夹层（通电前）、电/扶梯底坑等］、站厅层、出入口、风井（含区间风井）以及施工围挡（含围挡）内的地面所有区域。其中，站台层是指站台板边缘线及其延长至区间隧道洞门投影线为界的靠车站侧区域。

土建施工现场（或上一属地单位）不能按照上列范围完整移交的，可分区、分段交接，但是，接收属地单位必须及时设置明显的封闭隔离措施。若现场条件不具备设置封闭隔离措施的，接收属地单位应提出具体明确的立面、平面隔离措施或其他措施并报经属地监理书面确认。若隔离不清或无隔离措施，将视作为接收属地单位已接管且不免除属地单位的属地管理职责。

对无法整体交接或仍要保持道路交通的地面，可分区分段交接（包括道路两侧的出入口、风亭口）。一旦完成交接，接收属地单位除进行出入口、风亭口的立面、平面防护外，应结合现场实际和后期吊装作业、卸料作业需要，以出入口、风亭口边缘线为基准留置足够作业空间后，用彩钢板进行四周围挡（围挡标准应满足轨道工地围挡要求）。围挡内的管理责任归属地单位，若未及时设置围挡或围挡设置不严密或破损后未及时修复，视作为属地单位已完全接管，由属地单位承担相应的属地管理责任。如围挡内留置作业区的，应该按照相关规定设置大门、岗亭及门卫保安、视频监控等。

未完成交接的地面由上一属地单位负责出入口、风亭口的围挡，并履行属地管理职责。

（2）轨行区属地单位的管辖范围

车站站台板边缘线及其延长至区间隧道洞门投影线为界的靠轨行区侧区域，包括站台板边缘线外侧的站内轨行区和区间隧道范围内的轨行区以及联络线、辅助线轨行区。

（3）车辆段、停车场（含试车线）的管辖范围

车辆段、停车场（含试车线）的管辖范围按照"谁施工，谁接收；谁接收，谁负责"原则划分，交接双方应办理明确的书面移交手续，接收单位应严格属地管理。触网送电之前，相应单位及时完成轨行区安全物理隔离措施后，经现场交接，由机电中心明确相应单位承担属地管理职责。

辖区（站台层）立面和平面示意图如图 5-4、图 5-5 所示。

4. 交接程序及管理期限

场地交接的组织。在不同施工阶段，施工现场具备交接条件时，由建设单位的项目工程师组织相关单位进行属地权限交接。交接双方的项目负责人或站区负责人、监理单位总监或总监代表、项目工程师等相关责任人均应到场，现场签署交接单确认生效，并在 2 个工作日内完善盖章等手续。

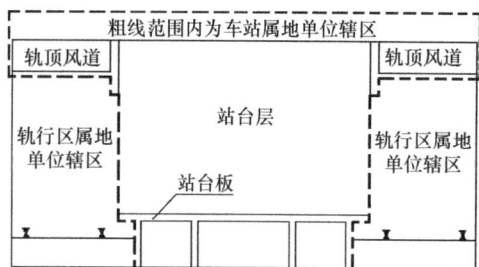

图 5-4　辖区（站台层）立面示意图　　　图 5-5　辖区（站台层）平面示意图

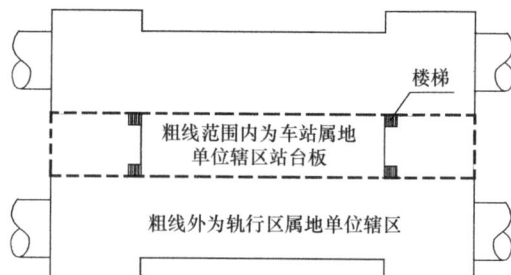

交接确认手续应明确移交范围和内容，并以工程平面图和立面图标识清楚，同时留存相应影像资料。交接工作要做到接口界面清晰、责任主体明确、移交手续完备。

属地管理期限为场地交接之日起至下一个属地单位或运营分公司接管之日止。

5. 属地管理责任

属地管理的基本原则是：界面清晰，责任明确，服从管理，相互监督。

（1）建设单位的属地管理职责

1）承担属地管理监管责任。督促施工、监理单位细化和完善属地管理工作方案或实施细则，足额配备专职管理人员，落实属地管理责任，规范现场管理行为，保证工程施工平稳、有序、受控。

2）督促、指导、协调属地单位推动属地管理工作，协调参建各方或工序之间的交叉矛盾，减少相互干扰。

3）按照总体工程进度计划，审核、批准各单位施工计划安排，明确各单位场地交接、关键节点时间等要求，督促相关单位加大资源投入，按计划完成工程内容。

4）对属地管理进行检查指导，并对违规违章行为进行处理。

5）组织或参与属地管理会议，协调解决现场问题。

（2）车站属地单位的属地管理职责

车站属地单位应该按照合同约定及属地管理办法，制定落实属地管理工作方案，履行人员配置、场地移交与分配、安全协议、治安门卫、视频监控、起重吊装（主要指场地协调、进场登记）、临水临电、高处作业、临边及洞口防护、场内照明、通风除湿、扬尘控制、场地保洁、成品半成品保护、防火防盗等属地管理方面的具体工作。施工现场应时刻保持"三洁（施工场地整洁、生活环境清洁、成品外观净洁）"、"两整（设备机具停置齐整、施工材料码放规整）"。

5.3.3　接口管理

1. 概述

建设工程中的接口是由于人为地对工程进行分工和客观存在的结合部，如专业之间、不同的部门之间、标段之间等。在不同的管理系统之间，应首先照顾工程的整体性。工程接口可分成两种，一种是工程实体的技术接口，一种是管理接口，两种接口经常相互伴生。

轨道交通工程是由前期工程、土建工程及站后的轨道工程、常规设备安装、系统设备安装、装饰装修工程等组成的复杂系统工程。土建工程施工与前期工程、站后工程存在众多接口，由于工程建设模式的不同、施工界面划分的不同，各施工标段间也存在众多施工接口问题，作为建设单位，根据项目的建设模式和施工界面划分做好接口管理的总体策划对轨道交通工程的顺利推进至关重要。

2. 前期工程与土建工程的接口

土建工程能否顺利实施与前期工程密切相关，且前期工程往往伴随土建工程的施工，如明挖车站主体结构和附属结构施工，往往都需进行多期交通疏解，每期交通疏解都伴随着征地拆迁绿化迁移、管线改迁等工作。随着城市轨道交通工程的周边环境越来越复杂、线路交叉及换乘越来越多、结构形式越来越复杂，前期工程往往成为轨道交通项目能否按总工期完成的关键因素。在土建工程设计充分考虑前期工程影响的同时，前期工程的设计往往也会因为前期工程之间的相互影响及土建施工的组织调整而不断地调整与优化。前期工程涉及的权属单位、管理单位、相关利益群体和施工单位众多，可以说，土建工程和前期工程之间的接口与协调最为复杂、困难，因此，建设单位和土建施工单位、设计单位和监理单位都须高度重视，超前谋划，强力推进，才能保证前期工程和土建工程的顺利实施。

3. 土建工程各单位工程间的接口与协调

由于轨道交通建设模式的不同，施工界面的划分不同，会引起土建各单位工程间的接口问题，在土建施工阶段，土建各单位工程间的接口主要有联测，预埋钢筋，预留防水层，提供矿山法区间作业面，提供盾构始发、吊出、通过条件等。土建工程各单位工程间的接口协调工作见表 5-1。

土建工程各单位工程间的接口协调工作　　　　　　　　　　　表 5-1

主要工作	相关方	工作要求
相邻标段间联测	土建施工单位	相邻土建标段进行联系测量并平差
	监理单位	参与联系测量
	第三方测量单位	复测并对联系测量结果进行确认
预埋钢筋、预留防水板	建设单位	明确界面划分、按照施工策划安排确定预留实施方及保护方进行确认
	监理单位	对预留钢筋和防水板按照图纸进行监理并监督施工单位进行保护
	施工单位	结合双方图纸进行预留施工并做好现场保护
提供矿山法区间作业面，提供盾构始发、吊出、通过条件	建设单位	协调各方制定工程策划方案，确定矿山法作业面、盾构区间掘进方向及施工顺序；协调场地占用时间和场地占用范围；在现场条件发生变化时及时组织各方调整方案和计划
	施工单位	根据工程策划确定的方案和施工顺序，制定本项目的施工方案和施工计划并组织实施；当现场条件发生变化原工程策划无法实施时及时通知建设单位、设计单位和监理单位共同对工程策划进行调整和优化
	设计单位	当工程策划发生变化要引起设计变化时，及时根据新的策划调整完善设计方案
	监理单位	按照工程策划管控现场施工进度；协调各施工单位的施工工序；协调场地占用；当现场条件发生变化，需调整工程策划和设计时积极协调各方，推动工作顺利开展

4. 土建工程与站后工程的接口与协调

土建工程与站后工程间的接口众多，和多个专业、多系统产生接口。在工程实际中，土建与站后工程在施工中往往配合性比较差，在同步施工中，不同专业之间沟通少、配合性差，主要表现在预留预埋的差、错、漏较多。为做好土建工程与站后工程的接口协调管理，应从技术协调、管理协调两大方面进行。

（1）技术协调

提高设计图纸的质量，减少因技术错误带来的协调问题。设计图纸的好坏直接关系到工程质量的优劣。图纸会签又关系到各专业的协调，设计人员对自己设计的部分，一般都较为严密和完整，但与其他人的工作不一定能够一致。这就需要在图纸会签时找出问题，并认真落实，从图纸上加以解决。同时，图纸会审与交底也是技术协调的重要环节。图纸的会审应将各专业的交叉与协调工作列为重点，进一步找出设计中存在的技术问题，再从图纸上解决问题。而技术交底是让施工单位、作业班组充分理解设计意图，了解施工的各个环节，从而减少交叉协调问题。

（2）管理协调

协调工作要从技术上下功夫，更要建立健全一整套管理制度。通过管理来减少施工中各专业的配合问题，建立统一领导，解决各施工单位的协调工作。建立由管理层到班组逐级的责任制度；建立奖罚制度，提高施工人员的责任心和积极性；建立严格的隐蔽验收与中间验收制度，隐蔽验收与中间验收是做好协调管理工作的关键；建立专门的协调会议制度，建设单位、监理单位应定期组织举行协调会议，解决施工中的协调问题。

5.3.4 变更管理

1. 概述

城市轨道交通工程具有涉及专业多、技术要求高、周边环境复杂、施工风险高等特征，可能引起工程变更的事项包括：增加或减少合同中所包括的工作数量；改变工程的性质、质量或类型；改变工程任何部分的标高、基线、位置或尺寸；实施为工程竣工所必需的附加工作；改变工程施工顺序或时间安排；因设计图纸或施工方案调整，新增区间、竖井、通道、风亭、出入口等工程设施；车站、区间移位或工法改变；在合同段桩号里程范围内，与本工程密切相关，新增或预留的工程设施或事务等。

城市轨道交通工程属于大型市政基础设施，由于投资大、周期长等特点，需严格地遵守国家的各种法律法规和规章制度，在项目管理上比其他建筑行业有着更高的管理要求，但城市轨道交通工程建设大多时间紧、任务急，尚不能完全做到对工程变更进行严格控制管理。当前，国内城市轨道交通在工程变更管理方面主要存在以下问题：

（1）管理制度落实不到位，存在先施工后审批的现象。例如，某城市轨道交通建设单位规定，必须"先立项后施工"，在承包人立项上报后，对各方的审核时间有明确规定，Ⅰ类、Ⅱ类、Ⅲ类变更分别不得超过 24 个、19 个、10 个工作日，但根据统计资料显示，有的变更由于各方面原因仍会超出变更要求审批时限。

（2）经济方面重视程度不够，变更费用估算不准确。在工程变更立项手续审批完成之后，设计的管理部门下发工程设计变更通知单，设计院根据变更要求完成设计变更图。合同管理部门依据变更后图纸计算出的变更费用对比原报方案的费用或高或低，准确性较差，有的变更费用甚至已经超出变更类别上限。

（3）工程变更费用支付控制不严。工程变更图纸按变更要求完成后，合同管理部门对变更费用进行计量支付，但一部分变更按变更后进入施工图核算，不再与变更立项前方案及费用相对比，因此，费用支付可控性差。

（4）工程变更导致洽商和索赔发生。工程变更一般是由于自身风险、环境风险或者外界因素引起的，变更的变化一般会导致工程投资增加，而且变更处理不当或不及时，还会产生废弃工程，造成投资浪费。例如，由于拆迁不到位或占地问题引起的施工单位不能按时进场施工，导致工法变更，承包人不仅会提出工期索赔，还会因抢工引起的人工、材料、机械增加投入而发生索赔费用。

（5）缺少信息化管理。目前国内轨道交通工程在安全、风险管理方面基本实现信息化，各种办公流程和日常管理已建成网络信息平台，实现无纸化办公。但不少城市轨道交通的工程变更管理从立项到审批完成还停留在纸签上，不仅审批手续缓慢，而且存在着人为篡改资料的隐患，变更的可控性和资料的完整性较差。

由于不同轨道交通城市的变更管理工作存在较大差异，下面以××市轨道交通为例，对城市轨道交通项目的工程变更管理工作进行阐述。

2. 工程变更的分类

××市轨道交通根据变更内容的重要性、技术复杂程度和增减投资额度等因素，按审批权限分为Ⅰ、Ⅱ、Ⅲ、Ⅳ四类：

（1）Ⅰ类工程变更

一次性变更影响投资估算增减额度超过100万。

（2）Ⅱ类工程变更

1）变更批准的建筑规模、技术标准、线形（平、纵）、站位、设备系统功能、运营条件等重大方案；变更工点一般设计原则、方案、接口、技术比较复杂，需要补充勘探资料优化设计等；变更设备供货、安装合同确定的设备类型、重要材料接口等；变更装饰装修、景观绿化风格等；

2）因技术标准的提高或重大技术方案的优化等，一次性变更影响投资估算增减在50万（含50万）～100万（含100万）的土建工程、机电设备采购和安装、装饰装修、景观绿化工程。

（3）Ⅲ类工程变更

1）土建工程：凡未改变经批准的重大方案、设计工程局部方案和一般原则，变更技术较简单且不降低轨道交通技术标准、使用功能，不影响限界、接口等，一次变更影响投资估算增减在50万（不含50万）～25万（含25万）；

2）机电设备工程：变更设备采购类型，变更设备安装类型位置、基础预埋件、电缆桥架、槽管、径路、接口等而影响设备系统功能的部分，一次变更影响投资估算增减在50万（不含50万）～25万（含25万）；

3）装饰装修、景观绿化工程：变更装饰装修、景观绿化工程重要材料、型号、品种等，一次变更影响投资估算增减在50万（不含50万）～25万（含25万）。

（4）Ⅳ类工程变更

1）不改变或局部改变设计原则，不降低技术标准和使用功能，不影响其他专业技术条件和工程量的变化，为完善所必须进行的工程变更；

2）土建工程、机电设备采购和安装、装饰装修、景观绿化工程一次变更投资估算增减在 25 万（不含 25 万）以内者。

3. 变更立项基本流程

（1）工程变更立项的提出

施工（含设备供货商）、监理、设计等参建单位都可以根据工程实际需要以书面的形式提出工程变更。工程变更的提出内容中必须包括变更项目的必要性、技术合理性、变更范围、工程量及投资变化、可能引起的连带变更等内容和有关变更立项审查会议纪要等附件内容。

（2）工程变更立项的审查

建设单位的各个部门应对变更立项申请进行审核，并根据变更分类、技术难度、工程进度等因素，由主管部门组织设计、施工、监理单位及建设单位召开工程变更立项审查会议。并根据工程变更的规模、技术难度等具体情况适时组织专家咨询会。

××市轨道交通规定：Ⅰ、Ⅱ类工程变更立项审查会由集团公司总经理或委托副总经理/总工程师主持召开；Ⅲ类工程变更立项审查会由集团分管副总经理、总工程师或其授权委托人主持召开；Ⅳ类工程变更立项审查会由分公司、中心或部门负责人或其授权委托人主持召开。

（3）工程变更立项的批准

××市轨道交通规定：Ⅰ类工程变更立项须经副指挥长（公司董事长）批准；Ⅱ类工程变更立项由集团公司总经理批准；Ⅲ类工程变更立项由集团公司分管领导批准；Ⅳ类工程变更立项由分公司、中心或部门负责人批准。

（4）工程变更的备案

××市轨道交通规定：工程的单项变更或累计变更金额达到以下标准的，按照其标准对应的变更备案方式进行备案管理。

工程变更备案管理标准对照表见表 5-2。

工程变更备案管理标准对照表（金额单位：万元）　　　　　　表 5-2

序号	工程合同金额	一般变更		重大变更	
		单项变更金额（正负净额）	累计变更金额占工程合同金额比例	单项变更金额（正负净额）	累计变更金额占工程合同金额比例
1	400 以内	10 及以上至 20	5% 及以上至 10%	20 及以上	—
2	400 及以上至 3000	20 及以上至 50	10% 及以上至 20%	50 及以上	20% 及以上
3	3000 及以上至 10000	50 及以上至 100	8% 及以上至 15%	100 及以上	15% 及以上
4	10000 及以上	100 及以上至 200	5% 及以上至 10%	200 及以上	10% 及以上

注：累计工程变更首次达到一般变更备案比例的，应同时将之前发生的变更全部纳入备案；累计工程变更达到重大变更备案比例的，应按重大变更备案程序执行。其后发生的变更重新按照表 5-2 标准执行；再次达到重大变更标准的，应再按重大变更备案程序执行；未达重大变更标准的，按照一般变更程序执行。

达到工程变更备案标准的，应当在变更立项审查会开完，审查会纪要发出后的28天内进行备案。

达到工程重大变更备案标准的（需现场紧急情况处理的除外），建设单位组织技术、经济专家对变更事由进行论证，由专家组对变更的必要性和可行性进行论证，提出论证意见。

各类变更经审核通过后，由变更提出方的主管部门按变更备案文件规定的备案格式填写汇总资料并交建设单位的相应管理部门，由该部门到市建设主管部门办理工程变更备案。

（5）施工单位提出工程变更程序

根据××市轨道交通的工程变更管理规定，由施工单位提出的工程变更立项程序是：

1）施工单位根据工程实际情况并经过充分论证提出工程变更申请。

2）监理单位组织建设单位代表、设计单位、承包商进行变更的初步审查，并将同意变更的初审意见上报建设单位的管理部门。

3）建设单位的管理部门组织相关部门与参建单位召开审查会议，并形成专题会议纪要，作为工程变更项目立项及变更备案的依据性附件。

4）建设分公司/机电中心根据工程变更立项审查会议的具体情况，将通过审查的变更资料汇总并交计划处，由计划处到市住房城乡建设局办理工程变更备案。

5）建设分公司/机电中心根据工程变更立项审查会议的具体情况，组织各相关部门、单位对变更立项报审表进行书面会签，并根据变更类别的规定报相关领导批准。审批完成后将变更立项报审表及相关附件分别移交给立项报审表备注规定的相关单位（或部门）留存。

6）总工室对需要出设计变更图的工程变更，根据变更依据，组织设计单位进行工程变更设计（含工程数量表），并提供变更设计图纸，由建设分公司/机电中心组织施工单位实施。

监理单位根据工程实际情况需提出变更申请，也参考类似程序实施。

施工单位提出工程变更的工作流程如图5-6所示。

（6）设计单位提出工程变更程序

根据××市轨道交通的工程变更管理规定，由设计单位提出的工程变更立项程序是：

1）工点设计单位根据工程实际情况并经过充分论证向总体院提出工程变更申请。

2）总体院根据变更的具体情况进行初步审核，并将同意变更的初审意见及相关附件报总工室。

3）总工室组织建设分公司/机电中心、计划处、资金组和设计单位、监理单位、施工单位召开审查会议，并形成公司专题会议纪要，作为工程变更项目立项及变更备案的依据性附件。

4）总工室根据工程变更立项审查会议的具体情况，将通过审查的变更资料汇总并交计划处，由计划处到市住房城乡建设局办理工程变更备案。

5）总工室根据工程变更立项审查会议的具体情况，组织各相关部门对变更立项报审表进行书面会签，并根据变更类别的规定报相关领导批准。审批完成后将变更立项报审表及相关附件分别移交给立项报审表备注规定的相关单位（或部门）留存。

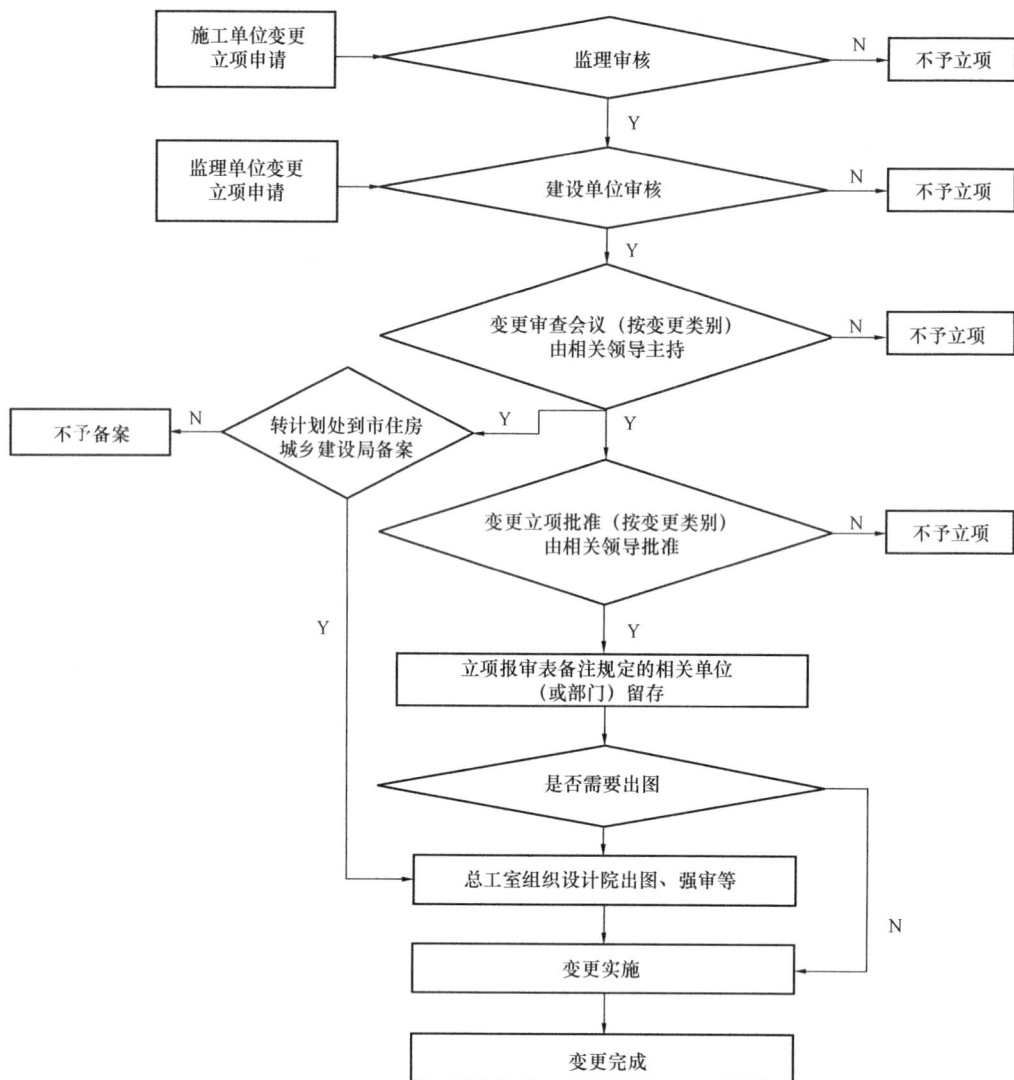

图 5-6　施工单位提出工程变更的工作流程

设计单位提出工程变更的工作流程如图5-7所示。

4. 变更支付和结算

根据××市轨道交通的工程变更管理规定，工程变更实施完成后，施工单位以"变更完成报审表"申报变更完成，变更完成经监理单位、建设分公司/机电中心、总工室签署审核意见后报给计划处，由计划处牵头负责变更完成费用的审核，经集团公司分管合同领导批准。

工程变更所涉及的项目如在原合同中有合同单价的以原合同中的单价为准；如在原合同中无合同单价的按合同原则执行，由计划处在工程变更完成中审定单价，经集团公司分管合同领导批准后与工程变更完成一并执行。

工程数量按合同原则确定。施工单位应根据工程变更有关文件在每道工序施工前（指隐蔽工程，施工后工程数量无法核定）或施工后计算工程数量，填写现场签证表。当该项

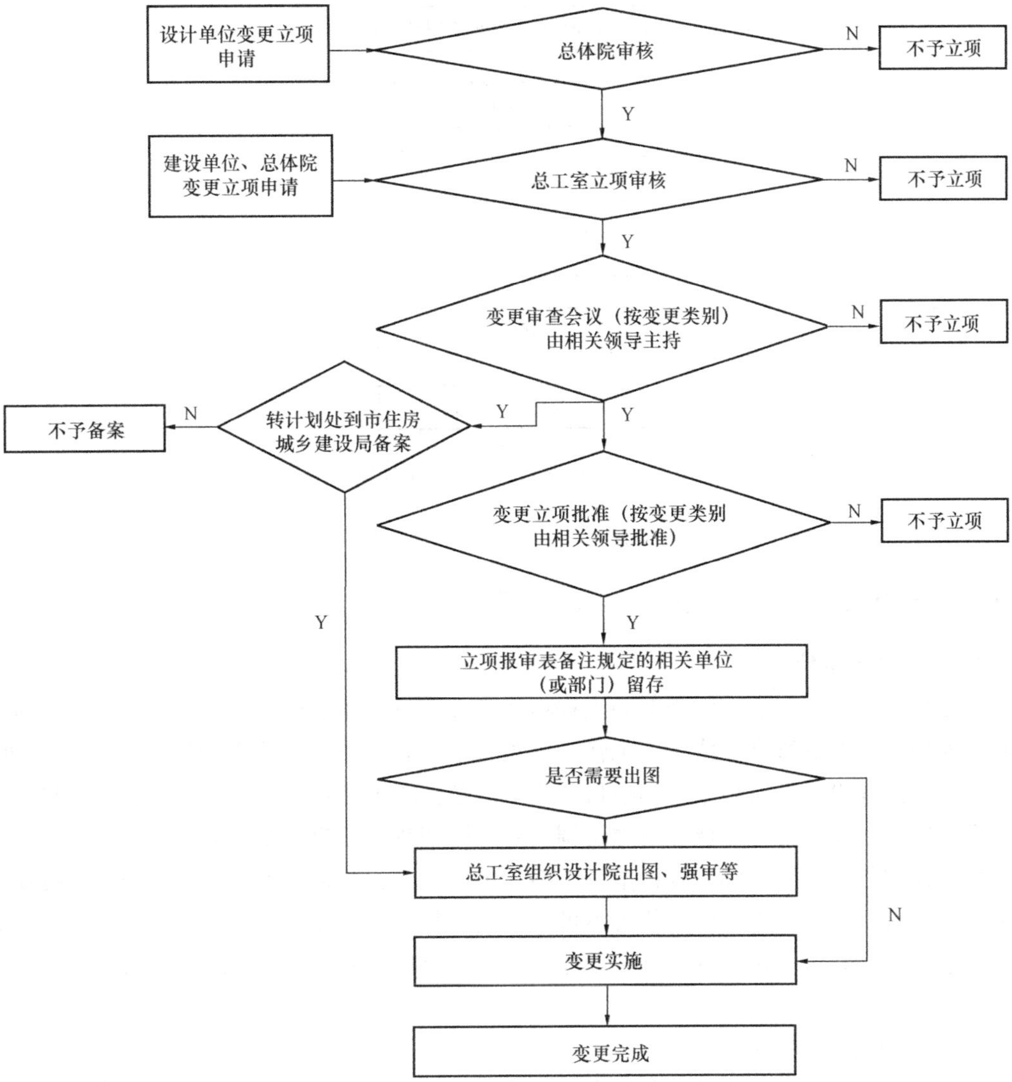

图 5-7 设计单位提出工程变更的工作流程

工程变更完成后，施工单位应将现场签证表进行汇总，并填写"工程变更完成报审表"，将"工程变更完成报审表"、"现场签证表"和有关附件上报监理单位；监理单位在复核并经总监签署意见后，将上述材料上报建设分公司/机电中心复审，经建设分公司/机电中心负责人签署意见后送计划处、资金组复审，经计划处、资金组负责人签署意见后上报集团公司分管合同领导审定批准。

工程变更完成报审工作流程如图 5-8 所示。

施工单位所完成的工程变更项目必须经验收合格后，才给予计量（除Ⅰ类变更外）。否则应返工，直至通过验收。竣工文件中须包含所有工程变更。

按照《××市轨道交通工程计量与支付管理办法》进行工程款支付，工程变更价款在变更完成审批结束后，按计量与支付管理办法的有关程序进行工程款的支付。为确保工程质量和工期，未完成的工程变更项目可根据实际情况并按有关规定在月计量支付中暂计。

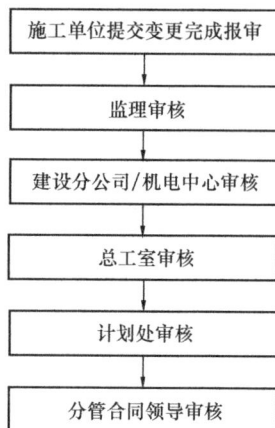

图 5-8 工程变更完成报审工作流程

在工程变更备案、立项、完成获得批准后，一起纳入工程竣工结算。

5.3.5 甲方代表的管理工作

1. 管理角色定位

甲方代表是指受建设单位委派的工程项目管理人员，在职权范围内代表建设单位对工程项目实施全程监督管理、协调等工作。甲方代表应该担任"协调管理"兼"技术管理"的角色，代表建设单位对整个工程项目从施工准备到竣工验收全过程实行管理和监督。在协调管理方面，又分对外协调和对内协调，对外协调政府部门及相关单位的关系，对内综合协调建设单位、监理单位、设计单位、施工单位之间的关系，确保实现整个项目按期投入使用。在技术管理方面，甲方代表不可能直接代替监理、施工单位的技术人员对工程质量安全进行管理，应通过充分发挥调动监理、施工单位的积极性、能动性，从而在技术上对工程进行宏观、微观管理。

2. 主要管理工作内容

下面按轨道交通项目建设阶段的先后时序，对轨道交通项目甲方代表的具体管理工作内容进行阐述。

（1）招标前

在设计研究方面：熟悉图纸及现场，了解设计意图，提出合理化建议；参与方案讨论会；参与工程筹划编制讨论（轨排基地设置，工期、标段划分）。

在前期工程施工管控方面：参与前期用地、施工、检测协调及场地移交；配合督促前期管线迁改及交通疏解、施工单位进场；负责现场前期工程管线迁改、恢复及交通导改、恢复，市政设施迁移等施工管控；参与前期工程现场各类协调（土方运输、弃土场管理）。

（2）招标阶段

参与招标会议；配合编制招标文件；跟踪或参与资格预审、答疑、现场踏勘、评标、开标等工作。

（3）施工准备阶段

收集并熟悉合同文件；配合设计交底及图纸会审；配合现场交接桩；配合管线交底；

审核施工、监理驻地临设方案；审核监理规划、监理细则及施工组织设计；审核总体进度计划；审核开工报告；组织首次工地例会；协助施工单位与相关外部单位建立联系。

（4）施工阶段

参与工地例会；配合各级主管部门检查；进行现场巡视；拟稿相关会议通知；参与施组及危大工程方案评审会；参与首件验收；参与本部门例会及日常检查；参与其他各级部门组织的相关会议；参与监测预警处置会；参与盾构机验收；配合、协调现场的交通疏解及管线迁改；督促施工单位进行迁改后的管线测绘，形成管线测绘图，并进行现场标识，定期更新管线迁改台账；协助施工单位处理地方矛盾；组织参与施工变更讨论会，配合参与设计变更讨论会；拟稿变更方案讨论会的会议纪要；复核变更立项及变更完成；复核过程验工计价工程量；合同执行情况检查；配合现场事件或事故调查。

（5）验收及移交阶段

参与子单位工程、单位工程验收；参与联调联试；督促现场缺陷处理；协助办理工程移交手续；协助办理工程档案移交手续；协助办理备品备件移交手续；协助办理竣工结算资料申报；督促施工单位对临时施工场地进行恢复并移交原权属单位。

3. 工作方式建议

（1）系统把控，注重细节。一方面，甲方代表应锻炼培养自己具备把握项目全局的思维和能力，系统、宏观看待工程上的各类问题，善于把本职工作置于全局进行考虑、计划，提出前瞻性思路；另一方面，甲方代表应注重细节，善于从具体表象中摸清项目运行规律，充分理解并灵活执行管理方法，拿出实操性强的具体工作措施并抓好落实。

（2）工程质量无小事，安全第一的思想应牢记于心，建设中的各类问题不能掉以轻心。对待工程质量、安全、进度等关键问题，甲方代表应坚持原则、一步不让。但工程建设过程中必然会出现一些琐碎、细小问题，可发挥自身良好的沟通协调能力，具体灵活掌握。

（3）提高服务意识。管理即服务，甲方代表作为项目管理的中心，其本质也是服务中心。甲方代表平时应留心收集建设单位各部门提出的各方面要求，必要时以书面形式要求施工单位进行落实。对项目各参建单位提出的问题应将相关信息逐一列项，扮演信息处理流程中 CPU 作用，分清轻重缓急，并做好及时上报、反馈、跟踪、落实等工作。

（4）洁身自好。在项目管理过程中与施工单位、监理单位等处理各方关系时应把握分寸，注意自身形象，维护管理者权威，这样才能更好地履行自身管理职责。

5.4 系统联调管理

5.4.1 概述

系统联调（System Joint Commissioning）是指在城市轨道交通建设项目单专业系统调试基础上，两个及以上的多专业系统联合调试工作。城市轨道交通建设项目的设备安装完成后，应进行单系统调试；单系统调试完成后才可以进行系统联调。系统联调管理是轨道交通工程安全管理的重要内容。系统总联调是在所有子系统的基础调试完成后，启动各子系统，模拟运营的带负荷运行，以检验各子系统间的接口关系、性能、运作，检验能否满足各种可能出现的设计预定情况和运营要求，并从整体上检验城市轨道交通大系统运作的可用性、稳定性、安全性。

城市轨道交通建设项目系统联调的一般流程如图5-9所示。

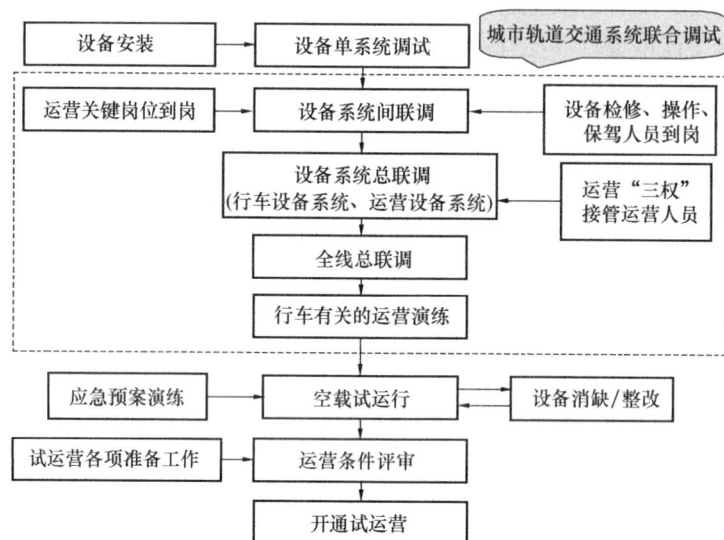

图 5-9 城市轨道交通建设项目系统联调的一般流程

系统联调应该由建设单位牵头组织，设计单位、监理单位、施工单位、供货单位（包括集成单位）等共同参加。而对于系统联调的工作，应该委托有城市轨道交通工程系统联调管理经验的单位承担与列车有关的系统联调工作，负责指挥调度、现场安全管理和计划管理。

5.4.2 系统联调基本内容

城市轨道交通建设项目各类系统联调涉及的设备系统包括：

（1）与列车有关的系统联调，主要有：供电、信号、安全门、无线通信、乘客信息。

（2）与综合监控系统相关的系统联调，主要有：供电、火灾报警、自动售票检票、环境与设备监控、广播、闭路电视监视、信号、通信集中告警、安全门、门禁。

（3）与火灾报警系统相关的系统，主要有：通风、动力照明、消防水、自动售票检票、自动扶梯、综合监控、门禁、乘客信息。

在系统联调过程中，城市轨道交通列车的运行是核心，其他机电设备系统均应在列车运行状态下进行动态的调整，系统联调的要求是达到列车安全运行的各项要求。例如，某城市地铁项目系统联调的内容分为以列车运行要求为核心的动车调试和提供高质量的运营服务相关系统调试两大主线，两条主线再细分为限界检查，冷滑试验、热滑试验、牵引供电试验，列车运行相关系统联调，运营服务相关系统联调、消防应急系统联调六大类，具体内容如图5-10所示。其中：PIS为乘客信息系统，FAS为火灾自动报警系统，BAS为环境及设备监控系统，CCTV为视频监控监视系统，AFC为自动售检票系统，IBP为综合后备控制盘。

74

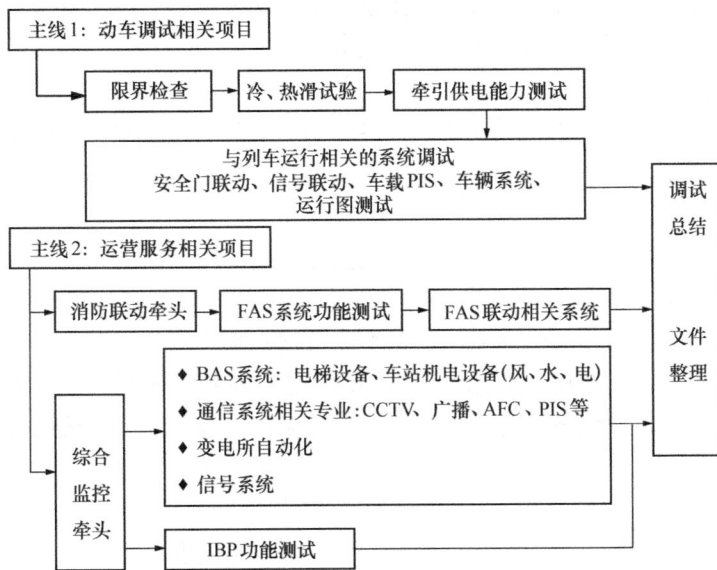

图 5-10 某城市地铁项目一期工程的系统联调流程

某城市地铁项目综合联调的项目汇总见表 5-3。

某城市地铁项目一期综合联调项目汇总　　　　　　　　　表 5-3

序号	调试项目名称	序号	调试项目名称
1	供电系统满负荷测试	15	综合监控系统车站火灾、区间阻塞模式测试
2	牵引供电系统各种运行模式测试	16	IBP 盘与关联系统联调
3	弱电设备抗干扰测试	17	综合监控和 FAS 系统联调
4	通信无线集群与信号、车辆、电话间联调	18	综合监控和屏蔽门联调
5	通信时钟系统与关联系统联调	19	综合监控和信号联调
6	通信传输系统与关联系统联调	20	综合监控和 AFC 系统联调
7	车辆与 PIS 系统联调	21	综合监控和 CCTV 联调
8	信号系统功能综合测试（联锁）	22	综合监控和广播系统联调
9	信号系统功能综合测试（LATP）	23	综合监控和 PIS 系统联调
10	信号系统功能综合测试（CBTC）	24	综合监控和通信集中网管联调
11	信号与防淹门综合联调	25	综合监控和 BAS 系统联调
12	信号与车辆、屏蔽门综合联调	26	综合监控和 PSCADA 系统联调
13	全线列车最大运行能力测试	27	综合监控和防淹门系统联调
14	综合监控系统雪崩功能联调	28	综合监控和 TIS 系统联调

注：LATP—点式列车自动保护；PSCADA—电力监控系统；TIS—车载信息系统。

　　在与列车运行有关的系统联调开始前，必须检查站台、轨道和道岔的集合尺寸、轨行区安装的设备集合尺寸，是否满足设计的设备限界和车辆限界要求。检查列车带电自立运行牵引供电系统带负荷运行的情况；检查信号连锁功能是否实现。即，在与列车运行有关的系统联调开始前，必须完成行车相关区段轨道系统、供电系统初验、冷滑试验、热滑试验。试验合格后，才能进行与列车运行有关的系统联调工作。

（1）限界检测

这项工作主要是检验城市轨道交通线路各车站、区间的建筑限界，以及各专业安装的线路设备、轨旁设备的设备限界是否符合限界的要求。

（2）冷滑试验

冷滑试验的主要目的包括：预验城市轨道交通正线的车站、区间的运行轨道、土建结构是否满足正线热滑试验的需要；检查城市轨道交通接触轨（网）安装是否满足设计要求，是否匹配。冷滑试验是对轨道系统、靴轨（弓网）系统的初步联合试验。系统冷滑试验应有详细的调试记录，严格按照总联调大纲的要求，依据技术规格书逐项进行，并对可能发生的问题进行防范性调测，为系统热滑、系统调试、运营演练、试运行及初期运营提供技术依据。

（3）热滑试验

热滑试验是采用正式运行的车辆（列车）按不同运行速度进行试验。在供电系统具备供电的情况下，且系统经冷滑试验其检测结果得以确认，靴轨（弓网）之间、轮轨之间、限界均符合要求的条件下，接触轨开始送电。热滑试验的目的主要包括：列车能否按照设计的允许速度运行条件正常运行；检验线路、接触轨（网）在动载荷作用下，几何尺寸、可靠性能否满足设计标准；检验供电系统能否满足列车运行需求；检验各专业是否满足行车综合调试的条件。

（4）牵引供电的系统联调与试验

牵引供电系统的试验是供电系统经接触轨（网）向在运行轨道上的列车提供牵引电力的试验，包括供电系统负荷测试、故障测试、保护测试、性能测试以及接触轨（网）短路测试等。通过牵引供电系统调试可以进一步检测城市轨道交通列车受电的安全性、稳定性和可靠性。

5.4.3 组织架构建设

1. 系统联调的主要模式

对于城市轨道交通建设项目而言，系统联调的组织模式可归纳为以下三种：

（1）建设单位或运营单位直接聘请系统联调实施单位，由该实施单位编写系统联调大纲及实施细则，组织系统联调实施，出具系统联调评估报告。本模式适用于无相关运营经验的新城市轨道交通运营单位。

（2）由建设单位或运营单位组织实施，系统联调过程中聘请咨询单位编写系统联调大纲及实施细则，并在系统联调过程中向系统联调实施单位提供指导，系统联调咨询方仅提供咨询建议，并不参与具体调试组织、管理工作。该模式适用于具有一定运营经验和人员储备的城市轨道交通运营单位，可利用系统联调组织锻炼内部人员，并充分利用外部资源协助顺利完成联调工作。

（3）由建设单位或运营单位自主组织实施，依靠自身资源编写系统联调大纲及实施细则，并组织系统联调工作。该模式适用于具有成熟运营经验与丰富管理经验人员储备的单位，可充分利用自身资源开展系统联调，把控联调的进度与质量。

2.系统联调的组织架构

由于系统联调工作涉及专业广、参与人员多、时间节点环环相扣，为了确保系统联调的各项工作按预定计划实施，协调解决在系统联调期间出现的各类问题，联调工作一般需设立领导小组和工作小组两级机构。系统联调的基本组织架构如图5-11所示。

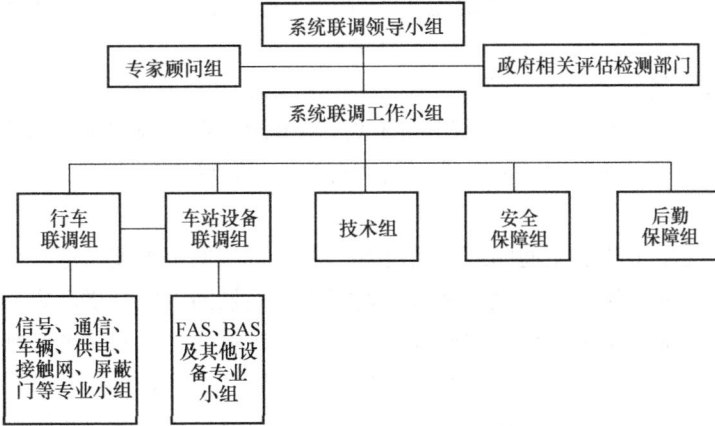

图5-11 系统联调的基本组织架构

（1）系统联调领导小组

一般由建设单位、运营单位的相关领导组成，小组下可以设立联调工作组。其职责为审核批准系统联调大纲、联调细则、试运行的总体计划和总体方案，保证载客初期运营各工程节点的实现。根据系统联调的实际情况，决定和批准系统联调的总体计划调整，指挥、管理、协调联调各项工作，控制各系统工程进度与质量。

（2）系统联调工作小组

根据任务划分可设置车站设备组、行车设备组、安全保障组、技术组、后勤保障组五个工作小组，作为系统联调项目的执行机构，开展系统联调的具体实施工作。

1）车站联调组。由综合监控、自动售检票系统（AFC）、通风空调、给水排水、低压供电等机电设备专业维护、操作、调度人员和建设单位人员以及厂家相关人员组成，负责相关专业车站、控制中心设备的联调实施工作。

2）行车联调组。由信号、通信、车辆、供电、接触网、屏蔽门等行车设备专业维护、操作、调度人员和建设单位人员以及厂家人员组成，负责行车相关专业车站、控制中心设备的联调实施工作。

3）安全保障组。负责制定安全管理文件，负责全线系统联调、空载试运行、运营演练等方面的安全管理工作。

4）技术组。负责提供技术支持，根据各组联调计划和联调实际情况督促各参建单位对各调试系统的相关设备系统进行现场技术支持。

5）后勤保障组。负责做好系统联调的后勤保障工作，及时汇总和掌握后勤工作的各类信息，负责提供系统联调期间必要的交通设施。

5.4.4 现场管理要点

1.系统联调现场管理的基本内容

对于城市轨道交通建设项目而言，系统联调现场管理的内容包括：系统联调的各项测试及复测工作；系统联调期间开展的其他施工、安装、测试作业；为系统联调提供支持的安全保障、后勤服务。系统联调期间开展的其他施工、安装、测试作业同样需要占用系统联调期间的时间、人员、设备，作业完成情况将直接影响系统联调各项测试的进度，因此，必须将系统联调期间开展的其他施工、安装、测试作业纳入统一的现场组织管理当中，才能实现资源的统一调配和进度的有效控制。

2. 系统联调现场管理的主要范围

系统联调现场管理范围主要指时间范围和区域范围。在系统联调现场管理的时间范围内，需要对系统联调现场管理区域范围内的所有作业进行统一管理。

（1）时间范围

尽管各条新建城市轨道交通的线路情况各有不同，从安全角度考虑，系统联调现场管理一般从正线接触网（轨）开始供电之日开始实施。接触网（轨）供电之后，正线全线必须采取封闭管理，确保施工人员和测试人员的安全。接触网（轨）供电必须在正线轨道两侧的施工基本结束、脚手架等施工临时建筑物拆除之后才能开始，运营车辆基本具备上线热滑条件。热滑之后，各系统的动态测试和调试工作即将全面展开。系统联调现场管理的结束日期一般安排在系统联调各项测试已完成，测试中发现的问题都已整改完成（或仅遗留少部分不影响初期运营的开口项），现场具备开展试运行工作条件时截止。

（2）区域范围

区域范围包括城市轨道交通与系统联调作业有关的轨道区域及与其相邻的有可能危及行车安全的区域范围。这个区域范围不仅包括轨道及轨道两侧的轨旁设备和建筑、轨道上方的接触网，下方的轨枕和道床等，还包括车站、车辆段、控制中心的控制室、信号设备室及其电缆间、通信设备室及其电缆间、车站变电所内变压器室、配电室以及车站电气房等可能对系统联调作业产生影响的区域。

3. 系统联调现场管理的基本要点

根据系统联调现场特点，系统联调在现场组织与管理上必须进行统筹安排。

（1）成立统一的现场管理机构

为了能够统一调配现场资源，协调各相关单位之间的配合关系，确保系统联调各项工作顺利开展，在开展系统联调前，需要建立一个临时性的管理机构，全权负责系统联调期间的现场组织和管理工作。该管理机构一般由建设单位、运营筹备单位、联调测试单位、各主要系统分包商（供货商）、土建作业单位及其他相关单位人员组成，根据业务需要从上述单位抽调相关人员组建不同的部门，相互配合开展各项现场管理工作。系统联调的现场管理机构及主要职责如图5-12所示。

系统联调领导组和现场指挥组是现场管理的领导机构。前者对现场管理工作总体负责，后者在领导组的领导下，主持现场管理的日常工作。总体协调组、计划汇总组、行车组是现场管理的管理机构。总体协调组负责现场管理的各项规章制度的制定、颁布，汇总系统联调作业进度情况和每日测试工作中发现的问题；计划汇总组负责系统联调期间的计划汇总、发布、变更及协调工作；行车组负责系统联调期间的行车组织和调度指挥工作。综合测试组、土建协调组、系统协调组是现场管理的执行机构。

综合测试组负责现场各项测试工作的设计、实施，土建协调组、系统协调组负责系统

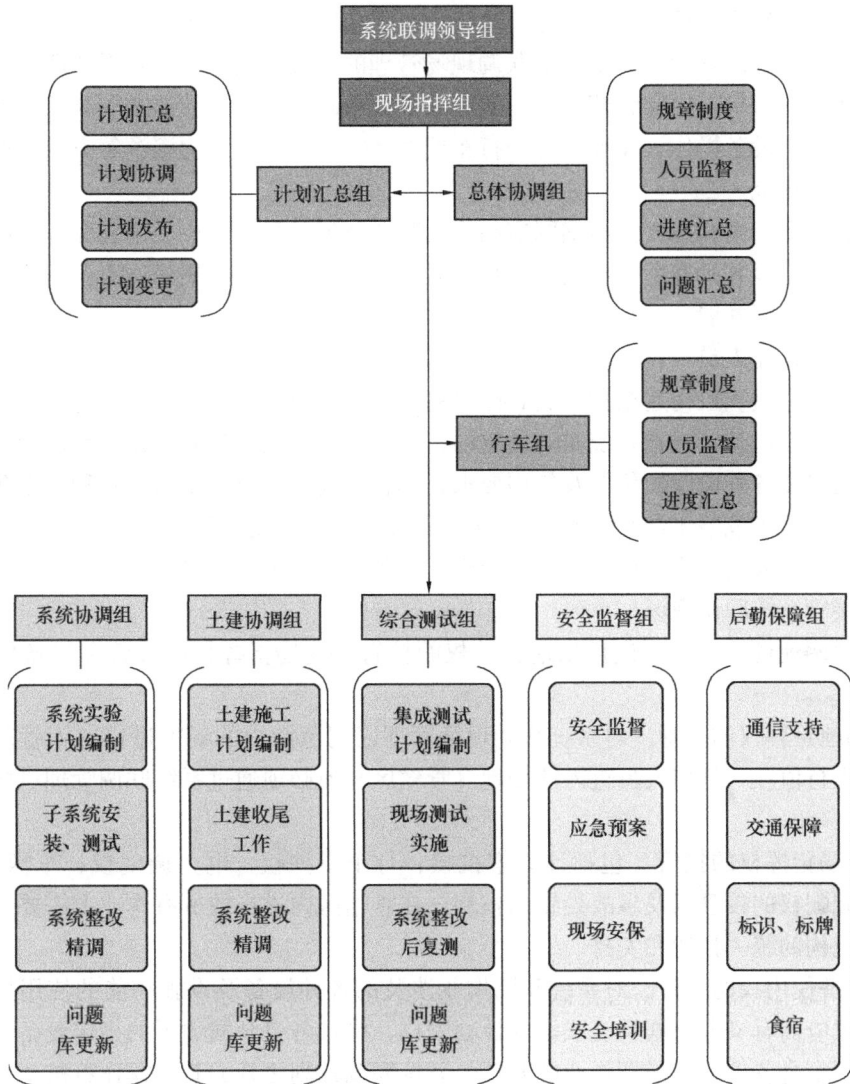

图例：

领导机构　　　管理机构　　　执行机构　　　保障机构

图 5-12　系统联调的现场管理机构及主要职责

联调期间其他相关作业的安排与实施。安全监督组、后勤保障组是现场管理的保障机构。前者负责现场的安全培训、监督、保卫等工作，后者负责系统联调期间的通信设备、交通工具、食宿等事宜。

系统联调的现场管理机构一般应在系统联调开展之日（即正线接触网通电之日）前 3 个月建立，为各部门确定工作人员、各部门人员熟悉工作流程和配合要求提供充足的时间。

（2）制定必要的现场管理规章制度

系统联调管理规章制度是开展现场管理的基本依据。通过制定现场管理的规章制度，提出管理要求、确定管理流程、规范管理行为。系统联调现场管理办法一般由总则和实施细则两部分组成。总则用以规定系统联调现场管理的一般性规定，包括系统联调现场管理的目的、范围、机构、内容、流程等。实施细则是总则的延伸，就系统联调期间在现场接管、测试调试、设备操作、作业管理、行车调度、安全防护、人力资源等方面的要求、规定、流程进行规范。

系统联调的总则和主要实施细则应在系统联调开展之日前至少2个月完成编制，在向上级主管单位汇报并批准后公布实施。系统联调现场管理机构开展的所有工作应严格遵照已公布的规章制度开展。

（3）培训作业人员

在系统联调组织机构建立和人员到位之初，就应该对所有作业人员进行必要的培训工作。培训的重点包括：熟悉系统联调制定的各项规章、制度、计划以及工作流程；熟悉现场的环境情况和各种设施的位置及使用要求；熟悉现场安保监督要求、各种安全防护用具的使用方法、发生危险事故后的应急处理流程等；进行必要的配合训练等。通过培训工作，可以让作业人员熟悉现场的情况，减少现场各种事故发生的概率。

（4）接管系统联调现场

系统联调现场接管主要包括场地管辖权的接管、现场指挥权的接管和设备使用权的接管。

1）场地管辖权的接管。对系统联调现场管理区间范围内的场地进行封闭管理，并设安保人员进行值守，任何人员进入该场地（管辖区）前必须通过系统联调管理机构的授权和批准。

2）现场指挥权的接管。包括计划审批权、行车指挥权、电力调度权、车辆调度权、相关资源调配权的接管以及事故处置的权利。在管辖区内进行的所有作业都需要服从系统联调管理机构的统一指挥和安排。

3）设备使用权的接管。对系统联调作业涉及的各种设备及设施功能的使用权。各相关设备的供应商有义务根据系统联调的计划安排，操作各自合同项下的指定设备，完成规定的操作，配合各项系统联调作业的开展。系统联调计划之外的其他操作将被禁止。系统联调指挥机构接管的是设备的使用权而非所有权，相关设备的所有权只有等到验收通过后方才进行移交。因此，系统联调阶段各项设备、设施的所有权仍归各设备供应商所有，上述设备的养护维修工作仍归各设备供应商负责。

在开展系统联调现场接管工作时，还应注意以下几点：

① 在开展对场地管辖权的接管同时，安全监督组应联合后勤保障组检查现场必要的标志、标牌是否齐全，关键岗位人员的个人防护设备是否已经配备到位，进出现场的通道设置是否合理等。

② 在完成对现场指挥权的接管时，要尽量提供技术手段，将原来分散的行车调度、电力调度等集中在一起办公（例如控制中心仍不具备条件，应设置临时控制中心），有利于现场调度命令的下达，以及现场指挥组及时了解现场情况。

③ 系统联调的现场接管，特别是对设备使用权的接管，往往还包含设备预验收的作用，通过对设备使用权的接管，督促各主要系统分包商按期完成主要系统功能的调试，为开展系统联调提供必要的设备手段。

系统联调的现场接管是一项复杂的工作，需要现场组织机构的足够重视以及各部门协调与配合开展。系统联调现场接管，不仅是为系统联调的开展提供必要的前提条件，也是为现场管理机构人员提供一次提前熟悉系统联调各项工作的实践演练。

(5) 制定统一遵守的作业计划

系统联调现场管理机构完成了对现场场地管辖权、指挥权和设备使用权的接管之后，在现场所有的作业都必须根据由计划汇总组编制并发布的各项计划执行。在作业计划里明确规定了各项作业工作的作业时间、地点和人员。行车组也会根据作业计划完成编制行车计划，进行电力及行车调度。任何违反作业计划开展的作业都被严格禁止。

为落实作业计划的严肃性，在现场开展各项工作都应该进行严格的登销记制度。各作业单位根据颁布的日计划安排，在指定地点（一般为临时控制中心）委派专人进行作业登记，登记的主要内容包括作业时间、地点、人数、主要工具、负责人及联系方式等。在调度人员核对登记信息与日计划安排无误时，通知现场安保人员根据登记内容允许作业人员进入现场指定位置开展工作。在作业人员完成工作撤离现场后，调度人员经与现场安保人员确认，进行作业销记。销记后方可安排在同一地点开展另外的作业活动。

当所有与行车有关的作业都已销记后，电力调度可以安排接触网（线）断电，以方便土建单位上线进行必要的施工和养护工作。

(6) 建立日交班会制度

日交班会是开展系统联调期间现场管理的主要形式和手段，是进行进度控制、工作协调等的主要手段。日交班会由现场指挥组主持，各单位主要负责人和当日作业的主要负责人参加。在日交班会上，总体协调组介绍当天的试验完成情况、当前的工作进度以及当天各项作业中出现的问题汇总，计划汇总组负责介绍次日的工作计划草案，安全监督组介绍当天的安全检查情况，各相关部门对各自负责的作业完成情况进行介绍和必要的解释。在日交班会上务求对当天现场工作情况进行全面而客观的分析，并根据实际情况及进度要求调整次日及今后的工作任务。日交班会的重点工作是进行现场资源的合理调配。在遇有资源需求冲突的情况下，根据对总体工作进度的影响程度、现场资源的利用效率、资源调配的难易程度等因素公平合理、协商确定资源的配置。会后，计划协调组根据日交班会的要求调整次日的测试日计划，各单位根据发布的测试日计划进行次日的工作布置。

(7) 制定应急预案

针对系统联调过程中安全风险较大、一旦发生事故容易造成较大人员和财产损失的情况，应该提前制定必要的应急预案。在应急预案中应注明安全事故发生的主要现象、应对安全事故的处理流程、进行事故处理的指挥机构和人员、应急物资、设备及技术保障等内容。在应急预案编制完成后，应保证必要的物资、设备到位，组织人员进行必要的应急演练等，确保现场一旦发生事故，能够及时应对。应急预案不是一个静态的方案，应根据现场的实际情况变化而及时修订，并通知相关人员进行合理安排。

5.4.5　系统联调注意事项

在城市轨道交通建设项目进行系统联调时，应特别注意以下问题：

(1) 在满足系统联调需要并达到试验目的的前提下，能少动车则少动车，能低速不高速，能范围小不范围大，把风险减到最小。授权临管期间，应将整条线路管理区域纳入集中、统一管理范畴，系统联调项目部负责使用权、调度权、管理权"三权"的管理。

（2）根据各相关专业提出的测试大纲、计划和必要条件，综合分配时间和空间资源，为系统联调提供安全、可靠、高效的试验环境。统筹、合理安排综合调试及正线剩余土建、装修和设备安装调试工程，做好调试中的故障登记和分析，强化调试中发现的问题整改与各专业剩余工作量完成的时效性。

（3）加强车场管理，重点强化轨行车辆的管理，建立以车场调度和保安值勤岗为主体的管理模式，确保车场安全，轨行区送电前，必须进行清场，确保轨行区无人、无侵限后，方可送电。

（4）正确办理进路、派专人负责确认道岔位置及锁闭情况，中心调度和随车调度必须紧密配合，保证口述和记录命令时精确无误，在调试过程中，中心调度室必须掌握轨行区所有车辆运行情况。

（5）编制安全保卫方案，对安保人员配置和轨行区封闭进行合理安排，安保人员上岗前进行一系列培训，培训合格后方可上岗，并在后续工作中，定期召集安保各队长、班长、组长，进行阶段性培训及交底，24 小时定时和不定时进行现场检查，重点检查安保工作及轨行区封闭情况。

5.5 试运行管理

5.5.1 概述

城市轨道交通工程系统是一个庞大复杂的系统，由一系列的子系统构成，即使各个子系统的调试合格，但是，由于子系统之间还存在大量密切的联系，因此，各自合格的子系统并不一定能顺利构成一个合格使用的大系统。城市轨道交通工程设备系统的相互关系如图 5-13 所示。

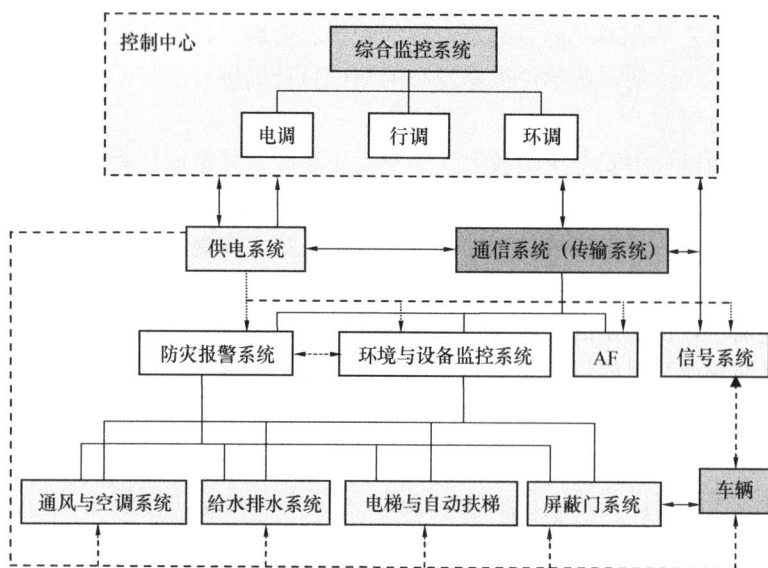

图 5-13 城市轨道交通工程设备系统的相互关系

试运行是指城市轨道交通建设工程的系统联调结束，冷、热滑试验成功，具备开通基本条件，由建设单位组织对设备、设施进行安全测试和调试的不载客的列车运行活动。根据我国相关规定，不载客试运行的时间不少于3个月，试运行最后20天应按照初期运营开通时列车运行图模拟初期运营行车。

5.5.2 试运行基本内容

在城市轨道交通建设项目中，试运行逐渐成为建设过程中一个独立环节。试运行不同于系统联调，它是围绕列车运行进行的一个试验和调试，考查设备系统的可靠性和安全性。在此期间，运营单位参与试运行，配备人员，列车按图运行，因此，试运行不仅仅是设备的试验和调试，也是运营人员与设备系统的磨合过程，最终完成人、机、环境的最佳配合。试运行主要包括系统能力测试和可靠性/稳定性考核以及运营演练。

在试运行之前，应建立相应的管理体制、机构及各项规章制度。试运行期间，可以由建设单位和运营单位共同组成试运行管理领导机构，该领导机构负责保障列车运行调试的环境、试运行调试计划和施工计划的统筹安排，对多个专业交叉工作进行组织、协调，对突发事件的处理进行调度、指挥，保证列车运行安全。

初期运营单位应该负责编制计划运行图。试运行列车按照计划运行图运行前，建设单位应将指挥权、管理权、使用权向运营单位进行移交。运营单位接受设备后，调度指挥、综控员、列车司机、专业维护和客运人员，应该按照正式运营规定到岗，负责设备操控及值守。

在试运行期间，当列车相关的系统调试区域稳定之后，列车应该按照计划的运行图运行。列车运行时间应由短到长，间隔由疏到密，最后达到初期运营的要求。

试运行结束之后，试运行单位应该编制试运行总结报告，包括试运行工作组织、方案、试运行情况等内容。

5.5.3 试运行管理实践

以江苏省××市轨道交通1号线为例，总结城市轨道交通试运行所需开展的各项准备工作，可为国内的其他城市轨道交通建设单位开展试运行工作提供参考和借鉴。

1. 人员准备情况

（1）架构定编及人员到位

江苏省××市轨道交通运营分公司下设10个部门，其中职能部门6个（综合管理部、人力资源部、企业管理部、财务部、物资部、安全技术部）、生产部门4个（车务部、调度票务部、综合维修部、车辆部），4个生产部门共下设10个中心。在此基础上，搭建了完善的安全管理、技术管理、人力资源管理、物资管理等工作管理体系，并在搭建过程中进行标准化建设。××市轨道交通1号线运营人员定编1800人，其中管理岗305人，生产岗到位1495人。2019年5月底到位1750人，其中生产岗人员全部到位，满足试运行工作需要。××市轨道交通运营分公司组织架构如图5-14所示。

（2）培训及取证

2018年3月，××市轨道交通运营分公司启动特殊工种证及上岗证取证工作。运营

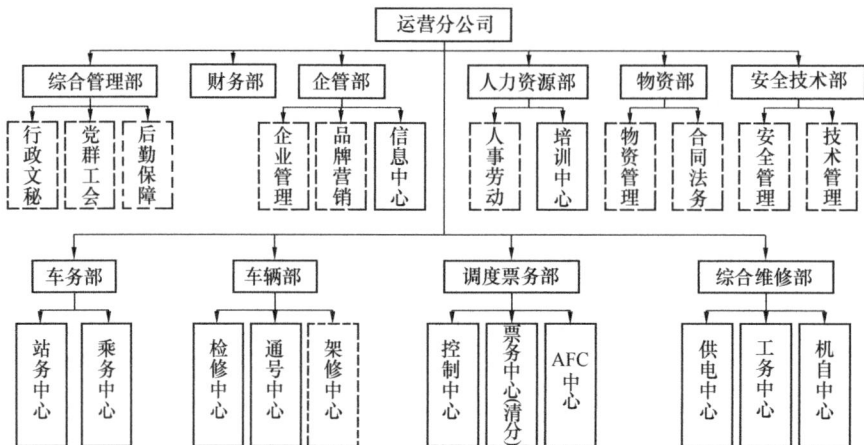

图 5-14 ××市轨道交通运营分公司组织架构

分公司按照岗位性质将上岗证书共分为站务、乘务、票务、维修、调度、其他 6 个序列，涵盖 34 类岗位，涉及特殊工种证 18 类。2019 年 5 月，已到岗员工（不含订单生）需取得上岗证 1117 人次，实际完成上岗取证 1026 人次，取证比例 91.9%；需取得特殊工种证 1226 人次，实际完成特殊工种取证 1209 人次，取证比例 98.6%。2019 年 7 月中旬，完成所有已到岗人员的培训取证工作，确保全员持证上岗。

2. 技术准备情况

（1）规章制度制定

××市轨道交通运营分公司制定运营规章共 8 类、266 部，其中，安全管理类 28 部、行车管理类 11 部、服务管理类 15 部、维护维修类 40 部、操作办法类 51 部、技术管理类 17 部、综合管理类 42 部、应急预案类 62 部。在充分借鉴其他城市轨道交通管理经验的基础上，结合当地的实际情况，编制完成所有的规章制度，编制成果先后经过内部讨论审核、专家函审、专家会审，并已定稿。2019 年 5 月底前，所有规章进行发布试行，试运行期间对规章的实用性和可操作性进行验证，为进一步修改完善做好依据积累。

（2）行车组织准备

××市轨道交通委托第三方机构完成了 1 号线客流预测，以客流预测结果为依据，同时遵照市委、市政府要求及行业标准要求，制定了《1 号线开通期行车组织方案》。为顺利实现方案中确定的各项开通目标，进一步制定了《××地铁 1 号线试运行组织方案》，将试运行分为临时过渡期、基本达标期、安全评估期、开通准备期共四个阶段，每个阶段分别做好资料收集、数据积累和统计等工作，确保试运行期间各项指标满足安评要求。各阶段行车安排见表 5-4。

（3）技术资料与图纸收集

试运行期间，需要以相应设备设施技术资料为支撑，以保障设备操作、维护检修、开展演练等工作的顺利开展。经统计，试运行期间运营各专业所需技术资料和图纸共涉及 11 个专业共计 607 份，收集的技术资料与图纸符合试运行工作的需要。

84

阶段	日期（2019）	运行交路	运行时间	行车内容	用车数	运行图	行车间隔
临时过渡期	6月1日～6月8日	全线大交路	10：00～16：00	电话闭塞法，穿插进行演练、系统测试	8列	T0101	16min
基本达标期	6月9日～7月8日	全线大交路	10：00～16：00	联锁/CBTC模式，按图行车，穿插进行演练、系统测试	13列	T0102	10min
	6月19日～7月8日		8：00～20：00	联锁/CBTC模式，按图行车，穿插进行演练、系统测试	13列	T0103	10min
安全评估期	7月24日～8月22日	全线大交路	6：25～20：00	CBTC模式下，按开通运行图行车，统计分析20天跑图指标	17+2列	Z0101	8min
		大小交路混跑	20：00～21：45				10min、20min
开通准备期	8月23日～开通	全线大交路	6：25～20：00	CBTC/点式ATP模式下，按照开通运行图行车	17+2列	T0104	8min
		大小交路混跑	20：00～21：45				10min、20min

（4）应急预案编制

运营应急预案共 62 部，共分为三级，其中综合预案 1 部、专项预案 21 部、现场处置方案 40 部，全部编制完成并通过专家评审。结合××市轨道交通 1 号线的实际情况，编制了《××轨道交通 1 号线运营演练实施总体方案》，根据计划，在试运行期间开展 49 项演练，包括 1 项市级综合演练。具体计划是 2019 年 6 月开展 26 项，7 月份开展 20 项（其中，市级演练在 7 月下旬开展），其余 3 项在 8 月份完成演练。

（5）设备维修及保障

各中心、班组已组建完毕，并根据各个专业的实际工作需要，将班组（或驻点）合理设置在车辆段、停车场、控制中心级正线车站。各中心、班组人员已全部到岗，并开展生产运作，对已临管设备进行正常维护检修。为保障试运行期间设备稳定可靠，各专业均建立了应急保障队伍，由管理岗、技术岗、生产岗、设备厂商等人员组成，确立联合保障机制，明确人员联络方式、故障响应时间等事项。

5.6 初期运营前安全评估

5.6.1 概述

城市轨道交通系统涉及设施设备众多，具有封闭运行、客流密集等特点，安全问题复杂且隐蔽，安全防范工作难度大。由于管理方面可能存在的问题及其他外界因素的综合作用影响，导致事故时有发生，例如，2011 年 7 月 5 日某城市地铁发生电扶梯设备事故，2011 年 9 月 27 日某城市地铁发生追尾事故，以及 2013 年 5 月 17 日某城市发生轻轨脱轨事故等，为我国城市轨道交通的运营安全敲响了警钟。

如何有效发现潜在安全问题、科学分析安全问题、客观评价安全问题、充分解决安全问题，已成为保障运营安全的重要手段。城市轨道交通运营安全评估是在风险管理等安全理论基础上逐步发展形成的，可以有效对安全隐患进行辨识、分析、评价及控制，在国内外城市轨道交通系统中得到广泛应用。

城市轨道交通安全评估将城市轨道交通看作一个工程项目，从评估范围看，涵盖土建、线路、车站、供电、通信、信号、移动设备（车辆）等子项目。在项目实施时，可以对每个子项目进行安全评估；从时间上看，涵盖设计、施工、测试、验收、运营维护和性能监控等阶段，需在项目开展的每个阶段进行安全评估。

5.6.2 城市轨道交通安全评估基本内容

城市轨道交通安全评估基本内容如图 5-15 所示。从系统层面分为系统级和子系统级两个部分。虽然对系统进行区分，但整体上是相辅相成的。子系统级安全评估是系统级安全评估的基础，系统级安全评估是子系统级安全评估的综合。系统级安全评估主要包括城市轨道交通系统安全评估、运营单位安全运营能力评估、施工安装阶段劳动安全评估等。子系统级安全评估主要包括车辆、信号控制、供电、土建等子系统的安全评估。

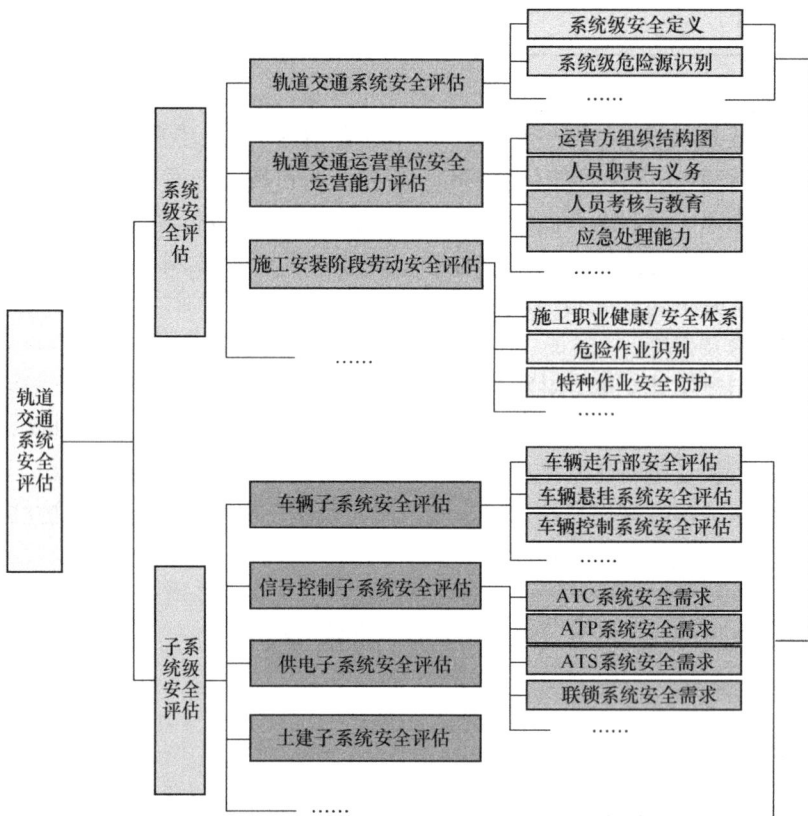

图 5-15　城市轨道交通整体安全评估的内容

从工程项目的全生命周期来看，城市轨道交通的安全评估按照具体实施阶段可分为：安全预评估、试运营前安全评估、安全验收评估和运营安全评估四大部分。具体如图 5-16 所示。

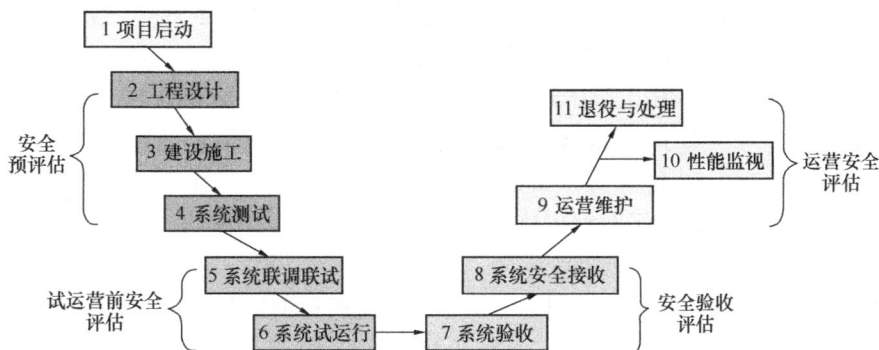

图 5-16　城市轨道交通安全评估的四部分内容

5.6.3　初期运营前安全评估的最新管理要求

2011 年，我国交通运输部下发了《关于加强城市轨道交通运营管理的通知》（交运发〔2011〕236 号），要求城市轨道交通新线进行初期运营前，土建、车辆、设施设备、消防和环保等必须达到载客运营的基本要求，确保运营安全。为了给各地的初期运营基本条件评审提供统一的依据，2013 年 10 月，交通运输部颁布了《城市轨道交通试运营基本条件》GB/T 30013—2013，标准于 2014 年 4 月 1 日起正式实施。国家标准在各地地方标准的基础上，进一步细化完善了相关评审项目和标准，提出了轨道交通初期运营评审中 18 个主要专业的评审要素和具体要求，从而在国家层面上对城市轨道交通初期运营评审基本条件进行规范。

2014 年，为了进一步强化初期运营基本条件评审制度，交通运输部又下发《关于加强城市轨道交通运营安全管理的意见》（交运发〔2014〕201 号），提高对初期运营基本条件评审的要求：新线开通运营前，省级交通运输主管部门应认真组织具备条件的第三方专业机构开展初期运营基本条件评审，进行系统测试检验，严格做到专项验收未通过不予评审、技术指标不达标不予通过、评审问题未整改不予载客运营。自此，城市轨道交通初期运营评审进入了一个新的发展阶段。政府部门委托第三方依据国家标准来实施新线初期运营基本条件评审，逐渐发展成为一种较为成熟的安全评估模式，为我国城市轨道交通新线开通投入初期运营所采用。

2018 年 3 月，在国内城市轨道交通运营里程迅速增加、线网规模不断扩大、城市轨道交通安全运行压力日趋加大的情况下，国务院办公厅下发了《关于保障城市轨道交通安全运行的意见》（国办发〔2018〕13 号），进一步提高了轨道交通运营安全管理的要求：建立城市轨道交通运营安全第三方评估制度；城市轨道交通建设工程竣工验收不合格的，不得开展运营前安全评估；未通过运营前安全评估的，不得投入运营。按照国办发〔2018〕13 号文件的要求，第三方初期运营基本条件评审退出历史舞台，继而采用更为全面、更为严格、更为规范的运营安全第三方评估制度。

为贯彻落实《关于保障城市轨道交通安全运行的意见》（国办发〔2018〕13 号）的要求，适应新的发展形势和需要，更好履行指导城市轨道交通运营职责，交通运输部起草了《城市轨道交通运营管理规定》（交通运输部令 2018 年第 8 号），明确要求："城市轨道交通工程项目验收合格后，由城市轨道交通运营主管部门组织初期运营前安全评估。通过初期运营前安全评估的，方可依法办理初期运营手续"。

交通运输部根据国办发〔2018〕13 号文件的要求以及《城市轨道交通运营管理规定》，于 2019 年 1 月发布了《城市轨道交通初期运营前安全评估管理暂行办法》（交运规〔2019〕1 号），并于 2019 年 7 月 1 日起施行。同时，为明确安全评估的有关技术要求，交通运输部办公厅同步印发了《城市轨道交通初期运营前安全评估技术规范　第 1 部分：地铁和轻轨》（交办运〔2019〕17 号）。

值得注意的是，我国部分城市出台了城市轨道交通初期运营的相关地方标准，如北京市出台了《城市轨道交通运营线路安全评价规范》DB11/T 1510—2018，上海市出台了《城市轨道交通安全运营评价标准》DB31/T 902—2015。各城市轨道交通建设单位和运营单位在开展初期运营安全评估工作时，须严格执行国家及当地政府的相关规定要求。

第6章 风险管理

6.1 概　述

　　风险是指不利事件或事故发生的概率（频率）及其损失的组合，导致风险发生的各种主客观的有害因素、危险事件或人员错误行为，统称为风险因素。风险与危险源的定义和内涵不同，危险源是指可能导致人身伤害和（或）健康损害的根源、状态或行为，或其组合。风险与危险源最大的区别在于，危险源是不以人的意志转移的客观存在，而风险则是人们对危险源导致事故发生的可能性及其后果严重程度的主观评价，因此，对于危险源而言，关键在于能否发现、找到它，然后才能有的放矢地对其进行防控；相反，风险是对事故发生可能性及其后果严重性的主观评价，需要尽可能客观、公正评价其危险程度，以便决定是否防控及如何防控。

　　城市轨道交通工程建设应实施全过程、动态的风险管理。近年来，国家相关主管部门在安全风险评估与管理方面出台了多项制度规定和标准规范，以管控、降低城市轨道交通工程建设风险，例如：《城市轨道交通地下工程建设风险管理规范》GB 50652、《城市轨道交通建设项目管理规范》GB 50722、《国务院安委会办公室关于实施遏制重特大事故工作指南构建双重预防机制的意见》（安委办〔2016〕11号）、《住房城乡建设部关于印发大型工程技术风险控制要点的通知》（建质函〔2018〕28号）等。

　　城市轨道交通建设项目的全过程风险管理工作内容如图6-1所示。在不同的阶段，城市轨道交通项目风险管理的重点不同、各有侧重，规划阶段的重点为重大风险因素的辨识；可行性研究阶段的重点是涉及可行性方案的主要风险因素及方案可行性风险；勘察阶段的重点在于勘察成果的可靠性、准确性和勘察施工；设计阶段的重点是设计结构形式、计算取值等风险因素，需考虑工程自身风险和周边环境风险；招标投标及合同签订中，应注意在招标、投标和合同等文件制定中包含风险管理实施内容条款及要求；施工阶段的重点是关键节点工程施工风险。

6.1.1　全过程风险管控工作流程

　　城市轨道交通工程的风险因素主要包括：自然环境、场地条件、结构设计与施工、机电设备安装、参建人员及周边建（构）筑物（包括周围道路、房屋、管线、桥梁和其他）等。在规划、设计和施工等过程中采取风险控制措施，把工程建设中潜在的各类风险降到最低的水平。通过风险界定、风险辨识、风险估计、风险评价和风险控制，对工程建设的风险进行风险评估和管理。而工程实践表明，在整个城市轨道交通建设项目的实施过程中，施工准备期与施工期是风险管控的重点，针对这两个阶段，风险管控工作流程如图6-2所示。

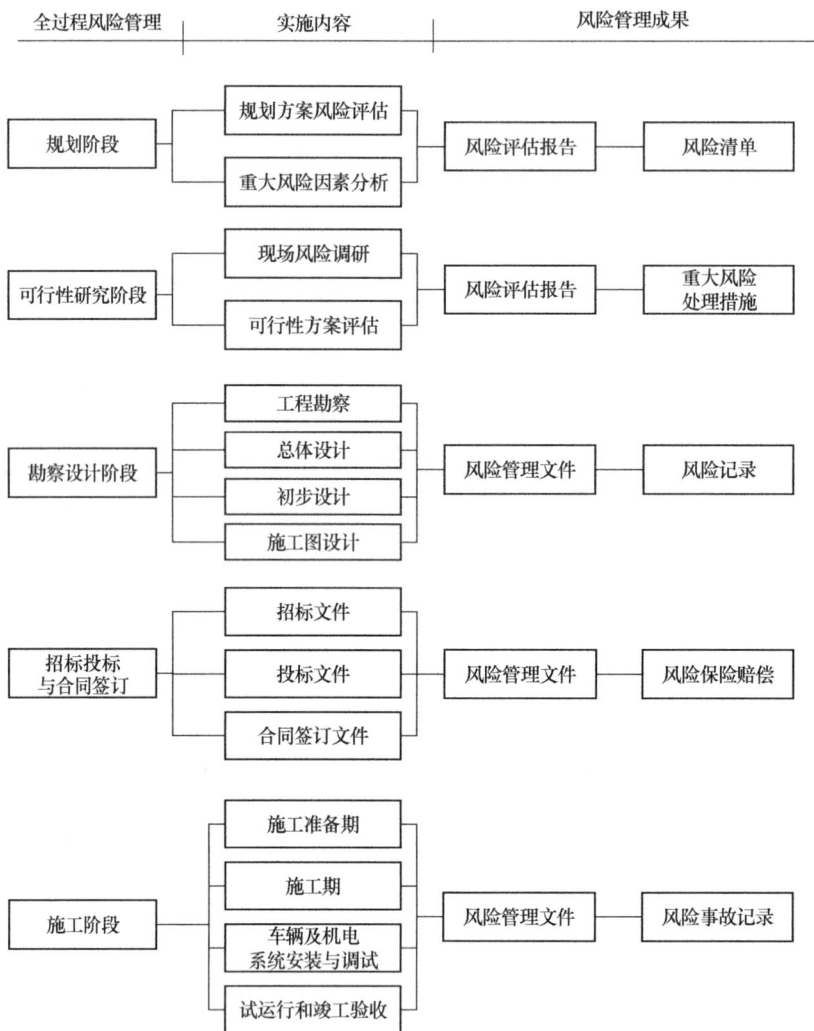

图 6-1　城市轨道交通建设项目的全过程风险管理工作

1. 风险辨识与分析

在城市轨道交通建设项目中，风险辨识是在风险事故发生之前，运用各种方法系统地、连续地认识所面临的各种风险以及分析风险事故发生的潜在原因。风险辨识与分析应包括建设工程前期总体风险分析和建设期全过程的动态风险分析。各阶段风险辨识与分析应前后衔接，后阶段风险辨识应在前阶段风险辨识的基础上进行。在城市轨道交通建设项目中，常见的风险辨识与分析流程如图 6-3 所示。

风险辨识与分析可从城市轨道交通建设项目的工作分解结构开始，运用风险辨识方法对建设工程的风险事件及其因素进行识别与分析，建立工程项目风险因素清单。在工程实践中，风险辨识与分析应符合以下要求：

（1）在城市轨道交通建设项目每个阶段的关键节点都应该结合具体的设计工况、施工条件、周围环境、施工队伍、施工机械性能等，对风险因素进行再识别，动态分析城市轨道交通建设项目的具体风险因素。

资料收集

施工设计图纸 | 地质勘察报告 | 工程风险交底 | 周边环境调查 | 施工工筹 | 已建线路相关工程风险或事故资料

划分评估单元 ← 围护结构 / 土方开挖 / 换撑拆撑 ← 施工阶段划分 ← 车站主体 / 车站附属 ← 单位工程划分

风险辨识 ← 确定风险发生位置及时间 ← 识别风险因素 ← 确定风险损失类型 ← 确定风险类型 ← 辨识风险名称

风险估计 ← 估算风险发生的可能性及损失

风险评价 ← 确定风险等级

风险控制 ← 制定风险控制措施 / 制定事故现场处置方案（Ⅰ级、Ⅱ级风险及自留风险）

编制、完善施工准备期风险清单

风险辨识评估成果应用 → 施工方案编制（地墙、降水、基坑开挖等） / 现场处置方案编制

风险清单评价会，形成会议纪要

编制风险评估报告 | 完善、补充施工准备期风险清单

施工期风险清单 —调整→ 施工期动态风险清单 —→ 总监每月组织动态风险评估 —完善→ 形成施工期月度动态风险清单

风险分级管控 | 监控量测

Ⅰ级风险 | Ⅱ、Ⅲ级风险 | Ⅳ级风险 | 监测数据预警

总监监管，项目经理组织实施风险管控措施（总监和项目经理每日组织风险巡视） | 总代监管，项目总工和生产副经理组织实施风险管控措施（总代、项目总工和生产副经理每日组织风险巡视） | 监理工程师监管，工程技术员组织实施风险管控措施（监理工程师和工程技术员每日进行风险巡视） | 测监单位监测技术负责人每周组织两次相关技术人员进行风险巡视 | 按预警等级召开预警分析会，制定处置措施，形成会议纪要

风险消除 | 新增风险 | 管控措施是否有效

形成风险记录表，调整改进完善管控措施 —否→

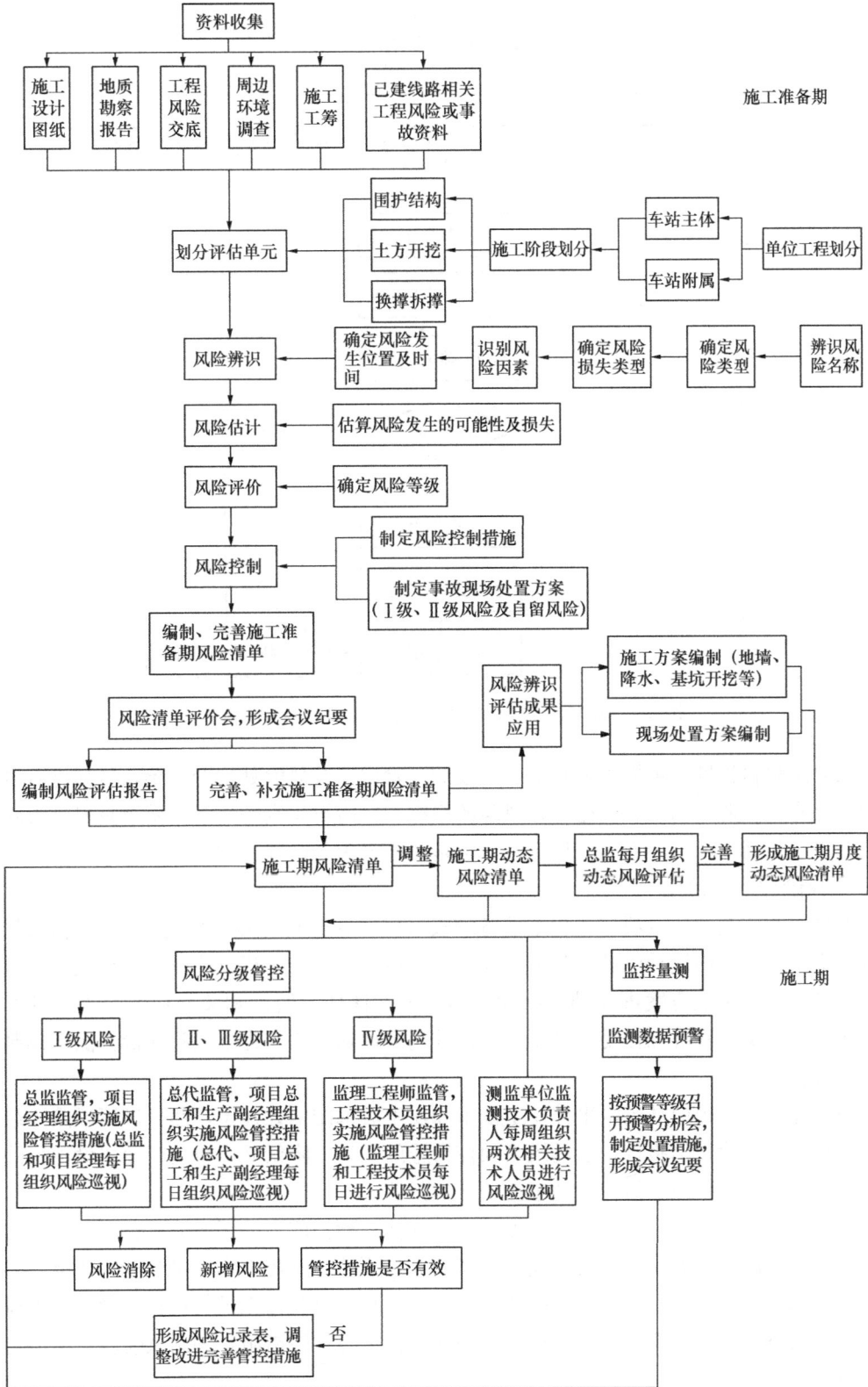

图 6-2 城市轨道交通建设项目的风险管控工作流程

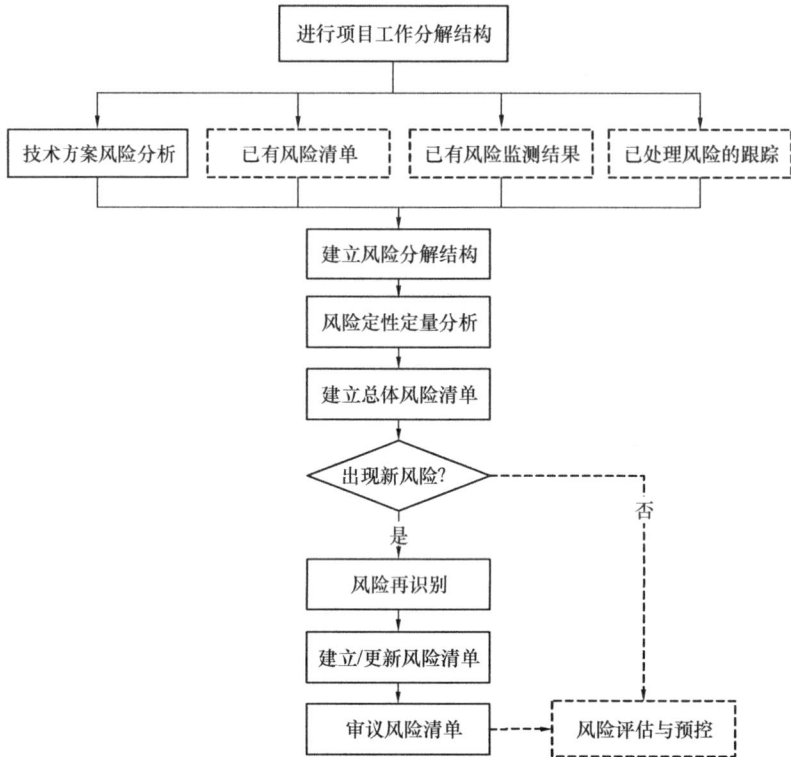

图 6-3 城市轨道交通建设项目的风险辨识与分析流程

（2）风险再识别的依据主要是上一阶段的风险辨识及风险处理的结果，包括已有风险清单、已有风险监测结果和对已处理风险的跟踪。风险再识别的过程本质上是对城市轨道交通建设项目新增风险因素的辨识过程，也是风险辨识的循环过程。

2. 风险评估与预控

在城市轨道交通建设项目的施工准备阶段，应结合工程特点、周边环境和勘察报告、设计方案、施工组织设计以及风险识别与分析的情况，进行工程风险评估。而在施工过程中，应结合专项施工方案进行动态风险评估。风险评估应明确相关责任人，收集基本资料，依据风险等级标准和接受准则制定工作计划和评估策略，提出风险评价方法，编制风险评估报告。

风险评估与预控应从风险事件发生概率和发生后果的估计开始，然后进行风险等级的评价，再编制风险评估报告，通过风险预控措施的实施，降低城市轨道交通建设项目的风险。在工程的不同阶段，需进行动态的评估和预控。

在城市轨道交通建设项目中，常见的风险评估与预控流程如图 6-4 所示。

在工程实践中，城市轨道交通建设项目的风险评估与预控工作应符合以下要求：

（1）基于风险估计和评价得出的风险水平，将其与风险标准进行比较，确立单个风险事件和项目整体的风险等级，并根据风险等级选择风险预控措施，编制风险应对策略与实施计划。

（2）在实施风险预控措施后，即进入风险跟踪与监测流程，基于风险跟踪和监测的结

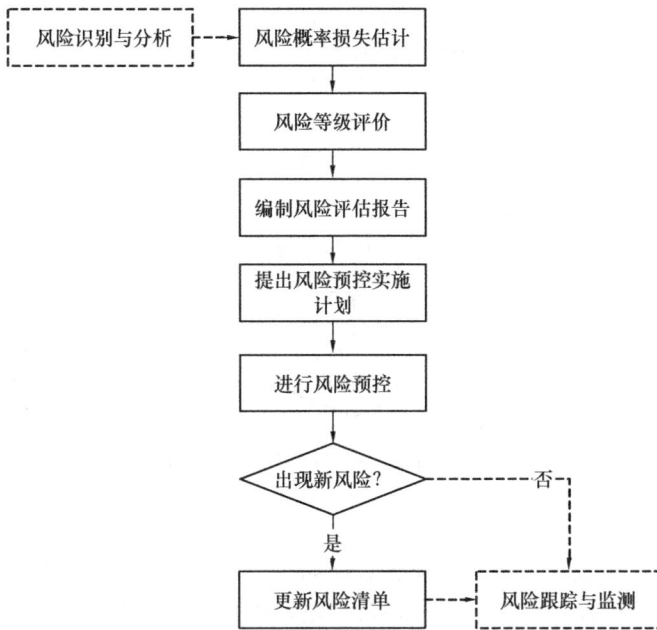

图 6-4　城市轨道交通建设项目的风险评估与预控流程

果判断风险策略实施效果，并监测实施后是否还有残余的风险，以及新的风险因素。

（3）分析残余风险与新风险因素的风险水平，确定是否需要采取新的风险预控措施，必要时需要进行风险再评估。

3. 风险跟踪与监测工作流程

在城市轨道交通建设项目中，风险跟踪应对风险的变化情况进行追踪和观察，及时对风险事件的状态作出判断。风险跟踪的内容包括：风险预控措施的落实情况、已识别风险事件特征值的观测、对风险发展状况的记录等。

风险跟踪与监测是动态的过程，应根据工程环境的变化、工程的进展状况及时对施工质量安全风险进行修正、登记及监测检查，定期反馈，随时与相关单位沟通。

根据风险跟踪和监测结果，应对风险等级高的事件进行处理，风险处理应符合下列规定：

（1）根据项目的风险评估结果，按照风险接受准则，提出风险处理措施。

（2）风险处理基本措施包括风险接受、风险减轻、风险转移、风险规避。

（3）根据风险处理结果，提出风险对策表，风险对策表的内容应包括初始风险、施工应对措施、残留风险等。

（4）对风险处理结果实施动态管理，当风险在接受范围内，风险管理按预定计划执行直至工程结束；当风险不可接受时，应对风险进行再处理，并重新制订风险管理计划。

风险跟踪与监测流程首先应编制风险监测方案，风险监测实施过程中可采用远程监控技术和信息管理技术，对工程实施过程进行实时全方位监控，根据监测结果选择不同的处理方案。

在城市轨道交通建设项目中，常见的风险跟踪与监测工作流程如图 6-5 所示。

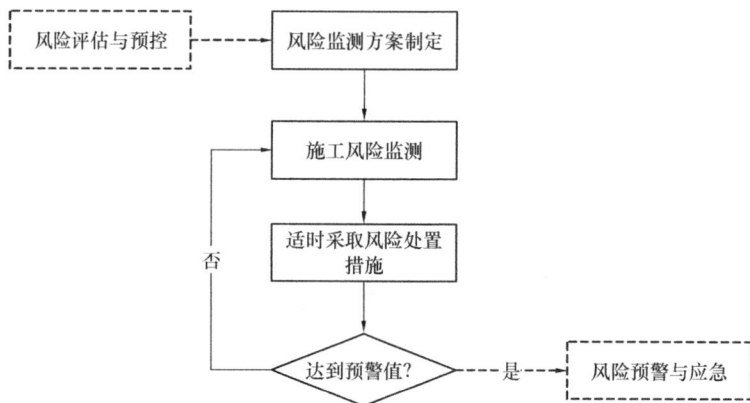

图 6-5 城市轨道交通建设项目的风险跟踪与监测工作流程

4. 风险预警与应急工作流程

在城市轨道交通建设项目中，参建各方应明确各风险事件相应的风险预警指标，根据预警等级采取针对性的防范措施。建设单位应组织编制技术风险应急预案，并定期进行应急演练。

在工程建设期间对可能发生的突发风险事件，应划分预警等级。根据突发风险事件可能造成的社会影响性、危害程度、紧急程度、发展势态和可控性等情况，分为四级，具体规定如下：

（1）一级风险预警，即红色风险预警，为最高级别的风险预警，风险事故后果是灾难性的，并造成恶劣社会影响和政治影响。

（2）二级风险预警，即橙色风险预警，为较高级别的风险预警，风险事故后果很严重，可能在较大范围内对工程造成破坏或有人员伤亡。

（3）三级风险预警，即黄色风险预警，为一般级别的风险预警，风险事故后果一般，对工程可能造成破坏的范围较小或有较少人员伤亡。

（4）四级风险预警，即蓝色风险预警，为最低级别的风险预警，风险事故后果在一定条件下可以忽略，对工程本身以及人员、设备等不会造成较大损失。

针对工程建设项目的特点和风险管理的需要，宜建立风险监控和预警信息管理系统，通过监测数据分析，及时掌握风险状态。

建设工程项目必须建立应急救援预案，并对相关人员进行培训和交底，保持响应能力。

现场应配备应急救援物资及设施，并明确安全通道、应急电话、医疗器械、药品、消防设备设施等。

针对各级风险事件，建设单位应建立健全应急演练机制，定期组织相关预案的演练。

风险预警与应急流程首先建立风险预警预报体系，当预警等级三级及以上时，应启动应急预案，及时进行风险处置。

在城市轨道交通建设项目中，常见的风险预警与应急工作流程如图 6-6 所示。

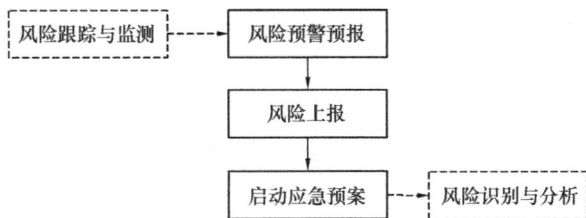

图 6-6　城市轨道交通建设项目的风险预警与应急工作流程

6.1.2　风险管理的组织机构

只有明确风险管理的责任，才能有效地控制城市轨道交通建设风险，对于建设单位而言，应建立相应的风险管理组织机构。城市轨道交通建设项目全过程风险管理的组织机构可以参考图 6-7 所示。

建设单位可在企业层面设立风险控制小组，风险控制小组由建设单位、勘察单位、设计单位、施工单位（包括分包）、监理单位的项目负责人担任，指导和监督项目工程技术风险的管理工作。

风险控制小组在建设单位的牵头下，应承担以下工作职责：

（1）在工程开工前识别工程关键风险，编制风险管理计划。

（2）在工程施工前对关键的技术风险管理节点进行施工条件的审查，包括审核施工方案、确认设计文件及变更文件、确认现场技术准备工作等。

（3）在工程实施过程中组织实施风险管理并进行过程协调，包括现场风险巡查、召开风险管理专题会、对风险进行跟踪处理等。

根据《住房城乡建设部关于印发大型工程技术风险控制要点的通知》（建质函〔2018〕28 号）的规定，建设单位为工程技术风险控制的首要责任方，其应当在工程建设全过程负责和组织相关参建单位对工程技术风险的控制。其工作职责包括：

（1）建设单位应在项目可行性研究阶段组织相关单位对项目在立项阶段可能存在的风险以及可能对后续工程建设乃至运营阶段造成的风险进行研究和评估，将可能存在的风险体现在可行性研究报告中，并对该阶段的风险情况进行收集和保存，并将该情况告知后续工程建设的相关参建单位或相关风险承担及管理方，以供其评估风险并制定相应的风险控制对策。

（2）建设单位应在初步设计阶段了解项目的整体建设风险，该风险的研究由初步设计单位在设计方案中提出。建设单位应对设计提出的风险已经给出的相关设计处理建议给予重视，合理采纳设计方案中建议或意见，并对选择的设计方案予以确认。

（3）建设单位应根据项目建设的需要，选择合适的参建单位，包括勘察单位、设计单位、施工单位、监理单位、检测单位、监测单位等。所选单位的资质要求和人员要求应当满足工程规模、难度等的需要，以保证工程建设风险的控制效果。

（4）建设单位应在工程开工或复工前组织识别工程建设过程中的重要工程节点，并在相应节点开工前组织开工或复工条件的审查，条件审查内容包括工程开工前的专项施工方案编制、审批和专家论证情况，人员技术交底情况，现场材料、设备器材、机械的准备情

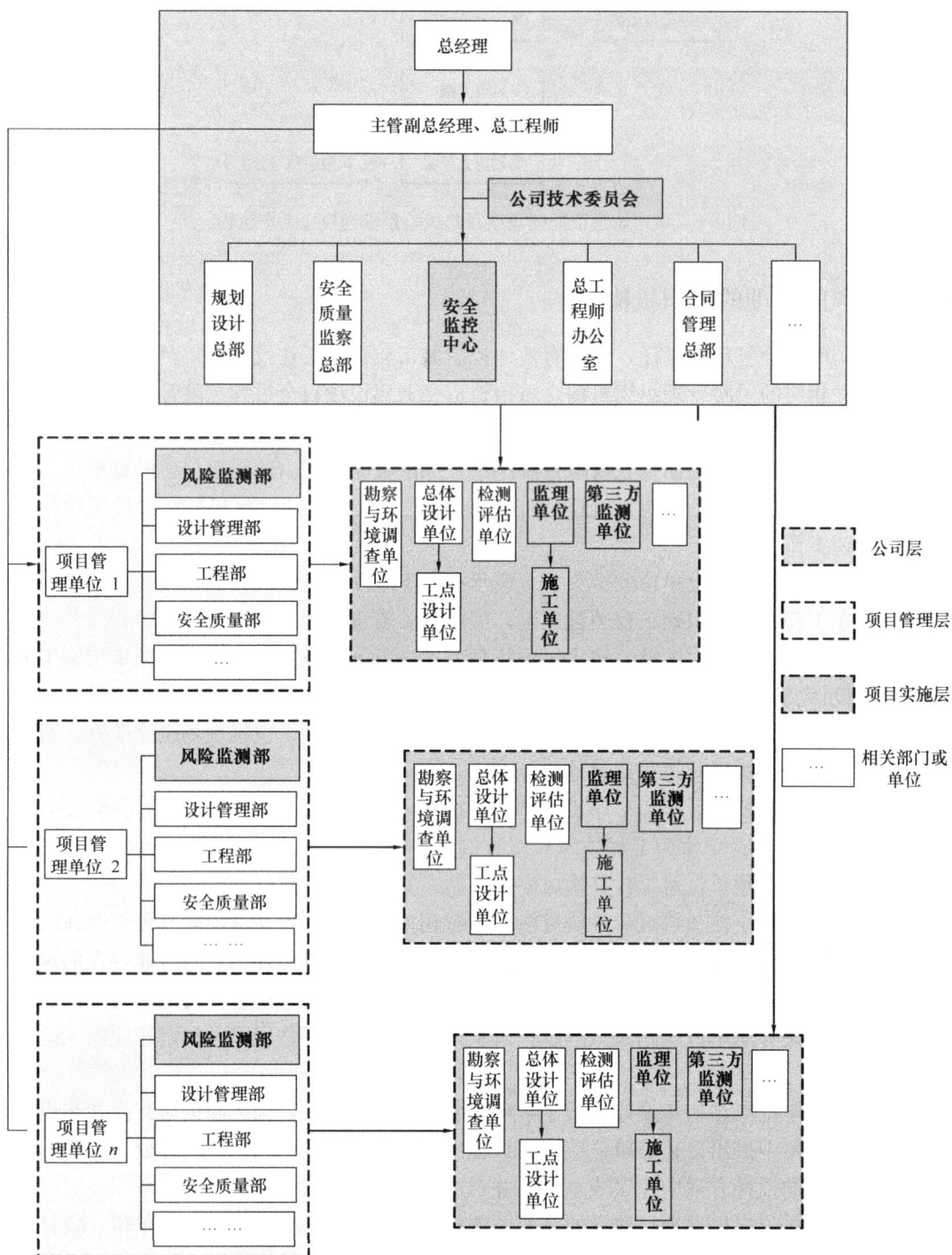

图 6-7 某城市轨道交通建设项目全过程风险管理的组织机构

注：图中相关部门系指公司计划调度总部、项目管理单位合同部等；相关单位包括施工图审查机构、
　　安全风险咨询单位、勘察设计咨询单位、信息平台维护服务单位等。

况，项目管理、技术人员和劳动力组织情况，应急预案编制审批和救援物资储备情况等，以保证工程开工准备工作的有效充分。

（5）建设单位应在现场建立起相应的技术风险应急处置机制，明确参建各方的风险应急主要责任人，组织编制相应的技术风险管理预案，并监督应急物资的准备情况。

（6）当现场发生风险事故时，建设单位应组织参建单位进行事故的抢险或事后的处理工作，做好施工企业先期处置，明确并落实现场带班人员、班组长和调度人员直接处置权和指挥权，使事故的损失降低到最小的程度。

6.1.3 风险分级

风险分级工作应充分收集和分析勘察报告、环境调查成果资料、有关政府批复文件、专题研究报告和专家审查意见，并结合工程设计方案、周边环境保护方案等进行，并符合相应设计阶段的深度要求。风险分级的主要依据是风险发生概率和损失等级标准。

根据《城市轨道交通地下工程建设风险管理规范》GB 50652—2011，风险发生的可能性可分为不可能的、罕见的、偶见的、可能的、频繁的五个等级。具体等级标准见表 6-1。

风险发生可能性等级 表 6-1

等级	1	2	3	4	5
概率描述	频繁的	可能的	偶见的	罕见	不可能的
区间概率	$P \geqslant 10\%$	$10\% \leqslant P < 1\%$	$0.1\% \leqslant P < 1\%$	$0.01\% \leqslant P < 0.1\%$	$P < 0.01\%$

风险损失从五个方面进行考虑：人员伤亡影响、环境影响、经济影响、社会影响、工期影响，按风险损失的影响程度分为可忽略的、需考虑的、严重的、非常严重的、灾难性的五级。具体等级划分见表 6-2。

风险损失等级 表 6-2

等级	A	B	C	D	E
风险损失影描述	灾难性的	非常严重的	严重的	需考虑的	可忽略的

依据风险发生的概率等级、风险损失的等级，建立风险分级矩阵，宜把工程建设风险等级标准分为四级。具体见表 6-3。

风险分级标准 表 6-3

可能性等级 \ 损失等级	A 灾难性的	B 非常严重的	C 严重的	D 需考虑的	E 可忽略的
1 频繁的	Ⅰ级	Ⅰ级	Ⅰ级	Ⅱ级	Ⅲ级
2 可能的	Ⅰ级	Ⅰ级	Ⅱ级	Ⅲ级	Ⅲ级
3 偶尔的	Ⅰ级	Ⅱ级	Ⅲ级	Ⅲ级	Ⅳ级
4 罕见的	Ⅱ级	Ⅲ级	Ⅲ级	Ⅳ级	Ⅳ级
5 不可能的	Ⅲ级	Ⅲ级	Ⅳ级	Ⅳ级	Ⅳ级

针对不同等级风险，应采用不同的风险控制处置措施，各等级风险的接受准则及控制对策可以参照表6-4所示。

风险接受准则   表6-4

等级	接受准则	处置原则	控制方案	应对部门
Ⅰ级	不可接受	必须采取风险控制措施降低风险，至少应将风险降低至可接受或不愿接受的水平	应编制风险预警与应急处置方案，或进行方案修正或调整等	政府主管部门、工程建设各方
Ⅱ级	不愿接受	应实施风险管理降低风险，且风险降低的所需成本不应高于风险发生后的损失	应实施风险防范与监测，制定风险处置措施	
Ⅲ级	可接受	宜实施风险管理，可采取风险处理措施	宜加强日常管理和监测	工程建设各方
Ⅳ级	可忽略	可实施风险管理	可开展日常审视检查	

6.2 决策阶段的风险管理

6.2.1 规划阶段的风险管理

规划阶段的风险管理主要是通过收集城市总体规划、城市轨道交通线网规划、地下工程规划以及工程地质水文资料、周边环境（文物、地下管线和障碍物等）资料等，编制规划阶段的风险清单，分析工程建设（包括运营阶段）中潜在的重大风险（Ⅰ级和Ⅱ级风险）因素。一般而言，在规划阶段，轨道交通建设项目应考虑的重大风险因素有：

（1）规划线路的功能定位与远期预测。

（2）邻近或穿越既有轨道线路（含铁路、高速铁路等）的工程。

（3）邻近或穿越既有建（构）筑物（包括建筑物、道路、重要市政管线、水利设施等）的工程。

（4）邻近或穿越有重要保护性的建（构）筑物、古文物或地下障碍物以及沿线及车站附近既有遗留工程的工程。

（5）邻近或穿越既有军事保护区及设施等。

（6）邻近、穿越江河湖海的工程。

（7）自然灾害（包括暴雨、飓风、冰雪、冻害、洪水、泥石流、地震等）。

（8）影响结构和施工安全的特殊不良地质条件（包括断裂、采空区、地裂缝、岩溶、洞穴、地面突陷区等）、有害气体、大范围污染区等。

（9）需特殊设计或采用新技术、新工艺、新材料或新设备及系统的工程。

6.2.2 可行性研究阶段的风险管理

城市轨道交通可行性研究阶段的风险管理，应从工程建设的安全、经济、技术等角度，系统开展风险查勘与辨识，评估建设工程方案及施工方法的可行性风险，优化可行性方案，为工程设计、施工及保险做好前期准备。

1. 基础资料的收集

（1）工程可行性研究报告和图件。

（2）工程地质和水文地质勘察报告。

（3）地下工程设计初步方案及图件。

（4）地下工程沿线的周边环境（包括地下管线和障碍物等）调查报告。

通过以上资料对城市轨道交通地下工程进行现场风险调查，开展工程可行性方案风险分析评估，进行重要、特殊的地下工程结构设计和施工方法的适用性风险分析，进行施工及运营期环境影响风险分析，进行车辆及机电设备系统选型与配置风险分析，最终进行可行性方案风险综合比选与方案优化，确定推荐方案。提出降低可行性方案风险的处置措施、工程保险方案。

2. 现场风险的查勘

现场风险查勘的内容主要包括：查勘计划，查勘要求与记录。重点查勘的内容是：

（1）待调查的地下工程信息。

（2）工程影响范围内的交通情况、道路状况、地面建（构）筑物状况、军事区、涉密性的特殊建（构）筑物、古文物或保护性建筑的安全状况，必要时，建设单位应进行专项补充调查和现状安全性评估。

（3）核实和检查工程影响范围内的各类地下障碍物、地下构筑物、地下水和地下管线等的规模和健康安全状况。

（4）需征地动拆迁的规模和当前使用状况，分析其对周边环境和建设工期的影响。

（5）工程建设影响范围内的噪声、空气、水以及生态等环境保护要求。

3. 风险因素的识别

在可行性研究中，主要涉及的风险因素可能有：

（1）自然灾害。

（2）区域特殊不良工程地质与水文地质条件。

（3）地下工程施工方法选择与工期拟定。

（4）工程施工对周边环境影响（包括第三方损失及周边区域环境影响）。

（5）施工场地动拆迁及交通疏解。

（6）重大关键性节点工程。

（7）工程施工环境保护，包括污染、粉尘、噪声、振动或地下水流失等。

（8）危及人员和工程安全的各种危险物质，包括地下水、气体、化学品及其他污染物、爆炸物及放射性物质等。

（9）线路建设规模、客流预测以及车辆、机电设备及系统选型与配置对线路的服务水平、工程投资的影响。

（10）地下工程运营及其对周边区域环境影响。

对于城市轨道交通地下工程的施工，不同施工方法的主要风险见表6-5。

不同施工方法的主要风险因素 表 6-5

施工方法	风险因素或事故	施工方法	风险因素或事故
明挖法 盖挖法 沉井法	塌方（坍塌）	矿山法 （包括钻爆法、 浅埋暗挖等）	洞口失稳
	涌水		塌方
	大变形破坏		瓦斯
	开裂		突泥（水、石）
	其他		涌水
盾构法	设备风险		沉陷
	进出洞及掘出风险		大变形
	涌水		岩爆
	其他		其他
沉管法	基槽疏浚	顶管法	设备风险
	管段托运、沉放、防水		进出洞及掘出风险
	基础处理		涌水
	其他		其他

4. 风险评估报告的编制

可行性研究阶段的风险评估报告中应列明风险清单，说明风险评估等级、总体风险评估结果，提出重大风险的处置措施。风险评估报告还需提交可行性方案的综合比选分析，施工方法适应性风险分析，推荐优化的风险可接受方案等。可行性研究阶段的风险评估报告也应通过专项评审后作为后续风险管理的依据。

6.3 勘察设计阶段的风险管理

对于城市轨道交通建设项目而言，勘察设计阶段的风险管理工作应遵循"分阶段、分等级、分对象"的基本原则。面向不同设计阶段、不同安全风险等级、不同风险工程分别开展相应的风险工程设计工作，根据风险等级、评估结论和工程条件等，在风险工程设计中采取安全、合理可行和经济适用的风险控制方案或措施，保证城市轨道交通工程建设的自身安全及受影响周边环境的正常使用，满足城市轨道交通工程建设风险管理的需要。

在城市轨道交通工程中，勘察设计风险管理分为四个方面：工程勘察风险管理、总体设计风险管理、初步设计风险管理、施工图设计风险管理。

勘察设计阶段风险管理的基本流程包括：

（1）收集可研阶段地质资料（或岩土工程初勘报告）和周边建（构）筑物基本资料。

（2）识别不良地质条件和工程周边环境，分析不良地质和周边环境与工程实施的相互影响。

（3）编制影响线路、站位方案的重大风险工程清单。

（4）分析影响线路、站位方案的重大风险工程。必要时可进行施工影响预测分析。

（5）编制推荐方案的风险控制方案，并进行费用估算。

6.3.1 勘察阶段的风险管理

在城市轨道交通工程中，建设单位应组织相关参建单位采用现场踏勘、技术勘测、资料收集等手段掌握工程及其周边的自然灾害、区域不良工程地质与水文地质条件情况，并采取有效措施规避或控制风险。工程勘察各阶段的工作要注重调查潜在的不良水文地质和工程地质条件，查明不良地质作用及地质灾害，并在勘察中采取合适的措施，降低因勘察技术和勘察资料等原因引起的风险。由于场地条件或现有技术手段的限制，存在无法探明的工程地质或水文地质情况时，应分析设计和施工中潜在的风险。工程勘察及环境调查中应制定并实施预防措施。

建设单位负责岩土工程初步勘察和详细勘察，工程环境详细调查和重点管线详查的组织实施、技术要求和实施方案等关键性过程的技术论证工作，并负责组织相关成果的审查验收，定期组织相关单位重点针对勘察过程中的工程设备管控、管线保护进行安全巡查。

1. 主要风险因素

城市轨道交通工程勘察与设计中的风险管理，应收集的基础资料有：城市轨道交通地下工程规划报告和图件；工程地质及水文地质勘察报告，沿线环境、地下管线和障碍物等调查报告；城市轨道交通地下工程设计文件及图件；城市轨道交通地下工程批复文件、相关专题研究报告与专家咨询意见等；已完成的规划阶段和可行性研究中的风险评估报告。

工程勘察中的主要风险因素包括：

（1）勘察方案是否全面，包括勘察孔位布置与数量、钻探与原位测试技术、室内土工试验方法、试验数据分析等。

（2）地下障碍物、构筑物及地下管线是否已调查清楚。

（3）工程地质与水文地质及周边环境的影响情况。

（4）工程勘察与环境调查的结果是否准确。

（5）勘察设施故障是否失控、人员操作是否不当。

不同的施工方法中，可能发生的主要不良地质风险因素见表6-6。

不同施工方法可能发生的不良地质风险因素　　　　　表6-6

施工方法	不良工程地质风险因素	不良水文地质风险因素
明挖法	施工范围内的软弱夹层	（1）地下水位较高，降水困难
盖挖法	高灵敏度淤泥质厚层	（2）上层滞水
沉井法	可液化地层	（3）高承压水
矿山法（包括钻爆法、浅埋暗挖等）	隧道范围有无含水粉细沙层	（1）地下水位较高，降水困难
	岩溶、断层破碎带	（2）上层滞水，层间水
	含瓦斯地层	（3）高地下水压力
	高地压	
	可液化地层	
盾构法	隧道范围内有大卵石、漂石、空洞	（1）始发、接收段高地下水与砂层同时存在
	隧道穿越遇到变异性及不均匀性高的地层	（2）高地下水压力
	含瓦斯地层	
	可液化地层	

施工方法	不良工程地质风险因素	不良水文地质风险因素
沉管法或顶管法	高灵敏度淤泥质厚层	（1）高速水流区 （2）高地下水压力
	可液化地层	
	暗浜及土壤等	

2. 风险的主要应对措施

（1）收集并利用邻近已建的建（构）筑物工程勘察成果。

（2）审查勘察报告，检查试验方法与数据，抽查钻孔芯样。

（3）调整钻孔间距，增加钻孔数量。

（4）采取多种勘察手段。

（5）充分利用现场及室内测试等技术人员的工程实践经验。

6.3.2 总体设计阶段的风险管理

总体设计阶段的设计任务是稳定线路方案、站位方案及系统方案、落实设计方案可实施性等。本阶段风险管理的重点是梳理全线可能影响设计任务的重大风险，分析后作出判断，若风险不可接受，则应调整线路及站位方案；若风险可接受，则根据风险工程级别制定相应对策。国内某城市轨道交通公司总体设计阶段的风险管理流程如图 6-8 所示。

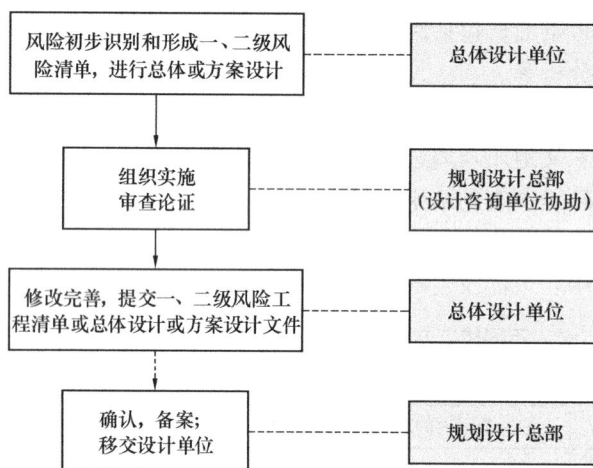

图 6-8　某城市轨道交通公司总体设计阶段的风险管理流程

总体设计的风险管理内容主要包括：

（1）总体设计单位在进行总体设计或方案设计时应初步识别一、二级风险，形成一级、二级风险清单，单独或与总体设计或方案设计文件以及其他重大技术方案一起报建设单位审查。

（2）设计咨询单位协助建设单位对全线一、二级风险清单、总体设计或方案设计文件等进行初步审查，提出审查论证意见。

（3）总体设计单位按照审查论证意见修改完善，完成后提交政府部门以及建设单位审查。

（4）建设单位进行确认、备案，在初步设计开始前将成果资料移交工点设计单位。

建设单位负责组织风险工程分级和方案设计的实施及其成果复审，并组织专家对各线Ⅰ级、Ⅱ级风险工程清单及投标方案优化设计和总体方案设计文件进行终审、论证。

6.3.3　初步设计阶段的风险管理

在城市轨道交通建设项目中，初步设计阶段的风险管理重点是对设计参数及计算模型进行风险分析，分析结构设计形式的合理性和经济性的风险，并对工程设计方案的变更风险进行规定。应对工程自身的风险进行评估，环境影响的风险应通过理论和试验研究，评估其影响程度和范围。对关键工程、重大周边建（构）筑物影响以及采用新技术、新工艺、新设备的工程应进行专题风险评估。国内某城市轨道交通公司总体设计阶段的风险管理流程如图 6-9 所示。

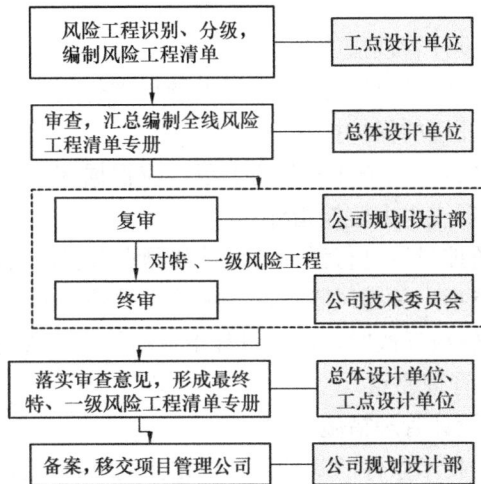

图 6-9　某城市轨道交通公司初步设计阶段的风险管理流程

6.3.4　施工图设计阶段的风险管理

在初步设计的基础上深入分析工程存在的风险，预测并评估工程施工的影响，提出风险控制的指标、具体技术措施，优选出安全、经济、方便、有实施性的最优方案。

1. 施工图设计阶段的风险管理措施

（1）收集岩土工程详勘报告（或补充、专项勘察）和环境详细调查资料。

（2）提出对重要周边环境对象的评估需求。

（3）核实、调整风险等级，编制风险工程清单。

（4）结合具体施工工艺流程，深入分析潜在的工程风险。

（5）根据风险等级、环境调查报告、检测报告、评估报告及本体系的相关要求，制定施工变形控制指标。

（6）对周边环境进行施工影响预测分析，提出具体的风险控制措施、施工注意事项及应急预案等。

（7）施工过程中，根据监控量测、现场巡视等反馈信息，进行动态设计，必要时进行设计变更。

2. 明挖法的设计风险管理要点

（1）控制工程风险的设计管理措施

1）在初步设计确定的技术条件的基础上，根据详勘资料，进一步优化、细化设计，反映到施工图中。

2）对于风险等级较大的工程，应有相应的方案比选、风险分析、计算模拟等方案优选过程。

3）对于施工步序较多、较为复杂的工程，应根据施工影响预测的结果，给出分工序变位（沉降、位移）或应力等监控指标，以及时掌握施工过程的风险信息，便于动态控制。

4）根据自身风险工程特点指出关键风险点，要求施工单位针对各种可能的突发事故，制定相应的应急预案。

（2）控制环境风险的设计管理措施

1）根据详勘地质资料和周边环境的详细调查结果进行施工影响性预测，提出基坑的变形控制指标，细化周边环境的保护措施。

2）对于施工步序较多、环境条件复杂的工程，应根据施工影响预测的结果，给出环境对象在各工序的阶段变形或内力监控指标。

3）针对周边环境的监控量测进行详细的设计如测点布置、监测频率等。

4）根据周边环境特点指出关键风险点，要求施工单位针对各种可能的突发事故时制定相应的应急预案。进行管线迁改时，应在设计中分析管线改移对附属结构施工影响。

3. 矿山法的设计风险管理要点

（1）控制工程风险的设计管理措施

1）在初步设计确定的技术条件的基础上，根据详勘资料，进一步优化、细化设计。

2）对于特大断面而言，在开挖和浇筑二衬过程中，对于受力转换复杂或形式复杂的结构，应着重从洞室划分、开挖步序、初支与临时支撑的连接构造、初支破除或二衬浇筑过程中临时支撑的置换等方面优化设计。

3）对于马头门，采取加强初期支护强度并加设横向支撑再开设马头门的措施，大断面宜优先采用先衬砌后开口的措施，提出安全技术措施。

4）对于出入口或风道转弯段，提出出入口或风道转弯段的详细设计和施工要求。

5）对于变断面，着重从开挖步序、初支和临时支撑的连接构造以及临时支撑的顶替与置换方面优化设计。

6）对于明暗分界面，着重从明、暗挖施工步序等方面优化。

7）根据自身风险工程特点指出关键风险点，要求施工单位针对各种可能的突发事故时制定相应的应急预案。

（2）控制环境风险的设计管理措施

1）根据详勘地质资料和周边环境的详细调查结果，对周边环境进行施工影响性预测，提出周边环境保护措施。

2）对于隧道拱部横穿或平行设置的污水管、有压水管和煤气管等由于渗漏和破坏可能引发灾难性后果的管线，应提出防护措施和监控要求，包括施工前探明管线渗漏及管底土体的软化情况，对管内水体的引排、防渗或对管体的加固措施，超前探测以及对管线变形和渗漏情况的全过程监控等。

3）针对周边环境的监控测量进行设计，例如测点布置、监测频率等。

4）根据周边环境特点指出关键风险点，要求施工单位针对各种可能的突发事故时制定相应的应急预案。

4. 盾构法的设计风险管理要点

（1）控制工程风险的设计管理措施

1）在初步设计确定的技术原则和技术方案的基础上，根据详勘提供的地质资料，完成各项施工图设计。

2）明确施工管理要求，包括掌子面稳定控制、隧道线形控制、壁后注浆管理及近接施工管理等。

3）对于盾构始发、到达端头部位，着重考虑水、砂、压力同时存在情况下的加固工法选择、加固体尺寸、加固体强度、加固体渗透性，洞门破除、临时止水装置等的优化设计，确保始发和接收的安全。

4）对于联络通道，降止水方法选择、加固工艺选择、加固体尺寸、加固体强度、加固体渗透性，管片破除时的临时支撑的优化，确保整体的稳定。

5）对于地质较差地层，应加强对盾构刀盘选型、土体改良、机械管理、施工参数控制、盾构换刀检修的预判等。

6）根据自身风险工程特点指出关键风险点，要求施工单位针对各种可能的突发事故制定相应的应急预案。

（2）控制环境风险的设计管理措施

1）根据详勘地质资料和周边环境的详细调查结果，对周边环境进行施工影响性预测，提出周边环境的变形控制指标和保护措施。

2）针对周边环境的监控量测进行详细的设计，例如测点布置、监测频率等。

3）根据周边环境特点指出关键风险点，要求施工单位针对各种可能的突发事故制定相应的应急预案。

建设单位负责组织对风险工程分级清单、现状评估大纲及成果、施工附加影响分析大纲及报告成果、风险工程施工图设计文件进行审查、论证；组织专家对风险工程分级清单进行终审，对现状评估报告成果、Ⅰ级和Ⅱ级环境风险工程的施工附加影响分析报告和安全施工图设计专册进行终审、论证。

6.4 施工阶段的风险管理

为便于有效开展施工阶段的风险管理工作，轨道交通工程建设的施工阶段细分为施工准备阶段和施工阶段。

6.4.1 风险管理职责

1. 建设单位

建设单位统管承建的轨道交通工程线网工程建设的风险管理工作，组织建立并批准公司体系文件和风险管理组织机构，明确各级管理部门的职责与分工，提供风险管理的资源保障，并组织监督检查施工单位、监理单位和第三方监测单位等各参建单位风险管理体系的建立、落实和执行情况，参与工程风险勘查、设计交底、工程周边环境调查、风险评估报告评审、专项施工方案评审、应急预案评审，并监督、检查。

2. 施工单位

施工单位负责施工阶段风险管理的全面实施和执行，主要包括：建立风险管理组织机构、设计文件的学习与分析、工程周边环境调查、工程施工风险深入识别与评价、制定风险处置措施、风险评估报告编审、专项施工方案及应急预案编审；以及施工过程风险巡视、风险处置措施落实、动态风险评估、预警的响应和处置等。

3. 监理单位

监理单位负责对施工单位施工阶段风险管理工作的全面监督和管理，主要包括：建立风险管理组织机构、设计文件的学习与分析、参加工程周边环境调查及其结果的审核、监督审查施工单位工程施工风险深入识别与评价、审核专项施工方案及应急预案；加强施工过程风险巡视、动态风险评估及信息报送，审核和监督施工风险处置措施落实、动态风险评估、预警的响应和处置等。

4. 勘察单位

勘察单位负责工程勘察风险交底，参与施工过程出现新的地质问题、预警的响应和处置或工程险情时的地质鉴定和处置工作。

5. 设计单位

设计单位（总体设计单位和工点设计单位）负责工程风险设计交底和施工变更设计，参与施工风险设计识别与评价、专项施工方案、工程周边环境施工过程评估、预警的响应和处置方案的论证和处理等。

6. 第三方监测单位

第三方监测单位负责第三方监测、巡视和风险评估、预警、信息报送和相关的风险管控咨询服务，参与工程周边环境调查、施工监测方案评审、工程自身和环境风险施工过程评估、预警的响应和处置等。

6.4.2 施工准备阶段的风险管理

1. 设计文件的学习与分析

施工单位应在施工准备期，从风险管控方面加强对设计文件的学习和分析，针对有疑义处，应书面报监理单位。监理单位针对有疑义处，及时反馈设计单位，按照建设单位相关管理程序组织处理。

2. 风险交底

（1）工程风险（勘察、设计阶段）交底

建设单位组织勘察、设计单位对施工单位、监理单位进行风险交底。参加风险交底的单位和人员一般包括：总体设计院设计代表，工点设计院设计代表，勘察单位项目负责人，监理单位总监和总监代表，施工单位项目经理、项目总工及工程相关技术人员，监测单位监测技术负责人，建设单位的管理部门参与。施工单位在交底后形成工程风险交底专题纪要，经勘察、设计单位审核，监理、监测单位审批后，报建设单位备案。

（2）风险交底工作内容

勘察单位的交底内容主要包括：可能引起围护结构质量缺陷、基坑疏不干、边坡失稳、坑底隆起、坑底涌水涌砂、周边建（构）筑物和地下管线破坏等风险发生的地质风险因素，并对施工单位提出相应的控制措施和建议。

设计单位的交底内容主要包括：针对工程自身风险、环境风险、车站站位选择及布局等，在设计上所采取的控制措施，并对施工单位提出相应施工技术要求。

在工程风险交底前，施工单位和监理单位应仔细、全面熟悉岩土工程详勘报告和施工设计图纸，查对图纸与现场实际情况是否相符，结合周边环境核实工程结构设计在技术上的合理性和可实施性。

3. 工程周边环境调查

（1）工程周边环境调查的组织

监理单位组织施工单位、监测单位对工程影响范围内的周边环境进行调查。参加周边环境调查单位和人员主要包括：施工单位总工及工程相关技术人员、监理单位总监代表及相关监理工程师、监测单位监测技术负责人及相关技术人员、建设单位的项目工程师与技术管理部门人员参与。施工单位负责编制工程周边环境调查报告，报监理单位、监测单位、土建安装部审核，经总监批准后，报建设单位备案。

（2）工程周边环境调查的工作内容

结合岩土工程详勘报告、设计文件、风险交底资料等，对工程影响范围内的既有地铁线路、房屋建筑、桥涵、地表水体、地下构造物、市政道路、铁路、文物、管线等进行全面核查，并绘制其与工程的空间关系位置图（包含平面位置、剖面位置及地质剖面、建筑物结构形式、基础形式、管线材质、管径、工作压力等），必要时进行地下空洞和不明障碍物探测普查工作。

4. 风险深入识别与评价

（1）施工准备期风险清单编制的组织

施工准备期风险清单由施工单位的项目总工负责组织工程技术人员编制，建设单位的工程师组织勘察、设计、施工、监理、监测等单位技术负责人及相关技术人员对风险清单进行评价，风险管控职能部门参与，建设单位的相关部门给予指导；施工单位总工负责整理经讨论形成的风险清单，并编制风险评估报告及会议纪要，报监理、监测单位、土建安装部存档；施工单位在风险清单中提取Ⅰ级、Ⅱ级风险相关内容报风险管控职能部门备案。

（2）施工准备期风险清单编制的内容

根据设计图纸、水文和工程地质勘查报告、周边环境调查报告、工程邻近既有轨道交通及其他地下工程资料、已建线路的相关工程建设风险或事故资料、施工工艺、施工工筹等基础资料，结合工程自身特点（难点）、重要部位（区段）、关键工序（环节），对工程自身风险和环境风险进行辨识、评价，形成施工准备期风险清单。风险清单中应包含单位工程、施工阶段、风险名称、风险类型、风险编码、风险损失、风险可能性等级、风险损失等级、风险等级、风险发生位置和发生时间、风险因素及风险控制措施等内容。

（3）施工准备期风险评估报告的内容

施工准备风险评估报告包含工程概况、工程与水文地质条件、风险管控组织机构及工作制度、工程周边环境、施工工艺设备、施工组织管理、施工工筹、风险清单与处置措施、应急措施等内容。

5. 专项施工方案编审

（1）施工单位根据环境条件、地质条件、设计文件等基础性资料和相关工程建设标准，结合自身施工经验，针对各级风险工程编制专项施工方案，经施工单位技术负责人签认后，报监理单位总监审核签字，通过专家评审后，报建设单位审批。

（2）专项施工方案应包括：工程概况、工程地质水文地质条件、风险因素分析、工程重难点、施工方案和主要施工工艺、工程环境保护措施、监测方案、监测控制指标和标准、专项应急预案、施工组织管理措施等主要内容。在专项施工方案中，应以单独章节列出风险清单中辨识出的风险、风险因素和相应的处置措施，风险处置措施应体现对风险的预控，并将其细化到每一个施工工序中，且具有较强可操作性。在组织施工技术交底时，施工单位应将辨识的风险和制定的处置措施作为重要内容，对施工作业层技术人员进行风险交底。

6. 应急预案编审

施工单位的项目总工负责编制综合应急预案、工程项目应急预案和事故现场处置方案。综合应急预案经专家评审后，报建设主管部门和建设单位备案。

综合应急预案是对城市轨道交通建设工程质量安全事故应对工作的总体安排。主要规定工作原则、组织机构、预案体系、事故分级、监测预警、应急处置、应急保障、培训、演练与评估等。

工程项目应急预案是指针对某一类型或某几种类型城市轨道交通工程建设工程质量安全事故而预先制定的工作方案。主要规定应急响应责任人、风险防范和监测、信息报告、预警响应、应急处置、人员疏散组织和路线、可调用或可请求援助的应急资源情况以及实施步骤等。

现场处置方案是指针对某一特定城市轨道建设工程事故现场处置工作而预先制定的方案。主要规定现场应急处置程序、技术措施及实施步骤，明确并落实生产现场带班人员、班组长和调度人员直接处置权和指挥权。针对施工准备期风险清单中Ⅰ级、Ⅱ级风险及自留风险应编制现场处置方案，现场处置方案应具有较强的可操作性和针对性并组织培训交底和演练。

6.4.3 施工阶段的风险管理

1. 关键节点验收

工程关键节点施工前，按照工程自身风险和周边环境风险的危险程度，可分为下列关键节点：深基坑开挖；盾构隧道（始发/到达）施工；旁通道开挖；高大模板及支撑体系安装；盾构穿越复杂环境；盾构开仓；起重设备安装拆卸；起重吊装。

关键节点验收主要条件应包括以下内容：勘察和设计交底的完成情况；专项施工方案落实情况；周边环境调查及工程风险评估情况；工程预处理措施完成情况；设备报验及原材料检测情况；测量及监测实施情况；应急预案及应急物资落实情况。

关键节点条件验收由建设单位组织，勘察、设计、监理、施工、测监、建设分公司等单位相关人员及两名原方案的评审专家组成验收组，对关键工序节点进行条件验收。关键节点验收按下列程序进行：

(1) 施工单位对关键节点施工前条件自检自评（施工小结）；

(2) 监理单位对关键节点施工前条件进行核查（监理评估报告）；

(3) 验收组进行现场踏勘及相关资料进行检查；

(4) 勘察、设计、测监等相关单位人员及专家分别对相关验收准备工作进行检查；

(5) 验收组按照验收内容逐项进行验收，并形成验收结论和书面验收记录。

2. 风险巡视

建设单位应组织施工、监理、测监单位须结合风险清单独立进行风险巡视，主要包括周边环境巡视、支护体系巡视、作业面巡视、施工工艺设备巡视及施工组织管理与作业安全状况巡视等。在巡视过程中，对辨识的风险、风险因素的状态及控制措施的落实情况进行巡视，并对发现的风险隐患进行记录，形成风险记录表。

3. 监控量测

施工过程中施工单位和第三方监测单位应按照合同规定范围内的内容、范围等对工程自身及环境风险进行专业化的监测和巡视。根据施工监测数据（围护结构变形、支撑轴力、水位、地表沉降、管线沉降、建（构）筑物沉降等）和各种巡视信息，进行风险评估和预警，并结合预警级别进行相应的风险处置和信息上报。当施工过程中出现预警时，建设单位应要求施工单位、监理单位和第三方监测单位根据实际情况增强监测、巡视的内容、范围、频次及加强信息的报送。

4. 动态风险评估

施工单位每天根据施工、监理和监测单位的风险巡视情况及监测预警情况，对风险清单进行动态更新，调整改进完善管控措施，形成施工期动态风险清单。监理单位每月组织施工单位进行动态风险评估，监测单位参加，建设单位相应主管部门参与，根据前一阶段处置措施落实、风险巡视、监测预警、周边环境变化及施工进度情况，结合风险记录表，整理出新增的风险、消除的风险或发生变化的风险（风险等级、风险因素、发生时间等），完善动态风险清单，形成月度动态风险清单，并在此基础上编制月度风险评估报告。

6.5 风险管控要点与实践

下面结合××市地铁建设管理实践经验，阐述总结轨道交通建设项目的风险管控要点。

××市地铁自开工建设一号线以来，始终将风险管控作为规划、设计和建设阶段的重点工作之一，做到规划阶段预防风险、设计阶段控制风险、工程建设阶段遏制风险，保障了工程的安全平稳推进。

6.5.1 强规划，多勘察，积极预防风险

一是认真总结经验，将工程风险意识作为规划选线的重要因素。××市地铁充分认识到规划选线阶段不考虑工程风险，一旦到工程实施阶段，即使采取各种各样的管控措施，工程风险也很难掌控。为此，要求研究单位在规划选线阶段必须充分考虑工程实施的风险。如某号线某地铁站所在地区为河漫滩地貌，粉土层和砂土层，富水且具有高承压性，

周边有考试院、某古塔等重要文物和某重点高校多栋浅基础宿舍楼等。××市地铁先后召开了专题会议 40 余次，向市政府汇报了十余次，并邀请了多位国内知名专家对方案进行评估，最终舍弃了紧邻考试院的线路北移方案、下穿高校宿舍楼的线路南移方案、换乘功能差的站位西移方案、无法组织交通倒改的站位东移方案，采用线路下穿公园、车站设于该公园内的方案，并通过设置夹层风道、顶出出入口，尽可能拉大基坑与周边建筑间距等措施。施工结束后的监测数据表明，周边敏感建筑变形监测结果均在安全限值以内。

二是精心组织，加强设计基础资料的收集与调查。××市地铁委托第三方咨询单位开展线路沿线的建（构）筑物、管线、地下设施等调查，形成调查报告，组织设计院对设计方案有影响的设施进一步核查，使得设计方案研究资料可靠，方案更具针对性。如某号线工程，一次穿越某大型河流，两次穿内湖，两次穿古城墙，五次穿铁路，沿线绿树成荫、老房旧屋密集、各年代管线众多、主城交通拥堵，对合理组织施工、确保安全风险管控是一个极大的挑战。××市地铁精心组织、多轮论证、方案优化，最终克服了所有沿线难点，顺利完成施工。

三是强化管理，多措并举，力求勘察资料的准确性和完整性。××市地铁引入了勘察总体咨询及现场监理模式，强化勘察单位对地下废弃工程的探查，对地质复杂地段和存在不良地质发育地段进行补勘。如某号线某区间（过江大盾构）全长 3300 余米，主要采用水上钻探、水上地形测量和物探等勘察手段，初勘、详勘共完成钻孔 202 个，平均每 15m 布置一个钻孔。又如某号线某区间，存在探明溶洞，长约 700 多米的矿山法区间，初勘、详勘、补勘共完成钻孔 261 个，包括车站长度在内，平均每 5m 布置一个钻孔。上述地质情况的探定，有效地控制了风险。

6.5.2 强措施，多论证，严格控制风险

一是重视设计阶段对工程风险的分析和预测，将风险管控的措施落实到施工设计中。××市地铁严格要求设计单位遵循法律、法规、规范、标准和规程等开展设计，由总体单位开展风险防范控制的专题研究，并邀请专家评审。重点加强了对工法的选择、围护结构选型的论证，开展了穿越铁路、地铁既有线等重要设施的专项设计，将矿山法区间道床隆起、围护结构漏水（槽壁加固）、增加基坑稳定性（首道混凝土支撑）等风险管控的措施落实到设计图纸中。

二是设计单位在初步设计阶段提供风险源识别与分级清单，对特、一级风险源开展安全专项设计。

三是施工图设计对上述要求进行细化并提出风险控制预警值。如某号线某车站，基坑横穿某断裂带，穿越范围内基底岩层极为破碎，在基坑开挖过程中出现了涌水涌砂，危及基坑的安全。在经过专家（院士）委员会和三次专家评审会议后，最终确定了对破碎带、岩溶的坑内外注浆加固、坑内旋喷加固、支撑体系调整加强、格构柱基础加固等一系列针对性方案措施，使得基坑变形及周边环境风险得到有效规避，确保了主体工程安全完工。

6.5.3 强科研，多创新，有效防范风险

××市地铁结合工程实际情况，不断探索和研究，将科研作为推动地铁设计、施工、建设和运营管理发展的有力手段，并将科研成果转换成生产力，以提升该市地铁整体实

力。比如：针对某号线复杂多变的地质特点，开展复合盾构机选型与掘进关键技术研究，对长距离、高强度灰岩和闪长岩盾构掘进从刀盘配置、土仓压力、换刀技术等方面进行技术论证和优化方案，保证了在面临上软下硬地层时盾构姿态和地面沉降的控制；对城中段多个位于河漫滩地区的盾构区间，盾构始发和接收的风险控制尤为重要，对水中进洞、钢套筒接收等关键技术以及垂直和水平冻结措施加以研究并应用于实践，既保证施工的进度，又有效控制了工程风险。又如：某号线过江隧道是采用单洞双线大盾构施工地铁过江隧道，为此专门开展了大断面盾构隧道穿越长江的关键技术研究，对衬砌环的宽度、厚度、分块及拼装方式、环面与纵面构造、连接方式等进行研究，并特别针对江底约1800m的卵砾石层、300m的微风化泥岩，对刀盘刀具配置技术、刀具的磨耗机理与磨耗预测技术、刀具适应性设计技术、高水压砂性土层大埋深盾构进出洞段地层加固技术进行了技术攻坚，首次提出小空间常压换刀技术，该技术不但破解了在高水压、强透水地层中针对大断面大开口率泥水盾构长距离穿越江中高磨耗地层施工换刀的技术难题，还使刀具更换时间缩短，并在高水压始发、刀具更换与改进、泥浆回打、地表沉降控制、复杂地层穿越技术等方面形成了数十项科研技术成果及专利，填补了我国在地铁深水大直径盾构隧道工程中的多项技术空白。

6.5.4 强制度，多监管，主动管控风险

××市地铁不断总结实践经验，并结合自身组织管理特点，形成了一套较为完善的风险管控制度。

一是制定《××市地铁工程建设安全风险管理规定》，提高安全风险监控的质量和效率。

二是建立方案专家论证制，对专项方案组织专家进行论证。

三是坚持首件和关键节点工程验收（核查）制，严把风险管控关。特别是对基坑开挖、盾构机始发/到达、旁通道开挖、矿山法隧道开挖/爆破、隧道防水、衬砌、轨道铺设和设备安装之前等施工风险较大、质量安全控制难度较高的施工节点，强化了不同施工工序转换之间的风险管控。

四是建立安全风险评估制，全面指导工程施工的安全生产工作。

五是建立实时监测机制。监测数据及时传输至安全信息化管理平台，实现信息化施工。

六是建立风险现场巡查机制。施工单位、监理单位、第三方监测单位、设计单位、监控中心和建设单位对施工现场实行巡查，及时消除安全隐患。

七是建立综合监控预警机制。组织风险管控咨询单位依据第三方监测单位、监理单位、施工单位（含施工监测单位）的现场监控、监测和巡查等信息，通过现场情况核实、综合分析、研判等手段对各级风险工程安全状态进行黄、橙、红三个级别的预警，并及时发布警示和提出处置方案。

八是建立教育培训指导机制。对标段项目经理、总工程师、安全总监就安全管理办法、安全监测机制和安全行为等组织培训和技术交底。

九是建立应急救援机制。针对可能发生的意外突发风险事件，建立专业应急救援队伍，储备应急救援设备和材料，并组织演练。

十是建立检查督查机制。采用多种形式（飞行检查、定期检查、专项检查、专家检查等）对施工现场风险管控措施和资料等进行检查督查，对问题整改情况进行复查，保持对施工风险管控工作的高压态势。

6.5.5 强责任，多排查，齐抓共管风险

一是合约处在施工招标文件中列出危大工程清单，并要求施工单位在投标时补充完善危大工程清单和明确相应的安全管理措施。

二是质安处根据有关规定发布各级风险管控责任人，土建、设备处负责人为风险管控的责任人，部门副职和项目工程师为风险相关等级管控的第一责任人。

三是各条地铁线路的总体设计单位项目负责人、结构、设备副总体，工点设计单位的项目负责人、相关专业负责人为风险相关等级管控的第一责任人，并分别每月、每半月检查施工现场风险落实情况。总工办督促勘察、设计单位做好风险分级管控工作。

四是施工单位技术负责人、项目经理为风险相关等级管控的第一责任人。

五是监理单位主要或分管领导、总监理工程师为风险相关等级监控的第一责任人。

六是第三方监测单位主要或分管领导、项目负责人为风险相关等级监控的第一责任人。

七是风险咨询单位对工程风险实施巡查，并提出处置意见。

八是监控中心在实施全天候网络监控的基础上，对盾构施工参数实施监管。

通过风险的预防、方案的强化、措施的针对、责任的落实、分级的管理、动态的更新、网络的监控，实施对风险进行全方位、全天候、全覆盖、全参与、全网络管理，从而为社会稳定、工程推进起到了积极作用。

第7章 安 全 管 理

7.1 概 述

城市轨道交通工程建设是一项庞大复杂的工程项目，其具有建设周期长、施工风险高、对周边环境影响大、参建单位和人员众多、工程建设投入设备机具多、作业工人技术水平参差不齐、施工企业缺乏有经验的管理人员、施工工艺较为复杂等特点，这些也是造成轨道工程突发险情多、个体事故频发、安全管理难度大的重要原因。

为预防发生安全事故，城市轨道交通工程的建设单位一般通过建立完善安全管理制度体系、健全明确生产安全责任体系和考核机制、按照制度组织开展安全隐患排查和整改、召开安全工作会议部署研究安全工作、迅速响应处置突发事件、上报事故事件信息等安全管理措施，以避免发生或尽可能消除工程建设过程中人的不安全行为、物的不安全状态、环境的不安全因素、管理的缺失，从而达到保障工程建设顺利推进的目的。

如表 7-1 所示，目前我国在建筑工程领域已建立了比较完善的安全管理法律法规体系，近年来国家相关主管部门针对轨道交通工程行业的质量安全管理也在不断出台新的政策文件、规范标准，这些法律法规、政策文件、规范标准为我国城市轨道交通工程的建设组织和安全管理提供了明确指引和坚实保障，也是建设单位及各参建方必须遵守的行为准则。

城市轨道交通工程安全管理相关的法律法规、规范标准、政策文件　　表 7-1

年份	文件名称	文号
2003	《建设工程安全生产管理条例》	中华人民共和国国务院令第 393 号
2007	《安全生产事故隐患排查治理暂行规定》	国家安全生产监督管理总局令第 16 号
2008	《住房城乡建设部关于进一步加强地铁建设安全管理工作的紧急通知》	建质电〔2008〕118 号
2010	《关于印发〈城市轨道交通工程安全质量管理暂行办法〉的通知》	建质〔2010〕5 号
2011	《城市轨道交通地下工程建设风险管理规范》	GB 50652—2011
2011	《城市轨道交通安全防范系统技术要求》	GB/T 26718—2011
2012	《国务院安委会办公室关于建立安全隐患排查治理体系的通知》	安委办〔2012〕1 号
2012	《国务院安委会办公室关于印发工贸行业企业安全生产标准化建设和安全生产事故隐患排查治理体系建设实施指南的通知》	安委办〔2012〕28 号
2014	《住房城乡建设部关于印发城市轨道交通建设工程质量安全事故应急预案管理办法的通知》	建质〔2014〕34 号

年份	文件名称	文号
2016	《国务院安委会办公室关于印发标本兼治遏制重特大事故工作指南的通知》	安委办〔2016〕3 号
2016	《国务院安委会办公室关于实施遏制重特大事故工作指南构建双重预防机制的意见》	安委办〔2016〕11 号
2016	《中共中央国务院关于推进安全生产领域改革发展的意见》	—
2016	《住房城乡建设部关于印发城市轨道交通工程质量安全检查指南的通知》	建质〔2016〕173 号
2017	《国务院办公厅关于印发安全生产"十三五"规划的通知》	国办发〔2017〕3 号
2017	《住房城乡建设部办公厅关于严厉打击建筑施工安全生产非法违法行为的通知》	建办质〔2017〕56 号
2017	《住房城乡建设部关于印发工程质量安全提升行动方案的通知》	建质〔2017〕57 号
2017	《住房城乡建设部关于开展工程质量安全提升行动试点工作的通知》	建质〔2017〕169 号
2018	《危险性较大的分部分项工程安全管理规定》	住房城乡建设部令第 37 号
2018	《住房城乡建设部办公厅关于实施〈危险性较大的分部分项工程安全管理规定〉有关问题的通知》	建办质〔2018〕31 号
2019	《关于加强建筑施工安全事故责任企业人员处罚的意见》	建质规〔2019〕9 号

7.2 安 全 管 理 体 系

7.2.1 安全管理基本原则

1. 以人为本、预防为主

安全生产的方针是"安全第一、预防为主、综合治理",安全管理工作不仅是处理事故,更重要的是在生产活动中对生产因素采取管理措施,有效地控制不安全因素的发展与扩大,把可能发生的事故消灭在萌芽状态。

2. 管生产的同时管安全

安全管理是生产管理的重要组成部分,安全与生产在实施过程中存在着密切的联系,存在着进行共同管理的基础。各级领导人员在管理生产的同时,必须也应负责管理安全工作。一切与生产有关的机构、人员均应参与安全管理并在管理中承担责任。

3. 坚持安全管理的目的性

安全管理是对生产中的人、物、环境因素状态的管理,应有效地控制人的不安全行为、物的不安全状态、管理上的缺陷和不良的环境条件,消除或避免事故,以达到保护劳动者安全与健康的目的。

4. 坚持"四全"动态管理

安全管理涉及生产活动的方方面面,包括从开工到竣工交付的全部生产过程、全部生产时间和一切变化着的生产因素,生产活动中必须坚持全员、全过程、全方位、全天候的动态安全管理。

5. 安全管理重在过程控制

安全管理的各项主要内容中，对生产因素状态的控制最为关键、突出，因此，对生产中人的不安全行为、物的不安全状态、管理上的缺陷和不良的环境条件的过程控制是动态安全管理的重点。

7.2.2 五方责任主体的安全管理职责

1. 建设单位的安全管理职责

《关于印发〈城市轨道交通工程安全质量管理暂行办法〉的通知》（建质〔2010〕5号）中规定，在安全质量方面，建设单位对工程项目管理负总责，建设单位必须建立健全安全质量责任制和管理制度，设置安全质量管理机构，配备与建设规模相适应的安全质量管理人员，对勘察、设计、施工、监理、监测等单位进行安全质量履约管理。

我国各城市的轨道交通工程建设单位在组织架构上不尽相同但大同小异，处室部门虽取名不同但职能类似。本指南以某建设单位设有安全质量监督处、建设分公司等为例，对建设单位的安全管理职责进行阐述。

（1）公司安全生产委员会的安全管理职责

1）研究部署、指导协调、督促落实公司安全生产管理工作；研究提出公司安全生产工作的目标和重大决策。

2）审核批准公司的安全生产管理有关制度。

3）组织召开公司安委会工作会议，也可根据需要适时召开专题会议。

4）组织工程建设、轨道运营、资源开发、物业管理等安全生产大检查及专项检查，监督检查、指导建设、运营、开发、物业的安全生产管理工作；组织部署市级以上相关部门安全生产综合性检查的迎检工作，并安排落实公司各部门（分公司、中心）完成相关迎检工作。

5）组织公司的安全生产管理考核，对在安全生产中作出贡献者提出奖励建议，对事故过失人和有关领导提出处理意见，给予批评和处罚，并作为职工资格评定和年度考核的依据。

6）组织和强化安全生产教育管理，提高全体员工的安全意识，提高全体员工的安全管理能力。

7）组织、协调、指挥相应级别安全事故应急救援工作，负责组织安全事故的调查和处理、结案工作等。

（2）安全质量监督处的安全管理职责

1）宣传和贯彻落实安全生产方针政策、法律法规及规章制度、规范性文件，严格执行安全生产"党政同责、一岗双责、齐抓共管、失职追责"要求。

2）在集团公司安委会的统一部署下，落实集团公司安全生产制度，逐级落实安全生产责任制，组织开展自身领域的安全生产工作。

3）在集团公司总经理和安全总监的领导下，负责集团公司安委会办公室的日常工作，归口监督管理公司安全生产工作，做好轨道交通线路保护工作。

4）贯彻落实国家、省、市安全生产法律法规规章、文件、会议精神，必要时编制专项方案实施。负责与政府安全监管部门的联络协调、信息传递，督促检查公司各部门的落实情况。

5）根据有关法律法规，制定集团公司安全管理制度、办法，并根据上级要求和公司实际情况，及时修订完善公司的安全生产监督管理办法等制度。

6）建立健全本处安全生产责任体系，做到层层落实，每年初签订安全生产责任书，根据公司安全生产岗位责任制考核办法每年组织开展两次考核。

7）年初制定公司年度安全生产管理要点及工作计划，按计划组织开展安全专项活动、综合监督检查、风险管控、隐患排查、工程建设保险单位第三方安全检查等工作，做好领导带队检查的组织工作。

8）结合6月安全生产月、11月9日消防日等活动，开展集团公司层面的安全教育培训、安全知识宣传，并做好集团公司新进员工的公司级安全教育，如实记录安全生产教育和培训情况。督促公司各部门、分公司（中心）开展安全生产教育培训。

9）做好迎接国家及省市安委办、安监局、国资委的安全检查工作，组织开展整改工作，做好信息上报；配合、参与、协调分公司组织的上级部门安全检查的迎检工作。

10）配合政府相关部门做好生产安全事故事件调查工作，根据集团公司安委会的授权，联合工会、监察审计处等部门对事故事件进行调查，提出处理意见，有权对公司各部门的事故事件调查处理情况进行监督。

11）按期编制安全生产月报，做好110应急联动平台应急响应处置工作，及时受理安全事故隐患举报电话，做好冬季防冻防寒、夏季防汛防台等恶劣天气的工作部署和督查，做好节假日、特殊时段的工作部署。

12）按时做好公司责任状签订、考核的组织工作，安委会会议组织工作，半年度和年度安全工作总结上报等集团安委会办公室的日常工作。

（3）建设分公司的安全管理职责

1）宣传和贯彻落实安全生产方针政策、法律法规及规章制度、规范性文件，严格执行安全生产"党政同责、一岗双责、齐抓共管、失职追责"要求。

2）在集团公司安委会的统一部署下，落实集团公司安全生产制度，组织开展自身领域的安全生产工作。

3）根据建设分公司安全管理需要，报请公司设置、配备与建设规模、管理要求相适应的建设分公司安全管理机构、专职安全管理人员，明确应急管理人员。

4）建立、健全建设分公司安全责任制等安全管理制度，明确各部门、各岗位的安全责任和考核标准，并逐级落实考核。

5）建立并落实建设分公司安全会议制度，每季度召开不少于一次的建设分公司安全会议，专题研究安全生产工作。

6）依法制定并实施安全教育培训计划，对建设分公司员工、派驻人员、实习学生等进行安全生产教育和培训。

7）检查施工、监理、监测以及其他有关单位的项目负责人、技术负责人、专职安全人员执业资格；对专业分包工程进行审核。对超过一定规模的危险性较大的分部分项工程方案进行审核。

8）配合总工室组织勘察、设计单位向施工、监理、监测等单位勘察、设计交底；组织施工图会审；组织管线产权或管理单位向施工、监理单位进行现场交底。

9）根据合同约定及时审核工程计量款及安全措施费、社会保险费等。

10）按规定办理安全监督手续；配合公司有关部门办理合同备案、施工许可证手续。

11）建立、健全建设分公司安全风险管控和应急预案体系，并负责督促指导相关单位、部门执行。

12）根据建设分公司安全生产检查制度，组织开展安全生产检查，对发现的安全隐患明确处理意见，并监督执行。

13）按程序报告安全事故，及时启动应急救援。

14）督促施工和监理单位做好轨道交通在建线路控制保护区线路巡查工作。

15）配合公司相关部门对参建单位进行安全履约信用考核和投标资格联动管理，对保险单位第三方安全检查等监督管理。

16）配合各级安全生产监管部门和公司的安全检查等安全活动，对提出的问题督促主体责任单位落实整改。

17）做好安全文件、事故事件调查处理、安全检查、安全生产目标管理及责任考核、安全生产制度、安委会会议等材料收集整理，建立安全台账。

2. 勘察单位的安全管理职责

（1）勘察单位应建立健全安全质量责任制和管理制度，设置或明确安全质量管理机构，对工程勘察的安全质量实施管理。

（2）勘察外业工作应当严格执行勘察方案、操作规程和安全生产有关规定，并采取措施保护勘察作业范围内的地下管线和地下构筑物等，保证外业安全质量。

（3）勘察单位应当提供真实、准确、可靠、符合国家规定的、有深度的勘察文件，并结合工程特点明确工程地质条件可能造成的工程风险并提出勘察建议。

（4）勘察单位进行勘察时，对尚不具备现场勘察条件的，应当书面通知建设单位，并在勘察文件中说明情况，提出合理建议。在具备现场勘察条件后，应当及时进行勘察。

（5）勘探孔应当按规定及时回填，避免对工程施工等造成影响。

3. 设计单位的安全管理职责

（1）设计单位应建立健全安全质量责任制和管理制度，设置或明确安全质量管理机构，对工程设计的安全质量实施管理。

（2）设计单位应当按照法律、法规和工程建设强制性标准进行设计，防止因设计不合理导致安全事件、事故的发生。

（3）设计文件中应当注明涉及工程安全质量的重点部位和环节，并提出保障工程安全质量的设计处理措施。

（4）设计单位应当对安全质量风险评估确定的高风险工程的设计方案、工程周边环境的监测控制标准等组织专家论证。

（5）设计单位提交的设计文件应当符合国家规定的设计深度要求，并应根据工程周边环境的现状评估报告提出设计处理措施，必要时进行专项设计。

（6）工程设计条件发生变化的，设计单位应当及时变更施工图设计。施工图设计发生重大变更的，应当按有关规定重新报审。

（7）负责施工阶段的设计交底，参与施工配合、监测数据分析和预警处置等。

4. 施工单位的安全管理职责

（1）施工单位从事城市轨道交通工程施工活动，必须具备相应资质，依法取得安全生产许可证，不得转包或者违法分包。

（2）施工单位主要负责人、项目负责人和专职安全生产管理人员应当依法取得安全生产考核合格证书。项目负责人应当具有相应执业资格和城市轨道交通工程施工管理工作经验。建筑施工特种作业人员应当持证上岗。

（3）施工单位必须建立健全安全质量责任制和管理制度，加强对施工现场项目管理机构的管理。项目安全质量管理人员专业、数量应当符合相关规定，并满足项目管理需要。

（4）施工总承包单位对施工现场安全生产负总责。

（5）施工单位应当按照合同约定的工期要求编制合理的施工进度计划，不得盲目抢进度、赶工期。

（6）施工单位应将安全措施费用用于施工安全防护用具及设施的采购和更新、安全施工措施的落实、安全生产条件的改善等，不得挪作他用。

（7）施工单位应当按照有关规定对危险性较大分部分项工程编制专项施工方案。对超过一定规模的危险性较大分部分项工程专项施工方案应当组织专家论证。

（8）施工前，施工单位项目技术人员应当就有关施工安全质量的技术要求向施工作业班组、作业人员作详细说明，并由双方签字确认。

（9）施工单位应当指定专人保护施工现场地下管线及地下构筑物等，在施工前将地下管线、地下构筑物等基本情况、相应保护及应急措施等向施工作业班组和作业人员作详细说明，并在现场设置明显标识。

（10）施工单位应当按照施工图设计文件和施工技术标准施工，落实设计文件中提出的保障工程安全质量的设计处理措施，不得擅自修改工程设计，不得偷工减料。

（11）施工单位应当按照有关规定对管理人员和作业人员进行安全质量教育培训，教育培训情况记入个人工作档案。教育培训考核不合格的人员，不得上岗。

（12）施工单位应当按规定做好安全质量资料的收集、整理和归档，保证安全质量文件真实、完整。

5. 监理单位的安全管理职责

（1）监理单位从事城市轨道交通工程监理业务，必须具备相应资质，不得转让所承担的工程监理业务。

（2）监理单位对工程项目的安全质量承担监理责任。监理单位主要负责人对本单位监理工作全面负责。项目总监理工程师对所承担工程项目的安全质量监理工作负责。

（3）监理单位必须建立健全安全质量责任制和管理制度，加强对施工现场项目监理机构的管理。项目监理人员专业、数量应当满足监理工作的需要。

（4）监理单位应当编制包括工程安全质量监理内容的项目监理规划，对超过一定规模的危险性较大工程编制专项安全生产监理实施细则。

（5）监理单位应当审查施工组织设计中安全技术措施、专项施工方案及施工监测方案是否符合工程建设强制性标准和设计文件要求。

（6）监理单位在实施监理过程中，发现施工现场存在安全隐患、违法违规行为时，应当要求施工单位立即整改。情况严重的，应当要求施工单位暂时停止施工，并及时报告建设单位。

（7）监理单位应当按规定对监理人员进行安全培训。

（8）监理单位应当按照规定将工程监理资料立卷归档。

7.2.3 安全生产管理体系

施工现场安全管理是在现场施工过程中采用现代管理的科学知识，为防止危险、事故、损失而进行安全目标要求的管辖、控制和处理。城市轨道交通建设项目的安全生产管理体系由施工现场安全组织、安全生产责任制、安全生产保证体系、安全生产技术措施和安全生产检查等部分组成。施工现场安全生产管理体系如图 7-1 所示。

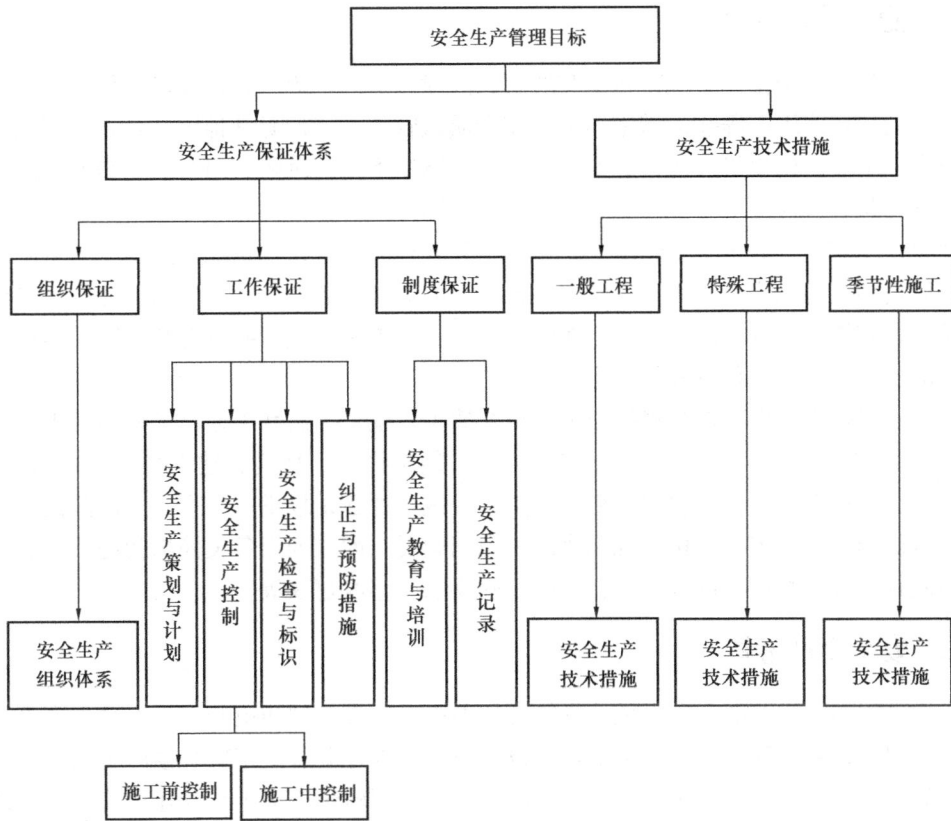

图 7-1　安全生产管理体系

7.3　安全管理的主要措施

7.3.1 安全生产条件办理

1. 安全报监办理

建设单位应明确专门的部门负责工程建设项目安全报监工作，一般由建设单位牵头，组织协调参建单位完善工程建设相关表格，最终完成报监流程。安全报监需提供的资料包括：施工合同；监理合同；建设、施工、监理单位安全文明施工承诺书；建设工程安全监督申报表；施工单位安全生产许可证；三类人员安全生产知识考核合格证；工程项目安全生产事故应急预案；施工现场周边环境和地下设施交底；危险性较大的分部分项工程清单；保险缴纳凭证；安全文明措施费支付计划；施工组织设计等。

2. 施工许可证办理

建设单位应明确并安排专门的部门牵头负责工程建设项目施工许可证办理工作。施工许可办理所需要的资料：施工、监理单位备案；安全报监所有手续；质量报监所有手续；用地批准手续；建设规划许可证；施工条件报告；工程资金证明或银行保函及无拖欠工程款承诺书；消防设计审核意见书等。

7.3.2 隐患排查治理

安全质量隐患是指违反城市轨道交通相关法律、法规、规章、标准、规程和安全质量管理制度的规定或因工程技术措施不足，安全质量管理不到位等其他因素，存在可能导致物体打击、坍塌、施工机具伤害等安全事故，或隧道不均匀沉降、耐久性差等质量缺陷的物的不安全状态、人的不安全行为和管理上的缺陷。

建设单位应建立健全安全质量隐患排查治理管理体系，以建设现场的安全质量隐患为对象，通过制定隐患排查、评估、治理等各环节的标准、制度以及建立信息化管理平台等技术手段，开展全过程、动态化的全面隐患排查，实施差别化、有针对性的隐患治理，以规避或减少轨道交通工程事故的发生。

安全隐患排查治理工作应根据城市轨道交通工程施工方法和工艺，紧密结合工程建设的实际，包括地质情况、施工工法、施工工艺、结构设计、环境、建设组织管理状态等，将城市轨道交通工程建设中的安全隐患分类、分级，并逐条枚举、罗列，突出阶段性、实用性、可操作性。制定标准化、规范化的隐患问题要点库，列出各类隐患问题，明确每一个隐患问题的等级、最低排查频率、整改时间要求、整改建议等。

7.3.3 安全生产考核

为加大对参建企业的安全管理水平的考核力度，通过管理防范和降低安全生产事故发生，为工程建设营造良好的安全氛围，建设单位可对参建单位制定安全生产考核制度。

例如，苏州市轨道交通集团有限公司制定了《苏州轨道交通工程参建单位综合考评制度》，考评检查依据《城市轨道交通工程质量安全检查指南》和建设管理实际，细化检查内容并赋予量化考核标准，通过检查施工单位施工现场安全质量管理和安全质量档案管理，给予公平公正的考核分值和排名。考核结果影响施工单位年度评奖、评优，并在次年年初召集参建单位上级企业主要负责人召开安全质量工作会议，通报参建企业安全质量管理情况及年度排名情况。

7.3.4 标准化建设管理

安全质量标准化普及应用是规范工程建设管理、促进作业人员技能提升的切入点和着力点，是工程建设者为之坚持和追寻的目标。2014年，住房城乡建设部发布《关于推进建筑业发展和改革的若干意见》，把推进安全质量标准化建设作为强化工程质量安全管理的一个重要举措；2017年，住房城乡建设部印发《工程质量安全提升行动方案》，提出的重点任务之一就是推进工程质量安全管理标准化建设。应该说，标准化管理是建筑行业管理的大方向、大趋势，是落实工程质量安全主体责任，全面提升工程质量安全水平的必由之路。

目前，较多城市的建设行政主管部门、建设单位已相应地开展了安全质量标准化工地的创建、组织观摩、评选表彰等活动，有效推动了安全质量标准化工作的发展。例如，苏州市轨道交通集团有限公司在2017年3月编制下发了工程建设安全质量标准化提升行动方案，明确2018年为集团公司安全质量标准化建设推广年，2017年至2018年相继启动了动员部署、观摩共建、手册编制、宣贯培训、实践提升等活动，取得了一些经验和成果。所编制的《苏州轨道交通工程安全质量标准化系列手册》分上、中、下三册共22篇，上册11篇为管理类，内容涉及临建和场布、临电管理、设备吊装、模板支架、交通管线、测量监控等方面，中册9篇为土建工序类，内容涉及围护结构、基坑施工、车站结构、盾构施工、旁通道施工、轨道施工、段场施工等方面；下册2篇为机电安装工序类，内容涉及机电安装、装饰装修。

7.3.5　履约信用和招标投标联动考核

为加快推进轨道交通工程建设，不断规范和完善轨道交通工程项目建设管理，确保轨道工程质量、安全、工期、投资控制等建设目标，可建立履约信用和招标投标联动考核机制。例如，苏州市轨道交通集团有限公司制定完善了《苏州市轨道交通工程施工单位安全生产考核与投标资格联动管理办法》、《苏州市轨道交通参建企业履约信用考核管理办法》。截至目前，制度运转良好，起到了择优罚劣的作用。

履约信用考核主要把参建企业按施工安装类、监理服务类、集成供货类、勘察物探设计类，考核内容主要涉及人员到岗履职、施工进度、施工质量、生产安全事故、工人工资拖欠、违纪违法行为等，考核结果以红、黄牌形式反馈，红、黄牌有效期为公示后两年内有效，考核结果影响企业在当地轨道交通市场的评优和投标工作。

安全生产考核与招标投标联动主要是指将参建施工单位安全生产管理情况与投标工作联动，对发生较大及以上安全事故的施工单位直接取消投标资格，梳理轨道工程常见安全事故、事件情形每年对施工单位进行年度考核，考核结果末位的限制投标资格，对发生安全事故事件的施工单位在资格预审阶段扣件分值。

7.4　应　急　管　理

7.4.1　应急管理现状

随着城市轨道交通工程建设规模的不断扩大，突发事件的影响也日益严重。由于城市轨道交通建设项目特有的地下施工环境，加之建设过程中涉及的部门众多、施工技术难度大、管理系统复杂，使得城市轨道交通系统在遭遇突发事件时具有隐蔽性、封锁性、人员和设备高度密集、空间和布局受限等特点。一旦发生突发的公共事件，人员疏散和救援难度较大，如果处置不当将会造成难以估量的经济损失和人员伤亡，造成巨大的社会影响。因此，针对城市轨道交通建设项目施工过程中突发事件处理的特点，快速、准确高效地对事故进行处理、开展救援工作，尽可能地将突发事故的损失降到最低，这对提高城市轨道交通工程的应急管理能力具有十分重要的意义。

7.4.2 应急管理组织机构与职责

为保证城市轨道交通工程建设应急救援体系的有效运行，强化应急救援工作管理，国内的工程实践中，一般由市指挥部成立轨道交通工程建设应急救援工作领导小组。领导小组一般作为指挥机构，组长由分管轨道工程建设的副市长、市指挥部指挥长担任，副组长由市政府应急办领导和轨道公司负责人担任，其中，轨道公司负责人任常务副组长，市指挥部各成员单位分管负责人担任成员，某城市轨道交通的应急管理组织机构如图7-2所示。

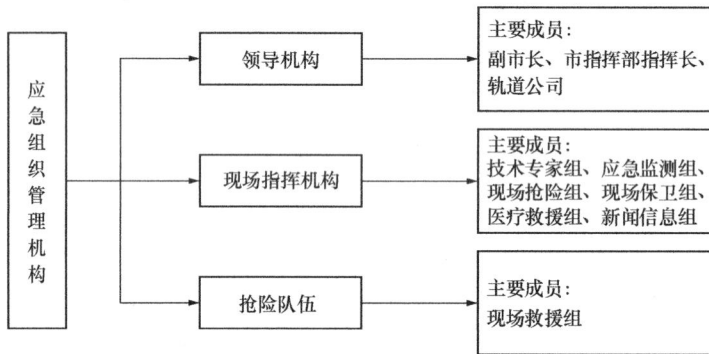

图 7-2　某城市轨道交通的应急管理组织机构

应急救援预案启动后，对应级别的责任部门或单位应立即成立现场应急指挥部。现场应急指挥部一般下设九个专业组，专业组在现场应急指挥部的领导下开展现场应急救援工作。应急组织机构的职责如下：

1. 现场应急指挥部的职责

（1）协调应急救援专业队伍及外援单位，指导突发事故应急救援工作；

（2）根据事故发展状态，统一研究和部署应急预案的实施和调整工作；

（3）随时掌握预案实施进展情况，并对预案实施过程中的问题采取应急处理，当事故灾害危及或可能危及周边单位和人员时，组织协调疏散；

（4）紧急协调调集各类物资、设备、人员及所需场地，并负责督促事故单位及时归还或予以补偿；

（5）根据应急情况宣布应急结束。

2. 现场应急救援小组的职责

对于城市轨道交通建设项目而言，一般设置多个现场应急救援小组，例如，以某城市的轨道交通为例设置综合协调组、医疗救护组、事故抢险组等，每个小组承担不同的职责。

（1）综合协调组

组长单位：城市轨道交通公司。组成单位：市政府应急办公室等。综合协调组的主要职责是：

1）保持与各小组、各部门各单位及与上级的联络，综合协调各方参与应急工作，负责对外联系；

2）协助器材保障组共同落实抢险物资；

3）收集各类会议文件并进行汇总，对各类稿件、专家意见进行签收并及时处理。

（2）医疗救护组

组长单位：市卫生局。组成单位：各医疗救护单位、事故发生单位等。医疗救护组的主要职责是：

1）负责对伤亡人员组织实施救援，进行应急处置，急救和救护，负责联络医疗单位紧急施救；

2）必要时设置现场医疗急救站。对伤员进行现场分类和急救处理，并及时转送医院进行救治，组织医疗单位对现场救援人员进行必要的医学监护。

（3）事故抢险组

组长单位：城市轨道交通公司。组成单位：交通、人防、武警、消防等部门，城市轨道交通工程应急救援队、事故发生单位及其他施工单位应急救援队、管线单位应急救援队等单位。事故抢险组的主要职责是：

1）负责组织现场抢险队伍，视情况提出物资、设备要求；

2）会同事故发生单位制定抢险与救援方案，报应急指挥部审定后实施，控制并消除事故影响。

（4）技术指导组

组长单位：市住房城乡建设局或城市轨道公司。组成单位：建设、规划、交通、水利、市容市政、文物等部门，城市轨道交通工程专家库成员，城市轨道公司以及勘察、设计、施工、监理、监测等相关单位。技术指导组的主要职责是：

1）负责组织技术专家分析灾情监测数据，研究审查现场抢险与救援方案；

2）及时了解现场情况，为抢险救援过程提供技术指导工作，及时提出改进意见，审核抢险方案调整工作。

（5）治安疏散组

组长单位：市公安局。组成单位：交巡警、城管以及属地地方政府等部门，事故发生单位等。治安疏散组的主要职责是：

1）负责疏散事故区域人员和围观群众，防止意外伤害，维护事故现场秩序；

2）对事故现场周围的交通秩序进行重新组织和安排，对危害区外围的交通路口实施定向、定时管制，组织事故危害区外的公众进入，一旦应急结束，应尽快组织恢复正常秩序，对需要取证的事故现场进行保护；

3）保障事故应急救援的队伍、技术专家和物资、设备能及时赶往现场（对抢险所需材料输送的车辆，必要时进行开道）；

4）对重要目标实施保护，维护社会治安，对撤离的各方财产组织进行登记，确认并汇总。

（6）器材保障组

组长单位：城市轨道交通公司。组成单位：定向物资供应单位（如混凝土、水泥、碎石、黄砂、木材等），事故发生单位、其他施工单位应急救援队等。器材保障组的主要职责是负责事故抢险物资、设备的组织供应，保证抢险物资、设备质量；负责筹措资金，及时购置抢险器材。

（7）善后工作组

组长单位：城市轨道交通公司。组成单位：社保、工会、妇联、民政等部门，事故发生单位、保险公司等。善后工作组主要职责是：

1）处理受伤害人员及其家属的善后事宜，保障受伤害人员及其家属的合法权益，维护社会稳定；

2）协调处理物资补偿、灾后恢复、污染物收集处理、保险理赔等事宜，尽快恢复正常秩序；

3）测算救灾费用，责成事故单位支付。

（8）事故调查组

组长单位：市安监局。组成单位：建设、监察、工会等部门，城市轨道交通公司、事故发生单位、保险公司等。事故调查组的主要职责是按有关规定组织完成事故调查工作。

（9）新闻报道组

组长单位：市委宣传部。组成单位：各媒体单位、城市轨道交通公司等。新闻报道组的主要职责是：

1）组织做好现场媒体活动管理工作；

2）负责事故信息的收集整理，起草事故快报和新闻统发稿，统一负责信息新闻发布工作。

7.4.3　应急管理基本流程

城市轨道交通项目应建立政府主管部门、建设单位、参建单位的三级应急管理体系。城市轨道交通工程施工前，施工、监理等相关单位应针对二级及以上的建设风险联合编制专项控制方案和应急预案，履行必要的审查和专家论证程序后方可开工建设。政府主管部门应组织针对一级风险的应急演练，并结合演练，及时修订完善应急预案。建设单位是工程建设事故抢险救援的实施主体，应在建设单位、工程监理单位的领导下开展抢险救援工作。城市轨道交通建设工地一旦突发质量事故、安全事故、管线事故或其他灾害性工程和关键事故或事件，事故相关单位必须按照相关规章制度及时逐级上报。

城市轨道交通建设项目的施工发生险情应及时启动应急机制，成立现场抢险指挥部，按照抢险预案要求，采取切实可行的积极措施，避免事故进一步扩大。抢险救灾工作结束后，各参加处置的单位必须按各自职能分工做善后工作，并应由相关部门组成小组对事故原因进行调查。

针对城市轨道交通建设项目虽然还没有国家层面的应急处理流程，但是，根据《中华人民共和国安全生产法》的规定，一旦施工发生紧急情况，应听从主管机关统一指挥，积极参与救助；并从大局出发，在相关单位发生意外时积极配合和支援。

7.4.4　现场恢复与应急管理结束

1. 应急处置现场的恢复

（1）对事故现场加以保护，等待专家对现场进行勘察。在处置爆炸案件时，发现可疑物品，不得擅自触动；疑为危险物品的，应设置安全警戒线，由专业人员处置。

（2）现场的清理工作应由事故单位负责，相关单位应予以全力配合。

（3）一旦现场清理后，应尽快组织恢复正常秩序。

2. 应急处置的结束

（1）全部解救，环境指标符合有关标准，次生、衍生事故隐患消除后，由现场指挥部确认并宣布应急结束。

（2）宣布应急结束后，应急救援队伍及应急处置相关单位陆续进行撤离和清理工作的交接。如果有必要，在现场清理和受影响区域由有关监测部门继续进行连续监测，直至恢复正常状态。

3. 善后处理

各有关方面必须按各自的职能分工做好善后工作，妥善处理受伤害人员及其家属的善后事宜，保障受伤害人员及其家属的合法权益，并做好物资补偿、灾后恢复、污染物收集处理、救灾费用测算、保险理赔等工作，维护社会稳定。

4. 应急物资储备

根据应急预案应急处置需要，施工现场应储备足够的应急救援设备和物资，随时听从应急管理领导小组的调配。

5. 经费保障

城市轨道交通公司应测算专业应急抢险队伍的组建费用、培训费用和装备的管理、维护保养、器材更新以及定期演练费用，单项列支，做到专款专用。抢灾过程中，应急救援资金首先由事故发生单位承担，事故发生单位暂时无力承担时，由城市轨道交通公司协调保证。事故处理完毕后，测算直接费用，责成事故责任单位支付。

6. 技术支持保障

一般而言，由城市轨道交通公司和市住房城乡建设局、市安监局等部门共同组建专家技术队伍，依托技术专家的特色专长，贯穿抢险全部过程，为抢险救援提供相应的技术支持保障。

7.5 安全管理要点与建议

1. 坚持人本安全观

按照事故主因结构理论，事故发生的因素中：人的不安全行为占 96%，为主要原因，是人为的，也是可以避免的；物的不安全状态占 4%，为次要原因，间接也是人为的，可以避免的。美国杜邦公司 200 多年的安全实践表明，如果不抓人的行为，永远不可能杜绝安全事故。安全管理中必须把人的因素放在首位，真正做到以人为本。建设单位和施工单位管理人员应重视对现场人员的安全培训工作，为现场人员创造良好的生活、生产环境，科学安排施工，关心其职业健康状况，另外还应制定激励措施，充分发挥现场人员在安全方面的积极性、主动性和创造性。

2. 构建双重预防机制遏制重特大事故

2016 年 4 月 28 日，《国务院安委会办公室关于印发标本兼治遏制重特大事故工作指南的通知》（安委办〔2016〕3 号）提出，把安全风险管控挺在隐患前面，把隐患排查治理挺在事故前面，扎实构建事故应急救援最后一道防线；2016 年 10 月 9 日，《国务院安委会办公室关于实施遏制重特大事故工作指南构建双重预防机制的意见》（安委办〔2016〕11号）提出，构建安全风险分级管控和隐患排查治理双重预防机制，是遏制重特大事故的重要举措。根据国家相关部委要求，建设单位应建立健全安全风险分级管控和隐患排查治理的工作制度和规范，完善技术工程支撑、智能化管控、第三方专业化服务的保障措施，实现企业安全风险自辨自控、隐患自查自治，提升安全生产整体预控能力，夯实遏制重特大事故的坚强基础。

3. 着力解决劳务工人对待安全"下冷"难题

近年来，政府对安全生产长期保持高压态势，经常对事故采取顶格处罚，"上热"能保持常态化，但安全管理仍常出现"上热中温下冷"现象，如何解决劳务工人对待安全较为冷漠的"下冷"问题，成为建设单位和施工单位管理人员做好安全管理最后一道关口的关键。可考虑如下措施：①以积分兑换为抓手，突出正向激励，工区建立"平安超市"，对一线员工依据安全积分给予兑换奖励；②以通俗易懂为抓手，全面推行图形化、可视化交底，编制生动有趣的安全技术交底漫画图册，在现场显著位置采用广告机等新媒体设备播放安全漫画视频；③以二维码为抓手，进出工地以安全帽上二维码作为通行证，扫描二维码可获取个人信息及其持证、安全教育、交底等情况，把实名制管理做实；④以安全体验为抓手，通过安全体验馆、VR体验、播放事故视频等方式，让每个工人体验和感受安全事故的严重后果，把警示震慑做实。

4. 采用"互联网＋"提升安全管理水平

轨道交通建设单位可吸纳采用物联网、云计算、大数据、人工智能等新一代信息化技术，通过BIM建模与可视化、机器视觉智能分析、风险融合感知与决策等数字建造关键技术，构建"互联网＋"轨道交通工程质量安全管理平台，在系统功能模块上可包括现场视频监控、质量安全隐患排查、施工安全风险预警、盾构远程诊断、应急救援指挥等。通过互联网平台与移动终端APP的开发，形成多层次、全网络、智能化监管机制，结合过程留痕、奖罚有据的质量安全治理模式，从技术和管理两个方面，提升轨道交通工程的质量安全管理水平。

5. 建立专业化应急救援队伍

城市轨道交通工程规模大、战线长，安全风险因素多，属于高危行业工程。虽然施工现场的土建承包单位一般都有各自的工程应急救援队伍，但为了更好地发挥各参建单位的技术优势，取长补短，建设单位应牵头成立专业化、包含所有工程承包单位的应急救援队伍，以保证一旦有突发情况，可第一时间赶赴现场开展专业救援工作，并最大限度地减少人员伤亡和财产损失。

7.6 轨道交通建设安全管理实践

7.6.1 无锡地铁安全标准化建设实践

无锡地铁自2009年开工建设以来，始终秉承"建一流地铁，创运营典范"的愿景，围绕建设任务，以建设国家级优质工程，真抓实干出真材实料为目标，全面落实五方主体责任。2015年第二轮建设开始后，继续不断深化落实以安全标准化为核心的建设理念，积极营造地铁建设安全文化氛围，十载打磨，实现了地铁建设快速平稳推进的安全生产管理总目标。

1. 安全标准化建设理念发展历程

（1）"一模两化"管理，开启安全标准化建设序幕

2009年第一轮地铁建设开工前夕，在调研、分析、研判的基础上，无锡地铁根据人手少、经验不足的情况，制定了"一模两化"管理的总体思路（"一模"即"小业主、大监理"，"两化"即"标准化施工现场"和"规范化施工作业"）。希望通过两化管理，规范各方行为，消除隐患，杜绝事故发生，由此开启安全标准化建设序幕。

（2）"三铁四化"笃行，凝练安全标准化智慧

随着工程全面展开、各专业陆续进场，情况更加复杂，人员思想也在变化。2012年初，无锡地铁提出建设管理"回头看"，系统剖析、总结建设管理得失，于第二轮建设之初提出"三铁四化"管理新思想（"三铁"即"安全地铁、品质地铁、幸福地铁"，"四化"即"系统化、标准化、规范化、信息化"。三铁是目标，四化是手段，做到目标与方法的统一）。同时，集政府监管和各参建单位集体智慧，形成工作责任垂直化＋生产区域水平化的"网格化"管理体系。进一步凝练出各方职责分工明确的组织架构和工作方法。

（3）以现场为中心，促进安全标准化的持续提升

2019年，受住房城乡建设部委托，无锡地铁以牵头组织《城市轨道交通工程建设安全生产标准化措施研究》课题研究为契机，以城市轨道交通工程施工现场为中心，以"安全管理行为标准化"和"现场安全生产标准化"为核心，不断梳理完善能满足"体系健全、制度完备、责任明确、风险可控"的安全生产管理体系和安全风险管理要求，全面落实参建各方的安全生产管理职责；努力实践"场布建设标准化、安全教育常态化、安全交底程序化、现场作业规范化、安全监控信息化"，进一步促进安全生产管理的持续提升和行业管理水平。

2. 安全标准化建设工作落实情况

（1）细化各类要求，建立样板，为标准化工作提供依据

持续细化完善安全标准化工作要求。先后形成标准化手册27册，构建完善无锡地铁标准体系，为安全标准化建设的实践提供了坚实的理论依据。

组织开展抓典型问题、现场观摩等活动，对各个阶段的标准化实施进行检查，现场通过首件定标、样板引路等方式全面引导安全标准化建设，选择安全标准化建设效果卓越的标段作为样板工地，组织各参建单位观摩学习，为全线推行标准化建立现场实物标准。

（2）完善组织架构，加强制度建设

建立完善安全管理组织架构，安全生产委员会下设安全质量部为安全管理机构，配置足量专职质量安全工程师，各部门配备兼职安全联络员，满足现场安全管理的需求。

编制各类安全质量制度，包括业主管理考核类、参建单位考核类、第三方管理类、安全管理类、质量管理类制度等，根据情况每年更新。目前建设分公司共有29个安全质量类管理制度。

（3）加强文件宣贯，做好教育培训

加强对《工程质量安全手册（试行）》、《房屋市政工程安全生产标准化指导图册》、《江苏省房屋建筑和市政基础设施工程危险性较大的分部分项工程安全管理实施细则》等

规范文件的学习与宣贯；定期对相关人员宣贯无锡地铁作业控制要点、项目工程师手册等标准化系列文件和公司各类制度文件。

落实安全教育培训工作，按规定开展新员工三级、安全管理人员及全员的安全教育培训。组织开展知识竞赛等一系列安全专项活动，在潜移默化中提升员工安全生产管理专业技术技能和管理水平，形成"人人学安全、人人促安全"的安全文化氛围。

（4）明确工作职责，建立追责机制

明确建设单位首要责任，推行项目经理负责制。针对"业主干什么？"组织开展多次讨论，从工作阶段、工作项目、工作职责、工作要求、工作依据、形成成果六个方面对各阶段建设单位的管理职责进行梳理、明确和规范，形成《无锡地铁工程建设全过程管控建设单位工作职责》。设置风险金，根据上述文件对建设单位项目负责人进行重点考核，在严格要求参建四方履职之前，先上紧建设单位的质量安全管理发条，实现有效监管。

（5）落实各层级安全检查，扎实做好隐患排查治理

执行"党政同责、一岗双责"，落实领导每月带班检查工作制度，及时了解现场安全生产工作状况，形成安全生产高压态势。

通过各层级开展定期和不定期的监督检查，持续开展月度综合性检查，检查覆盖全标段、全过程，对受检单位进行月度考评，激励各参建单位加强现场安全质量管控水平。堵住安全生产管理漏洞，促进管理水平提升。

根据上级文件要求及现场工作形势，开展深化地铁大排查大整治检查、防汛防台、"防风险、保安全、迎大庆"消防安全等各类安全专项检查，及时要求各问题责任单位落实整改，加强对现场安全生产工作的监管。

（6）加强应急管理建设，提升应急管理能力

制定《建设工程施工突发安全事故应急救援预案》、《施工单位应急救援预案编制指南》等文件，明确应急响应、应急处置等工作流程，明确基坑失稳、冻结施工、突发火灾等各类事故/事件的预防措施和抢险措施。

完善应急体系，组建业主应急抢险队，提升建设单位应急抢险能力；确保应急小组人员 AB 角随时对接补位，保证应急物资、设备常备常新、随时待命，提高应急响应能力。

每年开展建设分公司级综合应急演练，联合当地各部门各单位，定期开展市级综合应急演练，模拟重大风险事件，持续提升应急管理能力；严格要求各参建单位结合自身工序和环境特点，按计划组织开展夏季消防、防台防汛以及基坑坍塌、联络通道作业、起重吊装、触电、消防、高处坠落、物体打击等应急演练。

（7）落实安全考核机制，形成"比、帮、超"氛围

积极开展劳动竞赛和信用评价，落实外部考核工作。对现场质量安全工作实行风险抵押金制度，定期组织质量安全检查，对安全管控情况进行考核评比，奖优罚劣，形成"比、帮、超"的安全质量生产氛围。

落实业主内部考核机制，鼓舞员工质量安全生产积极性。将质量安全考核纳入全员绩效考核指标中，实行"安全生产一票否决制"。针对现场安全、文明施工事件，对相关责任人在无锡地铁内部进行通报批评和相关处罚。

（8）加强信息化建设，助推安全管理

在高质量发展形势下，无锡地铁积极运用信息化和智慧化手段开展安全生产管理。现

场 VR 安全体验馆等培训设备、工地现场视频监控系统、闸机门禁系统、轨行车辆视频监控调度系统和一体化建设平台均已实施应用，在生产安全管理中发挥着重要的作用。

7.6.2　常州轨道交通建设双重预防机制研究与实践

常州市轨道交通发展有限公司在参与住房城乡建设部《城市轨道交通工程风险分级管控和隐患排查治理双重预防机制构建指南》专题项目基础上，对风险分级管控和隐患排查治理双重预防机制研究和制定了一系列较为完善的制度办法、开发了一套隐患排查治理信息系统等现场应用，通过运用双重预防机制研究成果，健全了常州市轨道交通工程安全生产体系，完善落实了安全风险的辨识、评估、分级、管控及隐患排查治理等各环节工作责任及管理措施，形成风险分级管控和隐患排查治理长效机制，基本实现了施工现场安全风险自辨自控、隐患自查自纠的总体目标，提升了常州市轨道交通工程安全生产风险管控能力。

1. 风险分级管理

（1）风险等级划分

常州轨道交通工程安全风险分级从高到低划分为重大风险（Ⅰ级）、较大风险（Ⅱ级、Ⅲ-1级）、一般风险（Ⅲ-2级）和低风险（Ⅳ级），分别用红色、橙色、黄色、蓝色标示。较大风险（Ⅲ-1级）指基本可接受的，但由于特殊的施工工艺或施工环境条件，如附属结构采用钻孔灌注加高压旋喷桩止水帷幕或采用SMW工法桩作为围护结构，土方开挖可能引起围护结构渗漏水，盾构区间在承压含水层掘进或下穿压力管线或侧穿建（构）筑物等，应引起重视，应加强日常管理与监测，并采取防范和监控措施的风险。一般风险（Ⅲ-2级）指可容许的，施工工艺或施工环境条件不复杂，如基坑挖深较浅、围护结构采用地下连续墙、周边建（构）筑物距离较远、盾构区间下穿柔性管线等，应引起注意，应加强日常管理与监测，并进行常规的风险监控管理。

（2）风险分级管理措施

1）注重风险评估，强化源头预防预控

实施安全风险评估预控制度，通过事前对安全风险的有效辨识、风险评估、分级预控、专家把关等措施，消减安全风险，同时对不可避免的安全风险实施强化管理措施，制定专项应急预案，确保安全风险处于受控状态。

2）注重过程控制，强化各项安全措施

在施工阶段，按照关口前移、重心下移的管理思路，强化动态管理，强化过程控制，监督措施和行为规范的有效执行，确保常州地铁建设稳定、安全的生产形势。

① 实施第三方监测。所有深基坑、盾构隧道工程在施工单位监测的基础上，必须由建设单位再委托第三方监测单位对工程本身和周边房屋、道路、管线进行监测，复核施工单位监测数据，防止瞒报、修改数据等行为，对达到设定的预警值、控制值时，及早采取针对性的措施进行处置。

② "一个平台，两个中心"风险管理体系。常州市轨道交通发展有限公司组建了公司监控中心和现场分监控中心两级中心，形成以现场监理单位总监牵头，施工单位、施工监测单位、设计单位、业主代表等组成的标段安全风险监控分中心。建设分公司、安全风险管理单位、第三方监测单位组成建设分公司安全风险监控总中心。通过两个中心的现场巡

视检查、监测分析会议，及时掌握现场情况，发挥两个中心的管控作用。

③ 实施关键节点条件核查。在安全风险较大的深基坑工程开挖，盾构进出洞施工，联络通道施工，隧道工程穿越建筑物、河流、桥梁或既有地铁线路等关键节点施工前，由监理组织参建各方进行施工条件核查。

④ 动态管理安全隐患。通过现场专职安全员现场排查，项目部检查，施工单位季度检查，建设、监理单位巡查，主管部门督查等方式，实现对安全隐患多层次、滚动式的排查整治；对发现的安全隐患，跟踪消除，实施发现一处，整改一处，复查一处的动态管理，不留漏洞，不留死角。

⑤ 建立预警、消警制度。常州市轨道交通工程预警需结合现场监测数据、巡视信息，通过核查、综合分析和专家咨询等方式确定。预警级别按工程风险由小到大分为：黄色预警、橙色预警和红色预警。当现场采取相关措施，警情得到有效控制，监测数据收敛后，施工单位按消警处理流程申请消警。

⑥严把地质超前预控关。复杂的地质条件一直是轨道交通工程建设的安全管控难点，对复杂地质条件必须采取地面补充勘探、物理勘探等手段，全面掌握水文地质、工程地质情况；强化施工补勘和地质超前预报，努力将风险降到最低。

3）注重应急管理，强化险情处置工作

轨道交通建设过程中所面临的地表建（构）筑物环境、地下管线环境、工程地质和水文地质环境的复杂性、多样性和不确定性，加大了施工难度和安全风险，事故和险情还难免发生。为最大限度地控制险情发展，减少损失，强化应急管理工作：

① 实施"三级"应急管理体系。在施工单位、建设单位、政府部门三个层级，分别制定应急预案，组建应急抢险队伍，配置应急抢险设备和物资，健全应急管理机构，形成分级响应，齐抓共管的应急管理格局。施工单位是工地应急抢险的中坚力量，建设单位对每条线路的应急抢险实施统筹、调度，政府部门对全市的应急抢险工作进行指挥、协调，确保及时、高效处置地铁工程建设中出现的事故或险情。

② 开展应急抢险演练。通过开展应急抢险演练，检验应急抢险队伍水平，锻炼队伍，积累经验，强化应急管理工作。

③ 推行应急队伍的激励机制。为提高企业参与应急抢险的主动性和积极性，对在应急处置和救援工作中，表现突出的人员应给予表扬和奖励；对在应急工作中拖延不报、推卸责任、不听从统一指挥的单位和个人，根据调查结果，按情节严重程度给予处分和处罚。

2. 隐患排查治理

（1）组织机构及管控模式

常州轨道交通工程安全质量隐患排查治理管理体系管控模式为"小中心模式"，即建设单位建立隐患控制中心，隐患排查与监督治理工作由监理、施工单位具体承担。

（2）隐患排查用表

常州市轨道交通工程安全质量隐患排查治理检查用表参照《城市轨道交通工程质量安全检查指南》结合常州地区地质环境及工法特点编制而成。

（3）隐患分级

根据城市轨道交通地下工程建设风险等级划分，结合常州轨道交通建设实际情况，依照事故隐患可能导致的人员伤亡、经济损失、社会影响程度及发生的概率，将事故隐患按照严重程度从高到低分为Ⅰ级、Ⅱ级、Ⅲ级、Ⅳ级四个等级，其中Ⅰ级、Ⅱ级为重大事故隐患，Ⅲ级和Ⅳ级为一般事故隐患。隐患等级的认定需要结合现场地质环境特点、现场巡视信息、现场检测监测数据，通过隐患核查、综合分析确定。

（4）开发隐患排查治理平台

常州市轨道交通发展有限公司根据相关制度办法和常州地区特点开发了常州市轨道交通工程安全治理隐患排查与治理管理系统，用于参建单位的隐患排查治理工作。

（5）隐患排查系统的使用情况统计

自系统 2017 年 1 月上线截至 2019 年 10 月底隐患排查次数 53447 次，上传总隐患数量为 11558 条，工级隐患 1201 条，Ⅱ级隐患 4983 条，Ⅲ级隐患 1963 条，Ⅳ级隐患 3647 条。以上隐患问题全部整改闭合。

第8章 质量管理

8.1 概 述

轨道交通建设作为城市基础设施建设的大型公益性项目,具有投资大、参建单位多、建设周期长等特点,其工程质量水平直接关系到运营安全和社会公众利益,因此,质量管理可谓是城市轨道交通建设项目管理工作的重中之重。近年,我国城市轨道交通建设项目的质量管理具有如下几个特点:

(1) 工程质量要求不断提高。轨道交通工程是设计使用寿命长达百年的大型民生工程,在适应性、耐久性、与环境的协调性方面均有着较高要求。且随着时间的推移,社会各方对城市轨道交通的期望和要求会越来越高,轨道交通项目的工程建设质量也需要不断提高。

(2) 各方管理力量有所摊薄。工程质量的有效管控,既需要施工单位建立健全质量保证体系并配备足够的质量管理人员,也需要政府、建设单位、监理单位等形成多位一体的质量监管体系,但随着近年我国各城市轨道交通工程的蓬勃建设发展,无论是施工单位,还是建设单位、监理单位等,客观上,工程技术和质量安全管理人员的配备均有所摊薄,这无疑增加了城市轨道交通建设项目质量管理工作的难度。

(3) 当前工程质量仍存在某些突出问题。就我国现阶段轨道交通建设现状来说,质量管理体系健全,工程质量总体是好的,但也存着某些突出问题,比如:部分施工单位的主体责任没有落实,"以包代管"、项目经理长期不在岗等现象时有发生;部分监理单位的质量管理体系不够健全,缺乏必要的管理制度或制度执行不到位,监理项目部在质量管理方面的人员配置明显不足;轨道交通车站、区间的防水施工仍存在较多质量通病,已建成的结构物频繁出现渗漏水现象。

如表 8-1 所示,目前我国在建筑工程领域已建立了比较完善的质量管理法律法规体系,近年来国家相关主管部门针对轨道交通工程行业的质量安全管理也在不断出台新的政策文件、规范标准,这些法律法规、政策文件、规范标准为我国城市轨道交通工程的建设组织和质量管理提供了明确指引和坚实保障,也是建设单位及各参建方必须遵守的行为准则。

城市轨道交通工程质量管理相关的法律法规、规范标准、政策文件   表 8-1

年份	文件名称	文号
2010	《关于印发〈城市轨道交通工程安全质量管理暂行办法〉的通知》	建质〔2010〕5 号
2010	《房屋建筑和市政基础设施工程质量监督管理规定》	住房城乡建设部令第 5 号
2011	《城市轨道交通建设项目管理规范》	GB 50722—2011

年份	文件名称	文号
2014	《住房城乡建设部关于推进建筑业发展和改革的若干意见》	建市〔2014〕92号
2014	《住房城乡建设部关于印发城市轨道交通建设工程验收管理暂行办法的通知》	建质〔2014〕42号
2014	《住房城乡建设部关于印发〈建筑工程五方责任主体项目负责人质量终身责任追究暂行办法〉的通知》	建质〔2014〕124号
2014	《住房城乡建设部关于印发城市轨道交通建设工程质量安全事故应急预案管理办法的通知》	建质〔2014〕34号
2016	《住房城乡建设部关于印发城市轨道交通工程质量安全检查指南的通知》	建质〔2016〕173号
2017	《住房城乡建设部关于印发工程质量安全提升行动方案的通知》	建质〔2017〕57号
2017	《住房城乡建设部关于开展工程质量管理标准化工作的通知》	建质〔2017〕242号
2018	《住房城乡建设部关于印发工程质量安全手册（试行）的通知》	建质〔2018〕95号
2018	《住房城乡建设部办公厅关于印发城市轨道交通工程土建施工质量标准化管理技术指南的通知》	建办质〔2018〕65号
2019	《中华人民共和国建筑法（2019年修正）》	中华人民共和国主席令第29号
2019	《建设工程质量管理条例（2019年修正）》	国务院令第714号

8.2 质量管理体系

8.2.1 质量管理体系的建立

城市轨道交通工程为投资额巨大的重大民生工程，其工程质量关乎到民众利益甚至社会稳定，因此，"百年大计、质量第一"应是轨道交通工程建设者始终坚持的质量管理信条、必须严格执行的质量管理方针。

对于城市轨道交通工程项目，在时间周期上，主要分为策划决策、建设实施和运营维护三大阶段，从过程管理角度看，包括勘察设计、招标投标、施工、项目验收等各个阶段，从项目管理要素看，需要管控质量、安全、进度、投资和环境等各个要素，在投入建设的各方力量中，有建设、勘察、设计、施工、监理、检测、监测、审图等各个单位。轨道交通工程的交付物为工程实体产品，产品的最终质量反映着过程中各方质量行为、各阶段质量效应的综合体现，在各个时间周期、各个阶段环节，各方单位是否履职到位，质量要素是否得到其他要素的支持，均会在过程中对工程质量"留痕"，从而影响轨道交通工程最终实体产品的优劣。因此，城市轨道交通工程项目应建立"四全"（全生命周期、全过程、全方位、全要素）质量管理体系，并以建设单位（根据我国相关法规，在安全质量方面，建设单位对工程项目管理负总责）为核心进行贯彻落实。

1. 全生命周期管理

轨道交通项目的全生命周期覆盖包括策划决策、建设实施和运营维护三大阶段。轨道交通工程质量实施全生命周期管理，需要改变传统的建设管理观念，不仅应考虑工程建设期的质量管控，还需提前思考预测运营期的实体质量并有所预控措施，使得轨道交通工程具备更佳的运营性能和满足百年使用的可靠性、耐久性。策划决策阶段对建设方案的比选，以及建设实施阶段工程实体的形成，均会对轨道交通工程的运营质量产生重大影响，因此，在策划决策和建设实施阶段所开展的各项工作均应基于全寿命周期管理思想。

2. 全过程管理

轨道交通工程质量的全过程管理主要是指工程建设实施阶段的管理，具体包括工程勘察设计、招标投标、施工、项目验收等各个阶段，各阶段、各环节的质量管理工作若出现问题、疏忽，都有可能埋下工程质量隐患，甚至可能造成严重损失，从而对轨道交通工程最终的实体质量产生重大影响，降低轨道交通工程的使用价值。为此，建设单位以及参建各方应将工程质量管理贯穿于工程建设实施的全过程中。

3. 全方位质量管理

根据《住房城乡建设部关于印发〈建筑工程五方责任主体项目负责人质量终身责任追究暂行办法〉的通知》（建质〔2014〕124 号），建筑工程五方责任主体（建设单位、勘察单位、设计单位、施工单位、监理单位）项目负责人负有质量终身责任。除此之外，工程检测、监测及施工图审查单位也对工程质量负有相应责任。为实现全方位质量管理，建设单位及各方参建单位应积极履行自身职责，各方之间加强交流和沟通，共同实现轨道交通工程建设质量的高效管理。

4. 全要素管理

对于轨道交通工程项目建设，质量、安全、进度、投资和环境等要素之间的关系较为复杂，既相互联系，又相互制约，牵一发而动全身。充足的建设资金、合理的工期规划、安全风险的有效管控，是保障轨道交通工程建设质量的重要前提。因此，轨道交通工程在质量管控上应实施全要素集成化管理，建设单位应要求工程参建各方在质量管理中统筹考虑质量、安全、进度、投资和环境等各个要素，进行综合论证后提出切实可行的工程技术方案和质量保证措施。

8.2.2 五方责任主体的质量管理职责

1. 建设单位的质量管理职责

《关于印发〈城市轨道交通工程安全质量管理暂行办法〉的通知》（建质〔2010〕5 号）中规定，在安全质量方面，建设单位对工程项目管理负总责，建设单位必须建立健全安全质量责任制和管理制度，设置安全质量管理机构，配备与建设规模相适应的安全质量管理人员，对勘察、设计、施工、监理、监测等单位进行安全质量履约管理。

我国各城市的轨道交通工程建设单位在组织架构上不尽相同但大同小异，处室部门虽取名不同但职能类似。本指南以某建设单位设有公司质量生产委员会、安全质量监督处、建设分公司、总工室等为例，对建设单位的质量管理职责进行阐述。

（1）公司质量生产委员会的质量管理职责

1）研究部署、指导协调、督促落实公司质量管理工作；研究提出公司质量管理工作的目标和重大决策。

2）审核批准公司的质量管理有关制度。

3）组织工程建设质量检查，监督检查、指导分（子）公司的质量管理工作；组织部署市级以上相关部门工程建设质量检查的迎检工作。

4）组织质量管理工作的考核、奖惩。

5）组织和强化工程建设质量教育管理，增强质量意识和质量管理能力。

6）组织、协调、指挥相应级别质量事故处理工作，负责组织质量事故的调查和处理、结案工作等。

（2）安全质量监督处的质量管理职责

1）宣传和贯彻落实质量的方针政策、法律法规及规章制度、规范性文件，及时传达、全面贯彻落实上级对质量的各项要求。

2）在公司质量生产委员会的统一部署下，落实公司质量责任制及质量管理制度，开展工程建设的质量监督工作。

3）组织制定和完善公司质量管理制度。

4）做好国家及省市有关部门质量检查的迎检和信息上报工作。

5）开展工程建设质量检查，对督查出的质量问题，督促责任单位整改落实。

（3）建设分公司的质量管理职责

1）在公司质量生产委员会的统一部署下，落实集团公司质量制度；组织实现公司下达的年度质量管理目标；牵头组织施工过程的质量管理工作。

2）建立、健全分公司的质量责任制及质量管理制度，明确质量责任和考核标准，并开展考核。

3）建立分公司质量工作会议制度，召开分公司质量工作会议，研究解决工程建设过程中的各种质量问题。

4）组织制定并实施质量教育培训计划，对分公司员工进行质量教育和培训，建立培训档案，积极开展质量宣传教育活动。

5）按规定办理质量监督手续，配合公司有关部门办理合同备案、施工许可证等手续；组织工程建设项目的子单位、单位工程验收，做好工程档案的收集工作。

6）督促、检查各参建单位质量管理体系运行情况；明确本单位项目负责人，建立建筑工程各方责任主体项目负责人质量终身责任信息档案，在工程明显部位设置永久性责任标牌。

7）开展工程建设质量检查，对检查出的质量问题，督促责任单位整改落实；做好上级质量监督部门检查发现问题的督促、整改、落实。

8）不得明示或暗示施工单位违反工程建设强制性标准或使用不合格的建筑材料、建筑构配件和设备，降低工程质量；不得任意压缩合理工期。

（4）总工室的质量管理职责

1）在公司质量生产委员会的统一部署下，落实公司质量责任制及质量管理制度；牵头组织勘察、设计过程的质量管理工作。

2）组织设计单位提出工程周边环境调查的技术要求，组织开展工程周边环境调查；按规定向勘察、设计、施工、监理、监测等单位提供基础资料。

3）负责在施工招标前，组织专家对施工工期和造价进行论证；不得明示或暗示设计单位违反工程建设强制性标准，降低建设工程质量。

4）负责将施工图设计文件（含勘察文件）报送施工图审查机构进行审查；设计文件发生重大变更的，应重新报审。

5）组织或参加勘察、设计单位对施工、监理等单位的交底；对特殊地质条件应委托进行专项勘察。

6）参加工程建设项目的子单位、单位工程验收，组织项目工程验收、竣工验收；及时整理文件资料，建立健全工程项目档案，做好档案移交工作。

2. 勘察单位的质量管理职责

（1）建立健全质量管理制度，设置质量管理机构，对工程勘察质量实施管理。

（2）不得转包或者违法分包所承揽的业务。

（3）加强勘察过程的质量控制，健全勘察报告审核会签制度，参与图纸会审，做好勘察交底工作。

（4）工程勘察文件应当真实、准确、可靠，符合国家规定的勘察深度要求，满足设计、施工的需要，并结合工程特点明确说明地质条件可能造成的工程风险，必要时进行专项勘察。

（5）勘察文件和原始资料应归档保存。

3. 设计单位的质量管理职责

（1）建立健全质量管理制度，设置质量管理机构，对工程设计的质量实施管理。

（2）不得转包或者违法分包所承揽的业务。

（3）设计文件应符合国家规定的设计深度要求，并应根据工程周边环境的现状评估报告提出设计处理措施，必要时进行专项设计。

（4）设计文件中应注明涉及工程质量的重点部位和环节，并提出保障工程质量的设计处理措施。

（5）工程设计条件发生变化的，设计单位应及时变更施工图设计。

（6）设计文件和原始资料应归档保存。

4. 施工单位的质量管理职责

（1）贯彻执行国家建设工程质量方针、政策、法规、规范以及建设单位对工程质量的指示和决定。

（2）对工程项目的施工质量负总责，承包商主要负责人对施工质量工作全面负责，项目负责人对所承担工程项目的施工质量负责。

（3）建立健全质量责任制、质量管理组织机构、质量保证体系和各项质量管理制度，并将质量责任层层落实、责任到人。质量管理人员专业、数量应当符合相关规定，并满足项目管理需要。

（4）总承包单位依法将工程分包给专业分包单位的，专业分包合同应当明确各自的责任，总承包单位和专业分包单位对专业分包工程的质量承担连带责任。

（5）按合同约定的工期要求编制合理的施工进度计划。

（6）按规定对危险性较大的分部分项工程编制专项施工方案，对超过一定规模的危险性较大分部分项工程专项施工方案组织专家论证。

（7）组织质量教育和技术培训考核，对管理人员和施工操作人员，按其各自的职责范围进行教育和技术培训，并建立工程质量奖惩制度，认真落实。

（8）编制和报审工程质量计划和质量技术方案，并认真贯彻落实。

（9）工程施工前，项目技术人员应当就有关施工质量的技术要求向作业班组、作业人员进行技术交底，并由双方签字确认。

（10）按施工图设计文件和施工技术标准施工，落实设计文件中提出的保障工程质量的设计处理措施，不得擅自修改工程设计，不得偷工减料。

（11）按规定和合同约定对建筑材料、构配件、设备等进行检验，未经检验或检验不合格的，不得使用。

（12）对工程涉及的材料和半成品，在监理单位见证下，按规定进行现场取样，并送经业主招标确定的质量检测单位进行质量检测。

（13）认真做好施工过程中的质量检查，发现质量隐患应及时整改。建立、健全各种质量台账、记录、日志，负责工程建设资料的编制、整理、归档。

（14）按规定做好质量事故的报告、调查和处理工作。

（15）提交工程竣工验收报告时，向业主出具质量保修书，明确保修范围、保修期限和保修责任等。

5. 监理单位的质量管理职责

（1）贯彻、执行国家、行业主管部门有关工程质量控制的法律、法规和规定。

（2）对工程项目的质量承担监理责任，监理单位主要负责人对本单位监理工作全面负责，项目总监理工程师对所承担工程项目的质量监理工作负责。

（3）建立健全质量责任制和管理制度，加强对施工现场项目监理机构的管理，项目监理人员专业、数量应当满足监理工作的需要，及时办理人员备案。

（4）编制监理规划和监理实施细则。

（5）审查施工组织设计、专项施工方案及施工监测方案等是否符合工程建设强制性标准和设计文件要求。

（6）对进场建筑材料、建筑构配件和设备进行验收，建筑材料、建筑构配件和设备未经监理工程师签字，不得在工程上使用或安装。

（7）会同有关单位按照施工规范和有关规定进行隐蔽工程和分部分项工程验收，并对工程重要部位和环节进行施工前条件验收。

（8）检查施工监测点的布置和保护情况，比对、分析监测数据。发现异常时，及时向建设单位、施工单位反馈，并督促施工单位采取应对措施。

（9）协助建设单位、政府监督部门对工程进行的质量监督、检查。

（10）对施工过程质量进行全面跟踪管理，发现工程现场不按批准方案施工的、存在安全质量隐患的，应当要求施工单位立即整改；情况严重的，应当要求施工单位暂停施工，并及时报告建设单位。

（11）发生质量事故情况及时按规定向业主、政府监督部门汇报，参与并协助政府有关部门对质量事故进行处理。

（12）按照规定对监理人员进行质量培训。

（13）按照规定将工程监理资料立卷归档。

8.3 全过程质量管理的主要措施

8.3.1 勘察设计阶段的质量管理

在勘察阶段，建设单位应重点在以下几个方面对勘察工作进行过程管理：是否根据设计要求制定了针对性的勘察大纲，并经审核人签字确认；勘察工作的记录员是否具备相应专业知识和实践经验，有无取得上岗证书；现场工作是否配置质量管理员对勘察钻孔工作质量进行监督、验收，以杜绝原始资料作假现象；勘察单位是否设立了质量检查组并依据设计要求和国家标准、行业规程等对勘察全过程进行检查，是否对勘察成果报告进行最终质量评定，未经检查评定的成果报告不得出图。

设计基础资料的完备性、准确性、适用性是保证工程设计质量和进度的前提条件，因此，建设单位在设计阶段应加强对设计基础资料的审查；建设单位应要求设计单位在设计过程中考虑工程实施的可操作性，对方案的实施工序提出相应的技术要求和质量控制要求，确保设计成果合格率；应将初步设计文件报送政府主管部门审查，审批意见作为下阶段设计工作的依据；建设单位须委托具有施工图审查资质的单位对施工图设计文件进行审查；另外，建设单位还应组织施工、监理、监测、供应商等单位参加施工图会审，针对所提出的问题和优化建议，及时组织论证评审。

8.3.2 工程施工阶段的质量管理

1. 事前质量管理

为做好事前质量预控管理，在施工前，建设单位应督促施工单位编制施工质量计划，明确质量管理目标及创优目标，设置质量控制要点，制定有效的施工方案及质量控制措施，要求落实质量责任。

"人机料法环"五大施工生产要素中，人的要素居于首位，决定了其他几个要素。在质量管理事前环节，应充分发挥"人是第一因素"的主导作用，建设单位应严格要求项目管理人员和现场操作人员，尤其是特殊作业人员，通过专业技术培训后持证上岗，禁止违章作业和野蛮施工；施工机械设备是所有施工方案和工法得以实施的重要物质基础，建设单位应引导、管理施工单位合理选择和正确使用与工况良好适应的施工机械设备，从而为工程建设质量和安全提供重要保障；材料是工程实体组成的基本单元，每一单元材料的质量均需满足规范、设计要求，工程实体质量才能得以充分保证，因此，施工单位应建立完善的材料管控制度和运转体系，建设单位和监理单位进行检查和监督管理；技术方案和工艺水平的高低，在某种程度上决定了工程质量的优劣，建设单位可结合当地的水文地质条件推广应用四新技术，对于消除质量通病、提高工程质量可起到积极作用；影响工程质量的环境因素，包括自然环境因素、管理环境因素、社会环境因素、作用环境因素等。

2. 事中质量管理

建设工程项目施工是由一系列相互关联、相互制约的作业工序构成，因此，施工质量控制必须对全部作业过程即各道工序的作业质量持续进行控制。以项目管理的角度来看，工序作业质量首先应该由生产者进行自控，生产者的水平能力是决定作业质量的关键，另外，外部对生产者作业质量的各种检查、验收、监督，也是不可或缺的设防和把关措施。

建设单位、监理单位、政府的工程质量监督部门，在施工阶段应根据法律法规和工程施工承包合同，对施工单位的质量行为和项目实体质量实施监督管控。现场质量检查是施工作业质量管控的主要手段，检查的主要内容有：开工前的检查、工序交接检查、隐蔽工程检查、停工后复工检查、各类专项检查等。在施工过程中，当施工单位对图纸的某些要求不甚明白或图纸内存在某些矛盾等情况下，施工单位应以技术核定单的方式向监理工程师提出，报送设计单位核准确认，并报建设单位备案。根据我国对见证取样送检工作的相关规定，建设单位的现场管理人员应与工程监理人员一道，针对工程所使用的主要材料、半成品、构配件以及施工过程中留置的试块、试件等，做好取样的见证工作。

3. 事后质量管理

分项、分部及单位工程完工后，建设单位应督促施工单位采取切实可行的措施做好成品保护工作，避免竣工移交前出现损毁，影响最终的观感质量和竣工验收质量评定。

对于施工过程中检查发现的质量缺陷，建设单位应责令施工单位在认真分析问题原因的基础上采取合理的技术方案，采取返工、返修、加固、更新等方式对质量缺陷之处进行处理，确保轨道交通工程的土建结构、机电系统满足规范和设计要求。

8.3.3 系统联调阶段的质量管理

轨道交通线路的运行涉及车辆、信号、通信、供电、接触网、屏蔽门、综合监控、自动售检票系统（AFC）、消防、给水排水、通风空调等各个子系统，系统联调阶段的质量管理是整个城市轨道交通系统可靠性、安全性、节能环保的重要保证。

为做好系统联调的组织和质量管理工作，建设单位应牵头成立系统联调领导小组，设计单位、监理单位、施工单位、供货单位（包括集成单位）等共同参加，由领导小组审核批准系统联调大纲、联调细则、试运行的总体计划和总体方案，保证载客初期运营各工程节点的实现。根据各相关专业提出的测试大纲、计划和必要条件，应综合分配时间和空间资源，统筹合理安排综合调试及正线剩余土建、装修和设备安装调试工程，做好调试中的故障登记和分析，强化调试中发现的问题整改与各专业剩余工作量完成的时效性。运营单位也应及时有效地介入、参与系统联调，确保工程建设和运营无缝对接，为运营工作打好基础。

8.4 质量管理要点与建议

8.4.1 重要环节的控制流程

为实现城市轨道交通建设项目的质量目标，加强建设全过程质量管控，可参考图 8-1 建立工程建设质量控制流程。

城市轨道交通建设项目施工过程的质量管理与控制，应以施工前条件验收、隐蔽工程验收、工序质量控制、分项工程质量控制、分部工程质量控制和单位工程质量控制等，作为几个关键环节对其作业流程进行严格控制，以作业过程质量来保障工程实体质量。

1. 施工前条件验收的控制流程
施工前条件验收的控制流程如图 8-2 所示。

2. 隐蔽工程验收控制流程
隐蔽工程验收控制流程如图 8-3 所示。

3. 工序质量控制流程

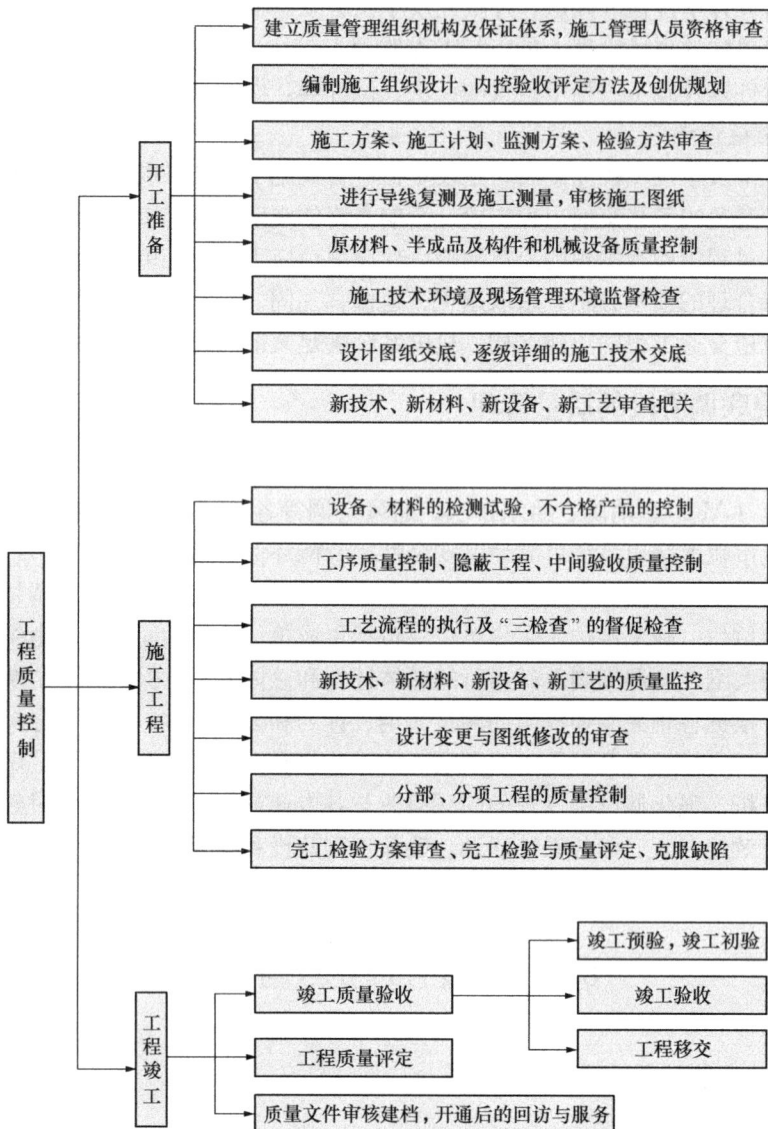

图 8-1　工程建设质量控制流程

工序质量控制流程如图 8-4 所示。

4. 分项工程质量控制流程

分项工程质量控制流程如图 8-5 所示。

5. 分部工程质量控制流程

分部工程质量控制流程如图 8-6 所示。

6. 单位工程质量控制流程

单位工程质量控制流程如图 8-7 所示。

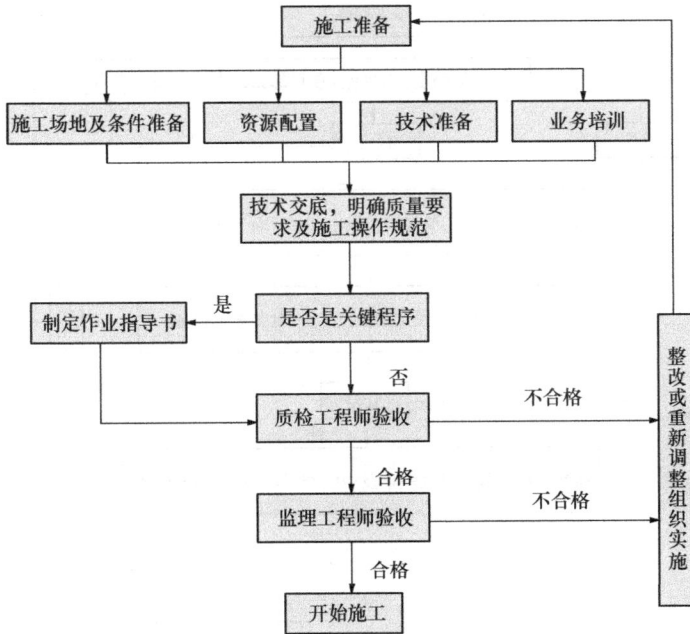

图 8-2　施工前条件验收的控制流程

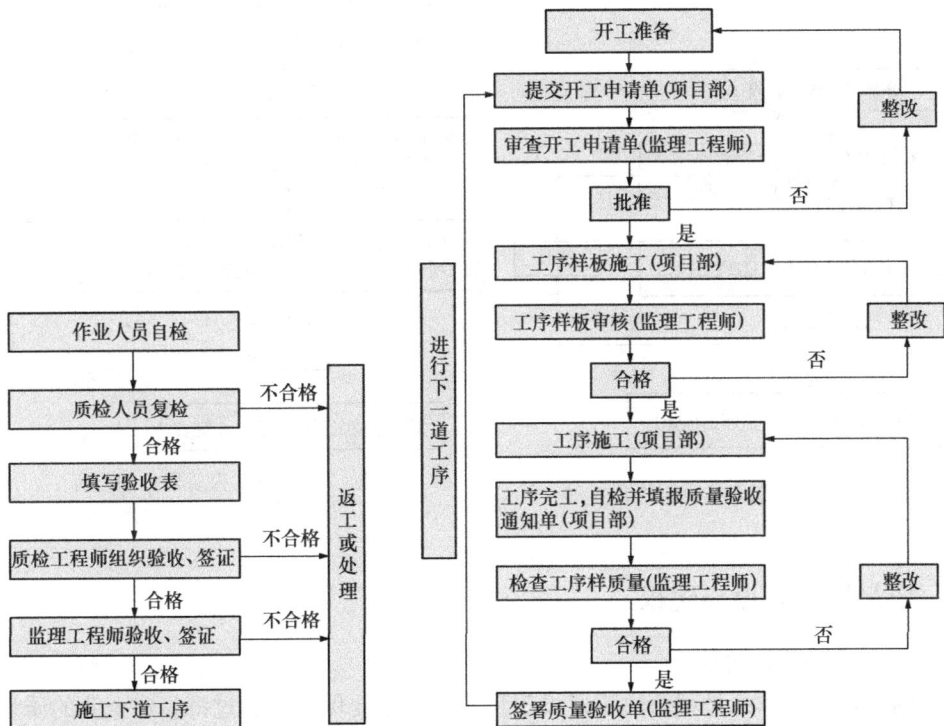

图 8-3　隐蔽工程验收控制流程

图 8-4　工序质量控制流程

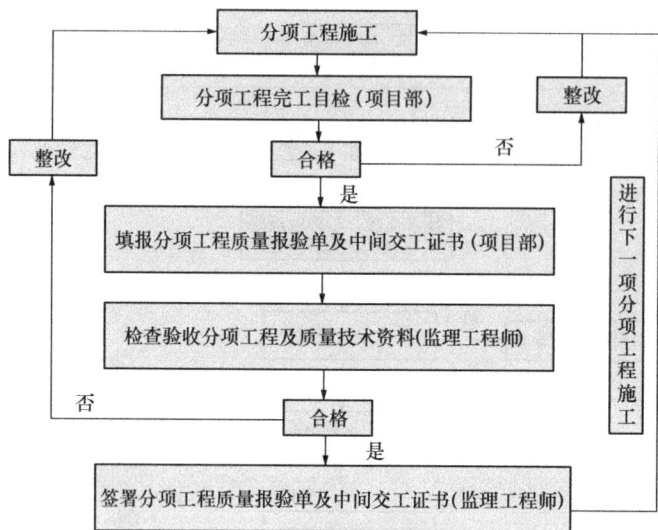

图 8-5 分项工程质量控制流程

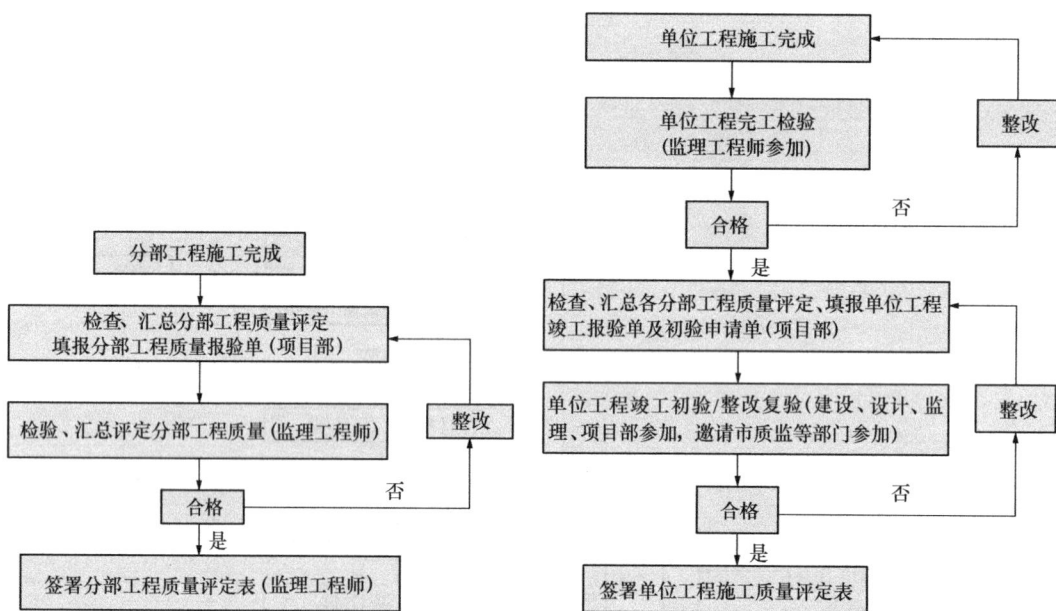

图 8-6 分部工程质量控制流程

图 8-7 单位工程质量控制流程

8.4.2 质量管理要点与建议

1. 建立健全质量评价体系

完善的质量评价体系是城市轨道建设工程质量的重要保障,通过将参建企业的质量情况与招标投标市场相关联,以激励各方参建单位增强质量意识,避免发生责任事故。建设单位应结合自身管理特点建立一套公正合理、实操性强、引导性好的质量评价和考核体系,在日常管理中从实体检查和行为监督两方面对施工单位、监理单位等进行动态评价,并将阶段性考评结果作为招标投标活动的一项参考依据。

2. 树立集成化管理思想

轨道交通工程"四全"质量管理体系的构建及运转需要各方建设主体转变传统观念，不可只关注各自的质量管理目标，还应站在全寿命期管理的角度，与其他各方建设主体协同配合，在轨道交通工程建设全过程的各阶段各环节，综合考虑质量、安全、进度、投资、环境等各要素，做到真正的集成化管理。

3. 重视质量管理人员的培训教育

人是决定建设工程质量的第一要素，人员的素质及业务水平直接或间接影响着工程质量，为此，建设单位及参建各方应充分重视质量管理人员的培训教育，不断提高人员素质，充分发挥人的积极性和创造性，从而保证建设工程质量。对于不同的人员群体，培训内容应有所区别，对领导层应侧重培训现代工程质量管理理论及领导艺术、决策方法，对管理层应侧重提高其对质量规划、质量目标等的管控能力，对操作层应注重提升其质量意识和技术业务水平。

4. 推行样板工程进行示范

建设单位可通过组织标准化观摩会对样板工程进行展示，并严格执行"首件验收"管理制度，以实现"以点带线到面"提高整条轨道交通线路工程的质量水平。样板工程展示应符合现场实际，同等施工条件下应可以普遍达到，通过现场示范操作、视频影像、图片文字、实物展示、样板间等形式直观展示关键部位、关键工序的做法与要求，使作业人员熟知掌握质量标准和具体工艺。

5. 开展创优争优工作打造精品工程

通过开展工程创优争优工作，可激励参建单位进一步增强质量意识，勇争标杆，努力打造优质精品工程。在工程开建伊始，建设单位应发文明确条线工程、单体工程的创优目标，建设单位、施工单位应分别制定翔实可行的创优规划和实施方案，在建设过程中严格做好质量管控并大力开展科技创新。对于轨道交通工程项目，可申报的国家级工程质量奖项主要有：国家优质工程奖、中国建设工程鲁班奖、中国土木工程詹天佑奖、中国安装工程优质奖（中国安装之星）、中国建筑工程装饰奖、全国市政金杯示范工程奖等。

6. 借助信息化手段提高效率

城市轨道交通建设项目所涉及的参建单位以及政府监管部门较多，通过借助信息化手段可便于各方相互之间进行工作协调和信息交流，从而全面提升包括质量管理在内的建设工程项目管理效率。通过构建相应的信息化管理平台，可实现质量信息的录入、归档、集成、查询、预警等功能。另外，还可借助 BIM 技术实施覆盖全生命周期全过程的质量管理，利用二维码等信息技术实现重要工程材料、设备、半成品、工程实体质量的自我声明和质量追溯。

8.5 轨道交通建设质量管理实践

8.5.1 苏州轨道交通质量标准化建设实践

全面实施推行标准化管理，是中央、部委和省、市各级主管部门的共同倡导和要求。

苏州市轨道交通集团有限公司积极响应并落实上级文件精神，制定了标准化建设的"三年行动计划"，确定2017年为安全质量标准化建设"启动年"、2018年为"推广年"，2019年为"提升年"，并编制下发了《苏州市轨道交通集团有限公司工程建设安全质量标准化提升行动方案》。

1. 标准化建设探索实践

（1）手册编制

苏州市轨道交通集团有限公司于2017年7月全面启动安全质量标准化系列手册的编制工作，经过前期筹划、任务分配、人员组织、材料收集、初稿形成和三轮次的修订校稿阶段，历时13个月，于2018年8月底完成了手册编制工作。手册合计22篇，分为上、中、下三个分册，涵盖了项目管理、土建工序、安装装修工序三大类内容，基本上覆盖了轨道交通工程建设所涉及的所有管理和施工环节，是一本全面实用的工具书和指导书。

（2）宣贯培训

2018年10～11月，五轮次开展了标准化系列手册的宣贯培训，将22个分册的内容对所有参建单位进行集中宣贯，参加宣贯培训的人员均为各单位的主要管理人员。只有管理人员的标准化理念构建完成，标准化要求才能在施工项目上得到贯彻落实，取得实实在在的成效。

（3）观摩共建

苏州市轨道交通集团有限公司先后组织各参建单位观摩学习了中铁十六局花苑路站车站标准化建设、中铁十四局星湖街站～车斜路站区间盾构标准化建设、上海安装与国贸嘉和联合体狮山路站安装装修标准化建设以及北京市政集团通园路站临电及外电防护标准化建设。通过观摩学习，使得各参建单位的标准化建设理念得到显著提升，为后续推广工作起到了示范引领作用。

2. 质量管控标准化措施

苏州轨道交通工程质量安全标准化管理工作一直在探索中提炼、在实践中提升。经过多年探索实践，苏州市轨道交通集团有限公司总结形成了"四把利剑（制度保障—样板先行—严控工序—措施加强）"为标准化质量管理工作保驾护航，通过对质量管理工作流程、材料卡控、工序质量验收等环节统一管理要求，基本实现了轨道交通工程建设全工序、全过程、全员的质量管控。

（1）制度保障

2017年是苏州市轨道交通集团有限公司"制度修编年"，在质量方面，新增编制了"商品混凝土管理办法"、"质量管理责任制考核办法"2项新制度，修订更新了11项既有制度，形成了以制度管人、以制度管事，开展工程建设标准化的基础。

（2）样板先行

通过在标准化观摩会上对实体样板进行展示，并严格落实"首件验收"管理制度，以逐步实现"以点带线到面"，推进苏州轨道交通质量管理标准化建设的进程。

（3）严控工序

商品混凝土管理：商品混凝土管理实行"准入名单制"，设"管理红线"，建立"混凝土浇筑通报制度"和"驻场管理"制度。2017年以来，苏州市轨道交通集团有限公司持续开展了"海砂"排查工作，制定了一系列的控制要求和保障措施。商品混凝土管理分三个层次，施工监理单位进行全方位、全过程监管—检测单位日常巡查—建设单位每季度大检查。

电线电缆管理：苏州市轨道交通集团有限公司要求各单位在电线电缆进场前须制定"进场计划"和"检测计划"，同时要求检测单位每月上报"电线电缆质量管理专项月报"。

结构施工五步挂牌制度：针对主体结构施工各工序特点，苏州轨道交通工程执行"五步挂牌验收制度"：针对侧墙防水基面处理、侧墙防水卷材铺设和水平施工缝处理、钢筋安装、模板安装、混凝土浇筑前等五道工序，每道工序均明确专人验收合格后方可进入下道工序。

钢筋保护层和钢筋机械连接：为提高钢筋保护层质量，开展了专项课题研究，并下发了专项的控制指导意见。针对钢筋机械连接施工质量控制，也开展了专项行动。

砌体施工质量和防火封堵控制：在安装装修施工方面，在标准化手册的基础上，重点加强了车站二次结构砌体结构和防火封堵施工质量，统一了细部结构的施工要求。

（4）措施加强

设置钢筋集中加工中心，半成品钢筋采用工厂化数控智能机械集中加工；采用大钢模＋单侧三角背架体系，该体系具有周转快、节省工期、外观平整且易于质量控制等优点，有助于提升车站结构的混凝土外观质量、减少结构外观修补工作；建立质量实体管理实名制，让每道工序、每块实体结构都明确责任人，具有可追溯性，哪里出现问题，责任追究到哪里。

8.5.2　徐州轨道交通质量标准化建设实践

1. 标准化建设历程

2013年，徐州轨道交通试验段开工建设伊始，提出制定徐州轨道交通标准化建设办法的理念，并分别出台了《徐州轨道交通质量管理办法》、《徐州轨道交通安全管理办法》、《徐州轨道交通文明施工管理办法》，逐步推行"管理标准化、施工标准化、安全标准化、文明施工标准化"等一系列管理制度，并将其落实情况纳入双月度考核。

2015年，随着轨道交通工程的不断推进，首先提出了安全、文明施工标准化管理理念，同年徐州市城市轨道交通有限责任公司根据《江苏省建筑工程安全文明标准化图集》等工程建设的相关标准要求，在认真总结外地先行城市和徐州市试验段施工现场安全文明施工管理经验的基础上，出台了《徐州轨道交通工程建设安全文明施工标准化指南（试行）（土建工程部分）》。

2017年，在土建阶段陆续出台了一系列的质量安全标准、制度60余个，通过不断的检查、考核、奖惩等措施，使管理制度得到了全面落地，较好地提升了施工现场的管理水平。随着工程建设的不断推进，为有效应对可能出现的质量安全问题，规范质量安全行为，徐州市城市轨道交通有限责任公司不断完善标准制度，补充站后工程质量安全管理制度9个，通过制度和标准的制定更好地指导施工。

2018年，为进一步提升徐州城市轨道交通工程项目质量安全文明施工的管理水平，规范工程参建各方主体的质量安全行为，提升工程质量，确保施工安全，规范和指导现场质量安全文明施工标准化建设，在总结以往经验的基础上，徐州市城市轨道交通有限责任公司组织相关施工、监理单位，联合编制印发了《徐州轨道交通工程质量安全标准化指南》，该指南文件，主要包括"质量篇"和"安全篇"两部分内容。"质量篇"包括通用工程、围护结构、主体结构、区间隧道、装饰装修、机电安装、轨道施工等详细的施工工艺流程、质量控制要点、质量保证措施。

2. 质量管控标准化措施

质量标准化实施贯穿于设计、施工、验收等各个关节，且主要包括原材料及试验检测管理、样板引路及交底、施工现场作业、实体质量保护、质量验收、缺陷处理等内容。

一是严把工程设计关。以"设计利于施工"为根本原则，在设计阶段就要将施工中可能遇到的问题考虑全、讨论透、设计方案到位，采取一定措施规避质量问题。

二是坚持样板引路、首件验收制度，严控工程质量。实行实物样板引路、首件验收、"三检"制度；严格落实隐蔽工程检查验收制度，做好质量通病防治工作。

三是严把质量标准关。重点对进场验收，见证取样，现场标识标牌等环节进行把控，针对不合格的建材供应商采取停供、禁供、清除名录的处罚。根据江苏省住房和城乡建设厅要求，徐州市城市轨道交通有限责任公司组织编写了《城市轨道交通工程质量验收资料实施指南》，指南共包含轨道交通 15 个单位工程、177 个分部工程、780 个检验批验收用表，实现了质量验收标准的统一化、规范化。

四是以科技创新保工程质量。徐州市城市轨道交通有限责任公司始终以科技创新作为提高工程质量的前提，共开展各类科研项目 11 项，其中省级课题 2 项，市级课题 2 项；以徐州市城市轨道交通有限责任公司为第一单位发表论文 56 篇；获得发明专利授权 2 项，实用新型专利 4 项；全部在建工程推广使用了盘扣式脚手架、二氧化碳保护焊、带锯机、数控拱弯机、双轮铣地连墙成槽机、滚笼机、超高压巨型岩石分裂机法开挖工艺等"四新技术"；获得省级奖励三项，市级奖励若干。

五是大力推行 BIM 可视化技术。在设计方案、施工组织、技术交底等方面推广使用 BIM 技术，特别是在站后工程的大量使用，有效控制了地铁施工成本，提高了施工效率，降低了安全风险，有利于增强对各工序中的质量安全把控。

第9章 进 度 管 理

9.1 概 述

项目进度管理，是指采用科学的方法确定进度目标，编制合理、经济的进度计划，并对计划实施过程进行动态控制，在与质量、投资目标协调的基础上实现工期目标。城市轨道交通项目应建立适合自身特点的进度计划管理体系，推行计划分级制度，各级计划应相互衔接，下级计划支撑上级计划工作细化。对于城市轨道交通项目，其进度计划管理工作应坚持如下原则：

1. 系统原则

鉴于轨道交通项目建设的系统性、复杂性，各项工作内容均应纳入计划体系，且制定进度计划时应考虑、体现各项工作在时间和空间上的逻辑关系，以实现不同工作之间的良好衔接协同以及资源的优化配置。

2. 刚性原则

轨道交通线路的开通目标通常是刚性的，一旦对社会公布，除非受国家或地方政府政策改变影响或发生重大不可抗力事件，一般不会调整开通运营时间和重大里程碑计划节点。

3. 指导原则

进度计划应该指导建设行为而不是反映或跟随建设行为。进度计划不是对建设行为进行预测，反映某一时刻能干到什么程度，而是要求在某一时刻应该干到什么程度。

4. 闭环原则

进度计划为各项工作设定了明确的节点目标，受各种因素影响，实施过程中的实际情况通常与预定目标存在偏差，应将此偏差反馈给计划系统及时进行纠偏、闭环管理。

5. 均衡原则

轨道交通建设具有明显的阶段性特征，分配给各阶段的时间资源应相对均衡。可以通过倒排工期，以重大里程碑计划目标对各阶段的时间界限进行明确。在每个阶段内，可以增设工序转换或关键工程节点，加大目标节点密度，以降低前阶段工期延误对后阶段工期挤压的风险。

9.2 进 度 管 理 体 系

9.2.1 进度管理职责

1. 建设单位

（1）根据工程实际情况制定进度管理制度，明确进度管理的责任部门、管理目标、工作流程等。在初步设计前应依据项目可行性研究报告批复意见，制定项目的详细工程筹划，明确总进度目标、总工期，制定总进度计划。

（2）根据工程筹划的具体要求制定总进度计划。项目总进度计划应明确整个项目的总进度目标、年度计划目标、重大控制性节点目标。

（3）组织建立项目的工作分解结构框架，明确与各参建单位的工作接口。

（4）以批准的进度计划、进度报告、工程变更、进度调整计划对工程进度进行动态控制。

2. 各参建单位

（1）制定进度管理制度，明确进度管理的责任部门、工作流程，根据项目进度总控目标，编制实施性进度计划。

（2）根据项目总工期、合同工期要求，综合考虑前期准备工作和外部接口等控制因素，编制可实施性的总进度计划、年度计划以及便于操控的季度和月度生产计划，报建设单位批准后执行。

（3）根据进度计划的要求，定期进行执行情况自检，并编制进度检查报告。

（4）当遭遇特殊情况确需调整进度计划时，应编制进度调整计划和相关说明文件，上报原进度计划审批单位批准后方可执行。

9.2.2 关键节点工期的划分

轨道交通建设项目的总体施工顺序如图 9-1 所示，线路建设周期一般为 4.5～5 年。根据相关建设经验，建议轨道交通项目以"区间隧道洞通为关键线路，非关键线路上的工

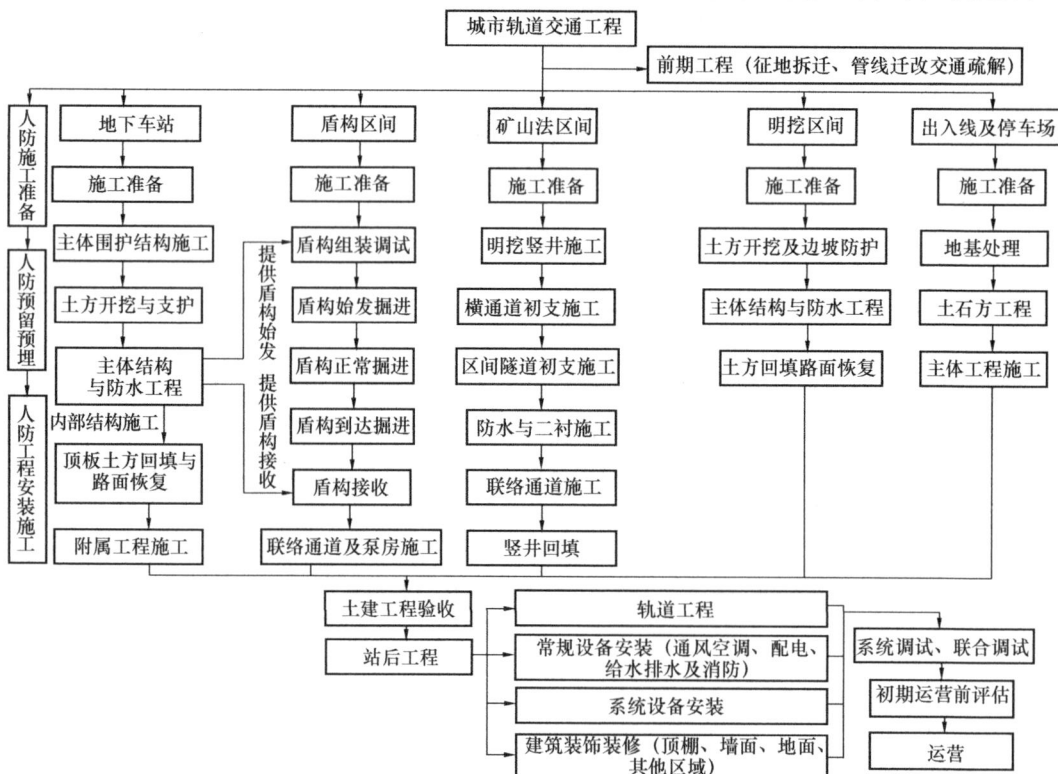

图 9-1 城市轨道交通项目总体施工顺序图

程合理穿插施工"为原则进行工程组织，全线施工时，建议以"明挖车站主体结构完成、全线区间贯通、全线双线轨通、全线车站电通、全线安装装修完成、试运行、开通试运营"为主线，建设单位应统筹做好各工区的有序衔接，场地具备进场条件后立即组织土建施工单位进场施工，后续的铺轨、机电安装等工序需在土建工程具备移交条件前2个月做好进场准备，一旦土建工程移交，建设单位应立即组织相关单位进场分工序、分专业施工。

城市轨道交通建设项目的工程节点一般分为三级，其中，一级、二级节点由建设单位制定下达并对执行情况进行过程管控，三级节点是二级节点的保障，由施工单位负责细化分解、执行落实。城市轨道交通建设项目的工期节点等级划分见表9-1。

工期节点等级划分表 表9-1

节点名称		节点内容
一级节点		全线车站封顶、全线洞通、全线短轨通、全线环网电通、全线轨行区移交、全线完成全功能测试、全线车站移交、全线车辆段/停车场/控制中心整体移交
二级节点	土建	(1) 站点（含车辆段、停车场）分批打围时间。 (2) 工点（含车站、风井、明暗挖及高架区间控制中心等）主体结构封顶时间。 (3) 停车场/车辆段分区域或单体建筑封顶时间。 (4) 车站或风井提供盾构机下井条件时间。 (5) 分区间洞通时间。 (6) 工点分批移交机电进场时间。 (7) 工点分批移交铺轨时间。 (8) 工点人防门框墙分批完成时间。 (9) 预留孔洞完成封堵并移交机电时间。 (10) 车站附属结构分批移交机电时间
	轨道	(1) 分区间短轨通时间。 (2) 分区间长轨通时间
	机电	(1) 工点关键设备房分批移交时间。 (2) 分区环网电通时间。 (3) 限界检查时间。 (4) 接触网送电时间。 (5) 热滑时间。 (6) 轨行区具备移交条件（含屏蔽门、区间风水电、区间泵房等）。 (7) 车辆段/停车场具备接车条件。 (8) 控制中心具备调度投用条件。 (9) 主变电所具备一路电源投用时间。 (10) 车站全功能测试分批完成时间。 (11) 车站分批移交运营时间。 (12) 车站室外附属分批移交时间

9.2.3 进度计划的编制

项目进度计划用来表达项目中各项工作的开展顺序、开始及完成时间及相互衔接关系，进度计划是进度控制和管理的依据。项目实施之前，必须先制定出一个切实可行、科学的进度计划，然后再按计划逐步实施。

通常将进度计划关系分为三个层级，计划编制自上而下逐级展开，下级计划受控于上级计划。计划的指导性原则要求计划编制工作应摆脱现场进度预测的惯常思维。可以说，进度计划实质上是轨道交通建设全过程中为达成终极目标（开通运营），在不同的时间和空间上应实现的目标值。下面对三级计划进行分述：

1. 一级计划

一级计划以轨道交通线路为对象，根据各专业的标准化工期指标和工程特点，以工程关键节点、工序转换节点和重大里程碑为目标节点，按照开通目标时间倒排形成。一级计划应由建设单位的计划管理部门进行编制，报建设单位批准后发布，并作为建设单位层面对线路工程进度进行评价与管控的依据。一级计划一般按年度（分解到季度）编制。

2. 二级计划

二级计划以单位工程为对象，主要体现站点、区间、场段及相关控制性工程层面的实施特性，其目标节点和时间节点应依据"一级计划"进行设置。考虑到轨道交通建设的复杂性，二级计划可在一级计划基础上增减部分目标节点或对部分时间节点进行微调。二级计划可由建设单位的条线工程分管部门进行编制，报建设单位批准后发布，并作为建设单位对施工标段工程进度进行评价与管控的依据。二级计划一般按季度（分解到月度）编制。

3. 三级计划

三级计划以分部分项工程（工序）为对象，依据二级计划的进度要求，合理配置人机料等生产资源，体现进度指标日兑现率的特性。三级计划由施工单位编制，经监理单位审批后，报建设单位进行备案，作为建设单位和监理单位对施工进度进行评价与管控的依据，三级计划是计划的控制特性作用于施工进度的最终体现。三级计划一般按月度（分解到周）编制。

9.2.4 进度控制方法

1. 目标控制

城市轨道交通建设项目的工期目标包括总工期目标、各分进度计划（采购、设计、施工等）工期目标、各阶段进度计划里程碑目标。通过计划进度目标与实际进度完成目标值的比较，找出偏差及其原因，及时调整、纠正，实现对项目进度的控制。项目进度控制在某一界限范围内时，既能加快施工进度又能降低费用，而超越这一界限时，施工进度的加快反而会导致费用增加。因此，建设项目进行三大目标（质量、投资、进度）控制时应互相兼顾，单纯地追求某一目标的实现，均会适得其反。

2. 全过程控制

城市轨道交通建设项目的进度控制循环过程包括事前、事中、事后控制。事前控制是指在工程建设前期控制，通过对房屋拆迁、管线迁改、施工场地等制约工程进度的因素进行详细排查，合理编制工程总筹划及年度、季度、月度计划，并对计划执行进行预测。事中控制是指在执行计划过程中的进度控制，通过例会、现场调研、统计报表等信息反馈和沟通交流，及时发现可能导致工程建设滞后的因素，并及时加以解决。事后控制是指在计划出现偏差时，合理调配资源，保证总目标的实现。在全过程控制的过程中，事前控制最为重要，但由于城市轨道交通建设项目的特殊性和复杂性，工程建设很难事先对项目实施过程可能出现的问题进行全面估计，因此，城市轨道交通建设项目进度控制的大量工作是在事中控制和事后控制中完成的。

3. 综合性控制

城市轨道交通建设项目的进度控制是一项综合性很强的工作，建设单位、设计单位、施工单位、监理单位等必须密切配合，共同努力才能达到进度控制的目标。应将土建工程、设备系统等多个相互关联的处于同一层次或不同层次的施工进度计划综合成一个多阶群体的施工总进度计划，以利于进行总体控制，否则较难迅速准确地了解一项工程内容对另一项工程内容的影响。

9.3 全过程进度管理的主要措施

9.3.1 设计阶段的进度管理

城市轨道交通的设计具有系统性强、专业广、责权群体多等特点，在设计工作中，存在较多的不稳定因素，容易造成无法正常完成设计计划。但是，设计作为建设项目管理的龙头，如果由于设计问题的考虑不周或者失误，轻则需要进行整改，重则可能造成少量返工甚至重新施工，不但影响了工期，还可能带来质量、安全、投资等方面的风险。

1. 设计工作进度影响因素

（1）工程实施范围边界条件

设计工作的基础是充分了解工程实施范围的周边边界条件，包括工程范围的地质条件、周边建（构）筑物结构形式和基础情况等工程制约条件，设计单位根据边界条件进行方案设计。如果边界条件资料有误，将直接影响设计方案的可行性，当施工单位拿到图纸后将无法正常开展工程施工，需要根据现场条件完成设计方案调整后才能实施。

（2）设计人员能力

设计工作的关键是人，所有方案的设想、图纸的绘制都是通过设计人员完成的，而城市轨道交通建设项目的设计涉及众多复杂的系统，也具有行业的专业性。设计人员的经验、水平、工作能力、责任心等，直接关系到设计质量与设计进度。

（3）设计工作衔接

城市轨道交通是一个复杂的系统工程，这个大系统涵盖了建筑、结构、通风、空调、高压配电、低压配电、扶梯、轨道等不同的专业，而土建图纸里通常需要各个专业提供相应的专业要求用于设备用房、预留孔洞、预埋件等的设计工作。如果各个专业间工作不能良好衔接，将会使土建施工图无法满足其他专业的要求，将会引起相应的整改返工。而如果各专业之间衔接良好，不但确保了图纸质量，避免了不必要的返工，还能有效地加快图纸完成进度。

2. 设计工作进度管理措施

建设单位应提前开展设计基础性资料的收集、准备工作，及时回应设计单位提出的资料需求，为设计工作的有序开展提供必备条件。建设单位应建立相关工作机制对设计过程进行检查、督促，确保设计工作进度及图纸出图计划，为后续施工创造良好条件。具体的进度管理措施包括：

（1）建设单位应聘请总体总包单位对总体设计工作进行规划，明确各阶段的设计工作进度目标，并根据目标对设计工作的进展进行分阶段的检查和督促，并及时解决设计提出需要明确或解决的问题，为设计工作提供支持。

（2）建设单位应聘请咨询单位进行图纸及设计方案的审查，对施工重难点方案进行仔细讨论和审查，严把设计质量关，尽量避免施工图完成后出现较大的设计变更。

（3）图纸出图后，建设单位应及时督促施工、监理单位对图纸内容进行熟悉和消化，对于施工、监理单位发现图纸中的遗漏和失误，督促设计单位及时补充和修改，减少对现场施工的影响，减少工程返工。

（4）针对施工过程出现的设计变更，建设单位应及时组织相关审查工作，明确变更内容，督促设计单位完成变更图纸的编制工作。

9.3.2 前期工作阶段的进度管理

1. 前期工作进度影响因素

（1）拆迁协调难度大

由于城市轨道交通的站点和线路大多位于城市中心的繁华地带，不可避免地遇到房屋拆迁工作，而拆迁工作的协调难度一直都较高、不易实施。拆迁风险对于工程进度来讲属于重大风险，因为拆迁工作无法难以有效预计完成时间，而且不完成拆迁就无法交出施工场地，相应部分的工程将无法开展施工，因此，拆迁进度的滞后通常直接影响城市轨道交通工程建设的关键线路目标。

（2）管线迁改数量多、审批流程长

在老城区中，地下管线布局仍比较杂乱，大开挖施工需对原有管线进行迁改，但由于管线种类繁多，各管线建设单位的迁改审批流程不一致，难以统一时间完成管线的迁改工作。部分管线由于历史久远，难以确定当时的建设单位。管线迁改对工程进度的影响属于中等风险，除了沿结构纵向延伸的管线和无法临时调整的管线外，其他管线可以在工程实施过程中采取临时悬吊保护等方案，虽然增大了施工难度，但能够有效减少由于管线迁改带来的工期影响。

（3）交通疏解对工程的影响

城市轨道交通站点通常设于交通繁忙路段，以便建成后可以分担原有路段的交通压力，但是，正是因为原有路段交通繁忙，在工程实施阶段对占道开挖、施工场地占用、保障原有通行能力的要求相对较高。为满足现场交通组织需要，工程可能被迫分段施工或者多次倒边施工，使得工程实施时间被迫拉长，而且在交通要道边上施工还增加了相应的安全风险。

2. 前期工作进度管理措施

建设单位是前期工作的主体和核心，在线路及站点位置确定、设计单位提出初步方案后，建设单位应立即开展前期的调查工作，清楚地了解各个站点需要进行房屋拆迁、交通疏解及管线迁改的工作量，明确相关房屋及管线权属、道路人车流量，初步推算相关工作的难度及时间安排，然后对比各个站点的工期目标，分析方案的可实施性，并将调查结果反馈意见给设计单位，适当进行站位、工法等方面的调整，尽量减少房屋拆迁、交通疏解及管线迁改工作量。

在明确必须实施的拆迁、疏解及迁改工作后，应该在深化设计的同时，积极开展实施性工作。由于拆迁工作一般难度较大，尽可能取得各级政府部门的支持和配合，会同多方面力量开展沟通工作，以尽快达成相关拆迁补偿协议。

交通疏解工作由于涉及施工单位场地布置、周边居民的日常出行、交通信号及标示的合理设计等问题，建设单位应先行适当考虑，并将这些要求写进土建施工的招标文件，使施工单位了解这些工作要求，并提前进行准备。

管线迁改工作一般涉及的单位比较多，按管线类别可以划分为通信、电力、供水、排水、煤气等，而每家管线建设单位均有其项目报审程序和流程，为了能让相关单位都明确各自的工作内容，轨道交通建设单位应在设计方案基本稳定后，组织各个管线建设单位查看现场，了解清楚管线的数量和路由，明确各种管线的迁改路径及迁改时间。在落实迁改路径时，应充分考虑工程二期、三期等后续工程所需占用场地，尽可能一次将需要调整的管线放在整个工程施工范围中，避免后续工程施工进行管线的二次迁改工作。各管线建设单位在清楚了解迁改范围和迁改需要后，进行迁改方案设计，待方案设计完成后，明确实施的时间及工期要求。

在房屋拆迁及管线迁改工作过程中，如果部分工作存在重大困难，预计可能会对工程实施产生重大影响，建设单位应会同设计单位重新研究现有设计方案，通过方案调整规避影响前期工程的核心难点，确保工程的整体进度。

9.3.3 工程施工阶段的进度管理

1. 工程施工进度影响因素

（1）人为因素

城市轨道交通工程的项目管理是通过对人员、机械、材料、资金等的合理整合，实现对质量、工期、安全的有效控制，从而取得经济效益、社会效益最大化的过程。在这个控制过程中，人员是最重要、最能动和影响程度最大的因素。人为因素对实际施工的影响中主要表现在以下几个方面：

1）施工管理责任及分工不明确，施工管理标准不一，导致施工质量难以有效把控，最后需要返工造成时间损失。例如，部分施工管理项目出现管理责任重叠或管理真空状态，造成多重管理或无人管理，使施工质量无法控制，最终造成工程返工。

2）施工、监理单位之间沟通不足，不能及时解决现场问题，当问题积累并扩大后，需要更多的时间进行问题梳理和原因分析，造成问题解决难度增大，甚至部分问题需要花更多的时间和成本进行整改。例如，工程钢筋绑扎过程中，由于施工方的问题，造成施工质量不过关，监理虽在巡检过程发现，但没有及时与施工单位相关负责人进行沟通，督促整改。当工程完成模板施工，需要监理验收并准备进行混凝土浇筑时，监理单位才提出钢筋施工的整改要求，这时整改难度将较原来明显增大，也相对损失更多的时间。

3）施工、监理单位未能在施工前及时核实图纸，施工后才暴露图纸问题，需要消耗大量时间重新进行图纸核对及变更工作，现场施工只能停下来，等待协调结果。

4）施工、监理单位与相关主管监督机构沟通不足，造成流程上的时间损失。例如，不能及时上报施工申报材料、进行设备年检、送检进场材料，造成现场处于违章施工状态，由此带来停工整改的后果。

5）施工人员自身安全意识不强，在施工过程中不遵守相关操作规程，容易发生安全事故，一旦发生安全事故，必然导致造成工地全面停工调查、整改，不但对施工单位造成不良影响，停工整改还会明显影响后续施工工期。

6）项目部管理不到位，资源调配不均，容易出现工作面等人、等材料的现象，不能有效组织流水施工；不能有效发挥员工的主观能动性，以致员工消极怠工、敷衍了事现象严重，造成施工进度缓慢、效率低。

7）风险管理意识差，对可能出现的风险未能有效预测或做好风险预案，导致风险发生后极大地影响现场正常施工开展，严重影响施工进度。

（2）资源因素

1）施工项目部、监理部的组织架构配置不佳，相关人员专业技术知识、施工管理经验不足，不能较快地处理施工过程中遇到的技术、方案、施工组织等方面的问题，导致施工现场组织混乱、施工质量把关不严，最终需要消耗大量时间进行组织协调和质量整改。

2）施工单位由于层层转包，承包费用层层扣减，导致最终投入到实际工程中的费用大大低于中标价格，实际施工的分包单位不愿增加投入，影响材料、机械、人员等进场的数量和时间，导致有工作面无生产力的现象。

3）对于大规模的城市基础建设，某时段钢筋、砂、石、水泥、模板等施工材料供应进度可能比较紧张。

（3）环境因素

1）当工程施工遇到不良地质条件时，讨论处理方案、制定处理措施、方案具体实施等工作需耗费不少时间，如果不能在施工前进行有效预控，在实施过程中才突然发现这些问题，将极大影响现场进度。

2）我国南方的台风及暴雨天气，以及北方的冰雪天气都将直接影响现场施工进度，特别是土方、混凝土工程，在这类天气条件下几乎不能施工。

3）在土建施工过程中，难免会对周边群众的生活造成一定的影响（包括噪声、粉尘等），是否能够得到周边群众的支持将对施工进度产生影响。

4）施工期间受到相关政策影响，例如，高考期间施工时间受限、交易会期间禁止道路开挖施工、"创文"、"创卫"期间限制土方外运，都将使现场施工组织不能正常进行，如果不能采取合理的应对措施，提前考虑相应的工期安排，将对现场施工进度产生影响。

（4）技术因素

1）施工组织准备不完整，工程策划不够详细，面对问题发生时没有有效的应对方案。

2）工程中使用尚未成熟的新技术、新材料、新工艺，导致现场施工失控。

3）在工程实施前，对某项关键工序的施工难度或工期、费用等估计不足，导致技术条件无法完成或完成进度慢。

4）施工单位首次进入新的工程技术领域，对该领域的技术规范、技术标准、工艺要求、施工方法等不够熟悉等。

2. 工程施工进度管理措施

建设单位在工程实施过程中应起到监管、配合的综合作用，既要对实施过程的进度、质量、投资、安全等进行控制与监督，又应要对前期工程推进、变更、合同支付等工作进行积极配合。施工方案、报批文件等经建设单位审批通过后方可实施，建设单位收到相关方案、文件后，应及时审批，避免由于审批不及时造成现场工作面等方案的情况。施工过程中，难免遇到新出现的前期工程问题，相应的外部关系协调工作，需要建设单位牵头进行沟通解决。另外，在工程变更、合同支付等方面，建设单位应及时配合完成内容审查、文件审批、工程款支付等工作。

9.3.4 验收及移交阶段的进度管理

1. 验收及移交工作的进度影响因素

（1）资料遗失

城市轨道交通工程的施工是一个长期过程，在实施过程中施工场地需要根据现场条件进行调整，使得办公用房也要跟随调整，加上施工人员的流动性较大，难以保证整个施工期间相关施工资料均得到有效保管，难免出现验收资料的遗失问题。由于施工资料的归档具有时效性，资料丢失后难以补救，将对工程验收带来严重影响，甚至需要对缺失资料的结构实体进行检测和返工。

（2）不能合理安排进度

城市轨道交通建设项目验收工作量巨大，涉及土建、机电安装、车站装修、轨道施工等，需要政府众多部门的参与，因此，各个专业的验收移交工作都需要统一规划、合理安排，才能以最有效的方式完成验收移交工作。

2. 验收及移交工作的进度管理措施

在验收与移交阶段，建设单位应做好以下几点工作：组织各个参建单位制定验收和移交计划；主动配合施工单位，完成验收资料的准备工作；及时做好相关方案的审批工作；定期检查验收资料的准备情况，进度滞后时进行督促；协调政府相关部门参加验收会议；根据项目验收推进情况，及时开展"三权（属地管理权、调度指挥权、设备使用权）移交"工作，一次性或分阶段将轨道交通项目交予运营单位接管。

9.4 进度管理要点与建议

1. 确定合理的工期

无论何事、何种目标，均应有其合理时间安排，"欲速则不达"的哲理同样适用于城市轨道交通建设项目，如若计划工期过紧或过程中盲目压缩工期，极易造成安全质量事故，最终反而延误工期。2011年，在国内几个轨道交通城市接连发生险情事故后，住房城乡建设部发文《关于进一步加强城市轨道交通工程安全质量管理的通知》（建办质〔2011〕46号），其中专门强调了合理工期的问题：各地住房城乡建设主管部门要指导督促有关单位落实合理工期造价保障机制。建设单位和施工单位签订施工合同时，应当充分考虑工程的复杂程度及其周边建（构）筑物及设施拆除、改造、迁移等对施工工期的影响，合理确定施工工期。施工单位应当按照合同约定的施工工期编制合理的施工进度计划，不得盲目抢进度、赶工期。工程周边建（构）筑物及设施拆除、改造迁移以及重大设计变更等对合同约定的施工工期造成严重影响的，建设单位和施工单位应当重新合理确定施工工期。

2. 对分包队伍选择进行监督把控

城市轨道交通建设项目作为大型市政工程，由于其技术难度较高，一般由建筑央企或当地大型建筑企业承建，但实践表明，参与现场作业的专业分包队伍和劳务分包队伍往往参差不齐，由于分包队伍因素导致工期进度滞后、工程质量不良的事件时有发生。分包队伍由总包单位依法进行选择，但建设单位对其不能不管不问，应制定相应管理办法对总包单位选择分包单位有所约束、监督，确保信誉好、能力强、水平优、业绩多的分包队伍优先进场，并视分包单位的资源实力情况对其承包工程数量有所限制。

3. 建立健全进度考核机制

建设单位开展进度计划考核工作，一方面可以对进度计划进行检查，掌握实际工程与预期计划的偏差情况，另一方面可以对被考核单位奖优罚劣进行激励。建设单位依据一级计划考核相应的建设管理部门，建设管理部门（计划管理部门或分管条线工程的生产管理部门）依据二级计划考核施工单位、监理单位，施工单位依据三级计划对其作业队伍进行考核。但应注意的是，各施工标段的开工时间、水文地质、风险因素、周边外界条件存在差异，建设单位制定进度计划考核办法时，应注意其客观公正性、可比性。

4. 强化计划进度的纠偏工作

当现场施工进度执行情况与预期计划出现偏差时，建设单位应认真分析偏差原因及对后续工作和总工期的影响，并采取合理有效的进度管控措施进行纠偏，进度纠偏措施主要有召开生产协调会、安排专人驻点、约谈相关负责人等。针对项目生产过程中"悬而未决"的问题或需要施工项目部上级公司授权支持的工作，建设单位必要时可向施工项目部上级公司发函，缩短问题沟通链条，提高问题解决效率。

5. 借助信息化平台提高计划管理效率

建设单位应充分借助信息化管理平台（如 Greata 项目管理软件）作用，实现计划进度全过程管控。施工、监理等外部单位可基于建设单位的管理平台进行单体项目进度计划的编制、审核、进度跟踪、调整等工作，实现进度计划管理全过程可追溯。

第10章 投资管理

10.1 概　述

城市轨道交通工程是重大社会公益性城市基础设施建设工程，是城市公共交通的骨干，其特点是投资大、回收期长，目前国际上大多数项目难以实现盈利，需政府补贴支持，所以，政府是城市轨道交通建设项目的主要投资人。为积极推进公交优先战略，积极引导和优化城市公共交通体系，城市轨道交通项目投融资应坚持以政府投入为主，安排相应的城市轨道交通建设专项资金，保证城市轨道交通行业的正常运作需求。同时，城市轨道交通建设运营资金需求量巨大，宜实行投资渠道和投资主体多元化，鼓励社会资本和境外资本以合资、合作或委托经营等方式参与城市轨道交通投资、建设和经营，并采取招标的方式公开、公正地选择投资者，以规范和保障城市轨道交通建设项目资金。在此基础上，按照决策科学、程序规范、资金可控和责任明确的要求，全过程实施投资管理。城市轨道交通建设项目应坚持超前规划、适时建设、量力而行、有序发展的原则，在明确远景线网规划目标基础上，从实际出发，依据客流需求和经济能力，把握建设条件和建设时机，选择合理项目，合理安排资金投入，防范投融资风险。

10.2　投资管理的基本原则和要求

对于城市轨道交通建设单位而言，投资管理工作应遵循以下基本原则和基本要求：

1. 基本原则

（1）全过程、分阶段管理原则：围绕项目全生命周期成本发生规律，从项目投资决策、规划设计、工程施工、竣工验收等不同阶段全过程进行管理，重视项目早期投资的优化控制。

（2）限额设计原则：根据上一阶段投资管理活动成果确定的投资目标，遵循安全第一、标准适度、经济合理的原则开展设计工作，通过多方案经济比选、设备选型分析等手段，控制项目设计投资目标范围。

（3）项目核算与责任考核原则：建立以项目阶段为核心的目标成本责任制度，实行项目成本的独立核算和考核。建立项目投资控制目标，保证项目投资的合理性。

（4）全生命周期成本合理原则：项目全生命周期成本包含建设期投资和运营期费用，设计优化和方案技术经济比选不应以建设投资最低为优，应以全生命周期成本合理为原则开展。

2. 基本要求

（1）建设项目规划阶段应重视投资控制，合理控制投资强度，积极推进线网资源共享方案的研究和实施，保证规划方案的稳定，做好用地控制和工程预留，提高投资管理质量。

（2）项目前期研究阶段应合理确定项目定位和总体功能，遵循"安全可靠、功能合理"的原则，严格控制项目规模和设备系统标准，优先选用国产车辆和机电设备。其中，项目规模的确定要结合城市轨道交通建设技术水平、技术装备、管理水平及社会经济环境综合考虑。项目的建设标准应尽量给出定量指标，不能提出定量指标时应有定性的原则要求。优先选用国产车辆和机电设备，以创造降低建设费用和运营费用的条件。

（3）项目各阶段投资成果应与规划设计工作深度相适应，符合城市轨道交通工程建设项目、工程造价构成和工程造价管理的要求，完整反映建设项目范围内工程建设项目全过程所需的全部费用，包括工程费用、工程建设其他费用、预备费用和专项费用。

（4）项目投资应合理反映项目真实投资需求，明确项目投资的范围、与相关项目的投资界面，合理安排城市轨道交通线网资源共享工程的实施计划和投资摊销。

（5）建设单位可委托工程造价咨询公司，部分或全过程参与项目投资管理活动。

10.3 轨道交通项目投资的构成

城市轨道交通建设项目投资由建设费用和运营费用两大部分组成，建设费用和运营费用又由项目的下一级费用构成。其中，建设费用主要包括建筑工程费用、安装工程费用、设备购置费用、车辆购置费用、建设其他费用、预备费用、建设期贷款利息、铺底流动资金等。城市轨道交通建设项目投资的构成如图 10-1 所示。

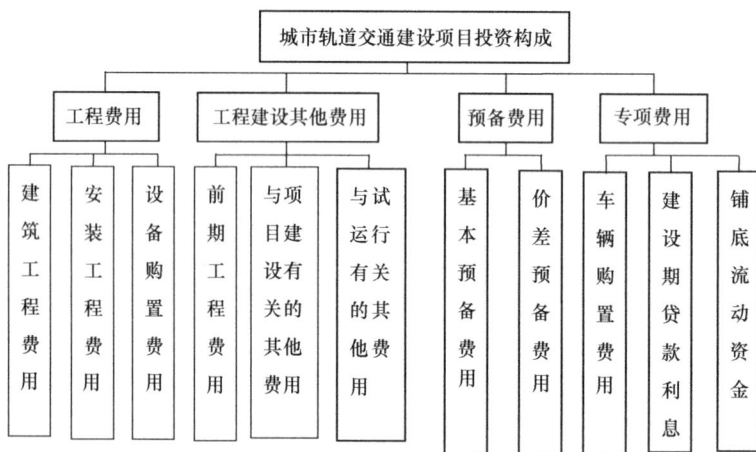

图 10-1　城市轨道交通建设项目投资的构成

为进一步分析城市轨道交通建设项目的建设投资构成，将决策设计及施工建设阶段费用按工程类别进行划分，主要分为土建工程费用、车辆费用、机电设备费用以及其他各项费用。此外，由于前期准备费用、征地拆迁费用以及建设期的贷款利息在建设投资中所占的比例较大，因此将这几项费用单独给出。由此，建设投资的构成主要包括前期准备、征地拆迁、土建、车辆、车辆段及停车场、机电设备、建设期贷款利息以及其他费用等内容。

其中，前期准备费用包含施工准备；征地拆迁费用含征地拆迁、管线改移；土建费用含车站、区间、轨道结构；车辆段及停车场费用包含了段场内的相应土建及机电费用；机电设备费用含供电、通信、信号、通风及空调、自动售检票、自动扶梯及电梯、给水排水及消防、防灾报警系统、设备监控系统、站台门等；其他费用包括人防工程费用、控制中心及附属费用、工器具及生产家具购置费、铺底流动资金、基本预备费、其他费用等。

通过分析北京、南京、广州等城市多条轨道交通线路，对城市轨道交通建设项目具体线路的主要投资构成进行统计，如图10-2所示，可见，土建费用比重最大，其次为机电设备费用。将各项费用按照比重降序排列如下：

土建费用占总投资的34.21%～39.37%，平均为36.33%，平均公里造价19654万元；机电设备费用占总投资的17.38%～23.35%，平均为19.86%，平均公里造价10744万元；其他费用占总投资的8.32%～13.57%，平均为10.30%，平均公里造价5573万元；车辆购置费用占总投资的6.39%～12.21%，平均为9.97%，平均公里造价5393万元；征地拆迁费用占总投资的6.38%～14.58%，平均为

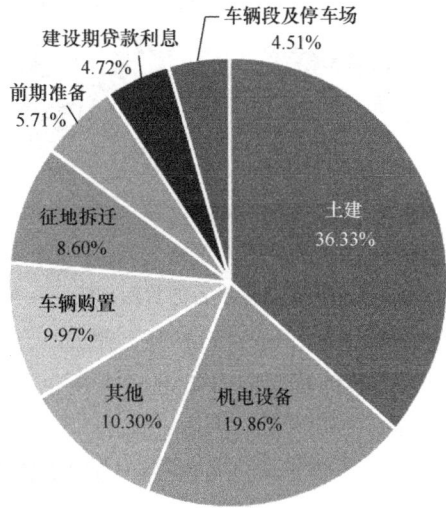

图10-2 建设投资的主要构成

8.60%，平均公里造价4653万元；前期准备费用占总投资的4.76%～6.32%，平均为5.71%，平均公里造价3090万元；建设期贷款利息占总投资的3.13%～5.91%，平均为4.72%，平均公里造价2553万元；车辆段及停车场费用占总投资的3.89%～6.06%，平均为4.51%，平均公里造价2441万元。

在此基础上，参照北京、南京、广州等城市多条轨道交通线路的数据，对建设投资中占比最大的土建投资以及机电设备投资的具体费用构成做进一步分解。

1. 土建的费用构成

土建投资主要包括车站、区间和轨道结构三部分，其中，车站费用最高，平均公里造价10285万元，占土建投资的45.30%～57.13%，平均52.33%，平均占总建设投资的比例为19.01%；其次为区间，平均公里造价8362.4万元，占土建投资的38.19%～50.45%，平均42.55%，平均占总建设投资的比例为15.46%；轨道结构费用较低，占土建投资的3.96%～7.29%，平均5.12%，平均占总造价的比例1.86%，平均每公里造价1006.2万元。具体费用结构如图10-3所示。

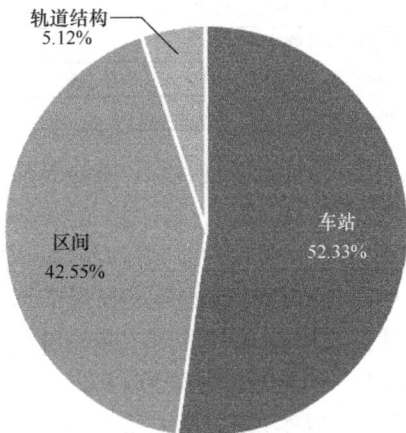

图10-3 土建的费用构成

2. 机电设备的费用构成

机电设备主要包括供电、通信、信号、通风空调等设备，其中费用较高的有供电、信号、通风空

159

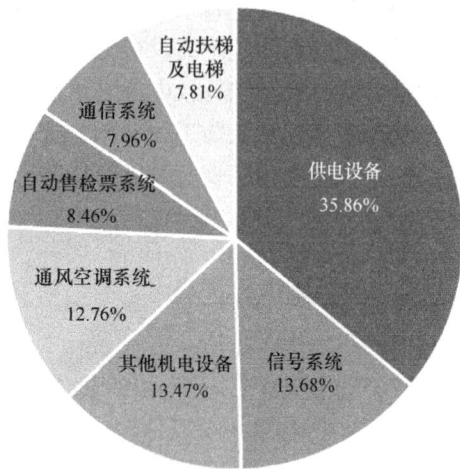

图 10-4 机电设备的费用构成

调、通信、自动售检票和自动扶梯及电梯六项，其他几项设备如设备监控系统、防灾报警系统设备费用不高，共同计入其他机电设备一项。站台门虽然费用较高，但有些线路不含该项设备，因此，也计入其他机电设备。

各项机电设备费用中，供电设备费用最高，占机电设备投资的 30.44%～43.64%，平均 35.86%；其次为信号系统费用，占机电设备投资的 11.41%～15.29%，平均 13.68%；然后依次是其他机电设备占 6.85%～19.9%，平均 13.47%；通风空调系统占 8.0%～19.38%，平均 12.76%；自动售检票系统占 8.02%～8.81%，平均 8.46%；

通信系统占 7.13%～9.37%，平均 7.96%；自动扶梯及电梯占 5.33%～8.97%，平均 7.81%。具体费用结构如图 10-4 所示。

10.4　全过程投资管理的主要工作

10.4.1　全过程投资管理的基本流程

在城市轨道交通工程中，投资管理的目标是在实现项目运营功能及技术标准的前提下，合理反映项目真实投资需求，挖掘项目投资节约潜力，实现合理的功能价格比，提高经济效益。然而，在我国的城市轨道交通建设中，不少项目的建设费用超支现象较为严重。根据对近几年国内城市轨道交通建设项目造价的分析，将引起投资超支情况的原因进行总结，见表 10-1。

城市轨道交通建设项目的投资超支原因　　　　　　　　　　表 10-1

具体因素	所占比例	主要表现
工程规模发生变化	36%	车站及地下一层空间开发等规模发生变化
前期征地拆迁工程费用增加	32%	交通疏解及管线搬迁方面
线路施工方式发生变化	18%	特殊地质因素引起的施工及地基加固等方法发生变化
价格上涨因素	14%	人、材、机等相关价格发生变化

针对以上情况，为了更好地实现城市轨道交通建设项目的投资管理目标，有必要从项目全过程的角度规范投资管理流程，明确各阶段投资管理的要点。

随着项目的进展，从项目建议书、可行性研究、设计阶段、施工阶段到运营阶段，项目费用的含义不断变化，费用准确程度逐渐精确，在项目各阶段相应的形成投资估算费用、概算费用、预算费用、合同费用、结算费用、决算费用以及运营费用。有关研究表明：决策阶段可以影响项目建设成本的变化高达 95% 以上，初步设计阶段为 75%～95%，施工图设计阶段为 12%～35%，施工建设阶段对项目建设成本影响仅为 12% 左右，如图 10-5所示。因此，应针对项目全过程各阶段的费用类型变化有针对地进行投资管理。

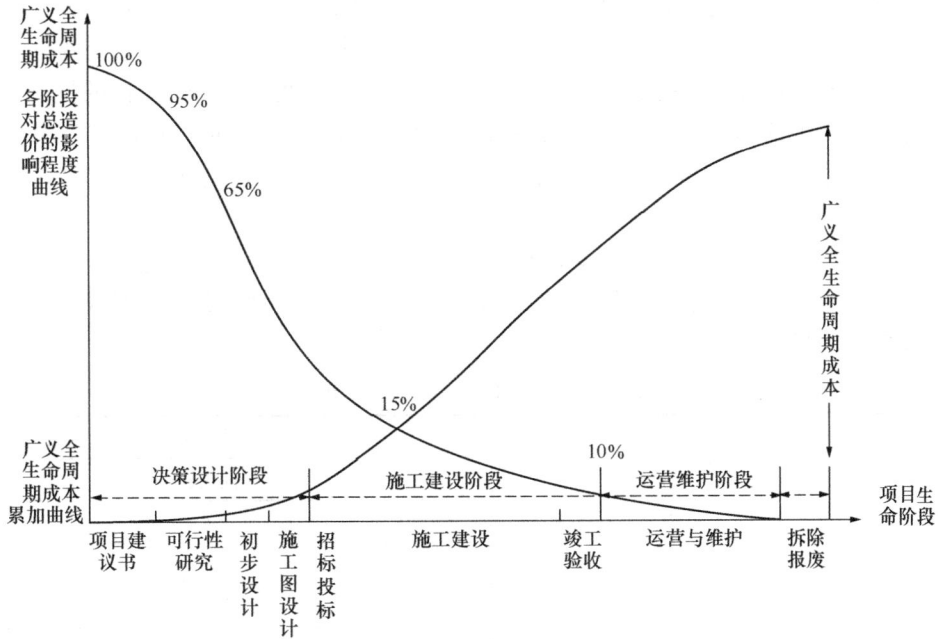

图 10-5　城市轨道交通建设项目全生命周期各阶段对项目投资的影响

10.4.2　全过程投资管理的主要工作

在城市轨道交通工程中，全过程投资管理应该包括项目建议书和可行性研究阶段的投资估算管理、初步设计阶段的概算管理、施工图设计阶段的预算管理、招标投标阶段合同管理、合同实施阶段的结算管理及竣工验收阶段的竣工结算管理，如图 10-6 所示。各参建单位应通过合同建立、健全项目投资管理的责任体系，明确参建各方投资管理分工和权责关系，将项目投资管理的目标具体分解落实到项目的各阶段和各责任主体，实现过程监控。

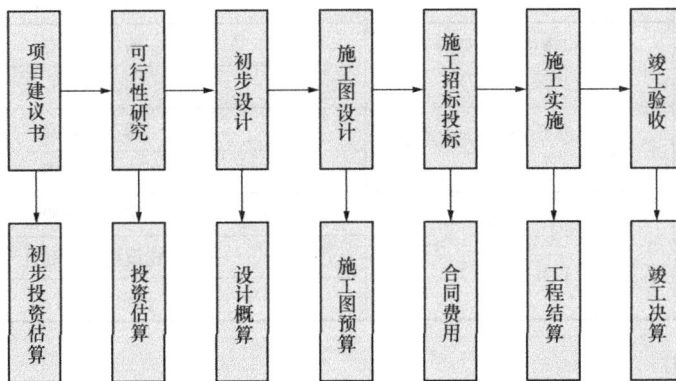

图 10-6　城市轨道交通建设项目全过程各阶段的投资管理内容

1. 投资估算管理

建设项目投资估算是可行性研究报告的重要组成部分，也是对建设项目进行经济效益

161

评价的重要基础，项目确定后，投资估算总额还将对初步设计概算编制起控制作用。根据《城市轨道交通工程项目建设标准》的规定，项目投资估算应进行专业和系统的分项投资分析和评价，对各设计阶段的总投资的变化幅度予以控制，可行性研究阶段的投资估算不宜超过建设规划书的15%，总体设计和初步设计概算均不得超过可行性研究阶段投资估算的10%。可行性研究阶段投资估算的编制必须严格执行国家的有关方针政策，以审核批准的项目建设规划预估算作为控制项目投资额度的依据。

根据《城市轨道交通工程设计概算编制办法》的有关规定，轨道交通建设项目的投资估算主要由工程费用、工程建设其他费用、预备费用及专项费用这几部分组成。城市轨道交通建设项目的投资估算见表10-2。

城市轨道交通建设项目的投资估算 表10-2

		车站土建
投资估算总额	工程费用 (60%～69%)	区间土建
		轨道
		通信
		信号
		供电
		综合监控
		火灾自动报警、环境与设备监控
		安防与门禁
		通风、空调与供暖
		给水与排水、消防
		自动售检票
		站内客运设备、站台门
		运营控制中心
		车辆基地
		人防
	工程建设其他费用 (18%～23%)	前期工程费
		其他费用
	预备费 (4%～6%)	基本预备费
		价差预备费
	专项费用 (12%～18%)	车辆购置费
		建设期贷款利息
		铺地流动资金

（1）工程费用

工程费用占整个投资估算费用总额的60%～69%，是工程规模的直接体现。工程费用编制范围包含城市地铁工程的土建及设备系统安装等内容，具体分为：车站土建，区间土建，轨道，通信，信号，供电，综合监控，火灾自动报警、环境与设备监控，安防与门禁，通风、空调与供暖系统，给水排水、消防系统，自动售检票，站内客运设备、站台门，车辆基地，人防等。其中，车站及区间土建费用占大比重，不同规模的工程所占比重不一，因此，把控土建费用至关重要，估算编制人员应熟悉轨道交通施工方法，及时与设计人员沟通交流，从而有效地控制投资，做好投资估算。

（2）工程建设其他费用

除工程费用外，工程建设其他费用也是投资估算编制的要点部分，其中包含征地费、拆迁补偿费、场地准备费、建设管理费、监理费、勘察设计费以及各类跟工程有关的取费等。这部分内容需要编制人员搜集资料，查询当地土地使用价格情况，熟悉掌握各类取费标准以及搜集同类项目取费情况，最后综合考虑权衡分析，编制出合理的投资估算费用。

（3）预备费用

按标准取工程费用及工程建设其他费用合计的8%～10%，取费具有一定的弹性，具体要看工程投资额度及专家和建设单位要求。

（4）专项费用

专项费用包括车辆购置费、建设期贷款利息和铺底流动资金，车辆购置费取决于设计采用车型，以及车辆配置数量，建设期贷款利息取决于工程建设周期以及资本金分年投入使用比例，合理安排好这些才能真实反映工程投资情况。

结合建设项目投资估算的基本要求以及城市轨道交通建设项目的特征，投资估算的编制程序主要包括以下工作：熟悉工程项目的特点、组成、内容和规模等；收集有关资料，数据和估算指标等；选择相应的投资估算方法；估算工程项目各单位工程的建筑面积及工程量；进行工程费用的投资估算；进行工程建设其他费用的估算；进行预备费用的估算；进行专项费用的估算；汇总工程项目投资估算总额；调整不适当的费用，确定工程项目的投资估算总额。

2. 设计概算管理

设计概算亦称"初步设计概算"，在城市轨道交通工程中，初步设计概算是考核经济合理性和全面反映建设项目投资规模和投资构成的主要文件，是初步设计文件的重要组成部分。初步设计概算编制应符合城市轨道交通工程建设项目、工程造价构成和工程造价管理的要求，有利于合理确定和有效控制城市轨道交通工程造价。初步设计概算编制范围应与建设项目投资范围一致，完整反映设计范围内工程建设项目全过程所需的全部费用。经批准的初步设计概算，应是确定和投资项目投资、编制建设计划的主要依据。设计阶段对控制城市轨道交通建设项目的造价起决定性作用。

为充分体现城市轨道交通建设项目管理和投资控制特点，设计概算编制应按分册概算文件和总概算文件两个层次完成。分册概算文件是指具体反映建设项目一个单体工程范围内，或一个专业系统工程范围内的工程费用及其构成的文件，包括建筑工程单项概算、设备与安装工程单项概算和册综合概算及说明；总概算文件是反映整个建设项目的投资规模和投资构成的文件，包括综合概算表和总概算表等表格及说明。

项目设计概算自下而上，由单位工程概算汇编成单项工程综合概算，再由单项工程综合概算、建设其他费用概算、基本预备费、财务费用、铺底流动资金汇总成项目设计总概算。建设单位工程概算一般采取概算定额法，根据初步设计图纸资料和概算定额的项目划分计算出工程量，然后选取概算定额单价或市场价格，计算汇总，再记取有关费用，便可得出单位工程概算费用。设备及安装单位工程概算中，设备及工器具购置费根据初步设计的设备清单和设备市场价格计算，安装工程费根据清单和安装工程定额或市场类似安装价格计算。设计概算的编制工作流程如图 10-7 所示。

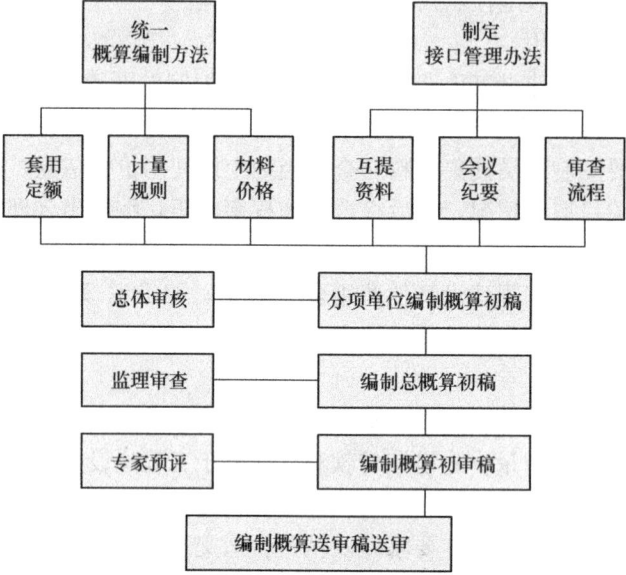

图 10-7　设计概算的编制工作流程

3. 施工图预算管理

施工图预算是施工图设计预算的简称，是指根据施工图设计范围、建设工程量清单计价规范、工程量计算规范、工程计价定额、城市轨道交通工程计价表、工程费用定额，以及国家对于工程费率相关的强制性执行文件等资料编制的全部工程造价预算。施工图预算是设计阶段控制工程造价、深化设计管理的重要环节，对于建设单位来讲，根据施工图预算出标底和招标控制价，是控制投资、测算造价指标、保证施工图设计不突破设计概算的重要措施，并且是工程招标阶段的政府资金核定、最高限价控制的重要依据；对于施工方来讲，参照建设单位提供的图纸及工程量招标清单做出的施工图预算，是进行投标报价、合同签订的重要依据。另外，施工图预算也是组织建设项目实施的指导性文件，是考核施工图设计经济性、合理性，以及衡量投标报价合理性的重要依据。

施工图预算编制时应采用现行的预算定额、地区材料构配件预算价格、各项费用标准和地区单位估价表，现行的设备原价及运杂费率及有关的其他工程费用定额。对于城市轨道交通建设项目，施工图预算的关键是计算工程量。在统一的工程量清单下，建设单位可聘请设计单位或咨询单位编制施工图预算作为确定参考标底或控制投资的依据，工程投标人可据此编制投标报价。

施工图预算编制工作内容不限于通常意义上的设计单位对施工图预算的编制，还包括施工方案的专家组讨论确定、咨询单位对施工图预算的审核、施工图预算与设计概算及施工各阶段量价对比分析，以及量化指标的提取等工作内容，为轨道交通设计量化指标体系的建立奠定基础。施工图预算的编制工作流程如图 10-8 所示。

4. 招标及合同执行管理

在城市轨道交通工程中，项目实施阶段投资管理应以合同为基础，通过严格的合同控

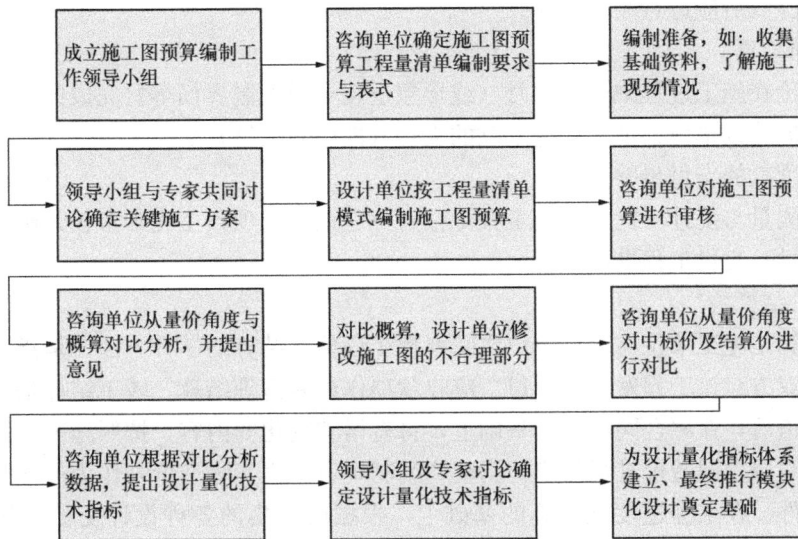

图 10-8　施工图预算的编制工作流程

制及工程变更管理、合理的施工组织优化、有效的工程安全管理及风险管理等措施，对施工单位进行管理。建设单位应建立完整的计量规则和计量支付程序，合理安排项目进度计划和投资计划，优化配置各类资源，严格变更管理，采用动态管理方式控制投资。

在项目招标阶段，建设单位应编制合理的评标规则，依据工程总体计划编制合理招标的招标计划，严格按照招标计划公开、公平、公正选择施工单位。招标控制价的编制应力求符合市场实际变化，合理反映工程价格。合理的低价应有可行的措施保证实现，但不保证最低的报价中标。

在合同签订阶段，建设单位的合同管理部门，需根据招标文件、施工单位的中标文件、招标答疑、设计澄清等资料，开展合同授标前澄清、合同谈判工作，复核投标文件中对招标文件的响应是否有偏差、价格计算是否正确，并在该阶段作出修正，且要求承包商进行相应承诺。授标前澄清以会议纪要形式成为合同的一部分。

在合同执行阶段，工程变更管理是合同管理的一个重要环节，轨道交通工程施工周期长、专业多，各专业的工程变更一般比较繁多，工程变更往往成为影响投资的重要因素。因此，建设单位需建立一套有效的变更管理和审批制度，针对各类变更严加控制，采取部门审查、变更立项会审查、领导审批的逐级审核机制，对技术方案、经济性指标进行综合审查、决策，确保变更的必要性、合理性和可行性。

5. 工程结算管理

工程结算是指施工单位按照承包合同和已完工程量向建设单位办理工程价清算的经济文件。项目施工实作作为投资活动的物化过程，应使费用实际支出控制在中标确定的合同价和可控制的变更范围内，经过计量、变更、索赔等环节，确定合同结算费用，从而使项目费用实现支付。

（1）工程结算的主要内容

由于城市轨道交通建设项目工程建设周期长，耗用资金数大，为使施工单位在施工中耗用的资金及时得到补偿，需要对工程价款进行中间结算（进度款结算）、年终结算，全部工程竣工验收后应进行竣工结算。

1) 中间结算

施工单位在施工过程中，按逐月（或形象进度，或控制界面等）完成的工程数量计算各项费用，向建设单位办理工程进度款的支付（即中间结算）。

工程进度款的支付步骤为：

工程量测量与统计→提交已完工程量报告→建设单位项目工程师审核并确认→建设单位认可并审批→交付工程进度款。

2) 竣工结算

竣工结算是施工单位与建设单位之间办理工程价款结算的一种方法，是指工程项目竣工以后甲乙双方对该工程发生的应付、应收款项作最后清理结算。竣工结算是在工程竣工并经验收合格后，在原合同造价的基础上，将有增减变化的内容，按照施工合同约定的方法与规定，对原合同造价进行相应的调整，编制确定工程实际造价并作为最终结算工程价款的经济文件。在工程进度款结算的基础上，根据所收集的各种设计变更资料和修改图纸，以及现场签证、工程量核定单、索赔等资料进行合同价款的增减调整计算，最后汇总为竣工结算造价。

在城市轨道交通工程中，工程竣工验收报告完成后，施工等单位应在规定时间内向建设单位递交工程竣工结算报告及完整的结算资料。建设单位应依据合同约定和履约情况客观、公正、合理做好工程结算，严格控制工程合同外费用。

（2）工程结算的审核

城市轨道交通建设项目工程结算审核的目的主要是对轨道交通建设项目造价的确认和控制进行监督检查。根据有关法规、政策，以及相应工程定额取费标准、设计图纸和实物工程量等，对工程结算造价进行审核。通过全面系统的审核，及时纠正存在的问题和错误，合理确定工程造价、有效控制工程投资。建设单位应做好以下审核工作：

1) 工程数量审核

工程数量审核是工程结算的基础工作，工程量的大小将对工程造价产生重要影响。数量审核主要依据设计图纸、工程量计算规则、专业设备材料表等进行，此外工程数量计算周期长、过程复杂，所以应熟悉图纸和定额计算规则，准确确定各项工程数量。重点审核工程数量是否有多算、重算或漏算等问题。

2) 定额子目、材料价格审核

同一工程项目套用不同的定额子目，造价差异可能很大，在审核过程中，要熟悉定额中同类工程定额子目的套用界限，实事求是地加以审核。另外，材料价格在工程造价中占有较大比重，对材料价格的核定不容忽视，审核人员必须进行市场调查，合理确定价格。

3) 工程变更、洽商审核

工程变更、洽商与结算金额密切相关，应对工程实际情况进行核实，做到实事求是、合理计算，审核变更、洽商的工作内容是否符合有关规定，手续是否齐全，对于不合理、不符合规定的变更、洽商费用应予以核减。

4) 价差调整审核

价差调整是结算金额的重要组成部分，价差调整审核工作需熟悉合同约定的价差调整范围、调整原则及计算公式，明确参与调差的人工或材料的数量及其确定规则。另外，城市轨道交通建设项目施工周期长，材料价格随市场波动大，应按施工进度分期核定价格，按实际调差。

5）工程费用审核

审核费用时应明确各项费用的计取条件、适用范围、计算基数，依据当地造价管理部门发布的文件及规定并结合相关文件等确定取费标准。所使用费率需与工程类别、招标文件、施工合同等相符，并结合实际情况审核有无随意扩大取费基数或费率、取费项目有无重复计算等问题。

6. 竣工决算管理

竣工决算是指在工程竣工验收交付使用阶段，建设项目从筹建到竣工验收、交付使用全过程中实际支付的全部建设费用。在城市轨道交通工程中，建设项目或单项工程完成后，由建设单位财务及有关部门，以竣工结算等资料为基础，编制反映建设项目实际造价和投资效果的竣工决算。竣工决算是整个工程的最终价格，是作为建设单位财务部门汇总固定资产的主要依据。通过编制项目竣工决算报告，确定项目全部建设费用，检验项目投资是否控制在国家批准的项目设计概算或修正概算目标内，实现项目建设投资管理目标。

（1）竣工决算的主要内容

竣工财务决算是城市轨道交通建设项目竣工验收的必备程序，是以财务和实物指标，量化工程建设成果以及进行项目后评价的重要依据。按照《基本建设项目竣工财务决算管理暂行办法》的规定，竣工财务决算主要包括竣工财务决算报表、竣工财务决算说明书、竣工财务（结）决算审核情况以及相关资料。

（2）竣工决算的编制依据

结合建设项目竣工决算的基本要求以及城市轨道交通建设项目的特征，竣工决算的依据主要包括以下内容：

1）经批准的可行性研究报告及其投资估算书；

2）经批准的初步设计或扩大初步设计及其概算书或修正概算书；

3）经批准的施工图设计及其施工图预算书；

4）设计交底或图纸会审会议纪要；

5）招标投标的标底、承包合同、工程结算资料；

6）施工记录或施工签证单及其他施工发生的费用记录；

7）竣工图及各种竣工验收资料；

8）历年基建资料、财务决算及批复文件；

9）设备、材料等调价文件和调价记录；

10）有关财务核算制度、办法和其他有关资料、文件等。

（3）竣工决算的编制工作

城市轨道交通建设项目竣工决算的编制主要包括以下几个阶段：

1）决算准备阶段，主要包含以下工作内容：编制决算工作方案，明确相关部门职责与工作流程；编制部门组织对所有合同进行梳理，取得合同结算的相应依据，梳理合同财务入账，确保进行准确计量并完全入账；梳理尾工工程，控制尾工规模，向发展改革委备案；对照概算，对完成投资情况进行概算回归分析，对超概和结余较多的情况进行分析说明；按照资产目录，编制资产原始清单；确定待摊投资分摊规则，分摊形成最终的资产清单，资产清单总金额与财务账面金额一致。

2）编制报告阶段，根据准备阶段整理的合同财务入账情况及最终的资产清单，编制竣工财务决算报表，并编制竣工财务决算说明书。其中，交付资产使用明细表是最为重要的关键点，应与资产清单对应，将来作为资产移交的依据。

3）报审阶段，竣工财务决算编制完成经建设单位内部审核后，提交政府相关部门评审，取得正式政府批复，对于其中产权不属于建设单位的资产予以转出。

10.5 投资管理要点及实践

对于城市轨道交通建设项目的投资管理，建设单位应以项目决策和设计阶段为重点，以合同管理为核心，保证合同履约绩效，提高精细化管控能力，加强资金计划管理和跟踪，提高资金使用效率。下面结合××市轨道交通的实践经验，阐述总结轨道交通建设项目的投资管理要点。

1. 以项目决策与设计阶段为重点，把握投资管理控制关键

××市轨道交通集团高度重视建设项目全过程管理，注重估算、概算、预算之间的有机配合，层层控制做好投资管理。科学合理审慎确定项目线路走向、敷设方式、站位选址、车站规模等重大决策内容，并对工程功能、规模和投资进行合理定位，为建设投资的有效控制打下坚实基础。在设计阶段做好各设计方案的比选、评审工作，强调优化设计、限额设计，尽可能降低工程造价，对投资影响大的方案应进行重点控制。建立设计错漏追查和处理机制，强化设计责任意识，减少设计单位人为设计错漏带来的施工返工，避免投资浪费。

2. 合理设置招标控制价，确保工程预算在初步设计概算控制范围

××市轨道交通集团建立健全了一套招标控制价审核机制及管理流程。招标工作开始前，填写《××市轨道交通工程采购资金评审表》，对拟招标项目建设规模与初步设计是否有重大调整、调整原因和变化情况等事项进行说明，然后报市轨道交通指挥部进行审批，确保工程预算在初步设计概算控制范围；制定了《关于城市轨道交通工程设备（材料）供货类项目招标投标最高限价实施办法》等实施办法；根据市财政投资评审中心统一建立的轨道交通工程造价咨询库，选择确定招标控制价编制咨询单位；建立了招标投标标底及控制价评审会议体系，对招标控制价的编制进行规范。通过科学规范编制招标控制价，保障招标项目取得合理的合同价格，为工程进度、质量和安全提供保障。

3. 以合同管理为核心，保证合同履约绩效

××市轨道交通集团严格执行合同管理相关规章制度，在合同执行的各个环节做好组织、审查、监督、纠偏等工作。一是严守合同签订前的会审，严格审查投标文件的澄清以及合同文件与招标文件的符合性审查，加强合同谈判工作。集团公司下属（子、分）公司，结合各自管理特点，分别制定了相应的合同管理实施细则等规章制度，明确相关部门的合同审核责任，使各业务领域的合同谈判阶段工作制度化、程序化。二是严格依据合同约定及《工程变更管理办法》等规章制度，强化合同变更及合同结算管理，并及时办理合同变更备案工作。针对非合同约定的、因管理与设计失误造成的变更，予以严肃问责。

4. 加强资金计划管理和跟踪，提高资金使用效率

为加强资金执行过程管理，××市轨道交通集团对合同执行情况进行动态管控、时时分析。在项目实施过程中，结合各项目的工期进度来编制年度投资建设计划；在过程中对投资进度、项目概算执行情况实行严密监控，建立了项目概算回归分析模式，及时形成各线路季度投资分析报告，针对超概风险及时预警及时整改。

5. 严格审查项目工程竣工结算

严格依据合同约定及市财政评审中心的要求，对结算工程实施制度化、体系管理。根据建设单位及各参建方职责，界定竣工结算管理范围，明确审定流程和相关权限。制定合同造价相关原则，对工程资料和工程量的正确性进行管理，在工程结算阶段对合同执行情况和齐备性进行审查。

制定《城市轨道交通工程送审结算资料编制格式模板》等结算制度，督促承包商及时办理竣工项目结算，定期对工程项目进行清理，督促承包商按时规范完成工程竣工结算书，报监理、建设单位审核；建立结算审核争议问题协调工作例会，配合市财政评审中心、审计局结算审批，并做好项目国家验收、竣工移交和审核工作，确保项目顺利完成运营和实现国家验收。

第 11 章　招标及合同管理

11.1　概　　述

合同管理是合同依法进行订立、履行、变更、解除、转让、终止以及审查、监督、控制等一系列行为的总称。对于一般的工程项目而言，合同管理通过工程合同策划、招标、商签、实施监督，保证项目总体目标的实现。作为工程项目管理的一部分，合同管理贯穿于工程项目实施的全过程。根据我国《建设工程项目管理规范》GB/T 50326 的规定，工程项目合同管理的过程包括合同总体策划、工程招标投标和签约管理、合同分析、变更管理、合同后评价等工作内容。工程项目合同管理的过程如图 11-1 所示。

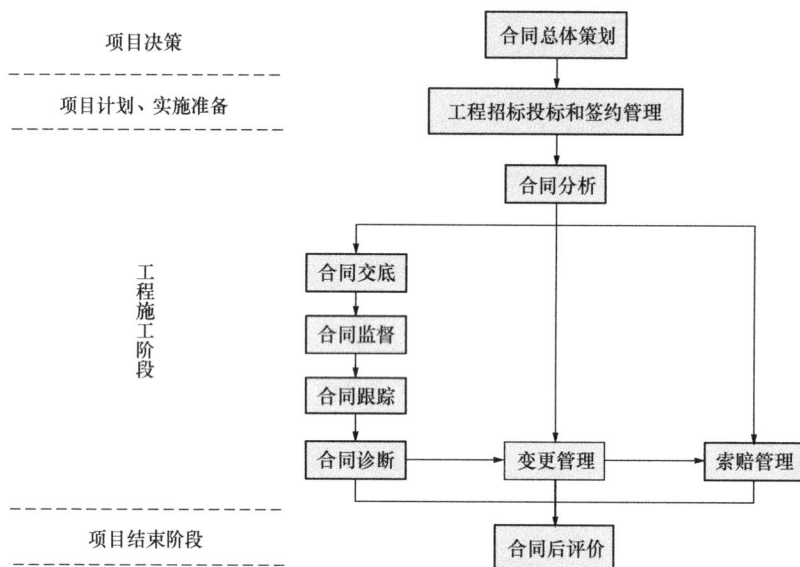

图 11-1　工程项目合同管理的过程

11.2　合同体系及招标策划

11.2.1　合同体系总体策划

合同总体策划是指，对整个工程项目存在重大影响的问题进行研究、选择，确定工程项目的合同体系、合同类型，并开展合同风险分配、合同体系协调等工作。城市轨道交通建设项目合同总体策划的基本流程如图 11-2 所示。

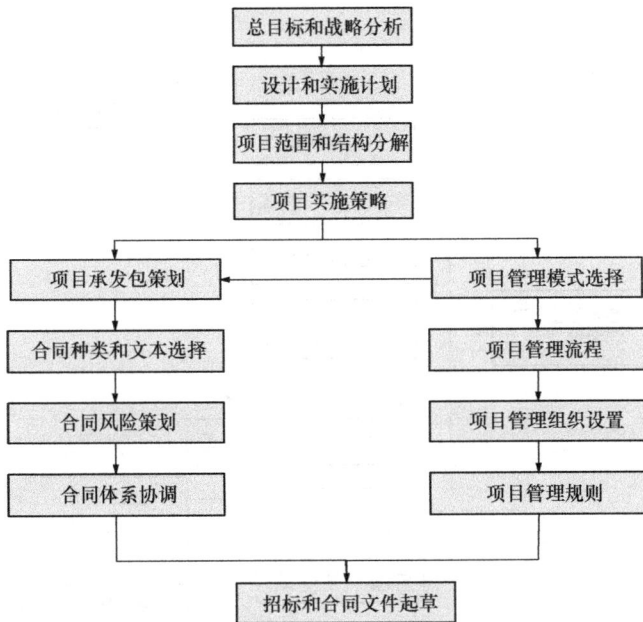

图 11-2 城市轨道交通建设项目合同总体策划的基本流程

合同体系策划应根据 WBS（Work Breakdown Structure）分解出工程项目范围内和建设周期内的全部工作，做到工程项目各内容均能落实到合同中。城市轨道交通项目进行合同体系策划时，须把项目里所有工作内容均考虑周全，不得遗漏项目实施必需的工作，否则会导致项目计划失误、建设过程中频繁出现变更、合同纠纷，甚至导致整个项目失败。

建设单位在进行城市轨道交通建设项目合同体系策划时应重点考虑以下几方面的内容：

（1）本城市轨道交通项目的特点；

（2）项目的成本控制目标、质量要求目标、进度要求目标等；

（3）建设单位自身的项目管理能力、建设单位前期参与城市轨道交通项目建设过程中所积累的关于合同体系策划的经验；

（4）城市轨道交通建设项目所在地的合同管理惯例。

城市轨道交通建设项目的合同体系如图 11-3 所示。需注意的是，轨道交通项目的合同体系结构是动态的、非固定不变的，会随着不同线路建设项目的合同结构、项目成本、项目标准的变化而调整，因此，建设单位需要在新线路项目实施过程前，适当调整或修正合同体系。

城市轨道交通建设项目所包括的建设内容庞大，建设投资规模巨大，因此，通过合同体系分解后，所得到的合同类型、数量众多，单条城市轨道交通建设项目可能就需要签订几百份甚至上千份各种类型的合同。以国内某条轨道交通建设项目为例，其合同类型与数量见表 11-1。

172

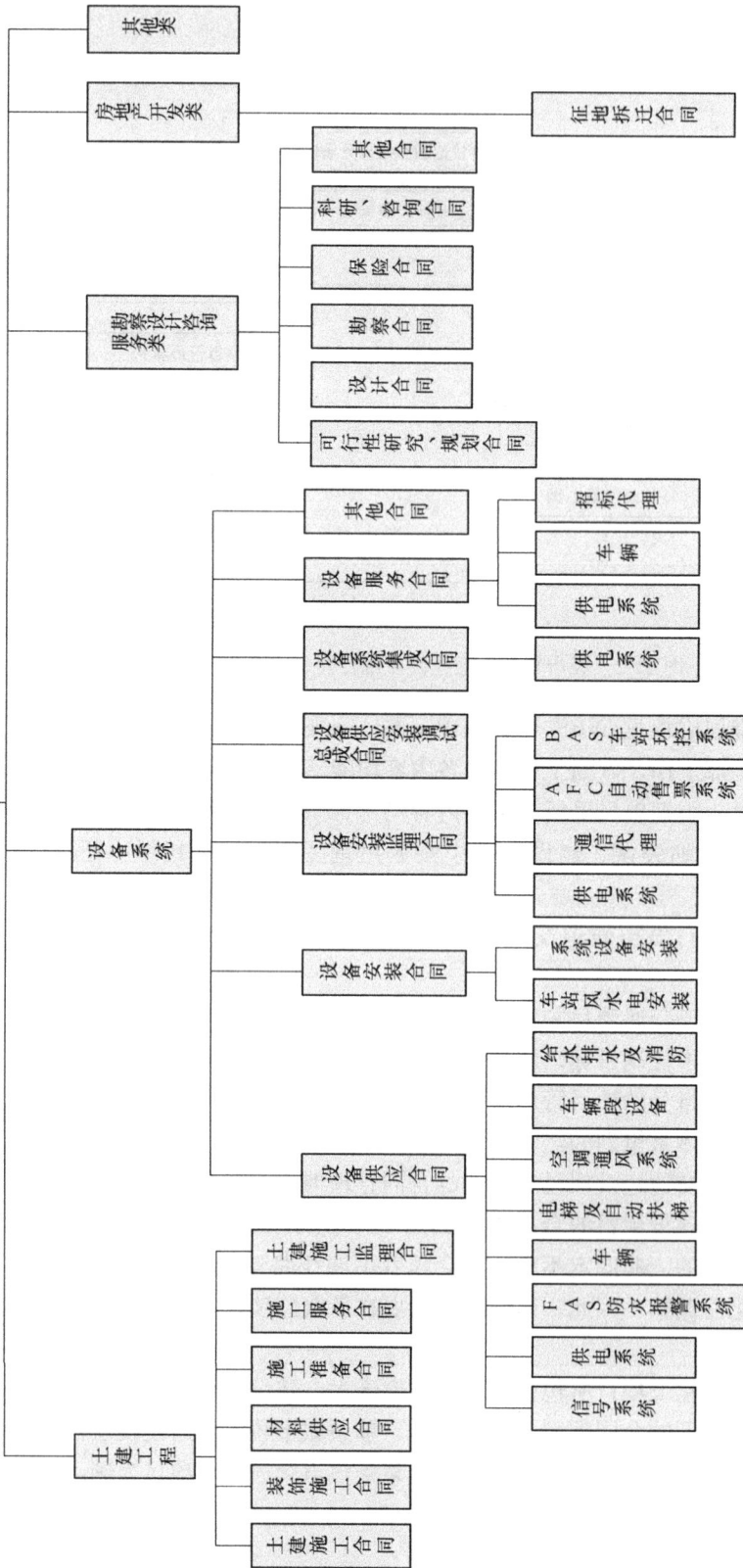

图 11-3 轨道交通项目的合同体系实例

某条轨道交通线路的合同类型与数量	表 11-1
合同类型	合同数量
土建合同	33
土建材料采购合同	66
施工准备合同	61
施工服务合同	20
勘察合同	24
设计合同	39
监理合同	18
地铁信号系统、供电系统等合同	60
景观绿化合同	21
科研、咨询合同	78
装饰、保险合同等	19
合计	439

城市轨道交通建设项目所包括的这些合同之间（例如主合同和分合同之间）存在着复杂的关系，实际工作中由于合同体系不协调而造成的工程失误也较多，例如前一个参建单位交付的合同成果能否为后一个参建单位的合同工作创造应有条件，因此，各个合同之间关系的协调也是合同总体策划的重要内容。开展合同体系协调工作，主要考虑各合同在时间上、技术上、价格上是否协调匹配，时间协调工作如图 11-4 所示。

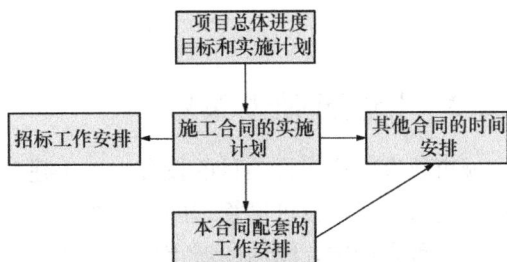

图 11-4　城市轨道交通建设项目
项目合同体系的时间协调

11.2.2　设计合同招标策划

在城市轨道交通项目建设中，设计作为前期工作中的一个复杂子系统，是工程质量、进度、投资控制的重要环节，对项目成功起着关键作用。

城市轨道交通项目设计工作的难点和重点在于设计的管理工作。考虑到目前国内综合性的、可从事轨道交通建设项目设计的设计单位数量有限，即使具备大量高水平的专业设计人员，在设计集成管理方面的专业人员和实践经验还是相对缺乏的；此外，城市轨道交通建设项目的设计接口和界面数量庞大，建设单位的协调工作量大。因此，为减少城市轨道交通建设项目的设计风险，一般可采用设计总承包的模式。

建设单位可先委托一家设计院承担设计总承包任务，然后设计总体总包单位经建设单位同意后，再将部分项目设计工作分包给其他设计单位，由建设单位（或通过设计监理）和设计总体单位对参与设计的各单项设计单位的设计工作实施管理与协调。设计总包合同是建设单位与设计总体总包单位之间签署，而设计分包合同则是一份涉及建设单位、设计总体总包单位和设计分包单位的三方合同，三者均要在设计分包合同上签字。采用这种设计总体总包的合同体系如图 11-5 所示。

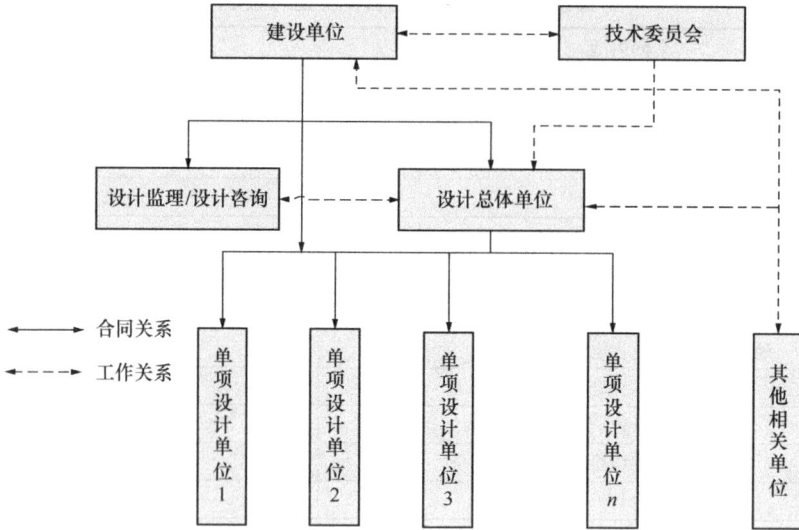

图 11-5 三方设计合同关系

11.2.3 土建合同招标策划

城市轨道交通建设项目的投资中，土建工程内容占据大比例份额，且土建工程施工也是城市轨道交通建设进度管理的关键线路工作，因此，其合同体系的设计是非常关键的。在土建工程合同中，国内的城市轨道交通建设项目一般都采用分专业、分阶段的平行承发包模式，在这种模式中，设计与施工相分离，施工任务目标相对清晰明确，可直接由专业的施工单位来完成。一般而言，车站和区间工程具有工程范围大、造价高等特点，需要多个施工单位共同配合完成，故通常采用站点至站点的标段划分方法。而轨道、车辆段、主变电所和控制中心等工程相对较为独立，通常只划分一个标段。土建工程标段的划分应考虑如下几点原则：

1. 规模适中

一方面，土建工程施工标段如果划分过细，容易造成单个标段造价较低，对优质施工单位缺乏吸引力，并且在后续施工管理中，建设单位需面对数量众多的施工单位，大大增加建设单位的管理协调工作量；另一方面，土建工程施工标段如果划分过大，不利于建设单位在招标过程中获得竞争性报价，并且施工单位需要投入大量的人力和物力，往往容易超出施工单位的承包能力。

2. 相对均衡

相同类别的土建标段划分应做到工程量和合同额相近，每家施工单位投入的资源相当；为确保工程进度，应均衡分散工期压力，避免工程重难点集中于同一个标段。原则上不跨监理标段划分。

3. 便于施工

结合行政区域、设计里程分界、场地平面布置等因素，标段划分应有利于土石方调配、材料运输组织、大型临时设施的配置等。

4. 减少接口

标段的划分还应考虑设计方案，必须满足设计上单体工程的独立性和可分割性，合理减少各专业施工界面接口，减少接口处的质量隐患。

11.2.4　机电设备合同招标策划

城市轨道交通工程机电设备主要包括车辆、信号、供电、通信、通风空调、电梯及自动扶梯、自动售检票等十多个子系统，基本涉及机电设备系统的所有高新技术领域。在进行合同体系设计时，也基本可以按照这些不同类别的工程内容设置不同的合同内容工作包。

近年来，我国政府一直积极推行城市轨道交通建设的国产化政策，促进国内设备制造企业通过引进消化、自主创新，加速建设国内自主品牌。随着我国城市轨道交通的大量建设，国内机电设备的生产技术已取得巨大进步，但在一些关键技术和设备上仍需从国外引进。因此，对于城市轨道交通建设单位而言，在进行合同体系设计、合同采购策略制定时，应考虑到这种现实状况，对进口机电设备可以采用的合同策略主要包括：

（1）建设单位通过国际采购方式确定境外供货商并签订合同。这种模式的合同关系比较简单，与国内采购的区别主要在于，由于进口机电设备涉及进口关税及进口环节增值税，建设单位不能享受免征进口关税及进口环节增值税的优惠政策，建设单位除了需要和境外供货商签订机电设备采购合同外，还需要建设单位、进口代理方和境外供货商共同再签订机电设备进口合同，其中进口代理可以是建设单位指定、也可以由境外供货商提出，报经建设单位确认后确定。这种采购策略一般应用于车辆牵引系统、不落轮镟床、钢轨打磨车、固定驾车机等设备的采购。

（2）建设单位通过国际采购方式确定国内的总承包商并签订合同，再就其中的进口机电设备与总承包商、境外供货商和进口代理共同签订机电设备进口合同。建设单位参与到进口机电设备的采购中，主要目的就是为了作为最终用户，从而享受免征进口关税及进口环节增值税的优惠政策。在该模式机电设备进口合同的合同关系中，境外供货商实质上是作为项目的一个分包商，因此，总承包商按照合同的约定对建设单位负责，境外供货商按照机电设备进口合同的约定对总承包商负责，总承包商和境外供货商就进口设备对建设单位承担连带责任。实行总承包模式的信号系统、自动售票（AFC）系统、线网清分（ACC）系统一般采用这种合同策略。

（3）建设单位通过国际采购方式确定国内的总承包商并签订合同，总承包商自行负责进口机电设备的采购。由于总承包商自行负责进口机电设备的采购，建设单位不参与进口机电设备的采购，因此，建设单位可将进口机电设备视同为国内机电设备，就不存在享受优惠政策的问题，也不需要再签订机电设备的进口合同。该模式适用于总承包商具有享受免征进口关税及进口环节增值税政策的资格，并且在投标时已经采用不含税价进行了报价，例如车辆设备采购。

11.2.5　建筑材料合同招标策划

在城市轨道交通建设项目中，根据合同采购策略的不同，建筑材料可以分为甲供、乙供和甲控三种方式，甲供是指由建设单位负责采购，乙供是指由施工单位负责采购，甲控是指施工单位在建设单位指定下进行采购。甲供和乙供是最常见的方式，但是在实际管理过程中仍存在一些不足之处，建设单位需要根据自己的管理经验、采购资源、合同体系策划等因素，选择合理的建筑材料采购策略。甲供和乙供材料合同采购策略可能存在的问题具体见表11-2。

甲供和乙供材料合同采购策略可能存在的问题 表11-2

合同采购策略	存在的问题
甲供	1. 施工单位不对材料质量负责，而建设单位又难以对材料质量进行全面把控； 2. 施工单位的利润空间被压缩，积极性难以调动； 3. 施工单位与材料供应商无合同关系，使得施工单位对材料供应商缺乏管理手段
乙供	1. 施工单位以效益为目标，选择低价劣质材料易造成工程质量隐患； 2. 施工单位一己之力难以确保材料长时间的稳定供应

为有效弥补甲供、乙供方式的不足，目前建设单位大多采用甲控的合同采购策略，首先，甲控方式的采购主体是施工单位，这个前提就规定了施工单位在工程实施过程中必须对材料质量进行控制；其次，甲控方式将建设单位、施工单位和材料供应商紧密联系在一起，施工单位依据合同约定对材料供应商进行日常管理，材料供应商按施工单位要求保质、保量、及时供应材料，建设单位对材料供应情况进行协调、处理；在材料供应紧张时期，可由建设单位出面调配供应，能有效保障材料的及时供应。

根据建设单位指定材料供应商的数量，甲控方式又分为两类：一类是建设单位指定材料供应商的范围（多个供应商），另一类是建设单位招标确定材料供应商（一个供应商）。两类方式有各自的优点与缺点，建设单位需根据多方面因素考虑决定采用哪一类。两类甲控方式的优点与缺点见表11-3。

两类甲控方式的优势与不足 表11-3

甲控方式	优势	不足
指定材料供应商范围	资质满足要求的材料供应商都能参与，进一步保障材料供应	某些材料的供应商少，存在哄抬供应价格的可能性
招标确定材料供应商	有利于业主建设单位选择到实力强、信誉好的供应商，且供应价格更具合理性	对材料供应商的各方面要求相对较高

目前在城市轨道交通建设中，甲控材料种类通常包括：钢筋、混凝土、防水材料、管片等，为确保混凝土质量，某些城市的轨道交通也将混凝土中的水泥、碎石纳入甲控材料范围。

由于城市轨道交通建设项目的工程量巨大，使得材料价格的变化风险非常高，甲控材料采购合同体系实现了风险在建设单位、施工单位以及材料供应商之间的合理分担。由建设单位承担材料价格变动的主要风险；材料供应商承担的价格风险在其承受范围以内，确保了材料的稳定供应；施工单位无需承担价格风险，可将更多的管理力量放在材料质量控制方面。

11.2.6 服务类合同招标策划

服务类项目的定义非常广泛，根据《政府采购法》规定："所谓服务，是指除货物和工程外的其他政府采购对象。"城市轨道交通建设项目的服务类项目主要包括有招标代理、造价咨询、监理、保险、第三方监测、基础控制测量、质量检验检测及科研项目等。建设单位在进行合同体系设计时，一般都采取专项发包的模式，而根据服务项目的特殊性，承包范围可以按照线路划分、也可以按照时间划分。按线路划分是指以城市轨道交通建设项目的线路为划分服务项目承包范围的依据，例如监理、保险、第三方监测和基础控制测量等，一般都以不同线路进行发包的；按时间划分是指以时间作为划分承包范围的依据，例如城市轨道交通建设项目的招标代理、造价咨询和质量检验等，一般都是按照一定时间的服务期限来进行发包。

11.3　招　标　管　理

11.3.1　招标范围

经过合同体系策划建立合同体系后，根据承发包模式的策划，对需要发包的专业进行招标。在城市轨道交通工程中，勘测、设计、施工、监理以及物资、设备等采购，应依法进行招标。任何单位和个人不得将依法必须招标的城市轨道交通建设项目以任何理由或形式规避招标。建设单位可根据自身管理的需要，委托具有相应资质的招标代理机构承担招标工作；不具有国家招标法律规定条件的建设单位，必须委托具有相应资质的招标代理机构承担招标工作。

城市轨道交通建设项目属于强制性招标范畴，一般都需进行公开招标，对于特殊的工程内容也可以采用邀请招标等其他方式。在项目实施过程中，对于哪些专业的工程内容需要进行公开招标，还需根据不同的专业及其相应的造价范围进行确定。

根据《必须招标的工程项目规定》（中华人民共和国国家发展和改革委员会令第 16 号）的规定，各类工程建设项目，包括项目的勘察、设计、施工、监理以及与工程建设有关的重要设备、材料等的采购，达到下列标准之一的，必须进行招标：

（1）施工单项合同估算价在 400 万元人民币以上；

（2）重要设备、材料等货物的采购，单项合同估算价在 200 万元人民币以上；

（3）勘察、设计、监理等服务的采购，单项合同估算价在 100 万元人民币以上。

11.3.2　招标管理职责

建设单位应该设立招标领导小组，领导建设单位的招标投标工作。招标工作相关部门的职责主要为：

（1）招标主管部门：负责招标过程中相关文件的编制和备案；负责招标文件商务部分的内容编制、澄清补遗；组织开展招标投标的实施工作；对招标投标活动进行归口管理，并负责对政府招标主管部门对接。

（2）项目主管部门：参与招标策划工作；负责招标文件技术部分的内容编制、澄清补遗；配合开展招标投标的实施工作。

（3）法律部门职责：参与项目的资格审查、评标监督等工作。

（4）监察审计部门职责：对招标投标的重要环节进行现场监督、检查；负责招标投标过程中的投诉处理。

11.3.3　招标全过程管理

1. 编制招标计划

建设单位招标主管部门根据项目主管部门提供的工程筹划及工期安排计划对年度招标

计划进行编制、修订，经建设单位负责人批准后实施。招标主管部门定期（如按季度、双月）编制当期招标计划及提案，按相关审批权限批准后实施。

2. 策划招标方案

根据招标计划，由建设单位项目主管部门提出招标需求和策划方案，招标主管部门负责编制相应的招标采购计划。策划方案内容应包括项目概况、采购范围、采购方式及相关依据、资格标准（资质、业绩等）、项目估算、合约主要条款、计费标准、控制价、评标办法、招标进度等主要内容。建设单位项目主管部门应邀请相关部门（设计、计划、招标、合同等）安排专人协助配合完成。

3. 编制招标文件

招标文件编制工作应由建设单位招标主管部门牵头负责，各相关部门配合开展。招标文件可分为通用卷和专用卷，建设单位对同类（专业）所有标段的统一要求在通用卷中进行体现，对不同标段的专项要求则写在专用卷中。建设单位项目主管部门负责招标文件技术部分的内容编制，合同管理部门负责招标文件商务部分的内容编制。在编写招标文件时，应注意以下要求：

（1）招标文件应包括招标内容的技术要求、工期、对投标人资格审查的标准、投标报价要求和评标标准等所有实质性要求和条件以及拟签订合同的文本。

（2）招标文件应明确招标工程的建设风险管理要求、工程重要风险、各方应承担的工程风险管理责任及履约管理的具体措施。

（3）在招标文件中招标人应明确最低的投标报价不是中标的唯一条件。

（4）工程施工招标文件技术规定应依据施工图设计文件或批准的初步设计文件编制，以利于项目实施过程中的投资控制。

招标项目合同应使用建设单位的格式化标准合同，如政府部门有强制性规定须采用政府标准合同，则应通过补充条款充分表达建设单位的意图、明确双方责任，体现合同的公平公正。招标文件经建设单位招标领导小组审批同意后，方可发布招标公告，发放招标文件及图纸给投标人。

4. 现场踏勘

建设单位项目主管部门应安排合适时间组织投标人进行现场踏勘，介绍现场概况并解答疑问，明确需书面答复的事项，并准备编制补遗文件。

5. 资格审查

对于资格审查，可采用资格预审或资格后审方式，也可采用集中年审（无明确标段）或点审（有具体标段）方式，但无论采用哪种方式，都应在招标文件中进行明确。招标主管部门组织相关人员对投标人报名资料进行严格审查，并编制资格审查记录表、合格投标人一览表和资格预审报告。资格预审会议由建设单位招标主管部门、项目主管部门和法律事务部门、招标代理（如有）参加，监察审计部门对审查过程全程监督。

6. 开标

对于法定的招标项目，一般在当地的公共资源交易中心依法依规进行招标。招标人必须严格按照招标文件规定的截标时间停止收标，按既定的开标时间准时开标。建设单位的招标主管部门组织开标会，开标过程须做好开标记录。符合招标文件的废标条件的，主持人须与现场见证人员、监察人员沟通并达成共识后按照废标的相应规定处理；不能达成共识的，则应如实地记录在开标文件中，由评标委员会评审。

对于非法定的招标项目，如采用竞争性的比选方式，应在指定网站对外刊登招标公告，接受有资格的投标申请人参与竞争。刊登招标公告的时间一般不少于3个工作日。招标公告截止期期满后，投标申请人不足三家的，可改成直接谈判。采用直接谈判方式的，应该成立谈判小组，以谈判小组的形式发标、开标、谈判。谈判小组成员应由建设单位相关部门的专业人员组成，并应进行现场监督。在投标截止日期前，参与投标的各个单位应该递交投标文件至招标文件规定的建设工程交易中心投标地点。先开技术标，经济标封存在建设工程交易中心封标室；经济标开标时，投标单位代表有权出席经济标开标会，也可以自主决定不参加经济标开标会。经过确认无误后，由招标人或招标代理机构在交易中心见证下当众拆封，并予以记录，记录提交评标委员会评审。

7. 评标

评标活动应遵循公平、公正、科学和择优的原则，评标委员会应按照招标文件规定的评标标准对投标文件进行评审，推荐一至三名合格的中标候选人，并标明排列顺序。原则上招标人应按照资格审查合格、投标文件合规、综合得分第一的原则确定中标人。一般而言，城市轨道交通建设项目的评标过程包括招标人依法组建评标委员会、技术标评审、经济标评审等主要工作内容。城市轨道交通项目的招标流程可参考借鉴图11-6。

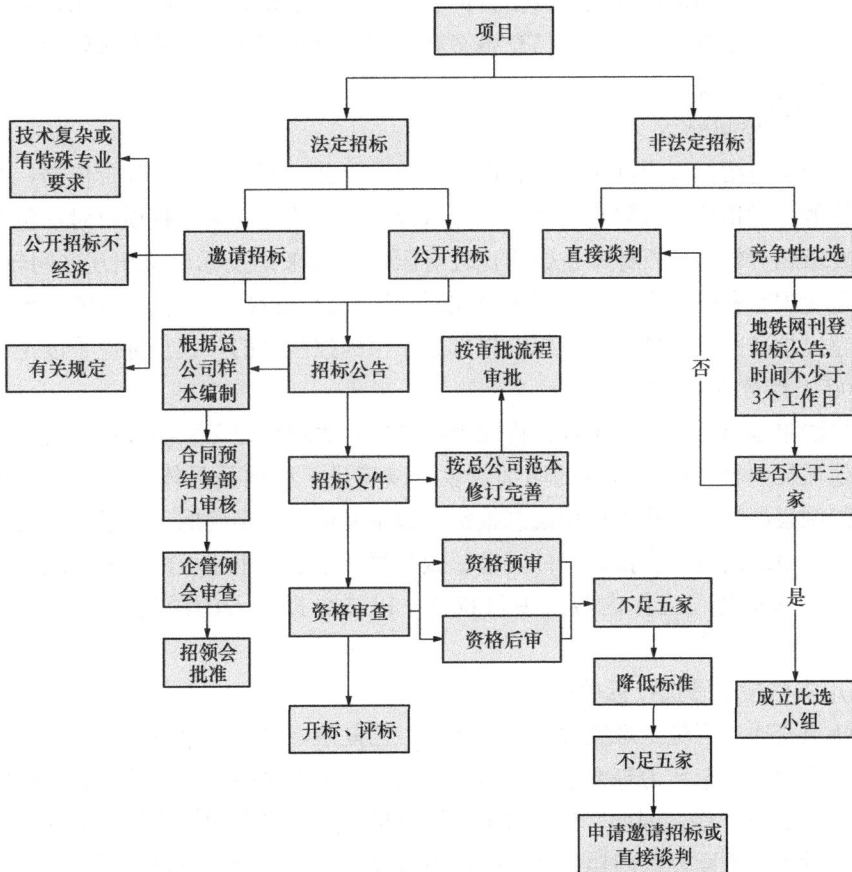

图 11-6　轨道交通项目招标流程

8. 公示

评标委员会确认中标候选人后，招标人应当自收到评标报告之日起的一定时间内（例如3日）将评标结果和合格投标人得分情况在指定的招标投标监管网站或省市的交易中心网站进行公示。

9. 中标通知书的发放

中标通知书是指招标人在确定中标人后向中标人发出的通知其中标的书面凭证。中标通知书的内容应当简明扼要，需告知招标项目已经由其中标，并确定签订合同的时间、地点等关键问题。对所有未中标的投标人也应同时给予通知。投标人提交投标保证金的，招标人应及时退还投标保证金。

11.3.4 招标管理要点与建议

1. 加强组织领导、不断完善制度建设

轨道交通建设项目是"功在当代、利在千秋"的民心工程、百年工程，容不得半点马虎，建设单位招标工作领导须在思想上充分认识到规范招标管理对保障工程建设质量的重要性，切实加强组织领导。建设单位应严肃招标工作纪律，不断完善招标程序和制度建设，对内建立招标岗位廉政责任制，加强招标管理人员的职业道德教育，对外建立轨道交通工程项目投标人、招标代理廉政诚信查询制度。应制定相关制度明确专家选取标准、项目评标办法、专家抽取办法、专家信息备案和评标结果备案登记，从而做好专家库建设工作，加强评标过程管理。

2. 设置招标控制价

招标控制价是招标人根据国家、省市、行业主管部门颁发的有关计价依据，按设计施工图纸计算的，对招标工程限定的最高工程造价。由于轨道交通工程项目对承包单位的资质及业绩要求相对较高，投标单位数量比较有限，一般来说投标单位相互之间较为熟悉，因此，为避免国有资产流失，可采用最高控制价避免出现投标人哄抬报价的情况。招标控制价不应超过批准的设计概算，投标人报价高于招标控制价的，其投标应予以拒绝。

3. 做好工程量清单编制工作

工程量清单是指根据建设工程计价规则编制的，表现拟建工程实体性项目、非实体性项目和其他项目内容及相应数量的明细清单，以满足工程项目具体量化和计量支付的需要，也是编制最高限价及施工单位编制报价的最主要依据。准确的工程量清单对投资控制尤为重要，清单编制应符合招标文件要求，做到每一个子目不错不漏、不留缺口，分部分项清单应明确细化各项工作内容及项目特征，以减少投标人的疑问和日后计量支付的争议。

4. 采用资格预审筛选投标单位

城市轨道交通工程施工难度大、风险高、工艺复杂，对承包单位资质业绩、人员经验能力、设备配置、资金实力等要求都较高，特别是在重大风险、重大社会影响事件的防范与处理上要求更为严格，因此，轨道交通项目的招标宜采用资格预审的入围方式，在单位、人员、设备等方面设置门槛条件，并考虑对以往获奖获优的单位适当加分，从而预先筛选出足够优秀的投标人继续参与后续的招标投标环节。

5. 严厉打击不正当竞争行为

建设单位应该营造公开、公平、公正的招标环境，规范招标全过程管理，严厉打击各类不正当竞争行为（如围标、串通投标、通过贿赂获取招标信息等）。对于采取不正当手段投标的，应该追究其相应的行政、民事责任，情节严重的，还应当追究刑事责任。

11.4 合 同 管 理

11.4.1 合同管理基本原则

1. 遵守法律法规

合同当事人订立、履行合同，其主体、内容、形式、程序等都必须符合法律法规规定。唯有遵守法律和行政法规，合同才受国家法律保护，当事人预期才有保障。

2. 平等、公平、诚信

合同双方应在友好协商基础上订立，签约双方是平等的，任何一方均不得把己方意志强加于另一方；签订合同应贯彻公平原则，双方的合同权利、义务、责任应合理分担；同时，也应贯彻诚实信用原则，当事人应当实事求是地向对方介绍己方订立合同的条件、要求和履约能力，不隐瞒、欺诈。

3. 等价有偿

一方面，签约双方的经济关系应合理，当事人的权利义务应等价；另一方面，合同条款中应充分体现等价有偿原则，即一方给付，另一方则必须按价值相等原则作相应给付，不得无偿占有、使用另一方财产。

4. 全面正当履行

合同双方应按合同约定全面、正当地履行合同条款，使得合同的各个要素都得以实现。

11.4.2 合同管理职责

建设单位里涉及合同管理工作的相关部门较多，职责如下：

1. 合同主管部门职责

负责制定公司的合同管理制度，组织编制各类合同条件和合同示范文本，参与合同策划、合同谈判及合同履行工作；监督、指导公司范围内的合同管理工作；参与合同纠纷的处理；负责建立和维护合同管理信息系统。

2. 合同主办部门职责

牵头组织合同策划，编制合同范围、内容、实施计划、技术要求、验收条件等；牵头组织合同谈判和对草拟的合同文本进行审核；负责合同事项的具体履行。

3. 合同协办部门职责

在其职能范围之内协助合同主办部门开展合同设立、签订履行、验收等事项。

4. 法律审查部门职责

法律事务部门负责合同签订过程的全面法律审查；牵头组织合同纠纷处理，保证合同签订及合同争议处理的合法性；在合同纠纷的诉讼或仲裁过程中，负责对外的法律事务办理，主张和维护建设单位的合同权益。

11.4.3　合同全过程管理

1. 合同签订

在城市轨道交通工程中，建设单位应按有关法律、行政法规的规定与参建单位订立书面合同，合同中必须明确约定双方的权利、责任和义务。

一般情况下，在项目中标通知书发放之后、合同正式签订之前，建设单位应与中标单位开展合同澄清谈判工作，其作用主要有：

（1）在不违背招标文件原则的前提下对中标单位的投标情况进行复核，发现需要细化和明确的地方，应与中标单位协商，达成一致意见后，落实到合同文本中；

（2）根据招标文件的规定对中标单位经济标报价的汇总项、单价分析表中的人工及主材含量等投标情况进行全面细致核对，发现有错误的地方，按招标文件原则予以修正，确保合同的正确性，减少合同执行过程中双方发生争议的风险；

（3）让中标单位及项目管理班子提前与建设单位及该项目的建设单位管理人员进行接触，为后续工作的顺利进行打下基础。

在城市轨道交通工程中，合同谈判应遵循平等公正、诚实信用、互惠互利的原则。招标项目的合同谈判不得再行订立背离合同实质性内容的其他协议。

合同文本需按照招标文件的规定及时会签，一般情况，其时间要求为自中标通知书发放后 30 天内。按照招标文件的要求，合同会签前合约方需要提供履约保函，履约保函在开具之前由项目经办人及合同经办人对其开具的格式与条款进行审核，确认符合招标文件要求后，通知合约方进行履约保函的正式开具。合约方开具履约保函后，建设单位应对该保函的真实及有效性进行验证，验证成功后，履约保函的原件由建设单位的专人负责保管，同时将保函的复印件放入合同中，并正式启动合同书面会签程序。

为杜绝"阴阳合同"的发生，保护合同双方的合法权益，减少合同履行过程中的纠纷，维护好建筑市场的秩序，进而促进建筑市场持续健康发展，应按照我国相关法律法规对合同进行备案。

2. 合同交底

合同交底是指合同管理人员在对合同的主要条款进行提炼、说明、总结的基础上，通过组织合同相关人员对合同条文和合同总体进行学习，使合同相关人员熟悉合同中的主要内容及管理流程，了解合同双方的责任与义务等，使合同相关方的各项工作协调一致的管理行为。

建设单位应在合同签订后组织相关参建单位参加合同交底，以使参建单位更加熟悉合同条款的主要内容，更好地理解建设单位的管理需求，同时，可以提醒参建单位在履行合同过程中需要注意的各类问题。

3. 合同支付

合同的支付管理是保证工程项目实施进展的有效保证手段。在城市轨道交通工程中，建设单位应严格按合同约定支付建设资金，与参建单位签订资金监管协议。参建单位对建设资金应专户存储、专款专用、确保资金足额用于工程建设。建设单位应及时按合同约定支付安全文明施工费、保障安全费及安全措施费，并建立这些费用的监督机制。各参建单位不得挪为他用。一般而言，合同价款的支付主要涉及预付款支付、劳保金支付、进度款支付、质保金的退还、结算款支付五种方式。

4. 合同变更

合同变更是指对工程、货物、服务合同在执行过程中发生了包括合同标的、数量、质量、价款或报酬、履行期限、履行地点和方式、违约责任和解决争议方法等的改变。

在城市轨道交通工程中，建设单位应根据自身特点制定工程变更管理办法，应明确工程变更的分类、分级原则、申请和审批流程等。合同履行过程中，合同各方应及时对工程变更事项或者合同约定允许调整的内容如实记录并履行书面确认手续，并作为合同的组成部分。涉及工程价款调整的，建设单位、参建单位应及时确认相应的工程变更价款。当合同一方提出工程变更申请时，应明确工程变更的原因、变更方案、对其他参与方和后续工程的影响，以及变更费用的估算。新增工程和初步设计文件重大变化引起的变更应报原初步设计审批单位批准。

5. 合同结算、决算

合同结算是指承发包双方按照合同约定，对合同工程在实施中、终止时、已完工后进行的合同价款计算、调整和确认。在城市轨道交通工程中，建设单位应按有关规定制定结算管理办法，合同各方应实事求是、在约定的期限内完成竣工结算资料的编制，按规定进行竣工结算。对结算价款有争议的，应按合同约定方式处理。

在城市轨道交通工程中，建设单位应按国家有关规定编制项目竣工决算，以切实反映建设工程项目实际造价和投资效果。城市轨道交通项目在初期运营后，应妥善安排缓建、甩项等工程建设，编制收尾工作计划，明确负责人和完成时限。

6. 合同后评估

合同后评估一般由合同的实施部门和管理部门在合同预验收完成后及时编写，内容包括对合同签订方在合同实施全过程中的分项及总体评价，对合同原定工期、进度、质量、造价与实际情况的比较，对合同条款适用性的总结等。合同的后评估可放在合同预验收完成后半年或一年，内容可包括具体的经验、教训及改进建议等。合同后评估工作极为必要，不仅有助于建设单位总结合同管理全过程中的经验与教训，由此提高合同管理水平，合同后评估结果也可作为今后对参建单位招标选择的重要参考依据。合同后评估流程如图11-7 所示。

11.4.4　合同管理要点与建议

1. 高度重视合同管理

项目合同是工程项目管理的法律依据，通过合同明确工程项目的质量、安全、工期、投资目标，以及合同各方的权利、义务，为工程项目的顺利建设提供有力保障和法律支持。轨道交通项目建设过程中，因合同管理不善引发的质量安全事故、经济纠纷、影响社会稳定事件（如农民工讨薪事件）等案例屡见不鲜，不但影响了工程项目建设，也给企业带来了不良影响，因此，合同管理作为项目管理中的重要环节，建设单位应高度重视并不断加强合同管理、提升合同管理水平。

2. 健全完善合同管理体系

基于城市轨道交通工程的项目特点和管理需要，建设单位应不断健全完善合同管理体

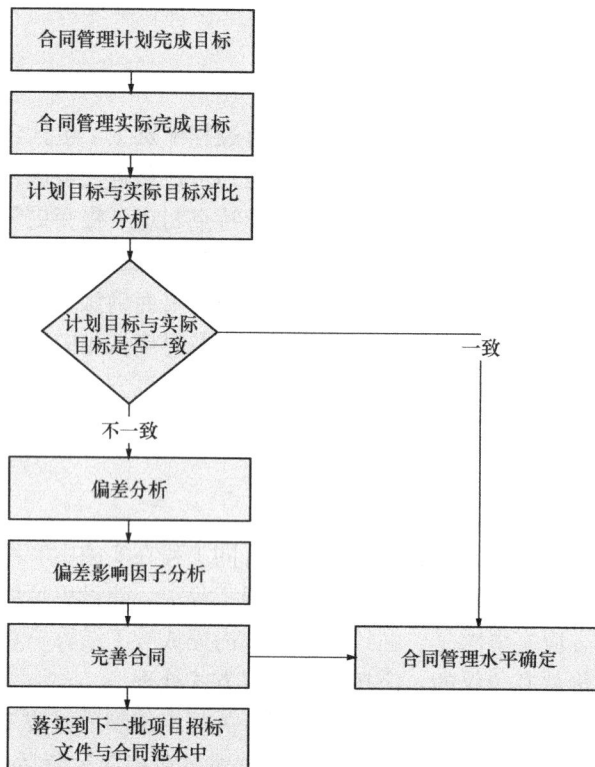

图 11-7　合同后评估流程

系，制定合同管理办法、结算支付管理办法，建立合同评审制度、合同归口管理制度、合同交底制度、合同履行评价制度、合同纠纷处理机制、合同用章管理制度、合同管理绩效考核制度、合同管理人员培训制度等，从资信审查、合同审批、签订、登记、保存、履行、纠纷处理等各个环节进行控制，明确相关部门的合同管理职责、合同管理流程以及合同纠纷的处理方式，以实现合同管理的规范化、科学化、法律化。

3. 合同管理与技术管理体系一体化

在城市轨道交通建设中，合同管理者需要持续面对专业、复杂、快速更新的工程技术体系，尽管合同管理在形式上只是间接地对技术产生影响，但这种影响往往是不可忽视的。合同管理者应换位思考、加强学习，尽可能地了解、熟悉轨道交通项目技术管理体系及目标。合同管理者一旦能在理念、工作方案策划上将合同管理与技术管理体系进行一体化考虑，将显著有利于城市轨道交通项目的质量、进度和效益。

4. 强化合同交底工作

在以往的合同管理工作中，无论是建设单位还是参建单位，对合同的编制、澄清、谈判和签订工作都比较重视，但合同文件一旦签订，往往将其锁在文件柜"束之高阁"，大部分项目管理人员可能只知其相关工作职责，而对合同的总体情况、具体内容知之甚少，导致合同签订与合同执行脱节。在轨道交通建设项目里，"按图施工"的观念已深入人心，设计交底和图纸会审工作能得到良好执行，但往往忽视合同分析和合同交底工作。建设单位应该宣贯"按合同施工"理念并做好合同交底工作，确保参建各方所承担的责任、义务在项目实施中得到落实。

5. 建立合同管理台账，借助信息化

重视合同档案管理工作，建立合同管理台账并及时更新合同原件的借阅登记制度，分类保管合同谈判及履行期间的各类合同资料，如招标投标文件、合同协议书、会议纪要、往来函件、补充协议等，确保合同资料的规范和完整。建设单位可充分运用"互联网＋"技术，引入信息化的合同管理系统，实现管理资料数据共享，随时可掌握合同的评审、签订和履行情况，及时解决合同履行期间存在的问题，有效减少合同纠纷。

第12章 绿色建造与环境管理

12.1 绿 色 建 造

12.1.1 概述

绿色建造的内涵主要包括以下几个方面：

(1) 绿色建造的目标旨在推进社会经济可持续发展和生态文明建设；

(2) 绿色建造的本质是以节约资源和保护环境为前提的工程活动；

(3) 绿色建造的实现要依托系统化的科学管理和技术进步；

(4) 绿色建造的实现需要政府、建设单位、设计、施工等相关方协同推进；

(5) 绿色建造的前提条件是保证工程质量和安全；

(6) 绿色建造能实现过程绿色和产品绿色。

根据《建设工程项目管理规范》GB/T 50326，绿色建造管理是为了实施绿色设计、绿色施工、节能减排、保护环境而进行的计划、组织、指挥、协调和控制等活动。

广义的绿色建造是指建筑生成的全过程，包含绿色计划、绿色设计和绿色施工三个阶段，如图12-1所示。但是，绿色建造不是这三个阶段的简单叠加，而是其有机地整合。绿色建造能促使项目的参与各方立足于工程的总体角度，从工程立项策划、设计、材料选择、施工前期准备和施工过程等方面进行全面统筹，有利于建设单位工程项目绿色目标的实现和综合效益的提高。

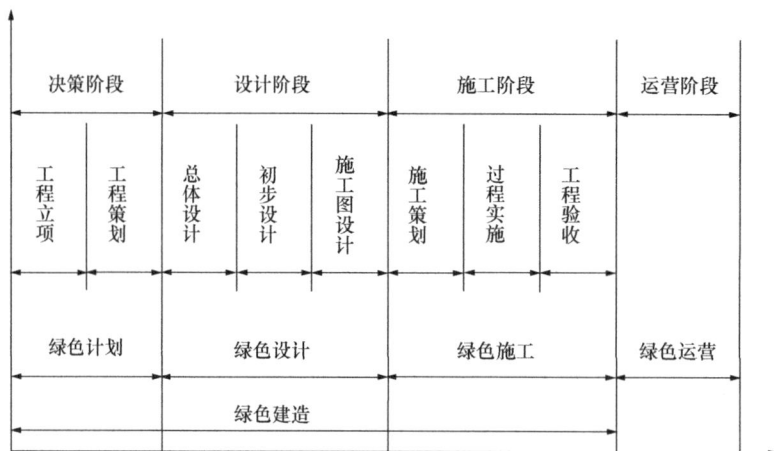

图 12-1 广义的绿色建造全过程

近年来，我国城市轨道交通工程的绿色设计和施工也有了较多的探索，例如，北京、上海、广州、南京、西安、哈尔滨、成都等很多地区的建设单位都在城市轨道交通工程建设中进行了有益的尝试，包括渣土制砖、泥浆处理、环境改善、自动监测技术、BIM技术、远程监控技术等。

12.1.2 绿色设计

1. 绿色设计的内涵

绿色设计是指在建筑设计中体现可持续发展的理念，在满足建筑功能的基础上，实现建筑全生命周期内的资源节约和环境保护，为人们提供健康、适用和高效的使用空间。绿色设计原则被公认为"3R"（Reduce，Reuse，Recycling）原则，即：减少环境污染，减小能源消耗，以及产品和零部件的回收再生循环或者重复利用。

对于建设单位而言，绿色设计应统筹考虑建筑全生命周期内，满足建筑功能和节能、节地、节水、节材、保护环境之间的辩证关系，体现经济效益、社会效益和环境效益的统一，应降低建筑行为对自然环境的影响，遵循健康、简约、高效的设计理念，实现人、建筑与自然和谐共生。

城市轨道交通建设项目的绿色设计，需要在城市轨道交通工程的建设过程中始终坚持可持续发展理念。近年来，随着绿色出行理念的深入发展，在施工过程中对环境的保护以及资源的节约利用受到越来越多的人的注意，对此，越来越多的城市轨道交通建设者已经在建筑过程中接受这种绿色施工的建设理念，这些都对城市的轨道交通建设有很大的作用，对推进城市可持续发展也有较为深远的意义。

城市轨道交通工程的建设和运营都需要消耗大量的能源，在城市轨道交通工程系统中，车辆牵引、车站、控制中心动力照明、区间隧道等都需要使用电能，而其主要电能耗则是在列车和车站运营这两个部分，其中，列车所占据的电能耗在40%～45%，通风空调占据25%～35%，电扶梯占据10%～14%，由此可见，城市轨道交通工程在实际使用过程中所消耗的能源是较多的，建设单位在项目设计过程中应该积极地应用绿色设计理念、节约能源，以此来实现经济可持续发展，最大程度实现节约资源、保护环境的目标。

2. 城市轨道交通车站的绿色设计

相对于城市轨道交通的车站，区间所能够采用的绿色设计措施相对较少，所以，本指南主要针对车站的绿色设计进行阐述。

（1）节地与地下空间的综合利用

节地与地下空间综合利用是实现绿色城市的基本策略。城市轨道交通工程车站在规划与设计中，建设单位应首先以节地为目标，通过合理规划设计、控制规模以及空间综合利用等途径来实现土地的高密度有效利用，体现地段的商业价值，同时满足城市轨道交通工程车站客流的商业需求。城市轨道交通工程车站作为城市交通网络的节点可吸引大量人流，可达性又能够活跃区域经济并带来巨大商机。在此情况下，与城市轨道交通工程站结合的城市一体化开发可以达到双赢的效果。

在规划布局伊始，建设单位就应该考虑交通综合开发，即使在城郊的城市轨道交通工程车站和部分商业价值尚不太高的地区，也应该考虑未来城市轨道交通工程车站出口与建筑物结合的可能。城市轨道交通工程上盖开发对控制车站的建筑规模也有积极的作用：在规划交通与商业开发流线时，可以利用开发物业的"削峰平谷"效应，缩小交通空间所占比例并提高使用效率；在线路规划时，减少换乘距离，控制车站规模，提高整体开发的综合效益。

地下空间难以像地上建筑那样随意拆除改造，城市轨道交通工程车站及联合开发在一定程度上可以认为是永久性建筑。因此，在规划阶段，建设单位可以要求设计单位优先采用适应性强的结构形式和设计参数，为改扩建留出余地，为周边地块预留接口。增强空间弹性应变能力，利于创造节地、开放、可持续的地下空间综合利用模式。

（2）合理运用采光技术

对于城市轨道交通的地下空间，光线除了能解决基本照明需求，还具有弥补方向感缺失，消除地下空间封闭、单调、压抑、隔绝等消极影响的视觉心理作用。自然光更因其光源自然舒适而广受欢迎。统计表明，地下建筑中照明能耗约占总能耗的50%以上，而人工照明散发的热量又增加了空调设备的制冷负荷。因此，建设单位应要求设计单位采用合理的采光模式、减少照明能耗。

（3）通风系统的设计

衡量城市轨道交通工程车站地下空间舒适度的物理指标还包括空气质量，组织合理高效的风流动机制是绿色通风系统的关键。通风方式可以分为自然通风、机械通风、自然与机械结合三类。

在进行城市轨道交通的车站设计时，地下空间首选的通风方式是设置地下中庭或通风井，贯通的竖向空间与室外连通形成烟囱效应，促进室内空气的循环流动。该方式不仅节约空调能耗，还可兼顾自然采光效果，提高乘客的感知舒适度。

对于没有条件设置中庭（通风井），或因昼夜温差大等气候原因而无法完全依靠自然通风的城市轨道交通工程车站，则可以采用自然和机械通风相结合。

（4）选材与节材

在进行城市轨道交通的车站设计时，广泛选用可循环、耐久及体现地域文化性的本土材料是选材与节材的原则。地下建筑大量使用的混凝土中掺入可循环材料（替代水泥的矿物掺合料，如粉煤灰、矿渣等），可以有效提升混凝土的抗渗性能和力学性能、减少废弃物排放、降低材料及工程成本。本土材料是绿色城市轨道交通工程站建筑中的重要指标，第一，能大幅降低材料运输成本；第二，能减少运输过程对环境的影响；第三，受气候条件和自然环境的影响，一般而言本地建材在各项性能上更适用于当地建筑；第四，交通公共建筑具有传播本地文化的义务。因此，建设单位应倡导推广本土材料，打造地域特色，避免片面追求材料高档，选材以耐久易清理维护为原则，在减少资源浪费的前提下创造高效舒适的乘车环境。

（5）室内装饰材料

在城市轨道交通工程车站的地下封闭环境中，采用新型室内装饰材料可以实现节能、环保、高效和改善视觉质量等功效。例如，光触媒装饰材料涂抹在普通材料上，通过类似光合作用能产生催化和降解效果，具备灭菌、除臭、抗污和降解空气中有害气体的功能。

（6）智能调控

运用现代智能技术，发展生态型地下空间是未来城市轨道交通工程车站的趋势之一。除了常规的城市轨道交通工程运行控制、火灾预警等功能外，智能系统还能合理分配能源

（例如，空调、照明、机械通风及电梯等设备系统），控制屏蔽门系统以减低空调系统及机械通风能耗，甚至科技结合光导管及屏蔽门系统实现太阳能和风能的采集利用。

（7）降噪

改善站内地下空间的声环境质量，有效途径是减少行车噪声及混响效应，建设单位可以通过轨道减震、吸声材料或粗糙内饰（如超细玻璃棉毡）、声屏障等措施实现降噪目标。

（8）车辆节能

研究表明，列车自重、牵引动力传递效率、车载辅助设备对系统总能耗影响最为显著，列车运行控制技术，例如速度均衡性和预判距离、编组方案、技术速度，对系统总能耗有着重要影响。因此，在城市轨道交通工程的设计中，建设单位应注重列车选型对节能的重要影响。

根据国内外车辆车体采用不锈钢和铝合金的实践经验，城市轨道交通工程车辆耐候钢车体自重为 $9\sim10t$，不锈钢车体自重为 $6\sim7t$，铝合金车体自重为 $4\sim5t$。如果以耐候钢车体自重为基准，则不锈钢车体可减轻自重 30% 左右，铝合金车体可减轻自重 50% 左右。因此，铝合金车体轻量化效果比不锈钢车体更明显。由于车辆自重的减轻，减少了列车牵引和制动时产生的热量和粉尘，也减轻了隧道的温升和污染；轮轨磨耗也相应减少，可节省一定数量的维修费用；改善了列车运行品质，提高了运行速度，缩短了制动距离，减少了振动和噪声等。同时，车辆自重的减轻可减少列车能耗，据统计，车辆能耗约为 $0.06kWh/(t \cdot km)$。值得注意的是，车体自重的增加将引起车辆单位能耗的提高，而自重不变载重增加时车辆的车公里能耗是增加的，但是，车辆的单位能耗是降低的。

总结现有的国内外工程实践，在城市轨道交通工程的车站绿色设计中，建设单位应注重的主要方面包括车站场地与室外环境、节能与能源利用、节水与水资源利用、节材与材料资源利用、站内环境质量控制等。

3. 城市轨道交通车站绿色设计的实践

例如，北京地铁 14 号线采用了绿色设计的理念，值得国内的城市轨道交通建设单位借鉴采用。该线起点站张郭庄站为高架车站，采用侧式站台设计，车站最大限度利用自然光及太阳能和风力发电、雨水回收等多种节能环保技术。尤其是自然光和自然通风，是这座车站的特点，也充分体现了被动式节能的生态理念，避免了采用大量节能设备的高成本。其绿色设计的主要实践总结为以下几个方面。

（1）自然采光

车站顶部覆盖着斜条状的屋面板，两块屋面板之间有一定的高度落差，中间用垂直镶嵌的采光玻璃衔接。通过采光玻璃的调节，使得冬天需要阳光温暖的时候，车站候车区域能有很长时间的大面积光照；而夏天需要凉爽的时候，候车区域则光照面积小而且时间短。

（2）自然通风

车站的玻璃幕墙设计，则采用了 3.5m 高的半封闭结构，这一高度希望尽可能采用自然通风。半封闭的玻璃幕墙还与宽达 4m 的屋顶挑檐相结合，避免雨雪侵入车站，双向站台都设计有一个 $30\sim40m^2$ 的空调休息室，同时玻璃幕墙上增设了可开合窗户，更利于调节通风。

（3）太阳能发电

总面积 4800m² 的车站屋顶，有 2500m² 采用采光玻璃和太阳能集热板；屋顶的太阳能集热板将用于光伏发电，补充车站内的供电需求，安装光伏电池面板 24 组，每组 16 片，最大发电能力 60kWh，承担了该站大约 1/3 的日用电量。集热板透光率达到 40%，不影响采光，而且主要安装在不影响旅客舒适度的顶棚靠外侧部位。

（4）雨水回收

车站顶棚瓦片般的屋面板，非常有利于雨水收集，回收的雨水将存放在蓄水池中用于车站周围的绿化灌溉。车站还配套建设污水处理设施，采用中水冲厕。

12.1.3 绿色施工

1. 绿色施工的内涵

《关于印发〈绿色施工导则〉的通知》（建质〔2007〕223 号）文件中，《绿色施工导则》将绿色施工定义为"工程建设中，在保证质量、安全等基本要求的前提下，通过科学管理和技术进步，最大限度地节约资源与减少对环境负面影响的施工活动，实现四节一环保（节能、节地、节水、节材和环境保护）"。环境保护是绿色施工的前提和核心要求，必须首先实现。此外，绿色施工仅仅做到"四节一环保"还是不够的，更要重视改善作业条件，减轻劳动强度和提高机械设备效率等。

2. 城市轨道交通工程的绿色施工

根据《绿色施工导则》中构建的绿色施工总体框架，在城市轨道交通工程中，可以采用的绿色施工措施主要包括施工管理、环境保护、节材与材料资源利用、节水与水资源利用、节能与能源利用、接地与施工用地保护等方面。具体如图 12-2 所示。

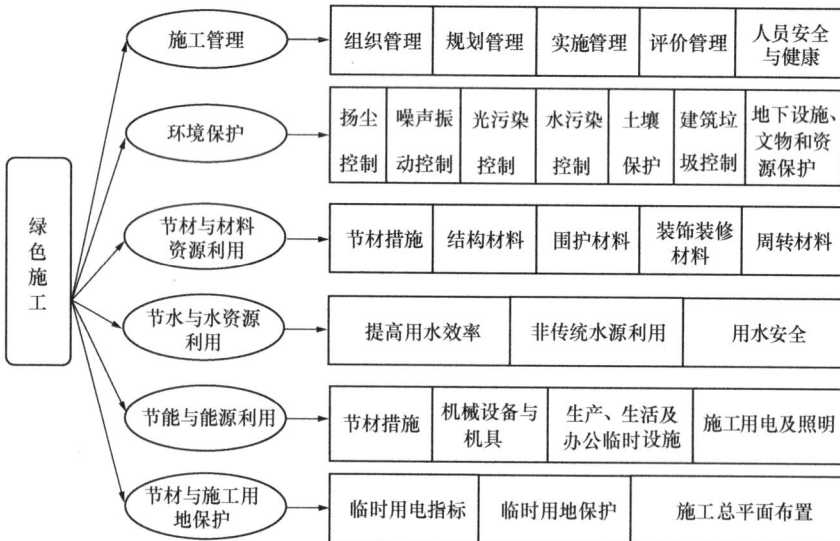

图 12-2　绿色施工的主要措施

其中，绿色施工的具体内容在《绿色施工导则》中都有非常详细的阐述，城市轨道交通的建设单位可以参考导则的内容部分或全部采用相关的技术、方法。本指南主要从体系管理、策划管理、实施管理、评价管理四个方面进行阐述。

（1）体系管理

1）在城市轨道交通建设项目中，建设单位应建立绿色施工管理体系，并制定相应的管理制度，包括方案制度、环境调查制度、补充勘查和详细勘查制度、教育培训制度、会议制度、检查评价制度、考核制度、奖惩制度、投诉处理制度、信息管理制度、应急演练和应急反应管理制度等。

2）在城市轨道交通建设项目中，建设单位应要求施工单位建立绿色施工管理组织机构，确定各单项绿色施工、检查和监督责任人，明确绿色施工责任。

3）在城市轨道交通建设项目中，建设单位应要求施工单位项目部配备计量、检测、监测仪具，或委托有资质的单位进行绿色施工的检测和监测工作。

4）在城市轨道交通建设项目中，建设单位应该将绿色施工技术纳入项目科技创新和攻关体系进行管理。

5）在城市轨道交通建设项目中，建设单位应要求施工单位项目部建立绿色施工、环境监控的信息管理系统。

（2）策划管理

1）在城市轨道交通工程开工前，建设单位应要求施工单位编制《绿色施工专项方案》或《绿色施工策划》等方案。绿色施工策划或方案包括目标、体系、制度、措施及检查评价、持续改进要求等，对影响绿色施工因素进行分析，并制定实施对策和评价方案。

2）绿色施工策划或方案包含准备阶段、土建施工阶段、机电和装修阶段、机电调试、初期运营和移交阶段等施工全过程；绿色施工策划涵盖工、料、机、法、环等各环节，即人员、机械设备、材料、周转设施、工法和技术措施等控制要点。

（3）实施管理

1）在城市轨道交通建设项目中，建设单位应要求施工单位对施工全过程实施动态管理，加强对施工准备（人员、材料、设备、现场、技术等方面）、现场施工、设备调试、试运行和移交等各阶段的管理和监督。

2）在城市轨道交通建设项目中，建设单位应要求施工单位根据绿色施工的要求进行图纸会审和深化设计。

3）在城市轨道交通建设项目中，建设单位应要求施工单位在施工场地内外对环境保护、节能减排等进行相应的宣传，营造良好绿色施工氛围。

4）在城市轨道交通建设项目中，建设单位应要求施工单位定期对施工人员进行绿色施工要求和知识培训，提高广大员工绿色施工和环境保护意识。

5）在城市轨道交通建设项目中，建设单位应推广使用绿色施工新技术，做好分析和总结。结合实际情况，不断优化工法，选择最适合的工法，对传统工艺进行改进或创新；采用符合绿色施工要求的新材料、新工艺、新技术、新机具进行施工。对不符合要求的施工工艺、设备、材料予以限制和淘汰。

6）在城市轨道交通建设项目中，建设单位应要求施工单位检查绿色施工的实施情况，测量绿色施工目标的完成情况和效果，为持续改进提供依据。

（4）评价管理

1）建设单位应建立内部和外部评价制度，参照《建筑工程绿色施工评价标准》GB/T 50640，结合城市轨道交通工程实际，重新设置检查项目，形成适合城市轨道交通工程绿色施工的评价标准。

2）评价采取定性和定量相结合的方式，建设单位应重点检查各个施工单位绿色施工的效果和绿色施工目标的完成情况和措施。

3）建设单位应要求施工单位根据评价情况，采取改进措施。

4）建设单位应收集、存档各类检查和评价资料，为今后采用绿色施工的城市轨道交通建设项目提供参考或比较。

12.2 环 境 管 理

12.2.1 全过程环境管理的内涵

城市轨道交通全寿命期环境管理要求建设单位在建设和运营过程中始终把环境保护作为一项政治任务，坚持"预防为主，保护优先，开发与保护并重"和环境保护的"三同时"原则，兼顾经济效益、环境效益和社会效益。

1. 线网规划阶段的环境管理

城市轨道交通建设工程对城市环境有很大影响，规划是城市快速轨道交通建设环境保护的源头，环境管理理念与措施越早实施则效果越好。

城市轨道交通的线网规划应结合城市总的发展目标和城市用地空间总体布局，确定城市轨道交通的总体布局，并提出对城市总体规划调整的反馈意见，保证城市发展与管理的可持续性。避免地铁施工与建筑物基础和城市古迹产生矛盾。

在轨道交通的线网阶段，建设单位应该结合沿线车站选址、沿线经过地区的地理环境对轨道交通建设和运营可能造成的影响，组织设计单位编制环境影响初步分析。城市环保部门应参与沿线车站选址等的现场踏勘，给出相应意见，作为线网规划报批依据。

2. 可行性研究阶段的环境管理

（1）建设单位应根据国家发展改革委及有关部门的线网规划批复，在国家生态环境部及行业主管部门的指导下，认真执行环境影响报告审查制度。委托持甲级环境评价证书的单位，编制环境影响报告书。

（2）建设单位向国家生态环境部申报环境影响报告书，抄送行业主管部门，同时附立项文件及环评经费概算，国家生态环境部根据情况确定审查方式（组织专家评审会，专家现场考察及征求有关部门意见），提出审查意见。

（3）在可行性研究阶段，建设单位应对轨道交通建设对城市环境的影响作出具体分析，并且估算环境投资的额度，将其结果纳入项目的经济分析，从经济角度确保环境管理措施后期的实施。

（4）线网规划如有变动，如车站选址、线路走向有变动时，建设单位或主管单位应及时向环保部门报告，对变动后的方案重新进行环境评价。

3. 设计阶段的环境管理

城市轨道交通建设工程总体设计必须按照《建设项目环境保护设计规定》编制环境保护篇章，具体落实环境影响报告书及其审批意见所确定的各项环境保护措施和投资概算；建设单位在设计会审前向政府环保部门报送设计文件；由国家生态环境部或由国家生态环境部委托省级政府环保部门参加设计审查，必要时环保部门可单独审查环保篇章。

根据总体设计审查的审批意见，建设单位会同设计单位，在施工图中落实有关环保工程的设计及其环保投资；环保部门需组织监督检查。在建设单位的年度计划完成建设投资额中，应包括环保所需的投资。

建设单位需要委托相关环境单位从环境保护的角度出发，在工程可行性研究报告基础上对城市轨道交通沿线作深入调查分析，了解沿线振动、噪声、大气、地表水等环境质量现状以及环境功能、敏感区域的变化情况。其次，预测城市轨道交通建设期和运营期对沿线地区振动、噪声、大气、地表水等环境要素的影响程度和范围，提出城市轨道交通建设应采取的环保措施、控制与缓解环境污染的对策。

4. 施工阶段的环境管理

施工阶段建设单位应全面落实《环境影响报告书》及批复意见的要求，采取加强环保宣传教育、完善环保管理体系、制定强制性的环保措施、实行环保监理制度等一系列措施，使环保设计和要求在施工中得以切实落实，最大限度地减少对沿线环境的影响。

在施工阶段建设单位应委托具有相应资质、社会化的环境监理单位，根据国家有关的环境法律、法规、环保主管部门批准的环境保护文件，对工程建设实施专业化环境保护监督管理。

5. 运营阶段的环境管理

在系统联调及总联调过程中，应同时考虑有关环保工程。建设单位向主管部门和政府环保部门提交初期运营申请报告；经批准后，环保工程与主体工程同时投入初期运营。做好初期运营记录，并由当地环保监测机构进行监测；建设单位向行业主管部门和政府环保部门提交环保工程预验收申请报告，附初期运营监测报告；省级政府环保部门组织环保工程的预验收；建设单位根据环保部门在预验收中提出的要求，认真组织实施，预验收合格后，方可进行正式竣工验收。国家生态环境部参加或委托省级政府环保部门参加正式竣工验收并办理建设项目环保工程验收合格证。

在城市轨道交通运营阶段，除了考虑水环境、固体废弃物对环境的影响，还要特别注意运营对城市声环境和振动环境的影响以及大气影响，另外需要考虑到轨道交通产生的电磁辐射等特殊环境影响。运营管理单位需要制定相关的监测办法，保证轨道交通运营不对城市环境质量产生巨大不利影响，确保轨道交通的良好运营，促进城市经济的发展。

12.2.2 城市轨道交通建设对环境的影响

城市轨道交通线路窄长，建设过程中牵扯人员众多、涉及面广，对城市整体环境难免造成影响。因此，在城市轨道交通工程建设前，建设单位需要进行环境影响评价，对规划和建设项目实施后可能造成的环境影响进行分析、预测和评估，提出预防或者减轻不良环境影响的对策和措施，进行跟踪监测。城市轨道交通工程建设期内对环境的影响主要有：能量损耗型，包括噪声、振动、电磁环境；物质消耗型，如污水、废气、固体废物等。对生态影响主要表现为两种：城市社会环境的影响为主，如居民出行、征地拆迁、土地利用、城市交通、社会经济等影响；城市自然生态环境影响（如城市绿地、城市景观等）。

1. 城市轨道交通工程施工准备期的环境影响

施工准备期是指主体施工单位进场前进行场地和现场条件的准备工作，对于城市轨道交通工程而言，一般涉及房屋拆迁、管线迁改、树木绿化伐移、道路疏解等工作，包括建构筑物拆除、管道开挖和铺设、树木伐除或移栽、破除道路、修建道路等活动，需要进行一定数量的土石方和拆除作业，从而破坏了原有环境，对城市交通和居民出行造成障碍。由于房屋拆迁，公用设施管线的迁移、干扰或被破坏，可能影响城市正常运转秩序。

在正式施工前的施工期间，会造成扬尘或道路泥泞，影响空气质量和城市景观；拆迁建筑和绿化等造成水土流失，产生大量的固体废弃物；施工造成的噪声、振动、粉尘及交通拥堵，干扰居民正常出行、工作和生活。

2. 城市轨道交通工程施工期的环境影响

在城市轨道交通的工程施工过程中，各类施工活动会对环境产生影响。建设单位应要求施工单位采取相应的措施，尽量减少各类负面影响。

（1）对生态环境、城市景观的影响

施工场地建设及基坑开挖，设备、材料、土石方运输等施工活动将占用和破坏植被及城市道路，造成地表植物的损失，增加城市道路负荷，一定程度上影响部分地区交通车辆的通行；工程弃土如不加防护，将会造成水土流失。由于交通阻滞造成的影响包括交通阻塞的时间损失、燃料消费和排出废气的增加等。

（2）声环境的影响

城市轨道交通工程的施工涉及使用多种机械设备，在土石方挖运、拆除破碎、打桩、连续墙施工、钢筋加工、混凝土浇筑、爆破作业及其他施工作业时等都会产生噪声，噪声主要来源于机械运转和各类物体的摩擦或碰撞。施工作业噪声对施工人员、周边居民影响较大。采用钻爆法施工时，产生了爆破振动、爆破噪声和冲击波。由于施工封闭交通，造成交通阻塞，也可能引起城市交通噪声的升高。

（3）环境振动的影响

在城市轨道交通工程的施工中，振动主要由机械运转产生，例如，车辆行驶、钻孔、打桩、夯实、碾压、锤击、振捣，挖土机和空压机等设备的运行；盾构机作业产生的振动一般低于环境振动标准，可以不考虑对环境的影响。空压机、柴油打桩机、振动打桩锤等机械设备产生的振动较大，其中最大振动为打桩机，距振源 $10\sim20m$ 范围内的居民生活和休息将受到影响，尤其在夜间施工对周围居民影响更明显。隧道、竖井或基坑采用爆破施工时，爆破产生振动和冲击，会对环境产生较大的影响。

（4）施工期大气环境的影响

在城市轨道交通工程的施工中，大气污染主要来源于以燃油为动力的施工机械和车辆废气、施工过程中开挖、爆破、回填、拆迁及粉料装卸过程中产生的扬尘，车辆运输中引起的扬尘等；施工机械因燃油排放的尾气排放总量不大，对周围空气环境影响不明显；施工过程中使用的挥发性恶臭、有毒气味的化工材料如油漆、粘合剂、沥青等都会污染周围的环境空气。

（5）施工期水环境的影响

在城市轨道交通工程的施工中，对水环境的影响可以分为对地表水和地下水的影响。地面污、废水主要来自雨水冲刷、施工废水和生活污水。建筑施工废水包括基坑开挖、地下连续墙施工、桩基作业、注浆作业、隧道盾构施工等过程中产生的泥浆水、注浆液、机械设备的冷却水和冲洗废水；生活污水包括施工人员的盥洗、食堂和冲厕用水。地表径流污水主要包括雨水地表径流冲刷浮土、砂石、垃圾、弃土产生的含有泥沙和污染物的污水，污水会增加管网的泥沙量，堵塞管网，污染环境。车站和隧道施工大面积、长时间降水，造成建（构）筑物管道发生沉降；由于改变了区域地下水的动力流，造成地下水流失，周边水体枯竭，污染物进入地下水或周边水体。

（6）渣土和建筑废弃物的影响

基坑和隧道开挖都要产生大量渣土，含有岩石、泥土、水、废浆及垃圾等，不能作为种植土使用，而这些渣土体量巨大，需要充足的空间和大面积的场地堆放，导致了土地的过量占用。如果这些渣土和废弃物处理不当，随意弃置，可能会侵占耕地、堵塞河道、沟谷，发生边坡失稳、滑坡、泥石流和崩塌等地质灾害，造成堆放场地原有生态系统的破坏。桩基、连续墙、盾构施工产生大量的泥浆。废弃泥浆量大、降解难度大、耗时长，泥浆添加剂可能含有有毒、有害物质，造成较严重的环境污染。

3. 城市轨道交通工程施工期的环境安全风险

环境安全风险源主要是指在城市轨道交通工程等地下工程建设中，工程结构所穿越的复杂的地质水文条件及建（构）筑物、管线等。如软土、流砂、岩溶、硬岩、断裂、涌水、空洞、富水地层、河流、湖泊等特殊地层条件和水文地质条件；地下管道、暗河、桥桩、人防、地下通道等地下既有建（构）筑物和市政基础设施，也有线路、道路、地下建筑物、构筑物、基础、文物等。

（1）对文化建筑和文物的影响

文物建筑、文化遗产是全民族、全人类的共同财富，具有稀缺性、脆弱性和不可再生性，一旦破坏无法复原。北京、西安、南京、洛阳、开封等历史文化名城有很多的文物建筑和历史遗迹需要保护，建设单位的环境管理需要注重解决城市轨道交通建设和文物保护之间的矛盾。

（2）对建（构）筑物及地下管线的影响

城市轨道交通工程车站、区间在降水、土方、支护作业过程中，会破坏周围地层土体原始平衡状态造成地层损失，从而引发沉降、开裂、周边建筑物倾斜、管线爆裂等风险。若发生上述问题，又进一步恶化环境，使风险加剧，风险的叠加将造成更大的危害。

城市轨道交通工程车站、竖井等基坑工程深度都在10m以上，深者可达数十米。基坑工程的施工一般可分为三个阶段，即围护体的施工阶段、基坑开挖前的预降水阶段及基坑开挖阶段，基本由围护、支撑或拉锚、止水、降水、排水、开挖等多个紧密联系的施工工序组成，其中任何一个环节出现问题都可能引发周边环境损害和破坏。

4. 城市轨道交通工程施工职业健康的影响

一般而言，城市轨道交通工程的施工空间封闭、工序多、施工线长。施工空间的受限性施工工序的多样化，导致职业性有害因素多，有施工工艺、自然环境、施工环境产生的有害因素；既有粉尘、噪声、放射性物质和其他有毒有害物质等的危害，也有高处、密闭空间、高温、高湿作业等产生的危害；同时，城市轨道交通工程施工劳动强度大、劳动时间长的危害就更为突出。

隧道和地下工程中往往有瓦斯、硫化氢等有害气体，也可能存在腐蚀性液体，具有温度高、气压低、放射性等危害。钻孔、爆破、装渣、运输、喷射混凝土、钢筋安装、电气焊、注浆、混凝土、模板等作业都不同程度地存在粉尘、噪声、油污、振动、有害气体、高温、弧光辐射、液体侵蚀等危害。照明和焊接作业产生的强光，对施工人员和周边居民也造成影响。

12.2.3 全过程环境管理的措施

城市轨道交通的环境管理是用科学的观点和方法，在充分研究和论证的基础上做到科学设计；尽可能地采用环保施工技术措施，做到科学施工；做好施工和运营期间的监测和分析等其他工作，做到科学管理；努力将城市轨道交通建设和运营对环境的影响程度降到最小。当然，各种技术是相互联系、相互影响、相互促进的，建设单位只有在结合工程实际情况的基础上，经过充分地研究和论证，综合地、集成地运用各种技术措施并确保落实才能获得预期的目标。

1. 环境保护的设计措施

《城市轨道交通工程项目建设标准》（建标104—2008）关于城市轨道交通环境保护设施的设置规定如下：

（1）城市轨道交通线路所经过地段，应根据环境保护要求，采取减振、降噪等有效措施，并符合现行国家标准和环境影响评价报告；设施范围应比需要防护地段两端向外延伸50m。

（2）高架线路距建筑物的距离应综合考虑安全、消防、噪声、振动、日照和景观等因素；地下车站内部环境和装修材料，应满足环境保护和劳动卫生的要求。

（3）城市轨道交通系统及其所有部件在系统运行时须具有与现场环境的电磁兼容性，其所产生的电磁辐射应符合现行国家标准的规定。

（4）高架桥的造型应形体轻巧、视觉通透，并应采取减振、降噪措施。当采用声屏障时，应与周围环境和景观相协调。

（5）城市轨道交通的生活污水和生产废水应分类处理，集中排放至城市管网，并应符合国家现行有关排放标准的规定。

针对以上规定提出如下具体措施：

（1）在进行城市轨道交通线网规划和线路走向设计时，建设单位应该避开地面文物古迹保护区以及环境影响敏感区，从宏观上整体控制城市轨道交通建设工程对环境的影响，这样能从很大程度上，减小城市轨道交通对环境的影响。

（2）在线路设计时，建设单位应尽量采用整体道床、重型钢轨，并焊接成无缝线路，以减少行车噪声和振动；可以在地上站及高架线路两侧种树、植草，设置绿化带，在噪声敏感区域设置声屏障；选择合理的车站通风亭地址；车辆段设置在远离密集居民区处；这些措施都能有效地减小城市轨道交通的噪声和振动影响。

（3）在工程总体设计车辆选型时，除要考虑车辆的机械性能外，还应要求车辆具有一定的噪声振动防护措施，如要求车辆转向架采取减振措施，车辆两侧下挂隔声吸声裙，车辆的两侧作阻尼处理等。

（4）地下车站中，建设单位应尽量选用噪声较小的通风、空调设备，并设置高效减振及消声设备来满足通风、空调系统的噪声及振动要求。

（5）设计完善的通风系统，保证城市轨道交通内部有害气体的浓度小于限定值；风亭及通风井与附近高层建筑相连接，在其顶部换气，保证进气质量，减轻大气污染；从源头控制大气污染，选用燃油锅炉及低硫燃料。

（6）尽量避免将接触网导线的接点位置设置在居民住宅集中处，以减缓打火形成的电磁辐射对民用电视可能产生的干扰影响。杂散电流的产生不仅伴随电磁辐射，而且对土建结构钢筋、设备金属外壳及其他地下金属管线产生严重电化学腐蚀，使城市轨道交通寿命缩短。

（7）在对地面站、高架站车站设计时，建设单位需要考虑其对工程沿线的城市绿地、城市景观和旅游资源的影响，保证人工建筑与周围城市自然景观、建筑景观及人文景观的和谐统一。

在工程设计中，建设单位应要求设计单位尽可能选用具有先进性、环境协调性、舒适性的绿色建筑材料，减少对环境的影响，如注浆材料选用无毒性浆液材料。

2. 环境保护的施工措施

（1）为控制施工期噪声和振动的影响，建设单位可以要求施工单位采取以下措施：例如，合理安排施工作业时间，严格按照施工噪声管理的有关规定执行，避免夜间进行高噪声的施工作业；尽量采用低噪声的施工工具，同时尽可能采用施工噪声低的施工方法；施工机械应尽可能放置于对周围居民噪声影响最小的地点，噪声较大设备尽量布置在偏僻处，对个别影响较严重的施工场地和高噪声设备，须在周围设置临时的隔声围墙或吸声屏障；尽可能使用商品混凝土；避免多台高噪声设备同时作业；加强对各种运输车辆的管理，尽量压缩工区汽车数量和行车密度。

（2）区间隧道施工时，建设单位可以要求施工单位选择更合理的施工方法。例如盾构法施工，施工速度快，洞体质量比较稳定，对周围建筑物影响小。可以通过对盾构姿态的调整，减少蛇行对古建筑物产生的不利影响，控制盾构出碴量以及土仓压力，及时进行盾尾同步注浆、衬砌填压浆及地面跟踪注浆，以确保施工期间古建筑物的安全。另外，如采用注浆等方法控制地下水过量渗入隧道内，避免地面过量沉降；在矿山法、盾构法施工中，控制注浆压力，避免过大的注浆压力，以防地面隆起；在矿山法施工中，对软土地段要采用管棚、注浆等方法进行超前支护；隧道开挖后，要及时进行安装钢筋格栅、喷混凝土等支护措施，确保开挖后隧道围岩的稳定以及避免地表过大的沉降量。

（3）建设单位应要求施工单位对施工中的各个环节进行严密监控。例如，施工期和运营期对城市轨道交通沿线学校、医院等安全保护区加强监测；对施工场地周围噪声、振动的监测；加强变形监控，包括地表变形观测，围岩内部位移观测，洞内拱顶沉降观测，洞内周边位移观测等。

（4）建设单位应要求施工单位对施工现场实行合理化管理。例如砂石料统一堆放，水泥应设专门库房堆放，并尽量减少搬运环节；实施封闭施工，所有施工现场建围栏，所有施工车辆出入要采取防泥带出措施；有专人负责建筑垃圾以及生活垃圾，这些措施能够有效地减小施工期大气的污染程度和施工垃圾的影响。

（5）建设单位应要求施工单位做好施工期排水工作，特别是要备好雨季排水设施。对施工期的废水，应分类收集，按其不同性质，进行相应的沉淀、澄清、隔油处理后排放；在排污工程不健全的情况下，应尽量减少物料流失、散落或溢流现象；这样能够有效地减小施工期对水环境的污染程度。

（6）在工程建设中，建设单位应要求施工单位尽可能采用一些环保施工技术，如地下管道屏蔽式施工技术，无噪声打桩技术、高压水切割技术以及静破碎技术等；另外，尽可能采用一些低污染、低能耗的施工工艺和施工设备。

3. 环境保护的其他措施

（1）建设单位应组织各类单位进行认真细致的工程地质勘察，制定预防地质灾害的措施和应对计划。如发现较大溶洞，需采取充填、注浆等措施进行处理；查明软土层分布范围及厚度的基础上，对软土地基采取相应的处理措施；在软土与硬土层的结合部位，要特别加以处理，防止差异沉降给城市轨道交通工程带来危害。

（2）在施工前期，建设单位应做好各种准备工作，对沿线施工可能涉及的包括给水排水、电、气、通信等各种地下管线进行详细调查，并提前与相关部门协调拆迁、改移方案，做好各项应急准备工作，确保在施工期间沿线水、电、气和通信等设施的正常供应和运行。

（3）建设单位应加强协调施工期间的宣传工作和交通管理工作。对重要的节点和十字道路下的部分选用翻交法施工，或采用临时路面系统，确保其基本的交通通行。通过与交通管理部门协商，使城市道路交通车辆分流，使施工道路上尽量减少交通流量；对施工机械及运输车辆走行路线进行统一安排，以防止交通堵塞。

（4）运营期间，车辆冲洗和检修废水需经处理、消毒后再回用于洗车或冲洗零部件，既节约用水，又保护环境；城市轨道交通沿线车站的生活污水经化粪池沉淀处理后，直接排入城市排水管网；车辆段生活污水经化粪池处理后同达标的生产废水混合后再排放。此外，应加强接触网的清洁维护工作，避免因污染放电形成较强电磁辐射。特别注意轮轨的维修保养，保持其平整光滑，可以订立一个车辆和钢轨的保养制度，并专条提出轮轨平整光滑指标，以保证列车运行状况良好，不产生大的运行噪声。

第 13 章　项目验收与移交

13.1　概　　述

项目验收是核查城市轨道交通建设项目计划规定范围内的各项工作或活动是否已经全部完成，可交付成果是否令人满意，并将核查结果记录在验收文件中的一系列活动。城市轨道交通工程与一般建筑工程相比，项目验收工作有着如下特点：一是工程体量大，其项目划分与一般建筑工程难以一致，特别是城市轨道交通工程中的单位工程与建筑工程的单位工程已不是同一概念；二是勘察设计、施工、监理、检测及监测等单位众多，项目划分时须考虑参建单位众多的特点，通过验收明确各自责任；三是建设时间长，验收的工作量大，须分层次、分部位、分时段组织验收等。

根据《城市轨道交通建设工程验收管理暂行办法》（建质〔2014〕42 号），城市轨道交通建设工程验收分为单位工程验收、项目工程验收、竣工验收三个阶段，城市轨道交通建设工程所包含的单位工程验收合格且通过相关专项验收后，才可以组织项目工程验收；项目工程验收合格后，建设单位应组织不载客试运行，试运行三个月，并通过全部专项验收后，才可以组织竣工验收；竣工验收合格后，城市轨道交通建设工程可以履行相关的初期运营手续。

项目移交是城市轨道交通建设项目的施工单位在完成合同所规定的内容并验收合格后向下一单位移交合同所规定的内容，包括建设工程实体、设备、附件、档案文件，同时移交相关指挥权、管理权、使用权。常见的工程移交流程包括：上一工序施工单位向下一工序施工单位移交、施工单位向建设单位移交、建设单位向运营单位移交。

13.2　工程质量验收

13.2.1　检验批验收

检验批是指按同一生产条件或按规定的方式汇总起来检验用的，由一定数量样本组成的检验体。在城市轨道交通工程中，分项工程可以由一个或若干检验批组成，检验批可以根据施工及质量控制和专业验收按施工段、变形缝等进行划分。

1. 检验批的验收条件

检验批的验收条件主要为：主控项目和一般项目的质量经抽样检验合格；具有完整的施工操作依据、质量检测记录。

2. 检验批的验收流程与内容

对于城市轨道交通建设项目而言，检验批的验收流程与内容主要包括：

首先，需要项目的施工班组完成检验批后进行自检，施工班组工长检查合格后，报告施工单位专业质量员。

其次，施工单位的专业质量员进行自检评定，合格后做好相应的自检记录并向监理单位申请组织验收。

最后，监理单位组织专业监理工程师、与施工单位的专业质量员进行检验批验收，检查合格后，签字确认检验批的质量验收记录表，如果检查不合格则施工班组整改并重新进行验收工作。

检验批的质量验收流程如图 13-1 所示。

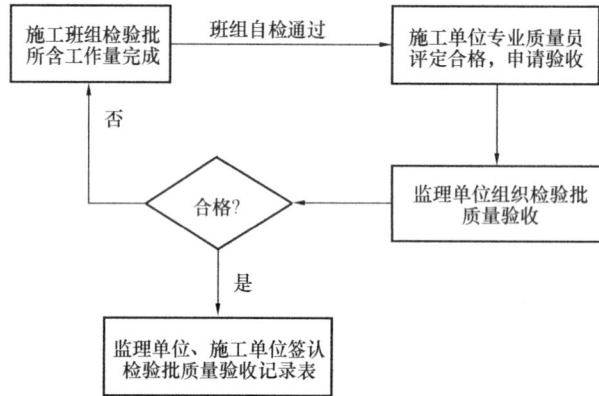

图 13-1　检验批的质量验收流程

13.2.2　分项工程验收

在城市轨道交通建设项目中，分项工程是指在分部工程中按照工种、工序、材料、施工工艺、设备类别等划分的工程实体及专业设备安装工程，分项工程可以由一个或若干检验批组成。

1. 分项工程验收条件

在城市轨道交通工程中，分项工程所包括的检验批应该符合质量合格的要求；分项工程所包括检验批的质量验收记录应该完整；分项工程的质量验收应该在检验批验收合格的基础上进行，检验批的部位、区段应覆盖分项工程的全部范围，构成分项工程的各检验批的验收资料文件应完整并均已验收合格。

2. 分项工程验收流程与内容

对于城市轨道交通建设项目而言，分项工程的验收流程与内容主要包括：

首先，分项（子分项）工程范围的全部检验批都已经完成（除另有约定外），各个工序检验或试验合格，检验或试验报告及施工记录齐全。

其次，施工单位工程技术负责人进行分项（子分项）工程质量自检，并做好相关记录，如果合格则通知监理单位进行分项（子分项）工程质量验收，如果不合格则进行整改。

最后，监理单位组织专业监理工程师、与施工单位的项目技术负责人进行分项（子分项）的工程质量验收，检查合格后签字确认分项（子分项）工程质量验收记录表，如果检查不合格，则施工单位整改并重新进行验收工作。

分项（子分项）工程的质量验收流程如图 13-2 所示。

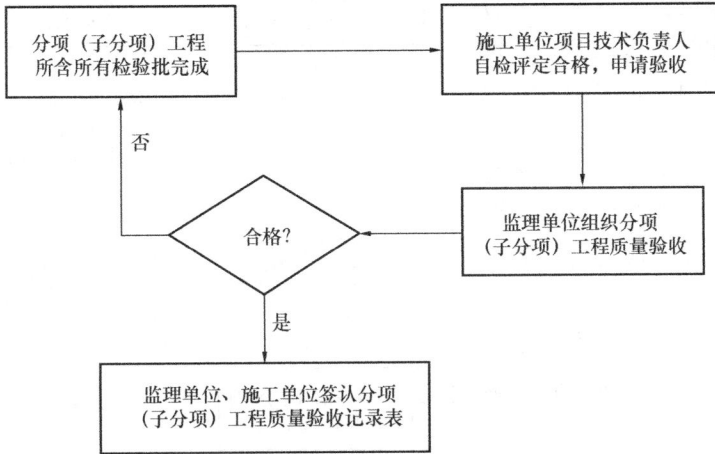

图 13-2　分项（子分项）工程的质量验收流程

13.2.3　分部工程验收

对于城市轨道交通建设项目而言，分部工程是指在单位（子单位）工程中，按照系统设备专业性质或者设备组别、建（构）筑物的一个完整部位或者主要结构、施工阶段划分的工程实体及专业设备安装工程。一般情况下，分部工程的划分原则是：分部工程的划分应该按照专业性质或工程部位确定；当分部工程较大或较复杂时，可以按照材料种类、施工特点、施工程序、专业系统及类别等划分为若干个子分部工程。

1. 分部工程验收条件

在城市轨道交通工程中，分部（子分部）工程所包括分项工程的质量都应该验收合格；质量控制资料完整；地基和基础、主体结构和设备安装等分部工程有关安全及功能的检验和检测结果应该符合规定的要求；观感质量验收应该符合要求。

2. 分部工程验收内容与流程

对于城市轨道交通建设项目而言，分部工程的验收流程与内容主要包括：

首先，施工单位组织分部（子分部）工程自检验收合格后，向监理单位报送分部（子分部）工程工程质量验收申请表、分部（子分部）工程质量验收记录及工程资料。

其次，监理单位组织对申报材料及现场进行审核、检查、签署意见。确认符合分部（子分部）工程的验收条件，组织有关单位、部门进行分部（子分部）工程验收。

最后，监理单位主持分部（子分部）的工程质量验收会议，其主要议程有：

（1）施工单位作分部（子分部）工程施工质量自评报告。

（2）监理单位作分部（子分部）工程质量评估报告。

（3）验收人员分组对工程资料、工程实体进行检查。

（4）验收人员提出检查意见，总监理工程师对存在问题进行汇总并确定整改期限、形成会议纪要和验收意见。

（5）质量监督机构对本次验收行为发表监督意见。

（6）监理单位督促施工单位整改落实，组织有关部门复查，在问题整改报告上签署复查意见。

（7）监理单位整理分部（子分部）工程质量验收会议纪要、分部工程验收记录、问题整改报告，报送建设单位的质量管理部门备案。

如果一个分部工程由几个子分部工程组成时，施工单位应该在所有子分部工程验收完成后进行质量评定、资料汇总，监理单位进行审核、签署意见。将分部工程质量验收记录报送建设单位的质量管理部门备案。

分部（子分部）工程的质量验收流程如图 13-3 所示。

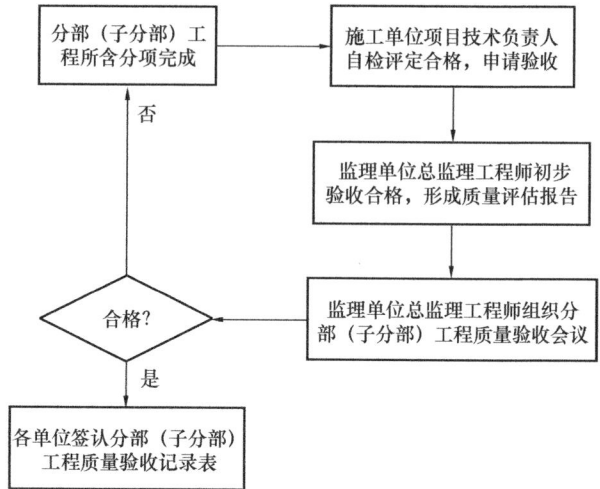

图 13-3　分部（子分部）工程的质量验收流程

13.2.4　单位工程验收

1. 单位工程的内涵

单位工程是指在城市轨道交通建设项目中具有独立施工条件或独立专业功能的建（构）筑物、设备系统。城市轨道交通建设项目可依据具备独立施工条件或具备专业功能等因素划分为若干单位工程。单位工程可以根据工程的复杂性、施工的阶段性以及合同标段划分等因素划分为若干子单位工程。机电设备安装工程也可按安装工种种类、设备组别划分为若干子单位工程。城市轨道交通建设项目的单位工程可以按照以下标准进行划分：

（1）一般情况下，每个车站为一个单位工程，一个车站单位工程可以划分为车站土建、车站装饰装修、车站设备安装（含临近半区间的建筑设备安装工程）三个子单位工程。工程规模较大或施工周期差距大的工程，可将车站每个出入口（风亭）土建、安装、装修分别划分为一个子单位工程。

（2）每个区间为一个单位工程。当一个区间由不同的工法施工时，每种工法划分为一个子单位工程。

（3）车辆基地工程为一个单位工程，划分为轨道路基与道路、桥梁、涵洞、室外建筑环境、室外安装、房屋建筑等若干子单位工程。

（4）全线轨道工程为一个单位工程，划分为正线轨道、站场及出入段线轨道两个子单位工程。

（5）每个主变电所为一个单位工程，其中房屋建筑、送电及电气设备安装工程各为一个子单位工程。区间变电所是独立结构的，可作为一个单位工程。

（6）全线设备系统工程可以按照专业划分为若干个单位工程，并可以按照子系统或者单机工程划分为子单位工程或分部工程。城市轨道交通工程的设备系统包括以下单位工程：通信系统、信号系统、供电工程、综合监控系统、自动售检票系统、站台屏蔽门工程、电（扶）梯工程等。

城市轨道交通建设项目的单位工程划分情况见表 13-1。

城市轨道交通建设项目的单位（子单位）工程划分情况　　　　表 13-1

序号	单位工程	子单位工程
1	车站工程	土建工程
		附属土建工程（每个出入口或风道）
		车站设备安装工程（含临近半区间）
		车站装饰装修工程
2	区间工程	明挖区间
		暗挖区间
		盾构区间
		路基工程
		高架区间
3	车辆段、停车场及基地工程	轨道路基及道路工程
		桥梁或涵洞
		室外建筑环境
		室外安装
		房屋建筑
4	轨道工程	正线轨道工程
		站场及出入段线轨道工程
5	主变电站工程	送电工程（进线部分）
		房屋建筑
		电气设备安装工程
6	供电工程	牵引供电系统工程
		接触网工程
7	信号系统	正线信号系统
		车辆基地信号系统
8	通信系统	专用通信系统
		公安通信系统
		商用通信系统
9	综合监控（ISCS）系统	电力监控系统
		环境与设备监控（BAS）系统
		火灾自动报警系统
		气体灭火系统
		门禁与安防系统
		综合联调
10	自动售检票（AFC）系统	—
11	站台屏蔽门工程	—

序号	单位工程	子单位工程
12	电（扶）梯工程	自动扶梯及自动人行道安装工程
		电梯安装工程
		轮椅升降台安装工程
13	人防工程	出入口及区间人防防护设备安装工程
		防淹防护密闭隔断门工程
14	综合信息管理（IMS）系统	—
15	运营资产管理系统	—
16	供冷站	—

由于合同标段划分、个别制约因素导致部分附属工程无法跟上验收时序等方面的原因，可以将一个单位（子单位）工程的某个分部工程移入另一个单位（子单位）工程中作为分部工程，或提升为单位（子单位）工程。设备系统工程，还可以将一个单位（子单位）工程调整至另外一个单位（子单位）工程中作为分部工程。

2. 单位工程验收的组织

在城市轨道交通工程中，单位工程的验收应该由建设单位组织和主持，政府工程质量监督部门、城市档案管理部门、建设单位（建设、运营管理部门）、施工单位、监理单位、设计单位、勘察单位（参加土建工程验收）等部门参加。但是，由于不同城市的轨道交通建设项目具有不同的组织架构模式等原因，其单位工程验收的参与部门也不尽相同。例如，某城市轨道交通工程的单位工程验收组织如下：

建设单位在收到承包商提交的《工程竣工报告》和《单位（子单位）工程质量验收申请表》（该报告应经承包商项目负责人和项目技术负责人、总监理工程师审核签字）后，由建设单位组织勘察、设计、施工、监理单位项目负责人进行单位（子单位）工程质量验收。会议由建设单位项目负责人主持。参加单位：该市建设工程质量安全监督站，市城乡建设档案馆，轨道公司总工室、计划处、建设分公司（分管领导、安全质量部、土建安装部等）、运营分公司，设计单位，勘察单位，检测单位，测监单位，监理单位，承包商。五方责任主体的负责人必须到场，如确实无法参加的人员，须由公司技术负责人持公司法人签署的委托书参加验收会议。

3. 单位工程验收的条件

根据《城市轨道交通建设工程验收管理暂行办法》，单位工程验收应具备以下条件：

（1）完成工程设计和合同约定的各项内容，对不影响运营安全及使用功能的缓建项目已经相关部门同意；

（2）质量控制资料应完整；

（3）单位工程所含分部工程的质量均应验收合格；

（4）有关安全和功能的检测、测试和必要的认证资料应完整；主要功能项目的检验检测结果应符合相关专业质量验收规范的规定；设备、系统安装工程需通过各专业要求的检测、测试或认证；

（5）有勘察、设计、施工、工程监理等单位签署的质量合格文件或质量评价意见；

（6）观感质量应符合验收要求；

（7）住房城乡建设主管部门及其委托的工程质量监督机构等有关部门责令整改的问题已经整改完毕。

4. 单位工程验收的流程与内容

对于城市轨道交通建设项目而言，单位工程验收的验收流程与内容主要包括：

首先，施工单位对单位（子单位）工程质量自验合格后，总监理工程师组织专业监理工程师依据有关法律、法规、工程建设强制性标准、设计文件及施工合同，对施工单位报送的资料进行验收后，组织单位（子单位）工程的预验收。预验收不合格，施工单位进行整改；预验收合格或整改完成后，施工单位应向建设单位提交单位（子单位）的工程质量报告，申请质量验收。质量验收报告需要经过该工程的总监理工程师、专业工程师签署意见。

其次，建设单位、勘察单位、设计单位、施工单位、监理单位等分别汇报工程合同的履约情况，以及在工程建设各个环节中执行法律、法规和工程建设强制性标准的情况。

再次，验收组实地查验工程质量，审阅工程档案资料。查验及审阅的内容至少包括：

（1）检查合同和设计相关内容的执行情况；

（2）检查单位（子单位）工程实体质量（涉及运营安全及使用功能的部位应进行抽样检测），检查工程档案资料；

（3）检查施工单位自检报告及施工技术资料（包括主要产品的质量保证资料及合格报告）；

（4）检查监理单位独立抽查资料、监理工作总结报告及质量评价资料。单位（子单位）工程质量验收时，可以委托第三方质量检测机构进行工程质量抽测，以提升验收工作质量。

最后，对工程勘察、设计、施工、设备安装质量和各个管理环节作出全面的评价，形成经验收组人员签署的单位（子单位）工程质量验收意见。

单位（子单位）工程的质量验收流程如图13-4所示。

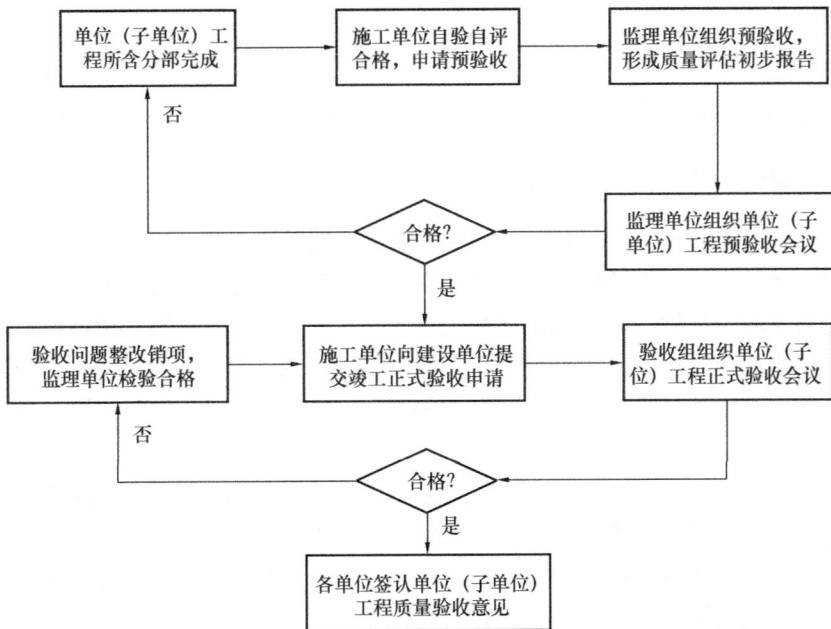

图13-4 单位（子单位）工程的质量验收流程

13.3 专 项 验 收

13.3.1 专项验收的内涵

专项验收是指为保证城市轨道交通建设工程质量和运行安全，依据相关法律法规由政府有关部门负责的验收。城市轨道交通建设项目的专项验收一般包括规划验收、环保验收（评价）、消防验收、人防验收、档案验收、防雷接地验收、节能验收、卫生防疫验收、安全验收、安全专项备案、工程结算审计、财务决算审计等，其具体验收项目、主办单位、组织单位等内容，见表 13-2。一般而言，该项工作主要由工程验收委员会组织，由建设单位、各参建施工单位、监理单位等相关单位配合完成。

某城市轨道交通建设项目的专项验收责任划分　　　　　　表 13-2

验收项目	主办单位	组织单位	参与单位	政府部门
规划验收	规划设计部门	工程验收委员会	建设单位相关部门、设计单位、勘察单位、监理单位、施工单位、设备安装单位等	自规局
环保验收（评价）	规划设计部门			生态环境局
消防验收	相关设备部门			住房城乡建设局
人防验收	工程部门			民防局
防雷接地验收				气象局
节能验收				住房城乡建设局
卫生防疫验收				卫生部门
档案验收	相关资料部门			档案局，城建档案馆
安全验收	质量安全部门			应急管理局
安全备案				市场监督管理局
工程决算	合同、造价部门			审计局
财务决算	财务部门			财政局

13.3.2 专项验收的流程与内容

一般而言，城市轨道交通建设项目的专项工程验收流程如图 13-5 所示。

以某城市地铁项目竣工验收为例，其政府专项验收的基本内容主要包括：

（1）消防验收。根据《中华人民共和国消防法》，住房城乡建设局消防管理部门随机抽取部分车站进行消防验收，验收重点是：建筑防火性能、人员疏散通道、给水、供水、应急照明设施、车站防排烟效果、车站气体灭火、防灾报警、消防联动控制的系统运行效果。

（2）人防验收。主要是由人防办（应急办）检查验收车站和区间的人防设施（主要是人防门）安装质量，设施竣工图纸、操作手册上报归档工作。

（3）环保验收。生态环境局核查项目建设环评报告，核查环评报告专家评审意见的落实情况，组织开展初期运营环保验收检查。

（4）卫生防疫验收。由卫生部门组织开展车站卫生学防疫评价工作，现场检测空气质

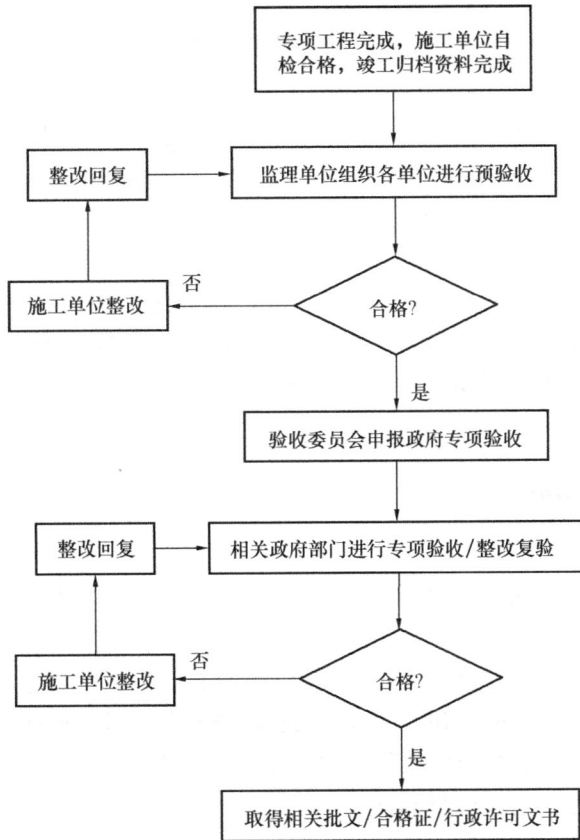

图 13-5 某城市轨道交通建设项目的专项工程验收流程

量、细菌指标等。

（5）工程档案专项验收。由档案局组织开展，主要检查承发包单位资质证明材料、建设管理综合资料、工程质保资料、工程验收资料、竣工图纸是否归档整理完备。

（6）初期运营安全评估。由交通运输委组织，邀请专家针对新线现状进行科学评估，判断是否符合开通初期运营。

（7）特种设备专项验收。由市场监督管理局组织。

（8）无线电专项验收。由无线电管理局组织。

（9）节能专项检测。由住房城乡建设局组织。

（10）防雷专线检测。由气象局组织。

轨道交通集团公司作为建设单位向政府有关部门申报专项验收，施工单位及监理协同配合。专项系统完工后，施工单位自检合格，向监理单位申请预验收；预验收由总监理工程师主持，建设单位、设计单位、监理单位、施工单位相关负责人参加。预验收的目的是查缺补漏，督促整改，确保提交合格产品。

施工单位和监理积极协助建设单位做好专项验收协调组织、资料报验、会议安排、政府验收配合与协调、专家咨询、专家评估、验收等工作，确保在开通前顺利通过各项政府验收，取得政府批文或行政许可文书。

13.4　项目工程验收和竣工验收

项目工程验收是指各项单位工程验收后、试运行之前，确认建设项目工程是否达到设计文件及标准要求，是否满足城市轨道交通试运行要求的验收。

竣工验收是指项目工程验收合格后、试运营之前，结合试运行效果，确认建设项目是否达到设计目标及标准要求的验收。

城市轨道交通建设工程所包含的单位工程验收合格且通过相关专项验收后，方可组织项目工程验收；项目工程验收合格后，建设单位应组织不载客试运行，试运行三个月、并通过全部专项验收后，方可组织竣工验收；竣工验收合格后，城市轨道交通建设工程可履行相关试运营手续。

13.4.1　项目工程验收

1. 项目工程验收的条件

根据《城市轨道交通建设工程验收管理暂行办法》（建质〔2014〕42号），项目工程验收应具备以下条件：

（1）项目所含单位工程均已完成设计及合同约定的内容，并通过了单位工程验收。对不影响运营安全及使用功能的缓建、缓验项目已经获得相关部门的同意。

（2）单位工程质量验收提出的遗留问题、住房城乡建设行政主管部门或其委托的工程质量监督机构责令整改的问题已全部整改完成。

（3）设备系统经联合调试符合运营整体功能要求，并已由相关单位出具认可文件。

（4）已通过对试运行有影响的相关专项验收。

2. 项目工程验收的内容和程序

城市轨道交通的项目工程验收工作由建设单位组织，各参建单位项目负责人以及运营单位、负责专项验收的城市政府有关部门代表参加，组成验收组。其基本内容和程序包括：

（1）建设单位应对验收组主要成员资格进行核查。

（2）建设单位应制定验收方案，验收方案的内容应包括验收组人员组成、验收方法等。

（3）建设单位应当在项目工程验收7个工作日前，将验收的时间、地点及验收方案书面报送工程质量监督机构。

（4）建设单位代表向验收组汇报工程合同履约情况和在工程建设各个环节执行法律、法规和工程建设强制性标准的情况。

（5）各验收小组实地查验工程质量，复查单位工程验收遗留问题的整改情况；审阅建设、勘察、设计、监理、施工单位的工程档案和各项功能性检测、监测资料。

（6）验收组对工程勘察、设计、施工、监理、设备安装质量等方面进行评价，审查对试运行有影响的相关专项验收情况；审查系统设备联合调试情况，签署项目工程验收意见。

（7）工程质量监督机构出具验收监督意见。

城市轨道交通建设工程自项目工程验收合格之日起可投入不载客试运行，试运行时间不应少于三个月。

13.4.2 竣工验收

1. 竣工验收的条件

根据《城市轨道交通建设工程验收管理暂行办法》（建质〔2014〕42号），竣工验收的条件是：

（1）项目工程验收的遗留问题全部整改完毕。

（2）有完整的技术档案和施工管理资料。

（3）试运行过程中发现的问题已整改完毕，有试运行总结报告。

（4）已经通过规划部门对建设工程是否符合规划条件的核实和全部专项验收，并取得相关验收或认可文件；暂时甩项的，应经相关部门同意。

2. 竣工验收的组织

城市轨道交通建设工程竣工验收由建设单位组织，各参建单位项目负责人以及运营单位、负责规划条件核实和专项验收的城市政府有关部门代表参加，组成验收委员会。

（1）建设单位应对验收组主要成员资格进行核查。

（2）建设单位应制定验收方案，验收方案的内容应包括验收委员会人员组成、验收内容及方法等。

（3）验收委员会可按专业分为若干专业验收组。

（4）建设单位应当在竣工验收7个工作日前，将验收的时间、地点及验收方案书面报送工程质量监督机构。

3. 竣工验收的内容和程序

（1）建设、勘察、设计、监理、施工等单位代表简要汇报工程概况、合同履约情况和在工程建设各个环节执行法律、法规和工程建设强制性标准的情况。

（2）建设单位汇报试运行情况。

（3）相关部门代表进行专项验收工作总结。

（4）验收委员会审阅工程档案资料、运行总结报告及检查项目工程验收遗留问题和试运行中发现问题的整改情况。

（5）验收委员会质询相关单位，讨论并形成验收意见。

（6）验收委员会签署工程竣工验收报告，并对遗留问题作出处理决定。

（7）工程质量监督机构出具验收监督意见。

13.5 工 程 移 交

13.5.1 工程移交的组织

对于城市轨道交通建设项目而言，工程移交原则上是从试运行之前，直至遗留问题全部整改完毕并经过双方确认。工程移交工作应由建设单位负责组织，运营公司单位负责人、各参建单位项目负责人参加，并由建设单位和运营单位相关职能部门（如建设分公司、计划处、安全质量监督处、总工室等）的相关人员组成。需注意以下问题：

（1）施工单位应在单位（子单位）工程质量验收通过后，向建设单位移交工程实体，并由建设单位组织向下道工序施工单位交接。

（2）建设单位应以工程作为整体向运营单位进行移交，工程移交内容包括工程实体、设备、随机附件、竣工档案等，并同时进行指挥权、管理权、使用权的移交，运营管理部门全权接管工程，进行试运行准备。

（3）按照工程项目验收及"三权移交"等时间节点要求倒排单位（子单位）工程质量验收计划，在保质保量的前提下，明确节点目标，倒排工期，加速推进工程建设，确保各项验收工作按计划进行。

13.5.2 移交的验收内容与程序

对于城市轨道交通建设项目而言，其移交的内容与程序主要包括：

（1）预验收前由监理单位组织进行检查，预验收检查中提出的所有问题整改完成后，承包商向建设单位提交《工程竣工报告》和《子单位工程质量验收申请表》，由建设单位组织进行质量验收。

工程移交验收组下设专业验收小组，编制项目专业移交实施方案，并经工程移交验收组审核与签署。

（2）单位工程质量验收：单位工程所含的所有子单位工程验收完成后，由建设单位提交该单位工程《质量验收汇总表》。工程移交验收组对移交内容按移交实施方案评估审查，梳理不符合项目清单。

（3）问题整改：承包商将工程实体、资料和商务部分验收意见书中涉及的问题逐条汇总进行整改。建设单位、施工单位整改落实并报工程移交验收组复查，组织遗留问题销号。

（4）资料移交：工程移交组织会同建设单位、运营单位相关管理人员移交竣工资料、竣工图纸，完成工程交接验收记录与交接验收会议纪要。

承包商按档案管理要求将竣工档案整理完成后，分别向建设单位及城乡建设档案馆、运营管理单位移交。工程移交后，施工单位应对工程质量进行跟踪负责，直至最终竣工验收；质量保修期内按建设工程质量管理相关规定及合同预定承担质量保修责任。

13.6 竣工档案的验收移交

13.6.1 竣工档案职责的界定

1. 建设单位的职责

（1）负责组织、协调和指导勘察设计单位、施工单位和监理等单位按合同条款、建设单位及城建档案馆要求编制项目竣工文件，监督检查勘察、设计、施工、监理等单位工程文件与工程进度的同步形成、积累以及竣工文件的立卷归档工作。

（2）建设工程实施部门负责监督、检查各项目施工单位按照相关档案管理办法归档整理工程档案。档案管理部门负责制定工程档案归档标准，指导并组织档案培训，指导单位工程的档案验收，牵头每条线路的档案验收以及案卷入库。

（3）在工程招标、投标和签订合同协议时，设立专门条款明确规定工程参建各方在文件收集、整理、归档等方面的责任，明确设计、勘察、测量、咨询、施工、供货、监理等项目承包单位移交工程档案的套数、费用、标准、移交时间及违约责任。

（4）负责工程招标投标、合同及合同变更、可研及报批、规划报建、国家验收、后评估文件等文件的收集、整理和归档工作（若工程项目招标有招标代理单位，则招标代理单位负责收集、整理招标投标文件，并向建设单位档案管理部门归档）。

（5）档案管理部门负责接收汇总建设工程实施部门审核合格的勘察、设计、施工、监理等单位立卷归档的工程档案。

（6）在工程验收前，建设单位管理部门有关人员应将与本工程有关的一切原发设计变更单、工程变更、洽商联系单、重要专题报告等的原件发还给施工及监理单位，以便其顺利组卷。

（7）建设单位定期对施工、监理等单位的文件档案资料的完整性、准确性、专职档案人员持证情况进行检查，对档案管理人员进行考评；并依据公司各项考核办法（含劳动竞赛办法），对施工、监理等单位竣工文件编制移交进行质量考核。

2. 勘察、设计单位的职责

（1）确定一名分管领导主抓档案工作，并建立相应的档案管理机构，配备素质较高的档案专兼职工作人员，档案人员必须参加档案管理业务培训，持证上岗，将文件形成、积累、整理、归档工作列入项目人员的职责范围、工作标准和岗位职责，并有相应的检查、控制及考核机制。

（2）勘察、设计单位应及时向建设单位移交勘察，设计成果文件并按归档要求及时归档。此外，设计单位应按合同规定向建设单位提供完整的最终版施工图及其 CAD 电子文件，提供施工图晒图服务，配合施工单位完成编制竣工图的任务。

（3）勘察、设计单位应积极配合有关项目施工活动，及时签署验桩、评定、验收等有关文件。

3. 施工单位的职责

（1）施工单位在项目档案管理工作中应实行项目经理负责制，配备专职档案资料管理人员，设立独立的资料室，配置相应档案器具和计算机，逐级建立健全工程资料管理岗位责任制。

（2）施工单位应依据建设单位的要求，编制、制定针对本标段工程的（子）单位工程、（子）分部工程、分项工程、检验批划分文本，选定施工用表后，一同报送监理审核；及时形成工程建设活动中所要求产生的各类文件，保证工程资料与工程进度同步；随时收集各项工程资料，当所施工项目由多个（子）单位工程组成时，按划分制定的（子）单位工程（或分部工程）各自独立组卷，并按照市城建档案馆和建设单位的要求，及时整理、按期移交工程竣工档案。

（3）施工单位应对其竣工档案质量负责。施工总承包单位负责汇总各分包单位已系统立卷整理的竣工档案，各分包单位负责所承包项目的工程文件和竣工档案的形成、收集、整理、移交工作。

（4）竣工图编制由施工单位负责。留作竣工图用的施工图套数已经包含在已发放的施工图中，施工单位应注意保存。由于保管不善等原因，造成竣工图不能满足归档质量要求的，由施工单位请设计单位提供新蓝图，并承担相应费用。

（5）（子）单位工程竣工验收时，同时进行（子）单位工程档案验收，施工单位应提供一份较完整（要求原件）的经监理审核的归档文件，交验收机构审核。档案验收不通过的，不得通过工程竣工验收。

4. 监理单位的职责

（1）负责统一标段工程（子）单位工程、（子）分部工程、分项工程、检验批的划分标准和施工用表的选用，审批检验批的划分。

（2）对施工单位工程建设活动中所形成的各类文件进行检查，及时签署并评语正确，确保施工资料完整、系统、准确、真实。因监理单位签署不及时，造成工程文件滞后于工程进度的，由监理单位承担相应的法律和经济责任。

（3）将（子）单位工程竣工档案的编制纳入驻地监理职责范围，检查、指导和督促施工单位竣工档案编制，发现不准确或短缺时要督促其及时修改和补齐。

（4）监理单位应及时形成、收集、整理本单位项目管理工作中所产生的各类文件，按期向建设单位移交合格的监理档案。

（5）（子）单位工程竣工验收时，同时进行（子）单位工程档案验收，监理单位应提供一份较完整（要求原件）的经监理审核的归档文件，交验收机构审核。档案验收不通过的，不得通过工程竣工验收。

5. 设备供货商的职责

（1）甲供设备供货商负责收集、整理立卷设备设计联络、索赔文件及合同范围内的设备厂家图纸、操作手册等资料；若设备供货商一并负责设备安装，除供货资料组卷满足本条外，其安装施工过程中的归档文件组卷要求参照"施工单位的职责"实施。

（2）乙供设备供货商资料由安装商在"原材料/构配件质量证明文件"中组卷。

（3）在三权移交时，供货商须拟定设备随机资料的目录及随机资料内容复印件，并移交运营等设备接收方。

13.6.2 竣工档案的验收移交

1. 竣工档案的验收时间

竣工档案验收与工程竣工验收同步进行，即分为分部（子分部）工程档案检查、单位（子单位）工程档案初验、单位（子单位）工程档案验收。

2. 分部（子分部）工程的档案检查

由施工单位按照建设单位的要求，将分部（子分部）工程归档文件材料进行汇总整理，分类预立卷，不装档案盒，送驻地监理检查、签署整改意见，并填入分部（子分部）工程质量验收检查记录表，提交分部工程验收会，接受档案专项检查。

3.（子）单位档案验收

档案验收与工程竣工验收同步进行。施工单位按照建设单位的要求，将竣工归档文件材料及竣工图进行汇总整理，组成档案预立卷，建立案卷目录、卷内目录，提交驻地监理核查、签署档案检查整改意见，填写单位（子单位）工程质量验收检查记录表，并继续完善竣工图编制、原件补缺工作。

监理单位和施工单位应重点检查的内容是：归档文件材料要原件、齐全，签字、盖章齐全；在竣工图正确标注设计变更内容；作废的图纸不应归入竣工图内；设计变更单所附有变更图号的图纸、资料目录汇总表与实物——对应；案卷目录、卷内目录及目录数据、归档电子文件正确无误；案卷和卷内文件编排、表格制作、目录各栏目的填写符合有关规定要求；厂家图纸、资料要立卷编目；照片档案编排、装订成册。

在验收会议上，施工、监理单位应该提交一套工程竣工档案原件及声像档案进行检查。工程竣工验收档案的检查工作，由市城建档案馆、建设单位管理部门、档案管理部门、运营等使用单位组成档案检查组进行检查，竣工档案不合格者，不能通过工程竣工验收。监理、甲供设备供货商，也应该参照上述要求分别整理立卷监理档案和设备采购合同文件档案，并接受验收。

4. 竣工图审查

竣工图移交前，建设单位应该组织设计、监理等参建各方及运营接管单位对施工单位编制的竣工图的真实性进行审核，确保竣工图已按设计变更文件、图纸会审和经设计、建设、监理、施工共同确认的工程联系单等更改内容进行修改完善、图物相符、真实准确。

5. 竣工档案的移交

竣工验收通过的一定时间（一般为三个月）内，施工单位、监理单位、甲供设备供货商必须按合同要求，以合同标段或单位（子单位）为基本移交单元向建设单位移交符合规定的建设工程竣工档案。

施工单位的竣工档案主要由以下部分组成：移交书（包括城建档案移交书封面＋案卷目录＋卷内目录）、施工综合文件、质量保证文件（包括原材料、构配件、设备、配合比文件等）、施工技术文件、竣工图及竣工图电子文件、工程照片、底片及录像等。此外，施工单位还需要向建设单位提交施工组织设计、施工技术总结、卷内目录和案卷目录的电子版文件。

向市城市建设档案馆移交的一套档案，应该经过建设单位在移交书上签署意见并登记在册，由建设单位授权施工单位直接向城建档案馆移交。

6. 工程文件的归档质量要求

归档的文件应该是原件，工程文件的内容必须真实、准确，与工程实际相符合、能够反映工程建设活动的全过程；归档文件应经过科学分类、整理编目，以满足竣工档案系统性的要求。项目监理单位的人员对工程文件的签署确认依据《建设工程监理规范》GB/T 50319—2013 的标准实施。监理工程师及以上人员签署工程文件时，应该同时加盖其注册章。

竣工图的绘制（包括新绘和改绘）必须符合国家绘图标准。竣工图编制工作由编制单位工程技术负责人组织、审核、签字，并承担技术责任。竣工图的绘制必须依据在施工过程中实际实施的图纸会审记录，设计修改变更通知单、变更令、经设计单位确认的工程洽商联系单，以及隐蔽工程验收记录或工程实测实量数据等已形成的有效文件进行编制，确保图物一致。所有的竣工图必须是新的施工蓝图。

工程竣工图必须严格按照比例进行绘制。平面图中应标明工程中线起点、转角点、交叉点、设备点、曲线等平面要素的位置坐标及高程。竣工图应基本遵循原设计文件的目录格式及顺序进行编写。如果有变更，应在竣工图目录后增加与原图的对照表。

7. 竣工档案验收移交的其他说明

对于城市轨道交通建设项目中的设备及设备安装工程，特别是引进的技术和设备，建设单位须加强图纸和技术文件的收集与整理工作，并按照规定及时进行归档。工程竣工归档文件材料必须与所产生的电子文件一一对应整理移交。

建设项目、单项工程、单位（子单位）工程竣工归档文件材料的立卷，必须遵循竣工文件材料的自然形成规律、内容之间的系统联系进行分类、组卷，使组成的案卷便于使用和保管。大部分城市的轨道交通建设单位规定，竣工文件编制合格是竣工验收的必要条件，竣工文件不齐全、不完整，工程不能通过验收，且不能参加优质工程评选。竣工文件不移交归档，不能结算工程尾款。

城市轨道交通建设项目的竣工档案资料，尤其是竣工图纸，一定要真实详尽地反映工程建设期间各专业所发生的技术变更、工程变更，并经过监理及各工程管理部门的确认与签证，以保证运营单位在运营使用过程中能够及时准确地维护和检修。此项要求作为考核施工单位工程质量以及监理单位质量管理工作的重要依据，并作为发生事故时追究事故责任人的法律依据。

13.7 城市轨道交通工程验收实践

13.7.1 苏州轨道交通单位工程质量验收实践

单位（子单位）验收是一项需要参建各方积极协调、配合的工作，在施工任务重、时间紧、外部协调繁杂的城市轨道交通工程建设中，只有各方全策全力才能保证各项验收工作按计划进行，保证开通试运营的时间节点要求。

苏州轨道交通目前已开通运营1号线、2号线及延伸线、4号线及支线、3号线，已完成累计369个单位工程、923个子单位工程的验收，结合建质〔2014〕42号文及兄弟城市轨道工程单位（子单位）验收的经验，总结形成了适合苏州轨道交通的单位（子单位）验收管理做法。该做法在苏州轨道交通工程单位（子单位）工程实际验收中具有可操作性、灵活性的特点，各方沟通配合顺畅，执行效果良好，为工程后续的项目验收、竣工验收创造良好的验收基础。

1. 编制验收计划

按照工程项目验收及"三权移交"等时间节点要求倒排单位（子单位）工程质量验收计划，在保质保量的前提下，明确节点目标，倒排工期，加速推进工程建设，确保各项验收工作按计划进行。

2. 验收阶段划分

单位（子单位）工程质量验收共分为：验前检查阶段、预验收阶段、验收阶段、问题整改及资料移交阶段。

（1）验前检查：预验收前由监理单位组织进行的检查。

（2）预验收：验前检查中提出问题整改完成后，单位（子单位）工程质量验收前由监理单位组织进行的验收。

（3）子单位工程质量验收：预验收检查中提出的所有问题整改完成后，承包商向建设单位提交《工程竣工报告》和《子单位工程质量验收申请表》，由建设单位组织进行的质量验收。

（4）单位工程质量验收：单位工程所含的所有子单位工程验收完成后，由建设单位提交该单位工程《质量验收汇总表》。

（5）问题整改：承包商将工程实体、资料和商务部分验收意见书中涉及的问题逐条汇总进行整改。

（6）资料移交：承包商按档案管理要求将竣工档案整理完成后，分别向苏州市轨道交通集团有限公司总工室及苏州市城乡建设档案馆、轨道公司运营分公司移交。

3. 各阶段验收组织

（1）验前检查：承包商完成合同约定的施工内容且现场具备验收条件后，申请由监理单位组织该工程的施工、监理、设计、检测及测监单位参加。

（2）预验收：承包商在完成单位（子单位）工程验前检查并整改合格后，经监理单位和土建安装部确认方可进行单位（子单位）工程预验收。预验收会议由监理单位组织，总监理工程师主持召开。参加单位有：苏州市建设工程质量安全监督站，苏州市城乡建设档案馆，苏州市轨道交通集团有限公司总工室、建设分公司（安全质量部、土建安装部等）、运营分公司，设计单位，勘察单位，检测单位，测监单位，监理单位，承包商。

（3）单位（子单位）质量验收：建设单位在收到承包商提交的《工程竣工报告》和《单位（子单位）工程质量验收申请表》（该报告应经承包商项目负责人和项目技术负责人、总监理工程师审核签字）后，由建设单位组织勘察、设计、施工、监理单位项目负责人进行单位（子单位）工程质量验收。会议由建设单位项目负责人主持。参加单位：苏州市建设工程质量安全监督站，苏州市城乡建设档案馆，苏州市轨道交通集团有限公司总工室、计划处、建设分公司（分管领导、安全质量部、土建安装部等）、运营分公司，设计单位，勘察单位［参加土建单位（子单位）工程验收］，检测单位，测监单位［参加土建单位（子单位）工程验收］，监理单位，承包商。五方责任主体的负责人必须到场，如确实无法参加的人员，须由公司技术负责人持公司法人签署的委托书参加验收会议。

4. 单位（子单位）工程质量验收条件

（1）承包商完成工程设计和合同约定的各项内容，并对已完工程质量进行了自查，确认工程质量符合有关法律、法规和工程建设强制性标准，符合设计文件及合同要求，编制完成《工程质量自评报告》，具有完整的技术档案和施工管理资料，有工程使用的主要建筑材料、建筑构配件和设备的进场试验报告，有承包商签署的工程质量保修书，预验收检查中提出的所有问题整改完毕，并经监理单位核准确认后，承包商将验收申请连同整改好的技术资料提交土建安装部审核，同时将一份经总监理工程师批准的验收申请及一套质监归档资料等相关文件送质量监督机构审核。

（2）监理单位已组织完成单位（子单位）工程质量预验收，经现场整改、核实，工程质量合格，具有完整的监理资料，出具《工程质量评估报告》。

（3）勘察单位对勘察文件及施工过程中由勘察单位签署的设计变更通知书进行检查，并提出《工程勘察质量检查报告》和《工程勘察单位质量评估报告》。

（4）设计单位对设计文件及施工过程中由设计单位签署的设计变更通知书进行检查，并提出《工程设计质量检查报告》和《工程设计单位质量评估报告》。

（5）质量安全监督站质量监督过程中责令整改的问题全部整改完毕，施工中存在的异常数据均已闭合；观感质量、分部分项应符合规范要求，并验收合格，各项验收记录签字盖章齐全。

承包商在验收前，按轨道公司相关管理办法向联合调度室提交要点申报计划，确定封锁时间，确保在验收时间段无车辆通过。并在调度室及现场设置必要的联络人员和防护人员，在验收人员进入现场后，专职联络人员要陪同进入，其与调度室应保持信息畅通。

验收时，承包商应准备好强光电筒、靠尺、塞尺、钢尺等检查工具，以便现场检查。

5. 组织验收会议

（1）与会各方做评估报告：

承包商作单位（子单位）工程质量自评报告，介绍工程概况、工程质量验收前检查问题的整改情况、自检自评质量情况，目前遗留工作情况，本次要移交的工程实体范围、设备清单，施工合同履行情况；监理单位作质量评估报告，介绍工程监理情况、整改问题复查情况、质量等级核定情况、目前遗留问题、监理合同履行情况；勘察单位作勘察工作质量报告，介绍工程施工中地质变化情况，阐明实际地质情况与原地质报告的差异，工程施工对持力层是否满足要求等；检测单位作评估报告，介绍施工全过程的检测数据的汇总分析情况，明确承包商的施工检测是否满足检测要求及存在的问题、异常数据的销项闭合情况；测监单位作评估报告，介绍施工全过程的监测数据的汇总分析情况，明确承包商在施工过程中是否符合监测要求及存在的问题、报警响应及处置情况；设计单位作评估报告，明确承包商的施工是否满足设计要求及存在的问题、设计变更手续是否完善、设计合同履行情况等；土建安装部项目负责人作工程合同完成情况报告。

（2）与会人员分组检查（各检查组由主持人指定专人负责）：

1）工程实体组：由建设分公司安全质量部牵头，运营分公司参加，按土建、装修、机电和系统等专业分组现场检查，主要检查预验收时提出问题的整改完成情况，并对工程实体进行观感质量检查，必要时进行现场实测实量。

2）文件资料组：由总工室牵头，苏州市城乡建设档案馆、运营分公司、监理单位参加，对承包商提交的竣工验收资料进行检查验收。

3）商务组：由计划处牵头，建设分公司参加，负责对涉及商务的所有事项进行检查，包括合同履行情况、设备到货情况、款项的支付情况及设计变更的完成情况等。

4）各检查组须安排专人作记录，填写验收意见书，签字认可并纳入工程管理档案。

5）各检查组负责人汇报检查情况，指出存在问题。

（3）验收意见：

对各小组提出的问题逐一讨论，对要进行整改的确定整改期限。与会五方责任主体的项目负责人共同签署验收文件，并加盖各单位公章。

（4）质量监督部门对工程质量验收的组织形式、验收程序、执行验收标准等进行监督。

（5）监理单位负责形成会议纪要，送土建安装部审签，同时负责整改问题的跟踪检查。

6. 问题整改

验收会议后，监理单位将验收意见书中涉及的问题汇总，以监理工程师整改通知书下发承包商进行整改，验收后一个月内，承包商完成现场实体、资料、商务中存在问题的整改，以监理工程师整改回复的形式报监理单位核实签字认可。

7. 资料移交

当一个单位工程由多个子单位工程组成时，所有子单位工程质量验收合格，认为该单位工程质量验收合格。在单位工程验收后 60 个工作日内，承包商根据《苏州市轨道交通工程竣工文件编制办法》，分别向苏州市轨道交通集团有限公司总工室及苏州市城乡建设档案馆、苏州市轨道交通集团有限公司运营分公司移交竣工档案。

8. 特殊情况处理

因特殊原因在项目验收前未完工，符合不影响试运行的条件，但在竣工验收前可以完成建设并通过验收的项目按缓验执行。因特殊原因在竣工验收前未完工，符合不影响运营安全及使用功能的条件，不参与竣工验收的项目按甩项执行。缓验及甩项均须填写相应审批表格，经各方签字盖章后与质监归档资料一同报质安站审核。

苏州市轨道交通集团有限公司以往线路单位工程验收的具体实践表明：工程验收必须及早准备，按工程进度情况及各时间节点制定验收和资料移交计划。各参建单位必须高度重视，充分发挥主观能动性，积极协调，并结合政府监督部门的工作安排及轨行区请点等时间安排，保证各项验收工作按计划完成，同时安排专人负责资料的收集、整编工作。可视情况执行验收计划考核手段，强化计划的严肃性。

13.7.2　常州轨道交通项目工程验收和竣工验收实践

项目工程验收通过与否决定着能否开始试运行，决定能否按期组织竣工验收，因此，项目工程验收是保障城市轨道交通工程按期开通运营的关键节点。结合常州市轨道交通 1 号线一期工程项目工程与竣工验收实践，阐述总结如何组织好城市轨道交通项目工程验收与竣工验收工作。

1. 提前谋划，开展项目工程验收准备

常州市轨道交通 1 号线一期工程作为常州首条地铁线路，为此，常州市轨道交通发展有限公司特邀请第三方咨询单位，协助提供 1 号线项目验收和竣工验收咨询服务。在第三方咨询单位的指导服务下，开展项目工程验收工作准备。主要工作包括：

（1）轨道公司内部成立项目工程验收领导小组。

（2）根据通车目标节点，倒排项目验收时间，草拟验收方案。

（3）梳理验收前置条件，明确时间节点，分解任务清单。

（4）定期跟踪工程节点完成情况，确保项目工程验收按期举行。

2. 紧密配合，完成项目工程验收前置条件

（1）引入专业机构评估

项目验收前常州市轨道交通 1 号线一期工程土建主体工程全部完成，土建附属完成 98%，全线机电安装工程完成 95%，公共区装修工程完成 80%。供电系统、信号系统、通信系统、屏蔽门系统等影响运营安全的系统工程基本完成。对缓验项目和系统安装工程是否影响试运行安全进行专家评估。

1）对未受监督的系统工程开展系统工程安全评估。常州轨道交通工程中系统工程（供电、信号、通信、屏蔽门、AFC、综合监控），由于市监督部门缺少专业监督人员，

未纳入其安全质量监督范围。根据常州市政府轨道交通办公会会议明确，对专业性较强、未受理质量监督备案的单位工程，由常州市轨道交通发展有限公司委托第三方专业机构进行评估，出具评估报告，作为工程验收依据。

2）对缓验工程开展安全评估。常州市轨道交通发展有限公司对缓验项目是否影响试运行安全委托第三方专业机构进行评估并且取得评估意见，并以此为依据向常州市建设行政主管部门提报缓验项目申请，项目工程验收前，获得常州市建设行政主管部门同意批复。

3）组织全线单位工程验收会。常州市建设行政主管部门在子单位工程验收阶段参与轨道交通工程质量验收，单位工程内所含子单位工程验收完成后，由常州市轨道交通发展有限公司组织召开了1号线全线单位工程验收会，常州市建设行政主管部门参加验收会议，并宣读单位工程验收意见。

（2）加强现场问题整改，推进工程专项验收工作

1）针对子单位、单位工程验收提出的问题，督促现场整改落实，确保项目验收前整改完成。通过根据《江苏省城市轨道交通工程验收统一标准》中明确列出的A类问题、B类问题，组织自查，确保项目工程验收前影响试运行安全的A类问题全部整改完成。

2）常州市轨道交通1号线一期工程综合联调共设置26个科目，由综合监控、供电、信号、通信、车辆5个专业作为牵头专业。在项目验收前，常州市轨道交通1号线一期工程综合联调中涉及行车、安全的调试全部完成，对行车与安全有影响的B类问题也完成整改消缺，基本具备试运行条件，并由联调单位出具常州市轨道交通1号线一期工程综合联调阶段报告。

3）及时推进规划、环保、消防、人防、防雷、卫生防疫、安全、特种设备、行车设备质量等专项验收工作，并取得相关验收条件，在项目工程验收前，常州市轨道交通发展有限公司完成了防雷专项专家评审，取得了常州市人防工程质量监督站出具的《人防工程质量监督报告书》；安全评价组织了第一次现场隐患排查，完成了车辆段、停车场和控制中心特种设备检验工作；信号系统取得空载试运行安全认证报告；消防、卫生、环保、档案专项验收均在按计划进行中，确保在竣工验收前完成全部专项验收。

3. 组织协调，确保验收会议顺利完成

（1）上下联动，成立项目工程验收委员会

在完成项目验收前置条件的同时，积极与江苏省土木建筑学会城市轨道交通建设专业委员会对接，完善项目工程验收方案，敲定验收日期、专家名单、参会人员、会议议程、拟定检查站点。常州市轨道交通发展有限公司成立项目工程验收委员会，常州市轨道交通发展有限公司总经理任验收委员会主任，专家组组长、专家组副组长、建设行政主管部门分管副局长、常州市轨道交通发展有限公司建设分公司总经理任验收委员会副主任，邀请的12名专家、常州市轨道交通发展有限公司相关负责人、1号线设计总体与监理单位总监作为验收委员会成员。验收方案定稿发文后，报送常州市建设行政主管部门。

（2）周密部署，细化验收分工安排

常州市轨道交通发展有限公司根据项目验收方案，制定公司内部分工表。根据验收方案安排，项目工程验收委员会下设四个专业验收组：

1）综合验收组，职责：检查验收工程建设程序性文件及专项验收资料；负责查验轨道、线路、限界、停车场总体工程质量及相关资料，查验试运行组织的准备情况。

2）土建、装修验收组，职责：负责查验车站和区间的建筑、结构、装修等专业工程质量和相关资料。

3）机电验收组，职责：负责查验机电安装、供电工程质量和相关资料。主要包括主变电所、供电、通风空调、给水排水及消防、低压、电扶梯、站台门等专业。

4）系统验收组，职责：负责查验车辆、系统安装工程质量和相关资料。主要包括通信、信号、综合监控、FAS、AFC等系统。查验联调联试完成情况。

以上各组分别由常州市轨道交通发展有限公司建设分公司一位副总担任负责人，统筹本组验收具体安排与配合工作。同时，常州市轨道交通发展有限公司设立验收会务组，负责验收会议资料准备、会议通知、会议邀请函递送、会议地址等。

（3）严格标准，确保项目工程验收质量

在各项准备工作充分的基础上，项目工程验收会议按照计划顺利进行，经过现场查勘、测试和查看资料，各专业组分组讨论，验收委员会一致同意常州市轨道交通1号线一期工程通过项目工程验收，同时，四个专业验收组共计提出了71条需要整改的问题，常州市轨道交通发展有限公司将下发问题清单，逐个整改闭合，确保在竣工验收前全部整改完成。

4. 吸取经验，精心组织竣工验收

项目工程验收的顺利通过，为竣工验收工作打下基础。常州市轨道交通发展有限公司在项目工程验收经验基础上，精心策划，认真筹备竣工验收会议。

（1）对照国家标准，逐条完成竣工前置条件

根据《城市轨道交通建设工程验收管理暂行办法》（建质〔2014〕42号）对竣工验收应具备的要求条件，对项目验收时提出的问题逐条整改，形成整改闭合报告备查；竣工验收前通过了省档案馆组织的工程档案验收，确保技术档案与施工管理资料齐全；常州市轨道交通发展有限公司运营分公司出具试运行总结报告；常州市轨道交通发展有限公司将受特殊原因（土地、远期预留等）影响，需要甩项的项目上报建设行政主管部门，甩项项目（全部为出入口与商业区）不影响初期运营安全和使用功能，并制定了初期运营期间安全保障措施。

在竣工验收前根据计划安排完成全部专项验收工作：

1）工程质量监督，竣工验收前，常州市轨道交通1号线一期工程土建工程、机电安装工程、公共区装饰装修工程取得市住房城乡建设局的质量监督意见书。

2）环保专项，竣工验收前，建设单位已编制完成常州市轨道交通1号线一期工程竣工环境保护设施验收初步报告。

3）消防专项，竣工验收前，取得1号线全线消防意见书。

4）人防专项，竣工验收前，取得市人防办的人防验收意见书。

5）防雷专项，竣工验收前，取得防雷验收核准书。

6）卫生专项，竣工验收前，取得常州市卫生健康委员会出具的常州市轨道交通1号线一期工程站台公共区域卫生学专项竣工验收意见。

7）特种设备，竣工验收前，完成1号线所有车站、场段特种设备验收工作，特种设

备检验合格。

8）安全评价，竣工验收前，完成热烟测试，组织并通过了安全评价专家评审。

9）档案专项，竣工验收前，通过省档案馆组织的工程档案专项验收。

10）施工许可，竣工验收前，1号线车站、区间、机电、装修均办理完成施工许可证。

11）票价批复，竣工验收前，获得常州市发展改革委员会关于核定常州市轨道交通票价的批复。

12）行车及服务设备质量验收文件，竣工验收前，信号系统取得载客开通运营安全认证报告。

每座车站均已开通至少2个不同方向的出入口，同时与初期运营安全直接有关的车站设备和系统均已调试完成且验收合格，具备确保初期运营安全的信号、通信设备及相应的技术措施。

《交通运输部办公厅关于印发〈城市轨道交通初期运营前安全评估技术规范 第1部分：地铁和轻轨〉的通知》（交办运〔2019〕17号）中要求的34项测试，在竣工验收前全部完成，为竣工验收后安全评估做好准备。

（2）统筹安排，认真筹备竣工验收会议

在完成竣工验收前置条件的同时，积极与江苏省土木建筑学会城市轨道交通建设专业委员会对接，完善竣工验收方案，敲定验收日期、专家名单、参会人员、会议议程、拟定检查站点。

常州市轨道交通发展有限公司成立竣工验收委员会，公司董事长任验收委员会主任，公司总经理、相关副总经理、专家组组长、专家组副组长任验收委员会副主任，行业内20名专家，公司相关人员，1号线设计总体、施工单位、监理单位负责人作为验收委员会成员。验收委员会下设四个专业验收组（同项目工程验收）的同时设竣工验收监督组，市行政主管部门相关领导任组长，对竣工验收进行全过程监督。

竣工验收邀请省住房城乡建设厅、市各相关行政单位，会议的规模和规格较项目工程验收都更大，常州市轨道交通发展有限公司上下齐心，在全体参建单位共同努力下，顺利通过了1号线一期工程竣工验收。同时对验收组提出的问题，立刻整改闭合，不影响后续的初期运营安全评估。

回顾总结常州市轨道交通1号线一期工程项目工程验收会和竣工验收会，对于如何组织好城市轨道交通项目工程验收和竣工验收，应注意：一是要及早部署安排，常州作为轨道交通城市的新成员，及时邀请了经验丰富的第三方验收咨询单位，为常州轨道交通1号线项目验收和竣工验收提供了指导与帮助；二是通过提前梳理前置条件，保证项目工程验收前，不能有影响试运行安全和使用的事项，竣工验收前，前提条件与专项验收全部完成；三是细化验收方案分工配合，验收各环节责任到人，确保验收会议组织召开顺利。同时，由于竣工验收后面临初期运营安全评估，建议将工程验收与安全评估统筹考虑，在竣工验收前完成安全评估要求的34项测试，为后续初期运营打好基础。

第 14 章　新技术在轨道交通建设项目管理中的应用

在城市轨道交通建设项目中，新技术、新工艺非常多，本章主要选择 BIM 技术与预制装配技术在城市轨道交通建设项目中的应用进行详细阐述，主要原因在于：这两项技术是我国政府最近几年大力推行的，其应用也会带来城市轨道交通建设行业的发展，并促进建设单位项目管理等方面的转变。

14.1　BIM 在轨道交通建设项目管理中的应用

14.1.1　BIM 技术的内涵

《建筑信息模型施工应用标准》GB/T 51235—2017 对建筑信息模型（Building Information Modeling，简称 BIM）的定义为：在建设工程及设施全生命周期内，对其物理和功能特性进行数字化表达，并依此设计、施工、运营的过程和结果的总称。BIM 技术是整个建筑行业未来发展的趋势，给建筑行业带来了一次信息化的革命，能够大大推动轨道交通建设工程信息化的发展进程，并且在信息管理方面显示出很大的优势。

根据《住房城乡建设部办公厅关于印发城市轨道交通工程 BIM 应用指南的通知》（建办质函〔2018〕274 号）印发的《城市轨道交通工程 BIM 应用指南》，在城市轨道交通建设项目各阶段建设单位可以参照应用的 BIM 内容见表 14-1。

城市轨道交通建设项目各阶段 BIM 应用内容　　　表 14-1

序号	阶段	BIM 应用内容
1	可行性研究	规划符合性分析
2		服务人口分析
3		景观效果分析
4		噪声影响分析
5		征地拆迁分析
6		地质适宜性分析
7		规划控制管理
8		其他
9	初步设计	设计方案可视化
10		控制因素分析
11		换乘方案模拟分析
12		设计方案比选
13		施工工法模拟
14		交通疏解、管线改迁模拟
15		其他

序号	阶段		BIM 应用内容
16	施工图设计		设计进度和质量管理
17			限界优化设计
18			管线碰撞检查
19			三维管线综合
20			预留预埋检查
21			工程量统计
22			其他
23	施工	施工准备	机电深化设计
24			装修深化设计
25			土建深化设计
26			大型设备运输路径检查
27			关键、复杂节点工序模拟
28			工程筹划模拟
29			其他
30		施工实施	标准化管理
31			进度管理
32			质量管理
33			安全风险管理
34			重要部位和环节条件验收管理
35			成本管理
36			验收管理
37			其他
38	竣工验收模型交付		竣工验收模型交付

根据《城市轨道交通工程 BIM 应用指南》，在城市轨道交通工程中，应用 BIM 的总流程如图 14-1 所示。

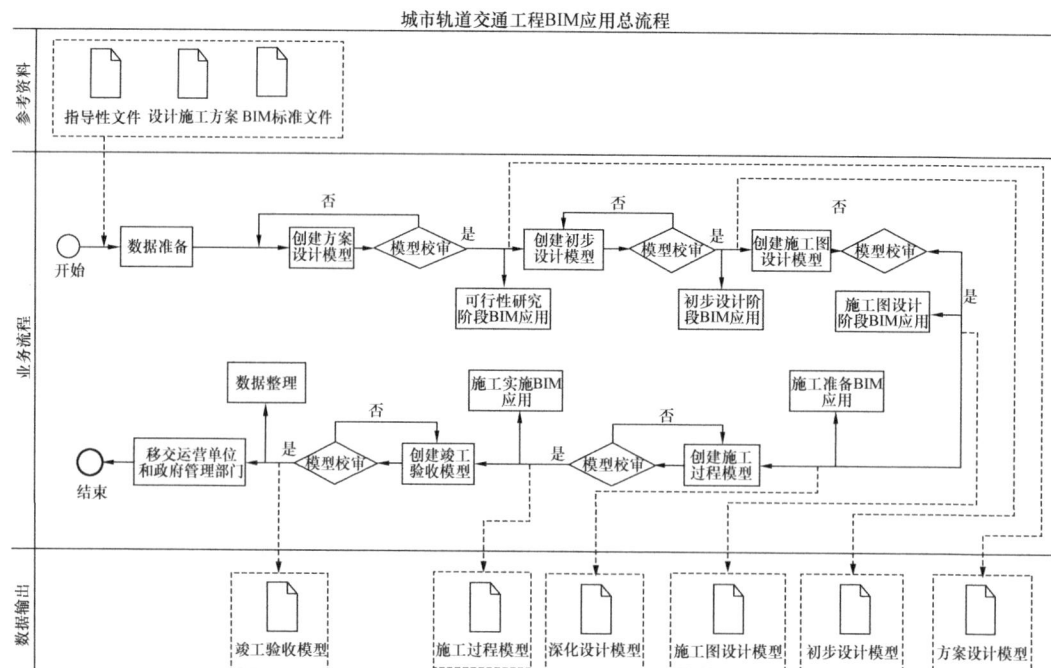

图 14-1 城市轨道交通工程 BIM 应用总流程

222

在 BIM 技术应用方面，国内各地城市轨道交通相关单位也在尝试采用 BIM 技术，应用比较多的是在轨道交通设备安装的管线碰撞方面。而有些城市轨道交通建设项目，在前期规划、工程设计、施工管理和资产移交等方面也全面尝试使用 BIM 技术。

14.1.2 全生命周期的 BIM 应用

1. 工程可行性研究阶段的 BIM 应用

（1）工程可行性研究阶段，建设单位可以要求各相关单位应用 BIM 对设计运营功能、工程规模、工程投资等进行分析，验证工程项目可行性、落实外部条件、稳定线路站位、优化设计方案，保证设计方案的合理性、适用性和经济性。

（2）工程可行性研究阶段以方案设计模型为基础，建设单位可以要求各相关单位利用 GIS、大数据、云计算等技术对设计方案进行规划符合性分析、服务人口分析、景观效果分析、噪声影响分析、征地拆迁分析及地质适宜性分析等，选择最优设计方案，并以设计方案为依据进行相关区域的规划控制管理。

（3）工程可行性研究阶段，建设单位可以要求各相关单位应用以下 BIM 的内容：

1）规划符合性分析：利用 BIM 数据集成与管理平台集成城市轨道交通线/网方案设计模型，分析城市轨道交通工程与周边环境建（构）筑物的位置关系、交通接驳关系、车站换乘关系、商业一体化开发关系等，实现城市轨道交通工程设计与城市规划协同。

2）服务人口分析：利用 BIM 数据集成与管理平台集成城市轨道交通线/网方案设计模型，并通过接入城市人口分布信息库获取人口的年龄、性别、职业等信息，快速统计车站周边指定范围内建筑物的人口信息，用于客流量和服务人口的预测分析。

3）景观效果分析：利用 BIM 数据集成与管理平台集成城市轨道交通线/网方案设计模型，模拟城市轨道交通线路及周边环境，分析城市轨道交通建（构）筑物、设施与周边环境结合的景观效果。

4）噪声影响分析：利用 BIM 数据集成与管理平台集成城市轨道交通线/网方案设计模型和噪声影响分析软件输出的数据，在三维场景中展示噪声影响范围，统计分析城市轨道交通运行噪声影响区域内的建筑（数量、面积、产权单位、用途等）、人员（数量、职业等）等信息。

5）征地拆迁分析：在场地模型中集成城市用地规划、建（构）筑物产权单位、建设年代、建筑面积、城市人口分布等信息，利用 BIM 数据集成与管理平台分析设计方案需要拆迁的建（构）筑物的数量、面积、产权单位和拆迁成本等。

6）地质适宜性分析：利用 BIM 数据集成与管理平台集成城市轨道交通线/网方案设计模型，分析设计方案中线路穿越的地层、地下水和不良地质情况，提高方案分析和调整的效率。

7）规划控制管理：利用 BIM 数据集成与管理平台集成城市轨道交通线/网方案设计模型和城市控/详规信息，建立包含完整环境模型信息的数字城区，进行设计方案审查、规划控制，实现整个规划的动态管理。

8）投资估算分析、施工安全风险分析、设计方案可视化、控制因素分析等其他应用。

2. 设计阶段的 BIM 应用

在城市轨道交通工程中，建设单位可以要求设计单位在设计阶段应用的 BIM 内容主要包括两个方面：初步设计阶段的 BIM 应用以及施工图设计阶段的 BIM 应用。

（1）初步设计阶段的 BIM 应用

1）初步设计阶段可应用 BIM 对设计方案或重大技术问题的解决方案进行综合分析、协调设计接口、稳定主要外部条件，论证技术上的适用性、可靠性和经济上的合理性。

2）初步设计阶段宜利用初步设计模型对建筑设计方案、结构施工方案、专项风险工程、交通影响范围和疏解方案、管线影响范围和迁改方案进行可视化沟通、交流、讨论和决策。

（2）施工图设计阶段的 BIM 应用

1）施工图设计阶段可应用 BIM 对设计方案进行综合模拟及检查，优化方案中的技术措施、工艺做法、用料等，在初步设计的基础上辅助编制可供施工和安装阶段使用的设计文件。

2）施工图设计阶段宜利用模型开展设计进度和质量管理、限界优化设计、管线碰撞检查、三维管线综合、预留预埋检查及工程量统计等方面的应用，提高设计质量。

基于 BIM 技术，能够实现可视化设计、协同设计、优化设计、自动碰撞检测等，提高城市轨道交通建设项目设计的质量。

3. 施工阶段的 BIM 应用

在城市轨道交通工程中，建设单位可以要求施工或其他相关单位应用 BIM，内容主要包括两个方面：

（1）施工准备阶段的 BIM 应用

1）施工准备阶段可应用 BIM 对工程施工方案开展深化设计及虚拟建造，深入理解设计意图、分析工程重难点，全面优化施工组织设计。

2）施工准备阶段应结合施工工艺和现场情况，利用模型开展机电深化设计、装修深化设计、土建深化设计、大型设备运输路径检查、关键复杂节点工序模拟和工程筹划模拟等方面的应用，指导现场施工。

（2）施工实施阶段的 BIM 应用

施工实施阶段可应用 BIM 创建虚拟现场，利用 GIS、物联网、移动互联等技术开展标准化管理、进度管理、安全风险管理、质量管理、重要部位和环节条件验收、成本管理等方面的应用，实现对工程项目的精细化管理。

BIM 技术在城市轨道交通工程施工实施阶段的应用主要包括深化设计、图纸审核、场地规划、施工模拟、管线优化、可视化技术交底等方面。

4. 运维阶段的 BIM 应用

在城市轨道交通建设项目中，建设单位可以建立 BIM 轨道交通设施资产管理及运营维护管理系统。该系统利用竣工 BIM 模型将设施资产管理与设备运维管理集成到三维可视化平台，并结合物联网技术，将各设备的使用情况纳入系统的管理范围，进行现场管理。

基于 BIM 技术的城市轨道交通建设项目运维管理系统，可以调用设备设施的三维模型、设施使用手册、运行参数、保养周期以及相关的操作视频等信息，消除查阅纸质文件的不便；运维工单与维修人员和备品库存管理联动；应急工单与应急人员和物资联动，提高运营可靠性和应急处理能力。再通过结合维修记录、行车日志、财务信息、客流信息等信息，整条轨道交通路线的运行情况、维护成本等信息也可以计算出来，并可以以此进行车次等的调度计划的决策等。

5. 全生命周期 BIM 应用的总结

国内在城市轨道交通工程领域开展 BIM 的应用已经有多年了，从整体应用的情况来看，虽然开展的城市及项目较多，但是，主要还是在点的层面应用。随着 BIM 技术的发展、建设投资加大、政府对 BIM 技术的大力推进，不少建设单位开始关注在项目全生命周期应用 BIM，推进基于 BIM 的管理信息化建设，实现企业的利益最大化。城市轨道交通工程的 BIM 应用内容归纳为图 14-2 所示。

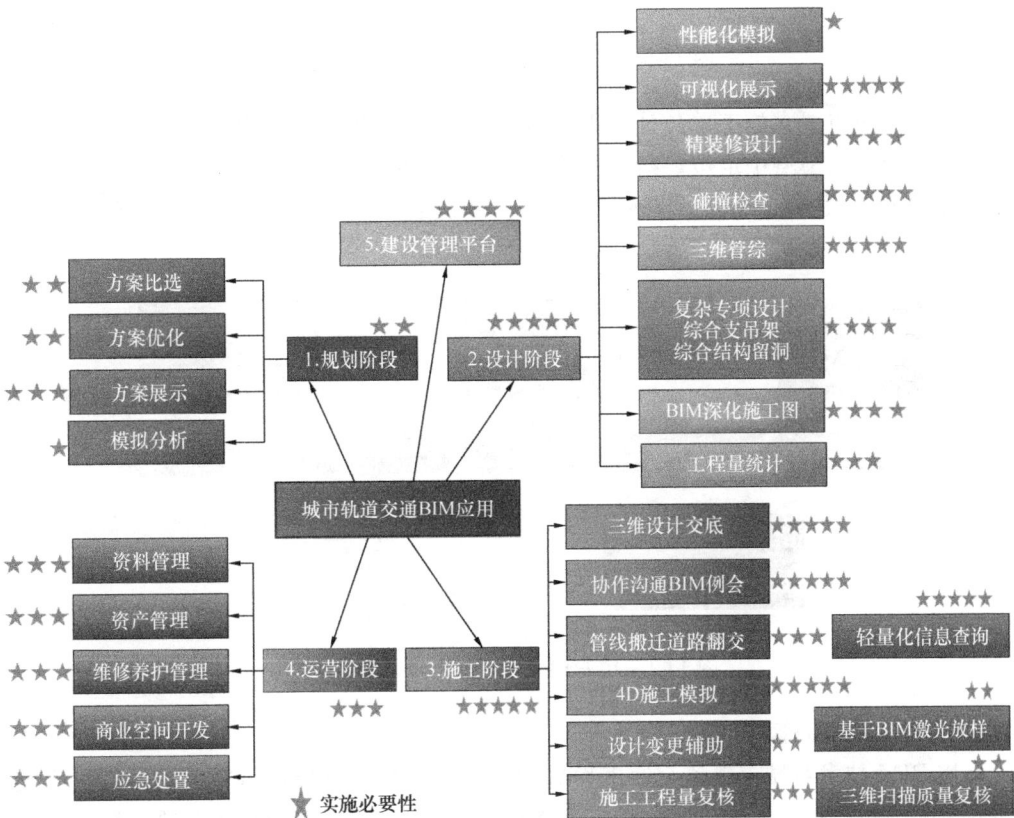

性能化模拟 ★
可视化展示 ★★★★
精装修设计 ★★★
碰撞检查 ★★★★
三维管综 ★★★★
复杂专项设计 综合支吊架 综合结构留洞 ★★★★
BIM 深化施工图 ★★★
工程量统计 ★★★

5. 建设管理平台 ★★★★

方案比选 ★★
方案优化 ★★
方案展示 ★★★
模拟分析

1. 规划阶段 ★★
2. 设计阶段 ★★★★★

城市轨道交通BIM应用

资料管理 ★★★
资产管理 ★★★
维修养护管理 ★★★
商业空间开发
应急处置 ★★★

4. 运营阶段 ★★★
3. 施工阶段 ★★★★★

三维设计交底 ★★★★★
协作沟通BIM例会 ★★★★★
管线搬迁道路翻交 ★★★
4D施工模拟 ★★★★★
设计变更辅助 ★★
施工工程量复核 ★★★

轻量化信息查询 ★★★★★
基于BIM激光放样 ★★
三维扫描质量复核 ★★

★ 实施必要性

图 14-2 城市轨道交通工程的 BIM 应用内容

14.1.3 基于 BIM 的轨道交通工程项目管理

1. 进度成本的集成管理

运用 BIM 5D 施工模拟——三维模型＋时间（进度）＋造价（投资），全面呈现工程形象进度、施工进度计划、成本、产值及时间的系统关系变化，建设单位可以了解工程进度的滞后与提前、施工产值盈与亏，并对进度、成本进行全面分析，分不同阶段对人、财、机等进行对比，生成资源对比曲线，使管理人员对建设进度、成本进行实时有效的管控。基于 BIM 的进度成本集成管理如图 14-3 所示。

2. 安全质量的集成管理

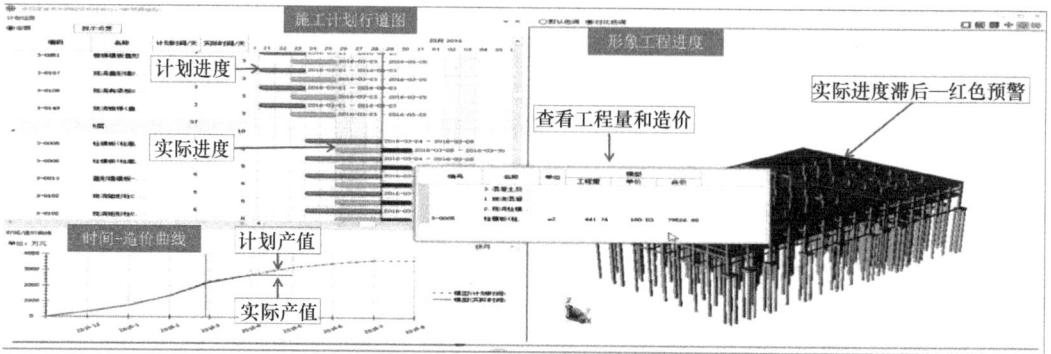

图 14-3 基于 BIM 的进度成本集成管理

建设单位可以要求施工单位建立 BIM 安全、质量管理流程，根据现场人员发现的问题，进行整改，在模型中定位，指引相关人员进行整改，并将整改后信息回馈。保证各个工序施工安全、质量，提高管理效率。基于 BIM 的安全质量集成管理流程如图 14-4 所示。

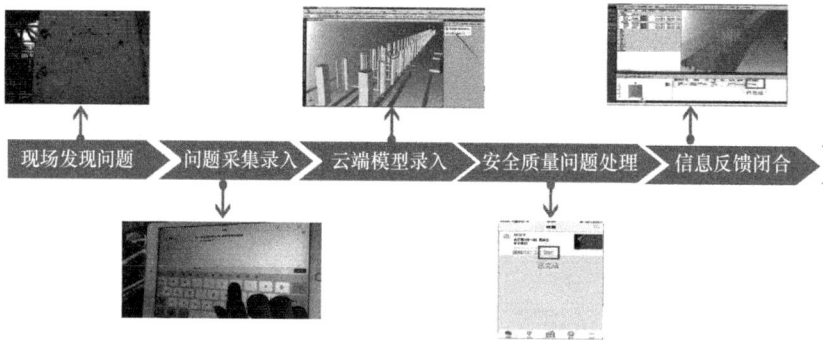

现场发现问题 ▶ 问题采集录入 ▶ 云端模型录入 ▶ 安全质量问题处理 ▶ 信息反馈闭合

图 14-4 基于 BIM 的安全质量管理流程

3. 应急预案辅助管理

运用 BIM 技术对城市轨道交通工程进行安全疏散模拟分析，可视化模拟发生火灾或者其他意外时人员逃生路径以及逃生方向，辅助建设单位排查隐患，制定有效应急预案。某城市轨道交通工程疏散逃生应急预案模拟如图14-5 所示。

4. 项目动态管理与进度预警

为了解决传统城市轨道交通建设项目的管理问题，建设单位可以将 4D-CAD 技术与 BIM 引入进度风险预警领域，通过建立 4D 施工信息模型，将施工信息动态地链接起来，并应用合理的风险分析方

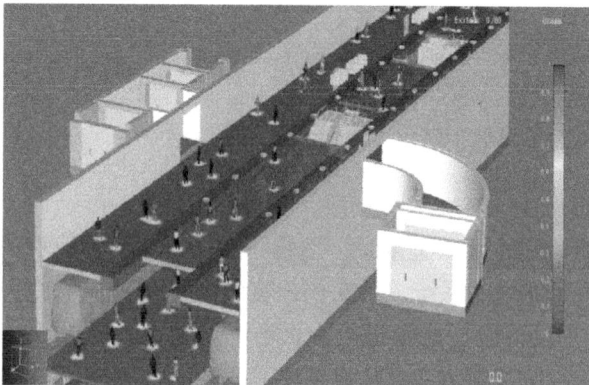

图 14-5 疏散逃生应急预案模拟

法，对项目进度进行动态、可视的风险预测，从而优化城市轨道交通建设项目的风险管理方法，指导项目管理人员进行有效的资源配置。

城市轨道交通建设项目进度风险预警模型，实际上是一个逐步识别风险的过程，再由分析出来的风险结果反推风险原因，进而完成对影响施工进度风险的预警。进度预警模型的构建由四部分组成：案例知识库的构建、进度风险因素的识别、进度风险因素的分析评价、进度风险的预警。

（1）案例知识库的构建。建设单位在收集大量已完工程的全生命周期资料的基础上，将各类城市轨道交通建设项目以 IFC 数据标准储存于 BIM 案例库中，并对案例库进行日常的运行与维护：如记录施工项目信息、更新项目数据、添加新的项目案例、查询和检索工程案例、删除项目及项目信息等操作。由于各类工程施工均处于已完成状态，因此，影响施工进度的风险因素是已记录、可检索的数据。

（2）进度风险因素的识别。建设单位应用基于案例推理的方法进行施工项目进度风险因素的识别，在 BIM 案例库中找到与待识别案例最相似的城市轨道交通建设项目案例。通过比较和借鉴已完成案例在施工过程中的进度影响因素，得到新案例进度风险因素集，将风险因素分类。

（3）进度风险因素的分析评价。利用功能强大的工期进度管理类软件（如 P3、MS Project）设计出施工工序流程，并对施工进度进行风险评价。建设单位根据各工序的进度影响因素，确定各工序的进度概率—时间分布。在多次仿真后，叠加各工序的进度，从而得到城市轨道交通建设项目总工期的进度概率—时间分布曲线，以进行进度风险预警。

（4）进度风险的预警。对产生的进度风险分析结果，建立施工进度风险预警系统，并借助 4D—BIM 模型实现进度预警的 4D 可视化过程。建设单位针对风险预警结果采取适宜的风险应对措施，对不同级别的城市轨道交通建设项目风险制定出不同的对策。将风险信息添加到风险预警案例库中，便于指导日后的风险管理工作。

5. 信息管理

城市轨道交通建设项目全生命周期信息的信息量大，来源广泛，涉及多个专业、多个环节、多种渠道，信息管理十分复杂。传统的信息管理方式凌乱无序，信息利用率低。因此，基于 BIM 的信息管理框架的构建思路的核心就是要改变传统的信息传递和共享方式，建设单位可以通过 BIM 将不同阶段、不同参与方之间的信息有效地集成起来，真正实现城市轨道交通建设项目全生命周期的信息管理。

6. 管理流程再造

统计资料表明，建筑施工中大约 70% 的"碰撞错误"都源于设计方面的疏忽，而这些错误一般是到了施工或后续阶段才被发现并进行修正，由此造成了建筑资源的大量浪费。城市轨道交通工程中，在车站狭小的空间内同时分布有十几个系统，而在图纸上各个系统又单独成图，仅以系统接口提资的方式与其余系统协调，并在此基础上进行系统综合。因此，基于平面图纸的设计协同缺陷成为系统"错、漏、碰、缺"的主要来源。目前，在城市轨道交通工程的施工阶段，工程人员往往直接按照施工图进行施工；如在施工过程中碰到冲突即停下来修改方案，然后再返工。这会造成资源浪费、工期拖延和成本增加等问题。基于 BIM 技术，建设单位可以对传统的管理工作进行流程再造，具体参见图 14-6 所示。

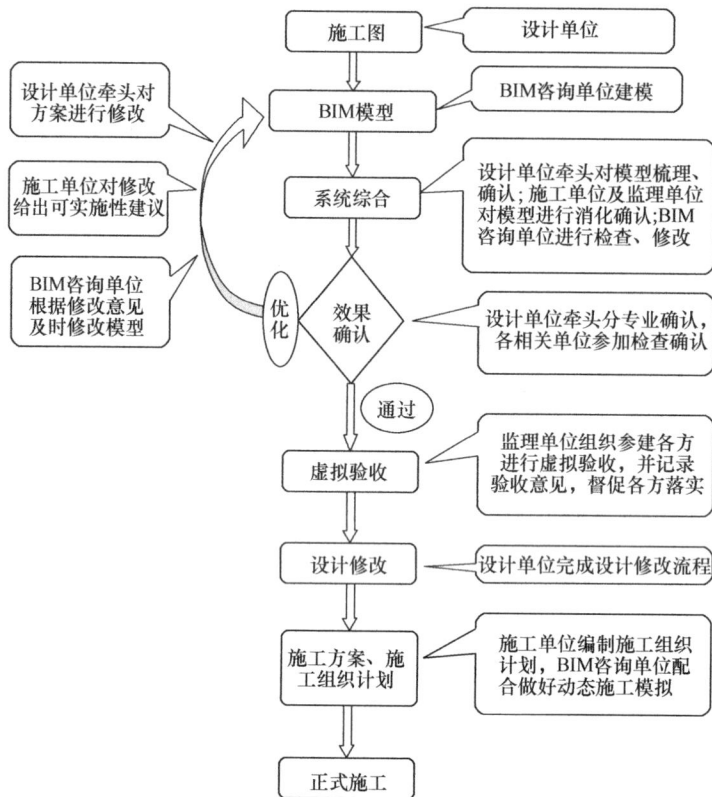

图 14-6　基于 BIM 技术的管理流程再造框架

在设计单位施工图出图、至正式施工之前，BIM 咨询单位依据施工图纸进行建模，此后由设计、施工、监理各方共同参与，进行虚拟建造、虚拟验收，并据此对施工方案进行修改，直至施工方案达到最优，最后编制详细的施工组织计划进行正式施工。上述正式施工之前的这些工作均在模型中完成，将施工中可能出现的问题提前暴露并予以解决，由此大大降低正式施工时出现问题的可能性，从而节约成本、缩短工期。在上海市轨道交通 13 号线自然博物馆站的施工中，基于 BIM 技术进行流程再造，不断地优化施工方案，最终将计划需要 12 个月完成的工作量在 8 个月内就提前完成，大幅降低了成本。

14.1.4　BIM 应用的管理模式

1. 参建方各自委托 BIM 分包模式

（1）组织架构

在这种模式下，建设单位提出简要的 BIM 实施目标及要求，项目相关参与各方各自委托 BIM 建模分包单位实施。

（2）模式特点

其优点是简单易行，建设单位只需提出要求，各方自行组织进行 BIM 应用，快速发挥由 2D 到 3D 可视化的价值。其缺点为项目各方委托的分包单位水平参差不齐，没有统一的 BIM 交付标准，使得业主监管困难、管理松散，其主要交付物——BIM 模型的质量差距可能会很大、格式不统一、兼容性差，难以在项目运营期集中应用。此外，各方的技术路线和实施方案不统一，应用效果难以保证。该模式为 BIM 应用初期可以采用的模式，应用范围常常局限于设计阶段 BIM 建模及管线综合碰撞检查的简单应用，是从 2D 到 3D 的尝试。由于缺乏统一的模型交付标准及信息传递技术路线，该模式在基于 BIM 进行工程量统计、4D、5D 等应用上有局限性，其信息模型也无法有效传递到运营维护阶段。

2. 建设单位统一委托 BIM 分包模式

（1）组织架构

在这种模式下，建设单位统一委托 BIM 建模单位进行 BIM 应用的策划与实施，各相关方对 BIM 建模单位进行配合。

（2）模式特点

这种模式的优点是所有 BIM 实施内容均为 BIM 建模单位一方完成，模型统一、质量可控。缺点是 BIM 模型及相关应用成果的责任界定不明晰，相关方对 BIM 建模单位仅为配合责任，BIM 交付物的主要责任在 BIM 建模单位，而 BIM 建模单位常常不具备设计、施工资质，技术力量较为薄弱，难以对 BIM 模型及相关应用成果的质量负责。此外，BIM 应用过程中，BIM 建模单位与设计、施工等相关方的沟通也存在问题，设计、施工等相关方仍在传统二维环境开展工作，BIM 实施工作全部由 BIM 建模单位完成，传统模式与 BIM 模式并行开展，之间信息传递不畅，难以高效发挥 BIM 对信息管理的核心价值。

该模式是现阶段城市轨道交通建设单位 BIM 应用的主流模式。它实现了 BIM 交付标准的统一，可以基于此模式开展深入的 BIM 应用。但是，传统流程与 BIM 流程并行开展造成相关方沟通难度大，两种流程产生的成果一致性存在问题，成果责任也不明晰，以哪个流程的成果为准是其常见问题，使得建设单位的管理工作繁重。

3. 建设单位主导、专业咨询、各方实施模式

（1）组织架构

在这种模式下，建设单位统一委托 BIM 咨询单位进行 BIM 应用的方案策划，制定 BIM 实施标准，建立 BIM 技术应用管理平台并实施过程管理。各设计、施工、运营维护相关方为 BIM 实施的主体，基于统一的实施方案、实施标准，在业主、咨询方的统一管理下开展 BIM 应用。

（2）模式特点

这种模式的优点为由 BIM 咨询单位定制 BIM 实施方案，将 BIM 融入各方已有的工作流程，明确 BIM 应用的交付物作为各方交付物的一部分，实现了标准统一、职责明确、具有统一管控环节。其实施的难点主要是：

1）需要及早规划，建设单位在招标环节就需要明确各参与方的 BIM 应用主体责任；

2）需要相关各方具有 BIM 应用能力以胜任 BIM 的责任，或者预留培训所需的时间；

3）对 BIM 咨询单位的要求比较高，需具有城市轨道交通设计、施工及项目管理背景，BIM 实施与管理经验，BIM 研发能力。

4. 建设单位 BIM 应用的新兴模式

城市轨道交通建设单位 BIM 应用的新兴模式，可以支持 BIM 技术全生命周期应用，使各方受益。在 BIM 技术应用环境下，项目参与方组织架构如图 14-7 所示。

（1）各方职责

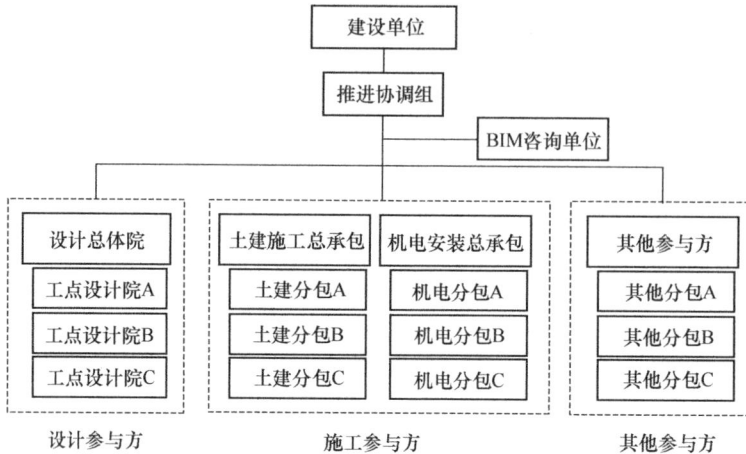

图 14-7 BIM 技术应用的组织架构

各参与方应根据 BIM 咨询单位所制定的实施方案，完成自身的 BIM 工作，同时应与其他 BIM 工作相关方进行积极协作，共同推进 BIM 工作的实施，具体职责简介如下。

1）建设单位。对城市轨道交通建设项目的 BIM 应用提出需求及目标，审核项目实施方案和接收项目成果，监督管理项目团队服务进程和质量。

2）推进协调组。为确保 BIM 应用工作推进，依据参与方组织架构，成立推进协调组。由建设单位指派专人为组长，BIM 咨询单位指派专人为常务副组长，所有 BIM 参与方指派代表作为小组成员。推进协调组的组织架构如图 14-8 所示。

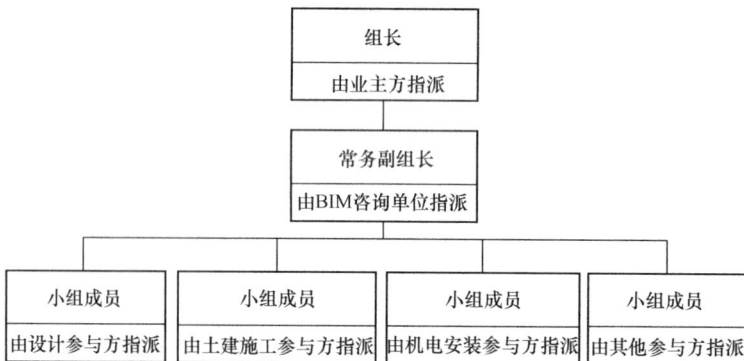

图 14-8 推进协调组的组织架构

协调组所有成员作为本单位 BIM 工作的总负责人和协调人，对内管理、协调 BIM 应用的工作，在协调组内部参加 BIM 所需的活动。

3）BIM 咨询单位。编制城市轨道交通建设项目的 BIM 技术应用总体实施方案，制定 BIM 应用实施标准。搭建 BIM 技术应用管理平台并对平台进行技术维护支持，定制开发项目构件库和出图模板。完成 BIM 技术应用系统管理。收集并审核各参与方的 BIM 模型和成果。对各参与方的 BIM 工作进行指导和支持，对成果进行审核验收。

4）设计参与方。建立内部 BIM 管理体系和组织架构，完成城市轨道交通建设项目设计阶段的 BIM 应用内容。各设计参与方按照 BIM 实施方案和标准建立、整合、维护并应用 BIM 模型，由各设计参与方的 BIM 负责人整理提交，供 BIM 咨询单位进行审核，确保实施工作与整体技术标准相符。

5）土建施工参与方。建立内部 BIM 管理体系和组织架构，完成城市轨道交通建设项目土建施工阶段中的 BIM 应用内容；各土建施工参与方按照 BIM 实施方案和标准，使用 BIM 模型进行土建施工信息协同，整合施工阶段的 BIM 信息，提供 BIM 成果。由各方负责人整理并将 BIM 土建竣工模型提交 BIM 咨询单位。

6）其他 BIM 参与方。建立内部 BIM 管理体系和组织架构，完成城市轨道交通建设项目对应工作中的 BIM 应用，按照 BIM 实施方案和 BIM 实施行为标准，建立适用的 BIM 模型，提供 BIM 成果。

（2）主要应用流程

BIM 技术应用的流程如图 14-9 所示，该图明确了建设单位以及其他参与方的工作流

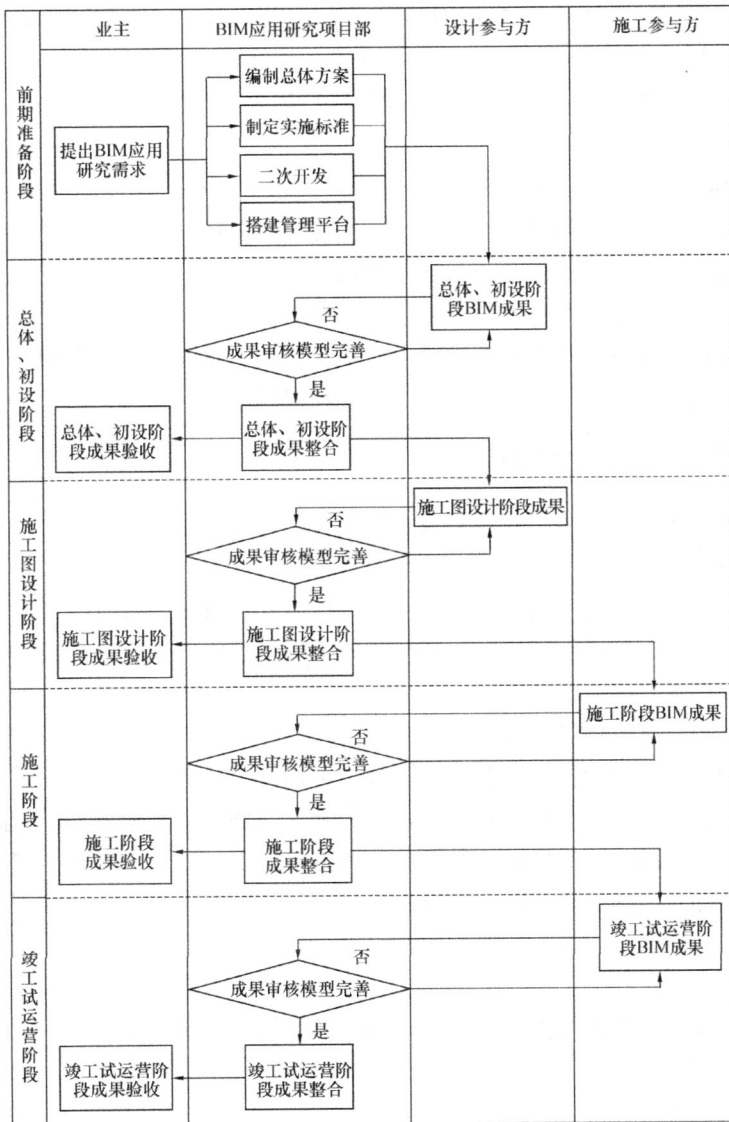

图 14-9 各参与方各阶段 BIM 技术应用流程

程与协作关系。

上述各类模式，建设单位可以根据公司的组织架构、BIM 建设目标、其他参建方的综合素质或水平等方面的因素综合考虑后选择确定。

14.2 预制装配技术在轨道交通建设项目管理中的应用

14.2.1 预制装配技术的内涵

预制装配技术采用的方式是在工厂生产预制出包括梁、板、柱和外墙等构件，经过养护并验收合格后运输至现场安装施工完成的建筑方式。预制装配建筑从建筑材料划分为预制装配钢结构建筑和预制装配钢筋混凝土建筑。预制装配技术主要有以下三种形式：

（1）预制装配混凝土结构（装配整体式钢筋混凝土结构）

预制装配混凝土结构是以预制的混凝土构件（也称为 PC 构件）为主要构件，经工厂预制，现场进行装配连接，并在结合部分现浇混凝土而成的结构。

（2）预制装配钢结构

预制装配钢结构建筑以钢柱及钢梁作为主要的承重构件。钢结构建筑自重轻、跨度大、抗风及抗震性好、保温隔热、隔声效果好，符合可持续化发展的方针，特别适用别墅、多高层住宅、办公楼等民用建筑及建筑加层等。

（3）预制集装箱房屋

预制集装箱建筑是以集装箱为基本单元，在工厂内流水生产完成各模块的建造并完成内部装修，再运输到施工现场，快速组装成多种风格的建筑。

14.2.2 预制装配技术的优势

预制装配施工比传统施工形式拥有较多的优势，主要表现在以下几个方面：

（1）提高劳动生产率

预制构件在生产工厂生产制造，在现场直接进行安装拼接，减少施工现场对模板及脚手架的使用需求，不仅降低施工成本，还精简施工现场的施工流程，从而缩短了建设工程工期，提高劳动生产效率。

（2）节约能源、减少环境污染

预制装配施工具有节约各种能源、水资源、土地以及材料等优势。例如，对于预制构建的钢模板可以进行循环使用或拆分重铸，节约施工现场的木制模板材料。此外，预制构件在生产工厂生产预制装配构件，成品运到施工现场进行安装，不在施工现场进行制作，减少了施工现场的噪声和扬尘，降低环境污染。

（3）确保工程质量与安全

预制装配施工构件在工厂进行标准化生产，严格的出厂标准使构件质量比在现场生产更有保证，更可以得到有效的控制。同时，构件的高标准的机械化程度，减少了现场人员的配备与作业风险。

（4）缩短建设工期

与传统方式相比，预制构件的工厂生产不受恶劣天气等自然环境的影响，使工程项目工期更为可控，且生产效率远高于手工作业。

14.2.3　在轨道交通工程中的应用及管理水平的对升

我国预制混凝土结构研究和应用始于 20 世纪 50 年代。经过近 70 年的发展，预制装配式结构在我国得到了广泛地应用。自国务院发布《国家中长期科学和技术发展规划纲要（2006—2020 年）》和《绿色建筑行动方案》等文件以来，全国各地已经完成一大批预制装配式建筑的工程项目。我国装配式技术在城市轨道交通结构中应用和研究并不多，主要应用于盾构法修建工程的施工过程中，且技术已经比较成熟。近年来，随着城市轨道交通工程的发展，装配式城市轨道交通车站结构开始在我国得到应用。

预制装配技术在国内城市轨道交通工程中的应用主要包括：明挖车站及出入口预制构件，盖挖法铺盖系统预制构件，暗挖法隧道装配式衬砌，高架预制梁，轨枕，预制便道，装配式钢结构临时建筑，围挡基础预制块，预制站台板、楼梯、钢筋及钢结构预制构件，装修和机电安装阶段预制部件等。

1. 明挖车站及出入口预制构件

城市轨道交通包括地上车站和地下车站，地上车站可采用预制装配式剪力墙、预制梁、预制柱、叠合板等预制构件，其工程应用和研究已较成熟。

2015 年建成的长春城市轨道交通 2 号线袁家店站，采用装配式结构施工技术，是我国首例装配式城市轨道交通车站。袁家店站全长 310m，均采用明挖法施工。其中现浇段 122m，为双层三跨箱形框架结构；装配段 188m，为预制管片结构，共 94 环，每环由 7 块预制构件组成。在长春城市轨道交通实际工程应用的基础上，对预制装配式城市轨道交通车站的技术经济效益和社会效益进行了初步分析，与一座同样规模的明挖两层双跨矩形框架现浇混凝土标准车站结构相比，其产生的主要效益包括：

（1）一座车站的工期能够节省 4～6 个月，接近整个工期的 20%～30%。

（2）高峰施工期的现场作业人员每班由 130～150 人减少到 30 人左右。

（3）每座车站节省钢材约 800t，节省木材 800m³，施工废弃量减少 50%。

（4）施工场地减少约 1000m²。

长春地铁 2 号线 5 座车站是国内首次将预制装配技术运用到地铁车站建设的工程实例，地铁 2 号线 5 座车站共需要 366 环预制构件，每环 2m 宽，由 7 块构件组成，最轻一块重 31t，最重的 55t。我国北方地区地铁标准站建设周期为 14～16 个月，采用装配式结构施工工艺可以缩短工期 4～6 个月，从而解决了地铁车站结构在 1 年内无法完工的难题。

北京地铁 6 号线金安桥车站为北京市首座整体装配式车站，全长 342m，预制装配施工降低了传统地铁车站建设对劳动力的依赖，极大地减少了施工现场的工作量，降低了施工现场对周边环境影响，并且由于预制构件的机械化生产，显著提高了整体施工质量。

袁家店站的预制装配施工情况如图 14-10 所示。

2. 盖挖法铺盖系统预制构件

盖挖法施工时，可以采用预制地下连续墙作为围护结构和内衬墙，实现两墙合一，以降低成本，结构盖板或中板可采用预制构件，实现快速封路，改善施工环境。装配式铺盖系统采用预制标准铺盖板铺设路面，具有受力性能可靠，对周边环境影响小，构件可重复利用，造价低，拆装方便等优点。

预制构件厂内进行钢筋绑扎　　　　　　　预制构件存放场地

袁家店车站装配施工现场　　　　　　　　站内部进行中板现浇

图 14-10　袁家店站的预制装配施工情况

北京城市轨道交通 9 号线丰台北路站为双层岛式车站,是国内第一座采用装配式铺盖法修建的车站,主体采用装配式铺盖法施工,铺盖体系中间桩需承担路面荷载、铺盖板及其支撑梁及管线荷载。通过架设支撑和完善连接工艺,增强了整体刚度和稳定性,效果良好。

3. 暗挖法隧道装配式衬砌

暗挖法主要针对盾构法隧道施工,包括预制管片技术。装配式衬砌须满足强度、刚度、水土压力、振动荷载要求,还须满足变形防渗、耐久性、经济性等要求。目前钢筋混凝土管片应用最广。混凝土管片有普通钢筋混凝土管片和纤维混凝土管片两种。纤维混凝土管片改善了管片的龟裂现象,提高了管片的耐久性。采用预制管片,具有质量可靠、生产效率高、拼装快捷、节省工期、节约成本、低碳绿色等优势。

4. 高架预制梁、轨枕

高架预制梁是一种大体积混凝土预制单元,结构形式主要为预制 U 形梁和预制箱梁形式,其自重轻、受力性能好、工厂化生产效率高、节能环保,具有节省工期、节约成本等优点。预制轨枕分为单块式预制轨枕和双块式预制轨枕,具有耐久性好、稳定性高、养护工作量小、经济性好等优点。龙厦客运象山隧道采用双块式预制轻枕,对环境影响小、质量优良。双块式轻枕生产线运行流畅、自动化程度、作业效率高。

5. 预制便道

预制便道为由带齿槽的预制混凝土块拼装形成的混凝土结构路面,具有拆装方便快捷、节能环保、可重复利用等优点。这种便道采用标准化生产,为正方体预制件和长方体预制件两种规格,采用 C30 普通混凝土。在预制件上预留吊环和凹型吊环孔,四边增设凹凸槽,通过凹凸槽实现预制件之间的互锁,拼装过程中须注意预制件的保护,采用缝处理,以免因缺棱掉角而影响行车舒适度。

6. 装配式钢结构临时建筑及围挡基础预制件

装配式钢结构临时居住办公用房，拼装拆卸方便、安全可靠、绿色节能、可重复利用，其保温层采用岩棉/玻璃棉，顶棚采用岩棉/玻璃棉彩钢夹心板，屋面为镀锌彩钢板，地板由防水胶合板与民用地板革组成，防盗窗、安全门、电路系统齐全，居住办公舒适安全。预制件采用工厂化生产、市场化供应、可重复利用、拆装方便、搭设速度快，节省人工、材料，具有经济、节能、环保等优点。

7. 预制站台板、楼梯、钢筋桁架及其他构件

预制站台板、预制楼梯技术已经比较成熟，在工厂制作、现场安装，方便快捷、湿作业少、产品质量好。预制混凝土叠合板、钢筋桁架制作效率高、成品质量好、降低了生产成本。近年来，以钢支撑、钢板桩、预制波纹钢板为主的钢结构预制构件越来越多地应用于城市轨道交通工程中，其耐久性好、拼装快捷、强度高、占地少、可重复利用、经济性好。在装修和机电安装阶段，部分工厂化预制的半成品也采用现场安装，例如，钢轨、钢材或其他材料管道等。

参 考 文 献

[1] 中华人民共和国国家标准.建设工程项目管理规范 GB 50326—2017[S].北京：中国建筑工业出版社，2017.

[2] 中华人民共和国国家标准.城市轨道交通建设项目管理规范 GB 50722—2011[S].北京：中国建筑工业出版社，2011.

[3] 张大春.江苏城市轨道交通建设管理现状及发展对策，江苏建筑[J].2018(5)：6-10.

[4] 胡鹰.地铁土建工程技术与管理实务[M].北京：人民交通出版社，2018.

[5] 刘纯洁，陆晨，陆渭歧.城市轨道交通工程建设单位现场管理操作手册[M].上海：同济大学出版社，2017.

[6] 杨庭友.城市轨道交通地铁土建工程总承包管理指南[M].北京：中国建筑工业出版社，2019.

[7] 中铁电气化局集团建设管理分公司.城市轨道交通工程投融资及建设管理[M].北京：中国铁道出版社，2015.

[8] 王中和.城市轨道交通项目投资控制模式创新及路径研究[J].铁道科学与工程学报，2015(1)：184-189.

[9] 李潇.PPP 项目融资模式在地铁建设中的可行性研究[D].浙江大学，2017.

[10] 郭晋杰.深圳地铁 5 号线 BT 管理模式的实践与思考，铁路工程造价管理[J].2010(9)：46-50.

[11] 郭镇宁.城市轨道交通融资模式研究[J].铁道运输与经济，2010(2)：63-67.

[12] 王耀辉，马荣国.BT 模式在市政交通工程项目融资中的应用分析[J].铁道工程学报，2008(1)：104-107.

[13] 宋久乐，陈桂香，王广斌，刘振伟.我国地铁项目投融资模式主要问题及对策研究[J].建筑经济，2015，36(11)：29-32.

[14] 廖晓江.基于项目发起方视角的地铁 BT 建设模式评价研究[D].重庆交通大学，2015.

[15] 黄志华.城市轨道交通工程建设管理模式比较研究[D].同济大学，2008.

[16] 邱品茗，杨其新.非传统城市轨道交通建设管理模式的探讨[J].地下空间与工程学报，2019，15(S1)：28-33.

[17] 肖民，李爱东.城市轨道交通勘察设计总承包管理[M].北京：中国铁道出版社，2011.

[18] 卢小莉.城市轨道交通设计总包管理工作新思路[J].中国工程咨询，2017(5)：22-24.

[19] 彭林辉.试论城市轨道交通设计总包管理的探讨[J].城市建筑，2016(6).

[20] 张丽霞.施工图设计阶段的设计管理[J].设计管理，2012(5)：31-32.

[21] 刘寒.简析城市轨道交通总体设计的工作重点[J].现代城市轨道交通，2013(6)：61-62，67.

[22] 任星辰.城市轨道交通前期规划和设计工作内容的研究[J].铁道标准设计，2018，62(1)：1-9.

[23] 金淮，钟巧荣，吕培印等.城市轨道交通初步设计安全风险评估工作探讨[J].地下空间与工程学报，2012(8)：1769-1771.

[24] 左丽丽.地铁车站施工工法对交通疏解影响分析[J].铁道建筑技术，2014：75-78.

[25] 张志伟.深圳地铁 11 号线交通疏解工程设计思考与总结[J].城市道桥与防洪，2015(8)：43-46.

[26] 晋志超.城市轨道交通建设工程中属地管理模式的研究和应用[J].建设监理，2016(12)：13-16.

[27] 孙路.城市轨道交通系统联调项目策划的研究[D].中国铁道科学研究院，2016.

[28] 王澜，姚建伟，陈源．城市轨道交通联调联试总体技术方案设计[J]．中国铁路，2013(07)：97-101.

[29] 陈源，姚建伟．城市轨道交通综合联调的现场组织与管理[J]．现代城市轨道交通，2014：110-113.

[30] 程永谊，金花．城市轨道交通车辆联调技术与评价[J]．现代城市轨道交通，2013(6)：72-74.

[31] 苏保卫．城市轨道交通综合联调组织方案技术探讨[J]．现代城市轨道交通，2017(1)：60-64.

[32] 董书芸．城市轨道交通试运行的概念及其考核指标[J]．都市快轨交通，2011(2)：60-62.

[33] 王华声，徐永红，曾海军，唐新宇．城市轨道交通新线试运行演练评估应用研究[J]．都市快轨交通，2018，31(02)：129-134.

[34] 邹普尚，张冰清．城市轨道交通试运营基本条件评审流程及常见组织问题研究[J]．综合运输，2016，038(011)：34-39.

[35] 夏江云．城市轨道交通试运营准备探讨[J]．都市快轨交通，2013(04)：89-92.

[36] 周庆灏，李素莹．上海轨道交通新线试运营评审的历程及展望[J]．城市轨道交通研究，2018(5)：59-63.

[37] 谭璐明．浅析轨道交通项目管理中甲方代表应具备的能力[J]．北方建筑，2018(02)：81-84.

[38] 吕培印，刘淼．城市轨道交通建设安全风险管理现状与发展建议[J]．都市快轨交通，2018，31(06)：4-12.

[39] 葛建强，江帆．对城市轨道交通工程安全风险管理技术创新与发展的思考[J]．建设监理，2017(8).

[40] 杨树才．城市轨道交通工程建设安全风险管理体系研究[J]．现代隧道技术，2014(1)：1-7.

[41] 石磊．城市轨道交通工程建设安全风险管理体系研究[D]．广西大学，2016.

[42] 王社江，谷亚军，桂林，刘海浪．城市轨道交通建设项目的安全质量标准化管理研究[J]．项目管理技术，2019，17(11)：131-135.

[43] 沈芳芳．苏州轨道交通建设施工过程安全管理初探[J]．建材与装饰，2018，553(44)：274-275.

[44] 陈燕春．城市轨道交通工程安全管理信息平台建设研究[J]．企业改革与管理，2016(19)：216-216.

[45] 李洪庆．城市轨道交通工程安全隐患排查治理研究与实践——以广州地铁为例[D]．华南理工大学，2016.

[46] 金淮，张成满，马雪梅等．城市轨道交通安全技术管理体系的建立[J]．都市快轨交通，2010，27(1)：34-37.

[47] 孙海东．城市轨道交通机电工程安全质量管理[J]．现代城市轨道交通，2014(6)：73-77.

[48] 杨晨．城市轨道交通工程建设期安全事故分析与研究[D]．中国铁道科学研究院，2012.

[49] 赵世龙．基于综合评价的城市轨道交通项目施工阶段安全管理研究[D]．中国矿业大学，2014.

[50] 石平府．城市轨道交通工程质量安全监督工作的探索与实践[J]．江苏建筑，2016(4)：53-55.

[51] 王昱．城市轨道交通工程质量管理标准化初探[J]．工程质量，2019，37(03)：8-10.

[52] 梅荣娟．城市轨道交通建设工程质量管理体系[J]．工程建设与设计，2018(6)：245-246.

[53] 周冠春．轨道交通工程项目进度管理研究[D]．天津大学，2014.

[54] 王青．地铁建设项目进度管理研究[D]．中国海洋大学，2012.

[55] 柴士超．考虑风险因素的城市轨道交通施工成本与进度研究[D]．东北林业大学，2016.

[56] 袁杰．地铁土建工程进度管理要点分析[J]．山西建筑，2015(14)：245-246.

[57] 曹飞．浅谈地铁工程建设全生命周期中的投资控制管理[J]．交通工程，2016(23)：150.

[58] 陈进杰．城市轨道交通项目广义全寿命周期成本理论与应用研究[D]．北京交通大学，2011.

[59] 忻剑鸣．从轨道交通工程设计概算角度谈投资控制[J]．隧道与轨道交通，2010(4)：54-56.

[60] 何雪松，高凤淮．设计对地铁工程投资的控制分析[J]．都市快轨交通，2015，28(4)：32-36.

[61] 牛先攀．城市轨道交通工程投资控制和工程造价管理分析[J]．中华建设，161(10)：85-86.

[62] 郭金金．关于苏州市城市轨道交通投资控制管理措施的分析[J]．人民交通，2019(8)：63-65.

[63] 李宏安，陆琰，尹德胜．轨道交通项目实施阶段投资控制要点分析[J]．建筑经济，2015(05)：32-34.

[64] 李玲，裴剑．论轨道交通工程招标阶段时的项目管理[J]．江西煤炭科技，2010(4)：118-119.

[65] 成虎．工程合同管理[M]．北京：中国建筑工业出版社，2011.

[66] 吴好生，宓卫东，郑晓．宁波城市轨道交通项目合同管理探析[J]．现代城市轨道交通，2012(6)：83-86.

[67] 杨霄．城市轨道交通工程建设项目招标采购管理研究[D]．天津大学，2014.

[68] 胡映东，赵晨．绿色地铁站建筑设计初探[J]．建筑科学，2014(6)：132-137.

[69] 李建勋．国内外绿色建造推进现状研究[J]．城市建筑，2016(15)：180-180.

[70] 李伟．城市轨道交通工程绿色施工应用研究——以深圳城市轨道交通工程9号线工程为例[D]．华南理工大学，2014.

[71] 肖绪文，冯大阔．国内外绿色建造推进现状研究[J]．建筑技术开发，2015，42(2)：7-11.

[72] 王忠合．城市轨道交通规划环境影响评价相关技术问题探讨[J]．现代城市轨道交通，2010(2)：12-14.

[73] 中华人民共和国国家标准．建筑工程绿色施工评价标准GB/T 50640—2010[S]．北京：中国计划出版社，2010.

[74] 俞菱庆，孔勤宇．城市轨道交通工程三阶段验收探索与思考[J]．建筑知识，2017，37(4)：94-95.

[75] 徐大统．浅谈深圳地铁BT模式下的竣工验收管理[J]．福建建筑，2012(2)：91-94.

[76] 孙希波，张波，张志伟．城市轨道交通工程BIM总体管理模式研究[J]．隧道建设(中英文)，2019(A01)：50-56.

[77] 丁树奎，金淮．基于BIM的数字城市轨道交通建设与总体管理[M]．北京：清华大学出版社，2019.

[78] 蔡蔚．建筑信息模型(BIM)技术在城市轨道交通项管理中的应用与探索[J]．城市轨道交通研究，2014(5)：1-4.

[79] 李俊卫，袁杰，张文津．BIM技术在城市轨道交通施工阶段的应用研究[J]．建筑经济，2017(9)：80-84.

[80] 刘丽娜，张诣．基于BIM的轨道交通项目全生命周期信息管理研究[J]．石家庄铁路职业技术学院学报，2016(9)：79-83.

[81] 王玉泽．BIM技术在轨道交通的应用探讨[J]．铁路技术创新，2014(5)：19-22.

[82] 辛佐先．城市轨道交通项目建筑信息模型(BIM)应用模式研究[J]．城市轨道交通研究，2014(8)：23-27.

[83] 长春轨道交通建设创新采用装配式工法[J]．混凝土，2018(11)：113.

[84] 张中勇，王永吉．预制装配技术在城市轨道交通工程中的应用[J]．建筑技术，2017(8)：812-815.

238